Theodor von Liebenau

**Das alte Luzern**

Theodor von Liebenau

**Das alte Luzern**

ISBN/EAN: 9783743377981

Hergestellt in Europa, USA, Kanada, Australien, Japan

Cover: Foto ©ninafisch / pixelio.de

Manufactured and distributed by brebook publishing software (www.brebook.com)

Theodor von Liebenau

**Das alte Luzern**

# Das
# Alte Luzern.

Topographisch-kulturgeschichtlich geschildert

von

## Dr. Theodor von Liebenau.

Mit vier Bildern nach Diebold Schilling's Chronik vom Jahre 1512.

Luzern.
Verlag von E. F. Prell.
1881.

Druck der Zollikofer'schen Buchdruckerei in St. Gallen.

V.

Das alte Luzern geht unter. Noch einige Jahrzehnte — und die guten alten Sitten und Gebräuche, wie die frohen Feste, welche Luzern einen Namen verschafften, sind gleich den wenigen Baudenkmalen aus den Tagen des Mittelalters gänzlich verschwunden und die Stadt gleicht in ihrem ganzen Wesen einem neu entstandenen Orte, der sich vor andern nur noch durch ungemein schöne Lage auszeichnet. „Denn wenn irgendwo," sagt Zschokke, „die Natur in ihren Landschaftsgebilden mit poetischer, wollüstiger Trunkenheit gearbeitet zu haben scheint, so ist es in der nächsten Umgebung der Stadt Luzern." — Allerdings kann man sich an der Hand einiger alter Bilder, aus den schönen Stadtplänen von Martin Martini und Franz Xaver Schumacher aus den Jahren 1597 und 1792, aus den Ansichten Luzerns in den topographischen Werken von Sebastian Münster, M. Merian und Herrliberger, aus den Chroniken von Petermann Etterlin (1507), Diebold Schilling von Luzern (1512), Stumpf (1548), Bernhard Brand (1555) und Christoffel von Sichem (1574), wie aus Simmler's Regiment löblicher Eidgenossenschaft (1608), den Bildern auf der Kappelbrücke in Luzern, den schönen luzernerischen Staatskalendern von Klauber, einigen alten Münzen und Medaillen [1]) eine ungefähre Vorstellung von dem Zustande des alten Luzern machen. Allein, wie viele bringen es über sich, auch nur zwölf Werke neben

---

[1]) Die vollständigste Aufzählung alter Ansichten von Luzern in gedruckten Werken bringt das „Neue schweizerische Museum," Zürich 1793, 754 — 772.

einander zu halten, um sich von der allmähligen Entwicklung eines historisch bedeutsamen Ortes ein richtiges Bild zu verschaffen? Und wenn wir auch an der Hand dieser Werke, namentlich mit Hülfe der schönen, 1512 vom Rathe von Luzern untersuchten Bilder-chronik Schilling's, das äußere Bild Luzern's vor uns wieder erstehen sehen, so ist es doch nicht dasjenige, was wir im Grunde zu sehen wünschten. Denn das, was Luzern's Ruf im In- und Auslande begründete, war nicht die Bauart der Häuser, nicht die Pracht der Kirchen und öffentlichen Gebäude, nicht die wunder-liche Gestalt der Brücken und Wege, sondern, abgesehen von dem altbewährten Kriegsruhme und der opferwilligen Hingabe für die höchsten Güter eines freien Volkes, das originelle, lustige Wesen der Bürgerschaft. Durch Reichthum und Gewerbsthätigkeit zeichnete sich manch' andre Schweizerstadt vor Luzern sehr vortheilhaft aus; durch Gemüthlichkeit, nach dem einstimmigen Urtheile alter Reisen-der, wohl keine. Doch blühte auch hier zeitweise ein tüchtiger Hand-werksstand und auch der Handel lag nicht darnieder. Allein strenge Arbeit war in Luzern nicht sonderlich beliebt; man arbeitete nur so viel und so lange, als zum Lebensunterhalte absolut erforderlich war. Feste, frohe Feste, wollte der Luzerner zu allen Zeiten des Jahres. Die Neuzeit hat strengere Anforderungen an die Bürger gestellt. Die Zeit der Feste ist mit den alten Zünften, welche sich als eigentliche „Vergnügungs-Comite" konstituirt hatten, zu Grabe getragen worden. Und mit den alten Volksfesten sind auch die alten Sitten und Gebräuche, wie die alten Trachten verschwunden. Die Erinnerung an die guten alten Zeiten, die man sich aber viel zu rosig vorstellt, lebt noch fort. Um den Lesern, welche sich ein Bild des alten gemüthlichen Luzern zu verschaffen wünschen, einiger-maßen entgegenzukommen, schildern wir das luzernerische Still-leben, wie es wirklich war. Wir führen die Leser durch die Gassen der alten Stadt, begleiten ihn auf die öffentlichen Plätze, in die Kirchen und Kapellen, in die Staatsgebäude, wie in die inter-essantern Privatwohnungen und erzählen ihm, welche Sitten und Gebräuche, welche historische Erinnerungen sich an jede wichtigere Localität anknüpfen. Doch müssen wir mit dem griechischen Dichter bekennen:

Allwissend sind wir nicht,
Doch viel ist uns bekannt.

Und auch von dem, was uns bekannt ist, können und wollen wir

nicht Alles mittheilen. Die Geschichte eines jeden Hauses, die Aufzählung der Handänderungen und Baureparaturen haben für uns
ein zu geringes Interesse; unsere Aufmerksamkeit konzentrirt sich
vielmehr auf die öffentlichen Gebäude, die Zunfthäuser und die
Wohnungen jener Personen, die auf die Geschicke der Schweiz oder
der Stadt Einfluß übten oder für Kunst und Wissenschaft nach
besten Kräften arbeiteten. — Unsere topographisch-kulturgeschicht-
liche Arbeit ist auch keineswegs ausschließlich für die großen
Gelehrten berechnet, denen ein zitatenreiches Nachschlagebuch ein
Hauptvergnügen bereitet; wir wollen nicht nach dem Vorgange des
biderben Frankfurters Bottonn eine siebenbändige Topographie auf
den Büchermarkt bringen. Unser Zweck geht vielmehr dahin, einerseits die in beiden Auflagen (Luzern 1786 und 1822) längst ver-
griffene „Nothwendige Erklärung des martinischen Grundrisses der
Stadt Luzern" von Felix von Balthasar nach dem Stande der
gegenwärtigen Forschungen zu berichtigen und zu erweitern, und
andrerseits einen Impuls zu der allzusehr vernachläßigten topographischen und kulturgeschichtlichen Forschung über Luzern zu
geben. Der Fehler und Lücken unsrer Arbeit, wie der formellen
Mängel in Bezug auf die Darstellung sind wir uns wohl bewußt
und wünschen nichts sehnlicher, als daß unsre Arbeit recht bald
durch eine gediegenere Schrift ersetzt und verdrängt würde, die
namentlich auch die interessantern Bauwerke des alten Luzern mit
Bildern und kunstgeschichtlichen Würdigungen — ähnlich der neuen
Auflage des alten Zürich von S. Vögelin — den Lesern vorführen
würde. Eine solche allseitig befriedigende Arbeit kann aber nur durch
einen vielseitig gebildeten Mann, oder durch das Zusammenwirken
mehrerer Fachmänner zu Tage gefördert werden. — Die Kunstgesellschaft der Stadt Luzern, deren Mitglieder seit 60 Jahren die
schönern Steinmetzarbeiten der Stadt durch Abbildungen der Nachwelt zu überliefern suchten, könnte zur Erreichung dieses Zweckes,
wie zur Hebung des Kunstsinnes unter der Bevölkerung, dadurch
sehr viel beitragen, daß sie aus dem reichen Schatze ihrer Samm-
lungen Abbildungen solcher Produkte des Kunstgewerbes mit historischen Erläuterungen als „Neujahrsblätter" veröffentlichen würde.
Denn das ist nur zu wahr, daß einige recht interessante Kunst-
gegenstände, selbst Bauwerke, nur deßhalb successive zerstört und
zerstreut worden sind, weil von kompetenter Seite auf den Werth

und die Bedeutung derselben zur rechten Stunde nicht aufmerksam gemacht wurde. Nun, nachdem wir uns fast aller Alterthümer beraubt sehen, ladet man uns ein zur Betheiligung am Verein für Erhaltung schweizerischer Baudenkmale; man ersucht uns um Aufnahme einer Statistik der noch nicht verschacherten Alterthümer und von anderer Seite bittet man uns, da auch die Volkssprache durch die Vermischung der Bevölkerung, wie durch Schule und Militärdienst einer successiven Abschleifung entgegeneilt, die charakteristischen Redensarten, Sprichwörter 2c. zu sammeln. Amerikaner und Engländer kaufen inzwischen noch die letzten Ueberreste der malerischen Kostüme wie die alten Familienportraite, welche solche darstellen, auf — und wir studiren in den Kunst- und Alterthums-Sammlungen des Auslandes schweizerische Kunstentwicklung und Alterthumskunde. — In Luzern freuen sich Private und Behörden, daß überall Vereine zur Förderung von Kunstbestrebungen, zur Erhaltung von Kunstgegenständen und Alterthümern entstehen; man anerkennt bei festlichen Anlässen dieses löbliche Beginnen. Allein wenn es darauf ankommt, den Sinn für Erhaltung solcher Kunstschätze zu bethätigen oder eine Renovation durchzuführen, so tritt der alte Zwiespalt zwischen Sein und Schein wieder zu Tage. Man betrachte in Luzern, wo eine Kunstgewerbeschule viel von sich reden macht, den Zustand des einst so schönen Rathhauses am Kornmarkt, den Weinmarktbrunnen .... Und als abschreckende Beispiele barbarisch durchgeführter Restaurationen präsentiren sich das Innere des Ritter'schen Palastes wie der Brunnen im Hof. Wir wollen das Verzeichniß der Versündigungen gegen die Kunst nicht weiter ausführen — infandum jubes renovare dolorem — sondern hoffen, die Vereine, welche zur Förderung von Kunst und zur Erhaltung von Alterthümern gegründet worden sind, werden endlich einmal dem Barbarismus Halt gebieten und die Bevölkerung Luzerns werde nicht nur für Abhaltung des „Fritschizuges" ein Opfer bringen.

## A. Die Kleinstadt.

### I. Der Gütsch.

Wir führen den Leser zuerst auf den Gütsch, jene nordwestlich
von der Stadt gelegene Anhöhe, von der aus man das alte Luzern
mit seinen engen Straßen innerhalb der durch Natur und Kunst
geschaffenen Vertheidigungslinien ganz übersehen konnte. Das alte
Luzern, das sich von dieser Stelle aus wie ein Spinnengewebe aus-
nimmt, dessen Fäden sich an den verschiedenen kleinen Anhöhen
um die Stadt herum anhängen, hatte in früherer Zeit beinahe die
Gestalt eines unregelmäßigen Achteckes. Die eine Seite dieser Figur
bildete eine lange gerade Linie, die vom Baslerthor am untern
Hirschengraben, einem Abflusse des See's und des Kriensbaches,
bis zum Kesselthurme reichte. Hier schloß sich, bis zum Freienhofe,
der obere Hirschengraben oder östliche Burggraben an. Dann zog
sich über den Ausfluß des See's, der Kappelbrücke folgend, die
durch den Wasserthurm und Pallisaden geschützte Vertheidigungslinie bis an den Bagharzthurm hin. Von da zum Frischingsthurme
erstreckte sich eine nicht ganz gerade Linie neben einer vom See
bespülten Mauer hin zum Hofthor. Hier begann der Grendel, der
in ziemlich gerader Linie zum schwarzen Thor verlief. Von hier,
zwischen dem Abhange der Musegg und der innern Wäggisgasse,
dehnte sich der „Leuengraben", befestigt durch das Graggen- und
Müli-Thor, bis zur Reuß hinab, aus. Hier schloßen der Judenthurm und das Baslerthor die alte Befestigungslinie ab. Die äußern
Vertheidigungslinien, die Musegg im Norden und Osten, das
Sentithor und das Thürmchen am Gütsch im Westen der Stadt,
wie das äußere Wäggisthor im Osten, sind durch die spätern
Stadterweiterungen nothwendig geworden. — Das innerhalb der
ältesten Umfassungsmauern gelegene Terrain hat in Bezug auf
seine Anlage unverkennbare Aehnlichkeit mit einer römischen Be-
festigung; deßhalb haben auch seit dem 16. Jahrhundert mehrere
Schriftsteller von einer römischen Stadt Lucerna geredet, die ihren
Namen von Luceria, einer angeblichen Tochter des Orgetorix,

erhalten habe. Nach einigen dieser phantasiereichen Schriftsteller hätte Luzern schon zur Zeit des dritten punischen Krieges (149 bis 146 vor Christus) existirt und wäre zur Zeit der Auswanderung der Helvetier (57 v. Christus) zerstört worden. Andere lassen Attila um das Jahr 450 nach Christus Luzern einäschern. Wir sind der Ansicht, Luzern habe erst um die Mitte des 12. Jahrhunderts, bei dem allmähligen Aufblühen des Stiftes im Hof, aus einem Fischerdorfe zur Stadt sich entwickelt. Die von einem Reichenauermönche im 15. Jahrhundert erwähnte Sage, Luzern sei die Hauptstadt des Herzogthums Schwaben gewesen[1]), entbehrt nach unsrer Ansicht eines jeden historischen Kernes. Dagegen konstatiren wir, daß die Befestigungsart der Römer in unsern Landen bis tief ins Mittelalter nachgeahmt wurde, wofür wir auf die alte Habsburg im Aargau verweisen. Deßhalb ist es wohl auch möglich, daß bei der Anlage der luzernerischen Befestigungen im 12. Jahrhundert noch römische Vorbilder, bewußt oder unbewußt, zur Vorlage dienten, obwohl gerade die tiefe Lage Luzern's in einem von Anhöhen ringsumschlossenen Kessel niemals eine eigentliche Befestigung nach römischen Mustern gestattete.

Das alte Luzern war weit reicher an Häusern als das neue; Stadtschreiber Feer zählte im Jahre 1499 1500 Häuser in Luzern, um 1584 gab es nach Cysat deren nur noch 1200. 1811 war die Häuserzahl auf 617 herabgesunken; 1839 stieg sie auf 619, 1860 auf 916, 1870 auf 1082, 1877 auf 1211 und 1880 auf 1266. Zahlreiche Feuersbrünste vernichteten unzählige kleine hölzerne Häuschen, an deren Stelle in der Folge größere Steinhäuser traten. Auch die Bevölkerungszahl hat gleich derjenigen der Häuser zeitweise nicht unerhebliche Veränderungen erlitten. Häufige Kriege, das periodische Auftreten der Pest, Mangel an Industrie und auch etwas, das dem Kastengeiste nicht ganz unähnlich war, hinderten die stetige Entwicklung der Bevölkerungszunahme. Wie die Feuersbrünste oft ganze Quartiere einäscherten, so rieben Volkskrankheiten oft beträchtliche Theile der Bevölkerung auf. Der Pest fielen in den Jahren 1564 bis 1565 2500 Personen zum Opfer. Den

---

[1]) Auch die in Paris und Basel liegende Descriptio Helvetiae von Domitius Calciatus, um 1500 geschrieben, nennt Luzern nobilis Suevorum Ducis opus. Mittheilung von Herrn Universitätsbibliothekar Dr. L. Sieber in Basel.

21. September 1564 versah der Pfarrer in einem Gange 21 Personen mit den hl. Sterbesakramenten; 88 Leichen kamen in ein Grab. 1575 starben wieder 470 Personen an der Pest. Abgesehen von einzelnen solchen Unglücksjahren blieb die Zahl der Bevölkerung ziemlich stabil, namentlich diejenige der Steuerzahlenden. So zählte z. B. das Quartier Wäggis im Jahre 1352 99 Steuerpflichtige, im Jahre 1445 aber 98. Die ganze Großstadt zählte im erstern Jahre 563, im letztern 692 Steuerpflichtige; dagegen stieg das Steuerkapital von 1300 Pfund (à 20 Schilling) auf 303,948 Gulden. 1860 wurde das reine Vermögen der Stadtbewohner für Polizeizwecke berechnet auf 27,250,560 Fr., der Erwerb auf 11,151,120 Fr., der Kataster auf 5,217,450 Fr.; 1877 stieg das steuerbare Vermögen auf 62,620,800 Fr., der Erwerb auf 32,591,000 Fr., der Kataster auf 8,737,169 Fr. Im Jahre 1352 zählte die Stadt 1151 Steuerpflichtige; die eigentliche Bevölkerungszahl läßt sich nicht ermitteln. Wir wissen, daß im Jahre 1589 das Quartier Müligaß in 71 Häusern 465 Einwohner zählte, d. h. in bevölkerten Häusern 9—12 Personen, während die Volkszählung von 1877 für dieses Stadtviertel 121 Häuser mit 1469 Einwohnern, diejenige von 1880 in 122 Häusern 1419 Personen aufwies. Um das Jahr 1654 schätzte der Nuntius die Einwohnerzahl auf 4000 Seelen; Johann von Müller berichtete 1787 dem Könige von Preußen, Luzern zähle 6000 Einwohner. Die Volkszählung von 1799 verzeichnet 4594, die von 1810 6111, die von 1837 8559 Einwohner; 1850 stieg die Bevölkerungszahl auf 10,068, 1860 auf 11,674, 1870 auf 14,598, 1877 auf 17,151 und 1880 auf 17,767 Seelen.

Während anderwärts darauf gehalten wurde, daß die Bevölkerungszahl offenkundig werde, suchte man dieselbe in Luzern so viel wie möglich in der guten alten Zeit zu verheimlichen und betrachtete diejenigen mit mißtrauischem Auge, welche hierüber Nachforschungen anstellten. Als Graf Curti 1791 in Luzern weilte, schätzte er die Bevölkerung auf zirka 3000 Seelen und meinte, die Häuserzahl dürfte wohl für eine viermal größere Bevölkerung ausreichen. 1784 verzeichnet der „Rodel der bürgerlichen Seelen" in der Innern Wäggisgasse 226 „Seelen" in 99 Häusern; hiezu kamen noch 27 „geistliche Seelen" männlichen und weiblichen Geschlechtes". Die ältern Magistraten liebten die Volkszählungen nicht; erst 1780 gab es eine eigentliche Volkszählung; vorher notirte man nur zeit-

weise die Steuer- und Militärpflichtigen; die „Hintersäßen" oder
„bürgerlichen Seelen"; seit 1754 auch die Zahl der Gebornen und
Gestorbenen katholischer Konfession. Bei der Waffenschau von 1549
fand man 269 Waffenbesitzer in der Großstadt, 78 in der Kleinstadt (Ennet Brugg), 56 vor den Thoren, 56 „am Wege", 6 im
Hof und 4 im Bruch; 1555 notirte man 278 Waffenbesitzer in
der Großstadt, 96 in der Kleinstadt, 76 vor den Thoren, 56 am
Wege, 4 im Hof, 5 im Bruch und 10 im Weg (in via). 1555 belief
sich die waffenfähige Mannschaft der Großstadt auf 552 Mann,
die der Kleinstadt auf 101, die der Vorstädte auf 85. Beim Lands-
knechtenumzug von 1554 zählte man 600 Mann in voller Rüstung.

Die „Hintersäßen" waren in alter Zeit, wo der Einkauf in's
Bürgerrecht keine Schwierigkeiten bot, nicht zahlreich; 1485 fand
man deren 75, 1505 106, 1551 180, 1551 schon 565 und 1558 790.

Die ungemein schwache Zunahme der Bevölkerung schrieb
man theils den Schwierigkeiten zu, mit denen die Einbürgerung
verbunden war, theils der Abneigung des Patriziats gegen den
Handel, der hier nicht als ehrenvoll galt, während in den ältesten
deutschen Städten, wo das Patriziat in vollster Blüthe stand, der
Großhandel in den Händen der angesehensten Bürger lag. Wie
es scheint, hielten die Patrizier Luzern's in Folge ihrer Nobilitirung
sich den Mitgliedern des allerhöchsten Adels gleich ebenbürtig.
Traurige Erfahrungen, welche einige luzernische Spekulanten
machten, mögen die Söhne der Patrizier bestimmt haben, sich vorzugsweise dem Kriegsdienste zu widmen, der ihnen ein sicheres
Auskommen zu gewähren schien. Die Bürgeraufnahme konnte nur
an den beiden St. Johannestagen vorgenommen werden, sofern
dieselbe durch Gemeindebeschlüsse nicht auf Jahre hinaus grundsätzlich
untersagt war. Die Neubürger mußten im letzten Jahrhundert
entweder ein Steinhaus von Grund aus neu aufbauen oder zwei
alte Holzhäuser in Steinhäuser umbauen. In Bezug auf die Ein-
bürgerungen bemerken wir, daß 1557 bis 1400 1624 Bürgeraufnahmen
erfolgten, von 1400 bis 1500 1584, von 1500 bis 1600 1805, von
1600 bis 1700 nur 551 und von 1700 bis 1800 gar nur 86. In
weitaus den meisten Fällen mußte das Bürgerrecht erkauft werden, während in Zürich vom 15. bis 16. Jahrhundert 1054 Personen das Bürgerrecht geschenkt erhielten und zwar im Jahre 1440
510 auf einmal.

Während in der Stadt die größten politischen und sozialen
Umwälzungen sich vollzogen, blieb sich auf dem Gütsch alles Jahrhunderte lang so ziemlich gleich, ja in späterer Zeit war es hier
eher ruhiger, als früher. Denn bis in's Jahr 1505 führte die
Handelsstraße nach Bern und Basel über den Gütsch; erst damals
wurde der Weg über den steinernen Steg der Reuß entlang bis
zur Krummenfluh angelegt, während früher nur Saumrosse den
Verkehr über den Gütsch vermittelten, wie uns der Chronikschreiber
Melchior Ruß erzählt.

Nach dem großen Bauernkriege von 1653, während dem sich
auf dem obern und untern Gütsch im März, Mai und Juni bald
die Rebellen, bald die Regierungstruppen gelagert hatten, machte
Oberst Ludwig Pfyffer den Vorschlag, Luzern zu befestigen und
namentlich auch den Gütsch in die Vertheidigungslinie hineinzu-
ziehen. Nach dem zweiten Villmergerkriege, wo Luzern einen plötzlichen Ueberfall aus den Urkantonen nicht zu den Unmöglichkeiten
glaubte rechnen zu dürfen, wurde diese Idee wieder aufgenommen.
Man wollte Luzern nicht zu einer eigentlichen Festung erheben,
aber doch gegen einen Handstreich sichern. Deßhalb schlug man
vor, auf dem Gütsch, beim Inseli, bei Allenwinden und an der
Reuß Befestigungsarbeiten, analog denjenigen anderer Schweizer-
städte, anzulegen und zu diesem Zwecke die Staatsgelder und
Pensionen von fremden Fürsten zu verwenden, eventuell auch
Steuern zu erheben. Der Plan wurde 1714 einer Kommission zur
Prüfung überwiesen, die mit solcher Gründlichkeit die Sache an
die Hand nahm, daß die ganze alte Eidgenossenschaft zu Grunde
ging und Luzern selbst bei einem unvermutheten Ueberfalle die
Waffen strecken mußte, ehe die Kommission den Befestigungsplan
durchberathen hatte.

Auf dem Gütsch, welchen die Bürger von Luzern im Jahre
1567 vom Stifte im Hof zu Lehen empfingen, ging es nur einmal
während des Jahres in der Regel hoch her, nämlich am Fronleichnamsfeste. Am Vorabende dieses Tages zogen seit dem Jahre
1580 die Mitglieder der Barbara-Bruderschaft oder der Gesellschaft
vom hl. Altarssakrament auf diese Luzern beherrschende Anhöhe,
um zur Verherrlichung des Festes durch Losbrennen der Geschütze
beizutragen. In der guten alten Zeit hielt man überhaupt sehr
viel auf Kanonendonner; beim Einreiten fürstlicher Personen oder

Botschafter ersten Ranges, bei Theaterproduktionen, selbst bei der
Aufführung der Passionsspiele durften Kanonenschüsse ebensowenig
fehlen, als bei bürgerlichen oder politischen Festen. Nach dem
alten Reglemente, in welchem den „Herrgottskanonieren" eingeschärft wurde, sich ja nicht zu „überweinen", wurde der hohe
Festtag um 5 Uhr Morgens mit Kanonendonner begrüßt. Zeitweise ging diese Barbara-Bruderschaft ein; 1678 neu organisirt
und durch den Beitritt der Constabler verstärkt, führte die Bruderschaft seit 1656 12 „Stuck" auf den Gütsch, welche hier zur „größern
Ehr Gottes und schuldigster Ehrerbietigkeit gegen dem heiligsten
Fronleichnamstag" abgebrannt wurden. Im Jahre 1656 wurde
wegen der Kriegsgefahr in Erwägung gezogen, ob es nicht passender
wäre, die Geschütze auf dem Wasserthurme loszubrennen; allein
der Rath beschloß — gewiß nicht zur Freude der Glasermeister —
die Geschütze am alten Orte aufzustellen, wenn nichts Anderes
einfalle. Glücklicherweise fiel wider alles Erwarten etwas ein: bei
Villmergen siegten die katholischen Orte mit kleiner Heeresmacht
über die weit überlegenen Armeen der protestantischen Kantone
und die Luzerner konnten aus eroberten Kanonen zur Verherrlichung des Festes schießen. Da aber die Nerven der Luzerner,
wie diejenigen anderer in der Kultur fortschreitender Menschen
immer zarter wurden, und auch die Stadtbevölkerung nach und
nach nicht bloß aus „guten Katholiken" bestand, wurden immer
weniger Geschütze auf dem „Stuckerplatz" bei der „Kanonierhütte"
aufgestellt und der eherne Mund durfte immer später seinen Morgen-
gruß verkünden. Neben der „Kanonierhütte" erhob sich ein großes
Kreuz, dessen Unterhalt die Bruderschaft im Jahre 1684 gegen
Auszahlung von 10 Gulden ab Seite des Staates übernahm. Das
1718 erneuerte Kreuz wurde von den Kapuzinern benedicirt. Die
im Jahre 1798 abgebrannte und 1812 restaurirte „Kanonierhütte"
wurde 1854 der Korporationsverwaltung der Stadt von Seite der
Corporis Christi-Bruderschaft unter Wahrung des Benützungs-
rechtes abgetreten. Von hier aus wollten den 1. April 1845 die
Freischaaren die Stadt Luzern beschießen; allein während sich die
Anführer darum stritten, ob zuerst mit der Beschießung der Kleinstadt oder mit derjenigen der Großstadt begonnen werden soll,
rückten die Truppen der Sonderbundsstände heran und trieben die
Freischaaren nach Malters zurück.

Das Thürmlein am Gütsch, in älterer Zeit „Lug in d' Stadt" oder „Unnoth" genannt, wurde in Folge Rathsbeschlusses von 1589 zur Ergänzung der äußern Ringmauer 1590 erbaut. Schon im 17. Jahrhundert in Privatbesitz, gelangte dasselbe später an die Stadt, die es 1829 an Caspar Fluder verkaufte, welcher dasselbe um ein Stockwerk erhöhte und zur Betreibung einer Sommerwirthschaft einrichtete. — Der untere, an die Senti angrenzende Theil des Gütsch's wurde 1587 unter 19 Privaten zur Anlage von Gärten vertheilt, während der obere Theil, mit Ausschluß eines daselbst im 17. Jahrhundert erbauten Hauses, welches durch seine Fernsicht weit bekannt ist, im Besitze der Stadt verblieb.

Auf dem Gütsch fand man 1596 eine schöne starke Quelle, welche in die Stadt geleitet wurde, wo man seit 1405 zur Besorgung der Brunnenleitungen einen eigenen Brunnenmeister hatte.

Während der vordere Theil des Gütsch's, wo in Kriegszeiten Wachtfeuer brannten, eine unvergleichliche Fernsicht auf die Gebirge der Urschweiz eröffnet, entrollt der hintere Gütsch nach Links den Blick auf die luzernische Hochebene, welche durch mehrere kleine Seen belebt wird; nach Rechts aber bietet die rasch dahin fließende schiffbare Reuß den Anblick einer niederländischen Landschaft dar. Doch wir können und dürfen uns nicht in die Naturbetrachtung vertiefen, damit es uns nicht geht wie dem Mönch in Longfellow's „Goldener Legende", der fünfhundert Jahre in der Waldeinsamkeit einem Waldvöglein nachging, so daß ihn niemand mehr kannte, als er in's Kloster heimkehrte. Ehe wir den einsamen Waldpfad vom obern Gütsch gegen den Kreuzstutz hinuntersteigen, müssen wir noch dem vorsichtigen Förster der Korporation Luzern unsern Dank abstatten, der zur „Verunmöglichung aller Unzucht", wie an der Jahresversammlung des schweizerischen Forstvereins ausdrücklich erklärt wurde, die Tannen hoch aufgestutzt hat, so daß jedes Frauenzimmer in poetischer Anwandlung hier lustwandeln und mit dem ihm beliebigen Pathos Eichendorf's schönes Lied singen kann:

Wer hat dich, du schöner Wald,
Aufgebaut so hoch da droben.

Da drunten aber, wo die Straßen sich kreuzen, stand noch in den ersten Decennien des 18. Jahrhunderts eine einfache alte Kapelle, zum elenden Kreuz genannt. Hier, an der Grenze des Stadt-

bannes, wurden nach einer alten Sage in frühesten Zeiten die
Hinrichtungen vollzogen. Ein luzernischer Staatsschreiber, der allerdings mit nicht wenig Phantasie begabt war, hat uns eine Nachricht überliefert, laut welcher hier die Kindsmörderinnen — wie
im alten Rom die Vestalinnen, welche ihr Gelübde gebrochen
hatten — lebendig begraben wurden. Es ward, schreibt Cysat,
eine tiefe Grube gemacht, Dörner wurden auf den Boden gestreut,
die Mörderin wurde hinuntergestürzt, mit Dörnen und Erde zugedeckt,
so jedoch, daß ihr Leben noch einige Tage fortdauern konnte, da man
ihr durch ein Luftröhrchen zuweilen noch Milch reichte. — Durchgehen wir die alten, allerdings nicht sehr humanen luzernischen
Strafgesetze, so finden wir glücklicherweise, daß diese grausame
Strafe in Luzern rein unbekannt war; Frauen, welche den Tod
verschuldet hatten, wurden in Luzern, wie fast überall in älterer
Zeit, in einem Sacke ertränkt; erst 1609 wurde für die Frauen
auch die Hinrichtung durch das Schwert eingeführt. Im aargau-
ischen freien Amte dagegen fand die von Cysat beschriebene
Hinrichtungsart der Kindsmörderinnen statt [1]).

## II. Der Untergrund.

In der Nähe dieser vormaligen Hinrichtungsstätte befindet
sich die 1787 von Salzdirektor Schwyzer von Buonas errichtete
Wirthschaft „zum Lädelin", in welcher der berühmte luzernische
Geschichtsforscher Dr. Josef Eutych Kopp mit seiner Familie
an Sonn- und Feiertagen gern einzukehren pflegte.

Wanderte man vor Jahren reußaufwärts, so sah man, von
einer niedern Mauer umschlossen, eines jener sonderbaren Heim-
wesen, das den Philosophen von Ferner immer daran erinnerte,
daß er sich in der Nähe zivilisirter Leute befinde — die Scharf-
richterwohnung. Diese von zahlreichen Obstbäumen beschattete
Kulturstätte, an welcher die Wellen der Reuß schäumend vorbei-
rauschten, hatte nur von der Stadt her einen Eingang. Als
Scharfrichter wurde in Luzern nicht wie anderwärts der jüngste

[1]) Vrgl. Osenbrüggen: Deutsche Rechtsalterthümer. Zürich 1859 III,
17; I, 34—36.

Rathsherr verwendet, sondern ein Fremder, während sonst alle lukrativen Stellen nur an Bürger vergeben wurden. Denn während der jüngste Rathsherr in Luzern den fleißigen Besuch des Gottes- dienstes von Seite der christenlehrpflichtigen Jugend überwachte, die Obsorge über die Wasservögel — Schwanen und Bucheli — führte und den peinlichen Verhören in den Thürmen und Gefäng- nissen beiwohnte, selbst die Referate über die Kriminaluntersuchungen besorgte — wofür ja natürlich die bloße Abstammung in Verbindung mit dem jugendlichen Alter ganz vorzüglich befähigte — vollzog der Scharfrichter nicht nur die ehrenvolle Hinrichtung durch das Schwert, sondern auch das Hängen, das Schwemmen, Rädern, das Pfählen, Viertheilen, Aufbrennen des Schandzeichens, zahl- reiche körperliche Züchtigungen, das Zungenschlitzen, Ohren- abhauen, die Entmannungen, wie das Verscharren des kranken Viehes. Für die noblern, in dieses Fach einschlagenden Beschäf- tigungen, wurde der Scharfrichter von Luzern im 16. und 17. Jahr- hundert auch von den löblichen Ständen Ob- und Nidwalden sehr häufig in Anspruch genommen; denn auch dort setzte man einen hohen Werth auf strenge Ausübung der Kriminalgerichtsbarkeit. Man schwärmte rings um den schönen Vierwaldstättersee für die Abschreckungstheorie und hoffte als schönste Frucht derselben das goldene Zeitalter wiederherstellen zu können; jene Zeit, von welcher der Luzerner Schradin im Jahre 1500, anlehnend an die Sage von König Frotho III. von Schweden, der ein goldenes Arm- band auf einen Kreuzweg hinlegen konnte, ohne daß sich Jemand daran vergriff, singen konnte:

> Sollt einer tragen Gold in seiner Hand,
> Ohne Gleit durch das ganze Schweizerland,
> Dem geschäh' nimmer Schmach noch Leid,
> Auf meine Treu und beim geschwornen Eid.

Wie tiefen Eindruck die strenge Ausübung der Strafjustiz auf das Volk machte, geht daraus hervor, daß im Zeitraume von 100 Jahren, 1501—1600, nach den keineswegs vollständigen Raths- protokollen nicht weniger als 181 Todesurtheile vollzogen wurden. Seit Erwerbung des Blutbannes im Jahre 1381 bis zum Jahre 1442 bediente sich Luzern bei allen Hinrichtungen des Scharfrichters von Zürich; während des alten Zürichkrieges wurde der von Greifensee her wohlbekannte Henker von Bern beigezogen, der

zum großen Bedauern der Luzerner 1448 in Freiburg erstochen
wurde. Denn der Scharfrichter von Zürich war ein gar unver-
schämter Kerl, der im Jahre 1456 den Luzernern nur eine Monat-
frist einräumte, wenn sie ihm nicht vor fremden Gerichten
vielleicht vor der heiligen Fehme — wegen verzögerter Zahlungs-
leistung Rede stehen wollen. Schultheiß, Rath und Hundert mußten
damals vor dem Schädelspalter sich neigen und die nicht unerhebliche Summe von mehr als 75 Pfund für verrichtete „Kopfarbeit"
erlegen. Später wurde alter Gewohnheit gemäß wieder der Scharfrichter von Zürich ¹), oder in dessen Abwesenheit derjenige von
Constanz berufen. Im Jahre 1485 stellte Luzern einen eigenen
Henker an, der bekanntlich in den Religionswirren sehr beschäftigt
war und z. B. 1531 den Reformator Zürichs nach Kaiser Karl V.
hochnothpeinlicher Halsgerichtsordnung viertheilen und verbrennen
mußte. Die Amtswohnung desselben befand sich im Obergrund,
wo 1555 ein neues Scharfrichterhaus erbaut wurde, das der Staat
1573 an den Pulvermacher Caspar Thüring verkaufte. Seit
1552 wird unser unheimliches Haus an der Reuß erwähnt, das
der Staat zeitweise mit Glasgemälden zierte. 1724 wurde dieses
Haus sammt dem Hochgerichte neuerbaut. Als 1772 die Reparatur
des letztern nothwendig wurde, sollten alter Uebung gemäß alle
Arbeiter der Stadt bei derselben mitwirken. Alle weigerten sich
dessen; der Staat mußte sie förmlich dazu zwingen und ließ allen
ernstlich untersagen, denen die irgend eine Arbeit an dieser Richt-
stätte vollbracht hatten, irgend welchen Vorwurf zu machen. Die
Hinrichtung des ungerechterweise verurtheilten Rathsherrn Schumacher mochte diese Weigerung hervorgerufen haben.

Der Henker von Luzern trug laut Verordnung von 1546 weiß
und blauen Rock und gleiche Hosen, am Aermel aber einen zwei-
fachen rothen „Kerdrell". Obschon die Todesstrafe in Luzern im
Ansehen stand, war derjenige, der sie vollstreckte, von der bürgerlichen Gesellschaft zum großen Theile wie ausgeschlossen; der
Henker hatte in der Kirche und im Wirthshause einen abgeson-
derten Platz; er durfte, wie das Mandat von 1588 sagt, „weder

¹) So zum Schwemmen des 1473 zum Tode verurtheilten Knaben. Diebold
Schillings Chronik stellt diese Szene auf Fol. 80 dar; der Henker erscheint in
den Zürcher Farben.

jagen, vogeln, birſen, noch fiſchen," keine Gaſtereien halten, und
ſelbſt in ſeinem eigenen Hauſe „mit viel Zächens triben"; die ärmſte
ehrbare Tochter hätte ihn in alter Zeit nie geheirathet. Erſt im
18. Jahrhundert wurden „verſuchsweiſe" Henkerskinder, allerdings
in abgeſonderter Bank, zum Unterrichte in der Stadtſchule zu-
gelaſſen. 1856 brannte das Scharfrichterhaus ab, in deſſen Nähe
1864 bis 1865 die Militärpferdeſtallung mit der Reitbahn erſtellt
wurde.

Oberhalb dieſes unheimlichen Hauſes mündete in älterer Zeit
ein Arm des Bruchbaches in die Reuß; weithin dehnte ſich eine
ſumpfige Landſtrecke aus, die nach und nach durch Ausfüllung
mit dem Schutte aus dem Steinbruche im Bruch trocken gelegt
wurde. Oberhalb dieſes Sumpfes zog ſich in gerader Linie von
der Reuß eine mit Zinnen gekrönte gerade Mauer bis zum Sentithor hin, wo die Straße nach der Stadt, nach Baſel und Bern
führte. Vor dem Sentithor lagen nur wenige Häuſer; dort befand
ſich der „kleine Herrgott", d. h. ein ſteinernes Crucifix, vor welchem
ſeit dem 15. Jahrhundert die Stadt ein ewiges Licht unterhielt.
In der Nähe deſſelben, bei der Wirthe Gärten, den Gärten
Rudolf Suters und Rudolfs von Bramberg ſtand der 1458
erwähnte Senti-Brunnen. Die meiſten vor dem Sentithor gelegenen
Häuſer ſind erſt ſeit 1834 erbaut worden, wo der Staat den nicht
zur Strafanſtalt verwendeten Theil der Sentimatt an Staats-
ſchreiber Anton Hunkeler verkaufte. Dieſer erſtellte dann die
Häuſerreihe gegen das „Lädelin" mit dem Gelde, welches ihm der
Staat aus den Güterverkäufen des Kloſters St. Urban vorgeſtreckt
hatte, weßwegen im Volksmunde dieſes neue Stadtviertel die
St. Urbaner-Vorſtadt genannt wurde.

Der im Jahre 1833 abgetragene Sentithurm mit dem Thore
ſoll im Jahre 1355 zur Beſchirmung der Vorſtadt angelegt worden
ſein; 1508, 1587 und 1588 erweitert, 1701 neuaufgebaut, dienten
Thurm und Thor im 16. Jahrhundert als Dienſtwohnungen, im
folgenden Jahrhundert zur Aufbewahrung von Pulver. Das Thor
war Nachts nicht geſchloſſen, wie diejenigen in der Stadt.
Innerhalb des Sentithores, gegen den Gütſch hin, lagen die Sentikirche, der Antonius- und St. Jakobs-Spital, d. h. die Anſtalten
zur Pflege der Ausſätzigen oder Sonderſiechen und der Pilger-
Spital. Die Senti exiſtirte ſchon im 13. Jahrhundert, wo der Ausſatz,

diese Plage des Orientes, auch in unseren Gegenden sehr verbreitet war. Der Abt von Murbach hatte bis zum Jahre 1291 das Recht, in Luzern einen Wochenmarkt zu halten, für den er das ganze Terrain „von der Seintieren" bis an den Hof benutzen konnte. 1291 ging dieses Recht auf die Herzoge von Oesterreich über.

Ueber die alte Sentikirche, welche den Heiligen Jakob, Anton und St. Margaretha geweiht war, besitzen wir wenige Nachrichten; wir wissen nur, daß an der Kirche wie am Spital 1443—1445 und wieder 1470 Reparaturen vorgenommen wurden. Im Jahre 1525 zerstörten Heinrich Horner von Zürich und Gernets Knaben die Muttergottesbilder in der Senti und im Spital. Schultheiß Ludwig Pfyffer und Pannerherr Marti ließen 1582 die Kirche in der Senti neuaufbauen; die Kosten beliefen sich auf 2100 Gulden. 1669 wurde diese Kirche abgebrochen und an der Stelle derselben ein Friedhof angelegt. Die neue Sentikirche wurde mehr Reußabwärts verlegt, 1659—1662 aufgebaut. Der Choraltar in derselben wurde 1755 neuerstellt; das Chorgitter aber datirt aus dem Jahre 1725.

Auf dem Sentifriedhofe, in dessen Nähe man 1460 eine Hexe verbrannte, wurden bis 1575 die Hingerichteten begraben. Damals aber wurde beschlossen, dieselben künftig unter dem Hochgerichte zu beerdigen. Das ewige Licht in der Sentikapelle oder dem sogenannten Sentibeinhäuslein wurde 1559 eingeführt, indem der Rath die sogenannte Frauenwirthin, welche eine der unter ihrer Aufsicht stehenden Dirnen zum Tode befördert hatte, anhielt, zur Sühne ihres Vergehens ein ewiges Licht zu stiften. Die öffentlichen Dirnen wurden damals gleich den Verbrechern auf dem Sentifriedhofe beerdigt.

Bei der Sentikirche existirte schon im Jahre 1519 eine Mühle, die vermuthlich vom Hirschengrabenkanal aus ihr Wasser bezog. Die Terrainverhältnisse in dieser Gegend sind jetzt total anders geworden. 1719 wurde behufs Säuberung des Sentiraines das Schellenwerk errichtet, das 1720—1721 auch den Reußarm zwischen der untern Sentimatte und dem Ried ausfüllte.

Neben der Sentimühle und der Sentischeune, an deren Stelle 1697 eine Karrenhütte für den Staat gebaut wurde, die später als Kavalleriekaserne benützt wurde, stand der Spital für die Aussätzigen, Sonderfiechen oder Sentileute, dessen Leitung seit 1418 einem vom Rathe gewählten Sentmeister anvertraut war. Dieses Sondersiechenhaus, 1554 renovirt, wurde 1582 neu in Stein aufgeführt. Das gegenwärtige Anstaltsgebäude ist 1817—1819 durch Verwalter Alois Rusconi erbaut worden. Um die Lage der Anstalt, in welcher seit 1875 die Augenheilanstalt von Herrn Dr. Roman Fischer untergebracht ist, in sanitarischer Beziehung zu verbessern, hatte der Staat schon im Jahre 1584 einen Theil des Waldes am Sentirain umhauen lassen.

Das neben der Anstalt befindliche Knechtenhaus brannte 1554 ab und wurde dann durch ein Steinhaus ersetzt.

Der Name Senti ist nicht eine Uebersetzung des lateinischen Wortes sentina, sondern rührt daher, daß die Anstaltsknechte eine Sentenwirthschaft betrieben, die erst 1744 einging.

Das Leben der Anstaltsangehörigen war durch strenge Ordnungen geregelt.

Die Ordnungen für die Sentileute oder „Malazigen" von 1446 und 1470 bestimmen, die Aussätzigen dürfen nicht in die Stadt, sondern nur vor die Kirchen gehen; sie dürfen weder an einem Stadtbrunnen, noch am Sentibrünnelein trinken; sie dürfen in kein Haus gehen und in kein „Sprachhus" sitzen, wo Gesunde hingehen; sie dürfen weder Fleisch noch Fische kaufen, noch bei den Gremplern oder sonst wo handeln. Gesunde Leute dürfen nicht zu den Aussätzigen oder in die Senti gehen, oder die Sentileute in ein Haus führen oder einlassen. Die Siechen dürfen weder Degen noch Messer, sondern nur ein stumpf abgebrochenes Brodmesser tragen; sie dürfen weder über die Hof-, noch über die Spreueroder Kappelbrücke gehen, sondern allein über die Reußbrücke und den Wäggis in den Hof. Immer müssen die Siechen die Klaffe nachtragen. — Ein Arzt gab sein Gutachten darüber ab, ob Jemand wirklich vom Aussatze behaftet sei und Aufnahme in der Anstalt finden könne. Gemeinsame Gebete und gemeinsame Lebensweise ordnete der Siechmeister. Wer aus der Anstalt entlassen werden wollte, wurde nach Constanz an den Bischof geschickt, der ihm ein Zeugniß über seine Heilung durch einen beeidigten Arzt ausstellen ließ. Bis tief in's 17. Jahrhundert hinein meldeten sich Aussätzige oder Sondersiechen zur Aufnahme in die Senti; später wurde die Anstalt zum Armenhause für alle Kranken. — Als besondere Wohlthäterin des Sondersiechenhauses galt die Frau des Schultheißen

8

Ruß, welche hier 1421 eine ewige Messe gestiftet hatte. Den
Gottesdienst in der Kapelle besorgten der Leutpriester und seine
Helfer, obwohl schon 1387 die Stadt von einem päpstlichen Nuntius
die Erlaubniß erwirkt hatte, unbeschadet den Pfarrrechten einen
eigenen Priester anzustellen. 1421 wurde zuerst von dieser Erlaubniß
Gebrauch gemacht; 1450 wurde auch für den Nebenaltar ein
Priester angestellt. Seit 1616 versah die Kaplanei ein Kuratpriester,
dessen Wohnung 1662 neben dem Spital erstellt wurde.

In der Nähe der Senti befand sich der St. Jakobsspital,
der zur Aufnahme der Pilger bestimmt war, die nach St. Jago
wanderten. Dieser Spital wurde von demjenigen in der Senti
besorgt, da er keine hinreichenden Fonds besaß. Beide Spitäler
wurden bald mit einander verschmolzen.

Eben diesem Spitale wurde auch das sogenannte Blatternhaus einverleibt, das für die mit venerischen Krankheiten Behaf-
teten vom Staate zuerst im Obergrunde erstellt, dann aber 1610
der Bequemlichkeit wegen an die Reuß versetzt worden war. —
Im Jahre 1596 war der Jakobsspital in ein Gefängniß für
Bürger umgewandelt worden; allein diese nahmen die Reform
sehr übel auf. Einerseits fand man das Gefängniß zu hart, anderseits hielt man es für höchst unpassend, daß ein ehrsamer Bürger
außerhalb der Stadtmauern, wo sonst nur Fremde wohnen, in ein
Loch gesteckt werden sollte. Lieber wollten die ehrsamen Bürger
innerhalb der Stadtmauern, etwa beim Kropfthurme, ihre Strafe
absitzen. Der Aufenthalt außerhalb der Stadt kam also den Luzernern so trostlos vor, wie derjenige außerhalb dem Forum den
alten Römern. So wurde denn in den Jakobsspital im Jahre
1720 das „Schellenwerk" verlegt, das halb Strafanstalt, halb Ver-
sorgungsanstalt für Arme war. — Von 1700—1756 berieth der
Rath von Luzern die Frage über Erstellung eines eigenen Waisenhauses, 1804 wurde von der Gemeinde der Antrag betreffend
Bau des Waisenhauses genehmigt und 1807—1812 wirklich das
Waisenhaus an der Stelle des St. Jakobsspitals aufgeführt.

Weiter unten wurde dann, auf ehemaligem Sentigrunde,
1854—1857 mit Benutzung der alten Kaserne die jetzige Strafanstalt erstellt. Schon im Jahre 1759 wollte man hinter dem
Farbhause im Untergrund eine Anstalt für Versorgung liederlicher
Weibspersonen errichten.

Der Name Untergrund ist übrigens nicht sehr alt. 1352 bildete dieser von 151 steuerpflichtigen Bürgern bewohnte Stadt- theil eine Pertinenz zum Quartiere ante portam. 1361—1393 er- scheint dafür der Name „die hintere Gaße vor dem Thor", 1445 ist die Rede vom „nidern Grund". In der österreichischen Zeit gehörte der Untergrund zu den Vorstädten, von denen der öster- reichische Urbar aus dem Anfang des 14. Jahrhunderts spricht. In der Stadt wie in den Vorstädten besaßen die Herzoge eine nicht näher bezeichnete Anzahl von Hofstätten und Gütern, welche einen jährlichen Zins von 2½ Pfund Pfennig, einige Bocks- und Geißhäute und 72 Roßeisen abwarfen. Für andere Hofstattzinse und einen Garten erhielten die Herzoge jährlich 21 „Ballen".

Nach dem „geschwornen Briefe" vom Jahre 1759 — die geschwornen Briefe von 1252, 1454 und 1474 enthalten diesen Passus noch nicht — erstreckte sich das Bürgerziel vom untern Thor und Judenthurme „schnurrichtigs" über die Reuß an den neuen Thurm außerhalb dem Lindenthor. Auch ein dort geborner Stadtbürger wäre in der alten Zeit zum Ausbürger geworden und hätte niemals an der Regierung des Gemeinwesens Antheil nehmen können. Deßhalb wohnten, wie überall, so auch in Luzern in den Vorstädten zuerst nur Hintersäßen und Dienstleute, die keinen Antheil noch Genuß an den Freiheiten und Gerechtsamen der Bürger hatten. Dieser Ausschluß der Vorstädter Luzerns von der Regimentsfähigkeit ist um so auffälliger, da schon Herzog Leopold von Oesterreich im Jahre 1316 den Bewohnern der Vor- städte Luzerns die gleichen Rechte eingeräumt hatte, welche die innerhalb der Stadtmauern angesessenen Bürger besaßen.

Unmittelbar vor dem Baslerthore, da, wo jetzt die Kaserne steht, befand sich in alter Zeit das „Armbrustschützenhaus" und der „Kurzweilplatz". Diese noch im letzten Jahrhundert besuchte Schießstätte hatte eine Zielweite von 260 Fuß; das Ziel, oder wie man in Luzern sagte, der „Tätsch", befand sich an der Stadtmauer. Seit dem Jahre 1597 hatte hier der Stadtarmbruster, welcher nebst genüglichem Holz alle Quartal 6½ Pfund 5 Schilling und 4 Pfennig als Honorar bezog, seine Amtswohnung, die erst 1606 vom Staate an Hans Werner Halter verkauft wurde.

Den Schießstand, welcher noch 1725 restaurirt wurde, über- schattete bis gegen Ende des 18. Jahrhunderts eine mächtige Linde.

Den jungen Knaben, welche sich hier im Schießen übten, verehrte der Staat seit 1452 alljährlich „Schürlitztuch" als Ehrengabe, zeitweise auch Geld. 1509 hielten die Knaben von Luzern und Altdorf hier ein Schützenfest ab, gleich denjenigen in Altdorf vom Jahre 1508, auf welchem die Luzerner von den 15 Preisen 14 heimgebracht hatten. 1511 wurde der Schießplatz der Knaben an den Gütsch verlegt.

Auf dem „Kurzweilplatze" ergötzte sich die liebe Jugend oft in einer Weise, welche sich keineswegs der Billigung von Seite der gestrengen Herren und Obern erfreute. Statt der züchtigen altalemannischen Kinderlieder sangen Knaben und Mädchen schon zu Cysat's Zeiten oft „Ringlieder und andere unzüchtige Lieder". 1608 wurde verboten, auf der Schützenmatt mit Karten, Würfeln und Stötzlen zu spielen; dagegen wurde das „Plattenschießen" und „Sallebaren" gestattet. Ob es auf dem Schützenplatze der alten Herren auch immer nach Wunsch der strengen Sittenrichter zuging, wollen wir nicht untersuchen. — Das „Schützenhaus", 1548 und 1568 in Holz, 1572 in Stein erbaut, brannte den 14. Juli 1619 Morgens um 4 Uhr ab und wurde gleich darauf neu erbaut, um 1756 einem geräumigern und stattlichern Baue Platz zu machen. Im neuen Schützenhause hielten die „aufgeklärten" Rathsherrn ihren Abendzirkel. Dort trug 1769 Valentin Meyer seine scherzhafte Kritik über die Reflexionen über die Zuträglichkeit der Aufhebung oder Beschränkung der regulären Orden in der Eidgenossenschaft seinen Freunden vor.

Der Scheibenstand befand sich am Abhange des Gütsch, der deßhalb auch der Schützenrain hieß. Im 15. Jahrhundert hielten die Schützen jeweilen an der Senti-Kirchweih ein großes Schießen, zu welchem der Staat 12 Maß Ehrenwein spendete. Im Jahre 1504 feierten hier die Schützen von Basel und Luzern ein gemeinsames Schützenfest. Die beiden großen eidgenössischen Freischießen von 1852 und 1852 wurden nicht im Schützenhause, sondern auf eigens hergerichteten Schießplätzen im Moos abgehalten. Seit vielen Jahren wird der Schießstand beim Schützenhause nicht mehr benutzt.

Auf der Schützenmatt befand sich auch das Kornhaus, das 1508 und 1610—1613 neugebaut wurde.

In der Nähe des Schützenhauses lebte zur Zeit des Schwabenkrieges als Hinterfäße Hans Wick, der die Schlacht im Schwaderloch in einem Liede verherrlichte und noch im Jahre 1515 beim Eintritte Mülhausens in den Schweizerbund die Eidgenossen zur Einigkeit ermahnte:

Uneinigkeit all' Reich zerstört,
Kann aber kein's nit machen,
Drum lug, daß du nicht werdst bethört,
Der Feind würd dein fast lachen
Der dir vergönnt die Freiheit dein,
So Gott den alten Eidgnossen
Und dir hat geben ein!

Das schöne, aus dem 17. Jahrhundert stammende Von Moos'sche Haus in der Nähe des Schützenhauses gehörte einst dem Jost Helmlin, dann dem Jakob Bircher (1613).

Berlepsch hat das von Moos'sche Haus in Ortwein's „Renaissance", 25. Lieferung, Blatt 21, abgebildet und dazu folgende Beschreibung geliefert: Das Parterre ist ganz neu, nur die drei oberen Stockwerke existiren im ursprünglichen Zustande. Gegen die Straße hat das Haus drei Fenster Façade, ebenso viel auf den Seiten. Im ersten Stock tritt in der Mitte ein Balkon vor, getragen von hübsch geschnitzten Holzconsolen. Die Fenster sind durchweg von toscanischen Pilastern eingefaßt, die in der Höhe der Bank auf flachgeschwungenen Consolen stehen. Die Trennung der Stockwerke geschieht durch stark vorspringende Dächer. Einzelne Hölzer der Riegelwände sind geschwungen und laufen an beiden Enden in Voluten aus. Ein weit vorspringendes Dach bekrönt das Ganze; dasselbe ist unter der Mansarde durchschnitten zum bequemeren Transport des Holzes. Die Verhältnisse des Ganzen sind sehr schlank und leicht.

Vor diesem Hause und der daneben gelegenen Schmiede (Haus-Nr. 546), an welcher ein aus dem Jahre 1671 stammendes originelles Basrelief sich befand, das einen Christuskopf mit Schmiedewerkzeugen darstellte, befand sich seit dem 16. Jahrhundert der Schweinemarkt, zu dem ein Theil des sogenannten „Kurzweilplatzes" geschlagen wurde. Der Schmiede gegenüber lag zur Zeit, als Diebold Schilling seine Chronik mit Bildern zieren ließ, eine Wirthschaft.

Am „Kurzweilplatze" befand sich das Niderthor, das Zollhaus und der Haberthurm. Das Niderthor, später Baslerthor genannt, wird schon 1374 genannt; 1393 ist auch vom Grendel beim Niederthor die Rede. Dasselbe wurde mit der Wohnung des

Thorwarts und Zöllners 1484 neu erbaut. 1395, 1408 und 1416 wird einer Stadtporte „zum äußern Rigel" beim Niederthor gedacht. Die alte Mauer beim Niederthor wurde 1428 abgebrochen und neu aufgeführt; die letzte Renovation der Stadtporte erfolgte 1743. Das sogenannte Bollwerk beim Niederthor, geziert mit einem in Stein gehauenen Stadtwappen, welches als Schildhalter die Stadt-patrone St. Leodegar und Mauriz zeigte, wurde 1556 erstellt und wie so manches schöne Wahrzeichen von Alt-Luzern durch das städtische Bauamt vor wenig Jahren beseitigte.

Die Zollstatt daselbst ist jedenfalls sehr alt. Schon der zu Anfang des 14. Jahrhunderts geschriebene habsburg-österreichische Urbar sagt, daß in Luzern die Zölle für alle Waaren erhoben wer-den, welche vom Gotthard bis nach Reiden transportirt werden, und daß dieser Zoll 400—1408 Pfund Basler-Münze abwerfe; später wurde die österreichische Zollstatt nach Rothenburg verlegt. Die Luzerner aber erhoben beim Niederthor mindestens seit 1397 das Umgeld. Vor dem Thore wurde 1425 durch Uli in der Rüthi eine Säge erstellt, deren Wasser durch den Burggraben, wie da-mals der Hirschengraben genannt wurde, aus dem Krienbach geleitet wurde.

Beim Niederthor befand sich der Haberthurm, das Gefängniß für Heiden (Zigeuner) und Hexen, auf welchem Haken und Stangen angebracht waren, an welchen man zur Zeit des Bauernkrieges (1653) und des Villmergerkrieges (1712) die Köpfe der Rebellen aufsteckte. Dort sah man 1653 den Kopf des Untervogtes Spengler von Kriens, der den Bauern gerathen hatte, nach Eroberung der Stadt alle Knäblein zu „verschneiden", damit die „Junker" aus-sterben.

Seit dem Jahre 1716 befand sich unter dem Haberthurme eine Krambude, die 1861 mit dem Thurme, dem Baslerthor, dem Boll-werke, der Karrenhütte, der Holzhütte und der alten Kaserne der neu-erbauten Kaserne weichen mußte. — Gegen die Reuß hin lag der Judenthurm; 1408—1409 erbaut, 1770 wegen des zu befürchtenden Einsturzes abgetragen. Dieses mit vier Erkerthürmchen gezierte Bau-werk nahm sich, wie die Abbildungen in Schilling's Chronik, im Martinischen Grundriß und anderwärts zeigen, sehr malerisch aus. — Der Judenthurm wurde im letzten Jahrhundert auch als Gefangenschaft für Unholdinnen benutzt. Als 1751 eine solche von

Münster eingebracht wurde, benedicirte mit Erlaubniß des Nuntius der Stadtpfarrer das Gefängniß, die Ketten und Stricke. Der Pfarrer anerbot sich, den bösen Geist aus dieser Person auszutreiben und der Rath gab seine Einwilligung hiezu unter der Bedingung, daß zwei Stadtdiener und der Bettelvogt der Teufelaustreibung beiwohnen dürfen. Seit dem Anfang des 18. Jahrhunderts war in Luzern überhaupt der Herenwahn ziemlich verschwunden. Personen, die als Heren denunzirt wurden und sich zum Theil auch freiwillig als solche bekannten, ließ man im Spital gehörig überwachen und applizirte ihnen jenes Mittel, das der bekannte Nikolai an sich selbst mit großem Erfolg später angewendet hatte, als ihn fixe Ideen befielen.

Vor dem Judenthurme, in der Nähe der Spreuerbrücke, lag das 1420 erbaute Stadtwerkhaus, in welchem 1466—1475 der berühmte Hans Felder aus Oettingen im Ries wirkte, der der Oswaldskirche in Zug und Wasserkirche in Zürich — zwei ehrwürdige Baudenkmale — erstellt hat. Der Werkmeister von Luzern bezog im 15. Jahrhundert ein Wartgeld von 10 Pfund Pfennig und einen Taglohn von 6 Schilling für jeden Arbeitstag; hiezu kam als Gratifikation ein Rock, der 7—8 Pfund jährlich kostete. Als Werkmeister baute Felder, dessen Frau mit Geistlichen ziemlich intime Bekanntschaften unterhielt, 1469 am Thurme der Peterskapelle. Daneben war er mit dem Luzerner Schlachtlieddichter Hans Halbsuter beim Guße von Kanonen thätig, als 1467 die Luzerner zum Kriege in's Elsaß sich rüsteten. 1468 zog Felder mit den Luzernern zur Belagerung von Waldshut und noch 1474 machte er als Mitglied der Fritschizunft den Feldzug nach Héricourt mit. Von Luzern siedelte Felder nach Zürich über, wo er als Gegner Waldmann's in den sogenannten hörnernen Rath gewählt wurde (1489). Felder's Sohn, der Steinmetz Hans Felder, Erbauer des Chores der Nikolauskirche zu Freiburg in der Schweiz und des Rathhauses daselbst (1506—1519), bewarb sich 1505 bei Luzern dafür, daß ihm der Bau des „neuen Thurmes" übertragen werde. Dieser jüngere Felder hatte übrigens, wie viele seiner Zeitgenossen, auch noch Interesse an Wissenschaften; er besaß selbst Bücher, so eine alte Zürcherchronik, die der berühmte Freiburger Schultheiß Peter Falk kopirte. — In Luzern wurde später ein eigener Werkmeister für Steinarbeiten und ein solcher für Holzarbeiten bestellt; beide sorgten in den letzten Zeiten dafür, daß die Arbeiten in möglichst feierlichem Tempo, ohne alle Hast, verrichtet werden; denn nicht ohne Grund hatte man die Werkhütte möglichst nahe an den „Kurzweilplatz" versetzt. Im Frühlinge, wenn die langen Tage und die „große Taglöhne" begannen, zogen die beiden Werkmeister mit allen Bauleuten in feierlichem Zuge durch die Stadt.

Da, wo jetzt im Mai und September die Marktbuden stehen, zwischen der Kaserne und dem neuen Schulhause am Krienbach, zog sich seit dem 15. Jahrhundert der Burggraben oder untere Hirschengraben hin, der seit Jahrzehnten überwölbt ist. Zunächst beim Baslerthor am Schweinemarkt befand sich das Portal zum Eingange in den Hirschengraben, geziert mit den jetzt im Garten des Hauses Nr. 100 — Stadthaus — aufgestellten Thiergruppen — Hirschen und Affen — die aus Stein gehauen sind. Als 1625 der Straßburger Johann Fischart sein grotestes Werk „Aller Praktik Großmutter" schrieb, worin er aufzählte, an was jedes Land und jeder Ort besonders reich sei, erwähnte er bei Luzern „die Cammeritzen" (Möven) und die „Dammhirschen", für Zürich den „Essigwein", für Bern die „Pfrundbären", für Thurgau den „Berlimost", für Glarus den „Ziger" und für Wallis die „höckerigen Leute". Die Dammhirschen gingen nach und nach ab, nachdem sie mit dem Fürsten von Hohenlohe, dem letzten Comthur von Tobel, der hier den Abend seines vielbewegten Lebens schloß, ihren besten, wenn auch nicht den intelligentesten Gönner verloren hatten; denn der Fürst warf den Hirschen Kronthaler zu, damit sie selbst Brod kaufen können! Dem Burggraben entlang zogen sich auf der Seite gegen den Gütsch hin zahlreiche Gärten, an welchen die aufständischen Bauern im Jahre 1513, als sie aus „Deicheln" die Stadt beschossen, ihre Wuth ausließen, weßwegen die vaterländische Geschichte diesen Feldzug den „Zwiebelkrieg" zu nennen gewohnt ist. — Auf der Seite gegen die Stadt hin zog sich dem Hirschengraben entlang die sogenannte „Citzi". Unsere Gelehrten streiten sich über die Bedeutung dieses Namens; Balthasar erklärt die Citzi als einen Ort, wo der Venus geopfert wurde; neuere Philologen und Historiker halten die Citzi für eine „Letze", d. h. eine Befestigung. Für die letztere Ansicht spricht schon der Umstand, daß sich seit 1664 die „Karrenhütte" und in unmittelbarer Nähe derselben auch das Zeughaus befand sammt der Kaferne. Ueber das Alter der vor 20 Jahren abgetragenen Ring-mauer haben wir zwei ganz widersprechende Angaben. Cyfat behauptet, der Stadttheil zwischen Gütsch und Krienbach, namentlich die Kleinstadt vom Obern- bis zum Judenthurm, sei 1225 mit Ringmauern, Thürmen und Wassergräben eingeschlossen worden. An einer andern Stelle setzt er den Bau dieser Mauern in's Jahr 1409. Möglicherweise wollte er fagen, die Mauer vom Obern-thore bis zum Bürgerthurme und von da an die Reuß sei 1225 entstanden; Thatsache ist, daß einzelne Häuser am Krienbach ent-schieden an alte Stadtmauern sich anlehnen oder in dieselben hin-eingebaut sind. Im Jahre 1409 ist die äußere Mauer, das heißt die Litzi, wohl nur erhöht worden. Eine Ansicht dieses Stadt-theiles gibt Diebold Schillings Bild vom Brande der Pfister-gasse, wo das Bruchthor mit dem Reichsschilde über den zwei Luzerner-Wappen erscheint. Der Thurm war damals mit einem runden Erker geschmückt. Ein anderes Bild dieser Chronik, die Ueberschwemmung des Krienbaches, zeigt, daß die Mauer vom Keffelthurme bis zum Bruchthor mit Zinnen versehen war. Im Jahre 1408 wurde verordnet, außer an Markttagen soll das Bruch-thor, das 1491 auch das Lindenthor genannt wurde, von Morgen früh bis 10 Uhr Abends offen sein. Allein die Bürger, welche Abends noch in die Stadt hinein wollten, stiegen einfach über die Mauern; um solchen Skandal zu verhindern, wurde 1451 noch ein Thürlein neben dem Thore angebracht, das bis 9 Uhr offen sein sollte. Für die Seiler, welche bis dahin ihr Gewerbe auf den Brücken, oft zur Belästigung der Kirchgänger, ausgeübt hatten, wurden 1609 die Lauben in der Litzi vom Bruchthor bis zum Baslerthor erstellt. — Im Bruchthor befand sich eine Gefangen-schaft für weniger gefährliche Arrestanten. Dort war z. B. Gerichts-schreiber Jakob Rudolf Balthasar 1739—1749 eingesperrt, der wegen ungebührlichen Betragens die Rathsstelle verloren hatte. Hart war seine Gefangenschaft nicht; denn als die Stunde der Erlösung gekommen war, weigerte sich Balthasar den Kerker zu verlassen und blieb noch 9 Jahre in demselben, bis ihn eine gefähr-liche Krankheit bestimmte, im Hause seiner Schwester sich verpflegen zu lassen, wo ihn der Tod an der Rückkehr in die lieben vier Mauern verhinderte. Neben der Gefangenschaft befand sich seit

1595 die Wohnung des Stadtdachdeckers. An der Façade des Thurmes ließ der Staat 1456 ein Gemälde anbringen, das auf 53 Schilling 4 Denar zu stehen kam. Beim Thore, das 1725 neu aufgeführt wurde, befand sich eine Brücke, die 1707 mit neuen Bogen aus Quadersteinen erstellt wurde. Die Straße dem Burggraben und Hirschengraben entlang war seit 1618 gepflästert. Vom Bruchthor bis zum Krienbach zog sich die Bruchgasse, in welcher sich schon 1417 eine Schmiede befand. 1410 hieß diese Gasse noch „des von Garten Gassen". Einer „von Garten" war der Schwiegervater des berühmten Schultheißen Petermann von Gundoldingen; das Geschlecht der „von Garten" blühte in Luzern schon zu Anfang des 15. Jahrhunderts. Im 15. Jahrhundert besaß die Johanniter-Comthurei Hohenrein in der Nähe des Bruchthores ein kleines Haus, das später an die Stadt überging, von der es 1493 Hans Zuckler um 60 Gulden erkaufte. Näher gegen den Krienbach liegt das schöne große Fideicommißhaus der Segesser von Brunegg. Das Fideicommiß ist eine Stiftung des Custos Segesser in Münster, der gleich andern seiner Kollegen für das zeitliche Wohl seiner Familie sehr besorgt war. So stiftete Ignaz Amrhyn, Propst zu Münster, 1722 das Fideicommiß der Familie Amrhyn mit Gütern in Buholz. Diese Stiftung, durch welche der Testator der Familie einen gewissen Wohlstand sichern wollte, wurde 1789 und 1794 auf Güter in Tripschen und Lüzelmatt verlegt.

Fast in der gleichen Zeit (1715) errichtete Chorherr Joh. Franz Balthasar das Fideicommiß für seine Familie, damit dieselbe „desto bas zu Erhaltung und Beförderung unsrer wahren alleinseligmachenden Religion und zum Vortheil des gemeinen Wäsens sich besser aufführen möge und tugentlicher und qualificierter sich machen könne". — Aehnliche Stiftungen besaßen die Familien Bircher, Amrhyn, jüngere Linie (Geißenstein), Feer, Göldlin, Hartmann, Hoffmann, Krus, Lütishofen (schon 1443), Mayr von Baldegg, Meyer v. Schauensee, Pfyffer, Schwyzer (1752), Sonnenberg (1680), Zur Gilgen (1701), Uttenberg; in den meisten Fällen waren Geistliche Stifter derselben. Die wichtigsten Fideicommiß-Stiftungen gingen von der Familie Feer; diese stiftete für die Familie Balthasar das Fideicommiß mit Zehnten und Bodenzinsen in Emmen; das Meyer'sche Fideicommiß mit dem Schloß Schauensee und den Höfen in Wäggis und

Adelwyl und das Pfyffer'sche Fideicommiß mit Schloß und Gut Buttisholz und Zehnten daselbst.

Im Fideicommißhause der Segesser, welche zur Zeit Erbmundschenken der Fürstbischöfe von Constanz waren, residirte zeitweise der päpstliche Nuntius und bald darnach - - der erste protestantische Pfarrer von Luzern. — Innerhalb der Ringmauer, gegen einen Erker zu, besaßen im 15. Jahrhundert Peter v. Meggen und seine Gemahlin Linsa von Heidegg einen Garten beim Bruchthor.

Zwischen dem Bruchthor und dem Gütsch lag der „Bruch"; dieses Stadtquartier hat seinen Namen von den Sandsteinbrüchen, die seit dem 14. Jahrhundert am Fuße des Gütsch ausgebeutet wurden. 1552 wohnten hier 12 steuerpflichtige Bürger; als 1455 eine Staatssteuer von 2% bezogen wurde, schätzten die dort wohnenden Bürger ihr Vermögen zu 1800 Gulden, während die Bewohner des Untergrundes zu 950 Gulden taxirt waren und die im Obergrund zu 3585 Gulden. — Das „Rothhüsli" im Bruch wird 1491 zuerst erwähnt. Das schön gelegene Hochbühl, 1707 im Besitze des Hans Franz Sager, ging 1761 an Jakobea Rusconi über. Die hohen Mauern um das Haus und den Garten wurden zum Schutze des Bruchbaches erbaut, der zu verschiedener Zeit durch Ueberschwemmungen die Nachbarschaft belästigte. Eine 1860 renovirte Façaden-Malerei an einem dortigen Hause, aus dem Jahre 1731 herstammend, spielt auf diese Ueberschwemmungen an, da es unter dem Bilde heißt:

Nach Hebron Maria forteilet           Dieß Haus, o Maria, auch segne,
Und segnet Elisabeth Hauß,           Nimm selbes, o Mutter, in Schutz,
Dem Vater die Red' sie mittheilet,    Kein Unglück, das ihm begegne,
Das Kind von der Erbfünd löst aus.    Dem Feinde, Feuer, Wasser, zum Trutz.

Oberhalb des Bruchbächleins befand sich zu Anfang des 15. Jahrhunderts ein Weiher, bei welchem Haus, Hofstatt und Baumgarten der Margarethe von Cütishofen lag. Das merkwürdigste und umfangreichste Gebäude im Bruch ist unstreitig das Kloster der Kapuzinerinnen daselbst, von einer 1646 aufgeführten hohen Mauer ringsumschlossen, in deren zwei gegen die Stadt zugekehrten Ecken sich Kapellen befinden, während an der Seite gegen den Gütsch hin die Kirche sich erhebt.

Die Klosterfrauen im Bruch gehörten in der frühern Zeit zum
Orden der Beginen, der sich vorzugsweise mit Gebet und Krankenpflege befaßte und keine ewige Gelübde forderte. Das Leben und
Treiben der Beginen schildern die bekannten Werke des Mystikers
Rulman Merswin, wie die Traktate des Zürchers Meister
Felix Hämmerlin; das größere Publikum aber kennt dasselbe
mehr aus den Werken Brentano's über die barmherzigen Schwestern oder aus Kinkel's Grobschmied von Antwerpen; wir können
uns also mit einem Hinweise auf diese von verschiedenen Stand-
punkten geschriebenen Bücher begnügen. Wir bemerken nur, daß
der Beginenhof in Luzern mit der berühmten Beguinage in Brüssel
nie einen Vergleich aushalten konnte. Im Jahre 1498 kamen fünf
Beginen von Solothurn nach Luzern und erkauften um 150 Gulden
eine kleine Wohnung im Bruch, bei der sie eine Kapelle zu Ehren
der heiligen Anna erbauten, deren Cult damals erst in unserer
Gegend in Aufnahme kam. Noch jetzt sieht man das aus dem
Jahre 1510 stammende St. Annabild auf dem Tragsteine des Chor-
fensters gegen die Straße. Um 500 Gulden kauften sie 1521 von
Junker Gabriel Krepser den Baumgarten, welcher die Haupt-
masse des Grundbesitzes des Klosters ausmacht. 1524 ließ Frau
Dorothea Göldlin das den Beginen geschenkte Bild des hl.
Apolinaris aus der Kapelle wegnehmen und verbrennen — also
ein kleiner Bildersturm im frommen Luzern! Als Grabbeterinnen
und Krankenpflegerinnen, wie durch Fabrikation von Kerzen und
Vergabungen von Seite zahlreicher Gönner erwarben sich die
Beginen bald einiges Vermögen. Hiezu trug namentlich die Aufnahme einiger reicher Töchter wesentlich bei; so brachten die
Schwestern Zimmermann aus dem Freienhof dem Kloster
30,000 Gulden bei ihrer Aufnahme in's Kloster. Wenn auch die
Beginen zuweilen „Männlein“ zu ihnen einluden, um mit denselben zu „trinken und dämpfen“, wie im Jahre 1572, so galten
sie doch als gar tugendhafte Leute, die man oft zur Reformation
von Frauenklöstern berief und zwar schon ehe sie sich dem Kapuziner-
orden anschlossen (1625). Denn mit diesem Schritte wurde die
Klausur eingeführt und dadurch der freie Verkehr mit der sündigen
Welt gehemmt. Die Stadtbewohner nahmen an den Kirchenfesten
der Klosterfrauen zu St. Anna im Bruch in alter Zeit sehr regen
Antheil. Schon vor der Reformationszeit fanden sich dort gerne

in der Christnacht und bei der Auferstehungsfeier junge Bürger und Gesellen ein, welche mit den Beginen die beliebten Kirchenlieder „Christ ist erstanden" u. a. sangen. Bei Einkleidungen von Novizen strömte natürlich die schaulustige Jungfernschaft dahin. Erhielten die Klosterfrauen durch den ihnen stets gewogenen Nuntius oder den Gardehauptmann in Rom Reliquien, so begleiteten dieselben alle Stände in feierlicher Prozession in die Klosterkirche ein, in welcher den Siebenschläfern von Kranken in alter Zeit viele Kerzen geopfert wurden. Eine solche Prozession wurde namentlich 1651 bei der Translation der Reliquien von S. Simplicius mit dem höchsten Pompe veranstaltet. — Die gegenwärtige Klosterkirche, deren Gewölbe 1622 einstürzte und zwei Nonnen schwer verletzte, stammt aus dem Jahre 1606. Das Klostergebäude, eine morsche Holzhütte, in welchem oft über 50 Schwestern unter einer Fraumutter lebten, ist 1600—1624 erbaut und 1606 von Bischof Jakob Fugger eingeweiht worden. Um die Baukosten bestreiten zu können, verkauften die Klosterfrauen sechs Theile ihres Baumgartens. Die einzige Zierde des im Geiste des hl. Franziskus gebauten Klosters bilden die 29 Glasgemälde, welche von luzernerischen Künstlern in den Jahren 1605—1624 verfertigt wurden. Obwohl die Beginen ohne Staatshilfe ihr Kloster erbaut hatten, mußten sie dasselbe doch 1574 räumen, als die Jesuiten nach Luzern berufen wurden; denn der Rath hielt dieses Kloster sehr geeignet für eine Wohnung der frommen und gelehrten Herren der Gesellschaft Jesu. Allein die Jesuiten konnten sich nicht entschließen, in dem ärmlichen Gebäude ihr Lager aufzuschlagen. Während die Beginen am Sternenplatze und in der Rößligasse ihre Wohnung bezogen, hielten im Kloster im Bruch zuerst einige Arme, dann 1585—1589 die Kapuziner sich auf. Im Jahre 1596 wurde das Kloster in einen Spital für Pestkranke verwandelt, der Garten aber als Friedhof benutzt. Mit Bewilligung des Rathes wurde 1645 auf Allmendland ein Haus für den Beichtiger und Visitator des Klosters erbaut.

An die Klostermatte stößt die Maler'sche Liegenschaft, einst Eigenthum des aus den Hugenottenkriegen bekannten Obersten Rudolf Pfyffer, der 1585 vom Guardian des hl. Grabes in Jerusalem den Ritterschlag erhalten hatte. Dieser fromme Herr hatte nicht weniger als fünf Frauen und konnte so wohl aus

eigener Erfahrung sprechen, als er einem Freunde in's Stammbuch schrieb: „Lieb' ist Leid's Anfang". Dieses Landgut gränzt
bereits an den Obergrund.

## III. Der Obergrund.

In der Nähe des Gigeli-Waldes, in welchem 1550 „altfränkische" Silbermünzen in einem irdenen Topfe gefunden wurden,
befand sich gegen den Hof Reckenbühl hin, der jetzt Guggi heißt,
das „Bruderhaus im Koppen", eine Einsiedelei, deren Insaße
seit dem 14. Jahrhundert bei allen Hinrichtungen der zum Tode Verurtheilten das Kreuz vortragen mußte, wofür ihm der Rath eine
Maß Wein verabfolgte. Die schon im 13. Jahrhundert erwähnte
Klause besaß eigene Jahrzeitstiftungen. Der Rath von Luzern
besaß das Verleihungsrecht der Klause; der Insaße mußte das
Haus in Tach und Gemach erhalten. Vor der Klause lag ein
schönes Gärtlein. Als kurz vor der Mitte des 16. Jahrhunderts
hier ein frommer Eremite wohnte, der nicht „ungestaltet" war,
erhielt derselbe von den Frauen der Stadt so viele Besuche, daß
ihn die gestrengen Rathsherren an den Pranger stellen ließen. Es
war dieser hübsche Jüngling aus dem dritten Orden des hl.
Franziskus übrigens der letzte Klausner, dessen Siedelei in der
Nähe der Stadt lag. Vermuthlich hatte der Waldbruder Hans
Sylberrysten im Herrgottswald, der in weißer Kleidung, mit
Harfe und Trommelschläge, aber auch mit einem Dolche bewaffnet,
in die Stadt zu kommen pflegte, dem Brüderchen in Koppen das
Spiel verdorben. Denn Silberrysten, der in der Schlacht bei
Kappel verwundet worden war, hatte im Hause „zur Treu" am
Krienbach, welches der Frau von Iberg gehörte, in einem Anfalle
von Wuth vier Personen theils verwundet, theils erschlagen; deßhalb durchstach ihn Mangold von Wyl, der spätere Schultheiß,
mit einem Rappier. Der Rath ließ diesen „Schalkenbruder", der
auch eine sehr eigenthümliche Schrift gegen Zwingli verfaßt
hatte, unter dem Galgen vergraben.

Unterhalb der Klause befand sich an einem Weiher das
schloßartige Haus des Schultheißen Heinrich Fleckenstein, genannt
Reckenbühl oder Guggi, das sich in seiner Familie fast drei-

hundert Jahre erhielt (seit 1369). Diesen Hof Reckenbühl sammt der darunter gelegenen Walke verkaufte 1405 Johann von Stans um 445 Gulden an Wilhelm Meyer, dem Stammvater der Familie Meyer von Schauensee. Als die Familie Schitterberg das Gut 1559 verkaufte, stieg der Kaufpreis auf 2025 Gulden. Das Gut war 1480 dem Stadtschreiber Melchior Ruß zehnt- pflichtig, später dessen Eigen. Oberhalb dem „Guggi" — das Volk nannte im 16. Jahrhundert den daselbst erstellten Herrschaftssitz spottweise das „Sandschloß" — befand sich der schon 1405 erwähnte Steinhof, im 16. Jahrhundert Eigenthum der beiden Schultheißen Heinrich Fleckenstein von Luzern. Auf demselben erbaute 1759 der im Jahre 1799 verstorbene Marschall Johann Thüring von Sonnenberg das schöne schloßartige Gebäude. Wie der Erbauer des Guggi als Haupt der kaiserlichen Partei hervorragte, so zählt derjenige des Schlosses auf dem Steinhofe zu den hervorragendsten Führern der französischen Partei in der Schweiz; beide waren tapfere Kriegsleute, welche den Namen Luzerns in Italien und Frankreich zu Ehren brachten. Fleckenstein war nebenbei noch ein sehr industrieller Mann, indem er mit der Familie von Saal in Lugano Tuchhandel und eine Glasfabrik und in Luzern auf eigene Rechnung Wechselgeschäfte betrieb, die ihm den Ruf eines Wucherers verschafften.

Der Obergrund, welchen die Bürger von Luzern 1367 vom Stifte im Hof zu Lehen empfingen, war im 14. Jahrhundert noch sehr schwach bevölkert; denn 1352 zählte man dort nur acht Steuer- pflichtige. Im Verlaufe der Zeit wurde hier die Wasserkraft des Krienbaches verschiedenen industriellen Zwecken dienstbar gemacht. So gab es hier sehr frühe schon zwei Mühlen, 1405 eine Walke, 1405 eine Schmiede, 1635 eine Papiermühle. 1592 erstand hier eine Bleiche; 1763 eine Nagelschmiede. Sehr alt ist die Säge, auf welcher die Verpflichtung lastet, alljährlich das Sägemehl zu liefern, das zum Bestreuen der Wege bei der Prozession über die Musegg erforderlich ist. Das „Toubhus", 1405 erwähnt, wird 1763 als Wirthschaft zum Taubenhaus konzessionirt. Das Heilbad ist erst vor etwa 50 Jahren ausgebeutet worden. — Sodann erstanden hier nach und nach mehrere Kapellen. Die St. Ulrichskapelle wird 1379 genannt, die St. Joderskapelle bei der Schmiede wird 1402 und 1416 erwähnt, anläßlich des Rathsbeschlusses, daß künftighin im Obergrund, innerhalb der St. Joderskappel, im Bruch, in der Senti und im Untergrund keine Schmiede mehr ohne Bewilligung des Rathes errichtet werden dürfe. 1493 wurde diese Kapelle umgebaut. Bei derselben befand sich das Haus des 1468 verstorbenen Hans Vogt, dessen Sohn Petermann später in Orleans Doctor Juris wurde, in Basel Rektor der Universität und in Luzern Propst des Stiftes im Hof.

Der alte Vogt und seine Frau hinterließen ihren beiden Söhnen recht schönes Vermögen und allerhand sonderbare Sachen, die uns deutlich sagen, daß auch in Bürgershäusern Einfachheit vor den Burgunderkriegen nicht mehr heimisch war. Denn das Inventar der Hinterlassenschaft erwähnt unter anderm: 1 kleinen seidenen Seckel, 1 seidene Nachthaube, 1 Paar lederne Handschuhe, 1 Elfenbeinkamm, 2 „zwickt Frauenstürz", 3 lange Zwechelen mit blauen Streifen, 2 gesprengte Tischlachen, 1 gewirkte Decke, 2 „lang täffelte Zwechelen", 12 lange Zwechelen, 1 „gemangetes Schärtuch", 9 Aschenschüsseln aus Zinn, 15 Senfschüsseln aus Zinn, 1 Ledergürtel mit Silber beschlagen, 1 braune beschlagene lange Frauen-Porte, 1 klein „fladrin Köpfli", 2 beschlagene Köpf, 5 silberne Becher, 5 Silberschalen, 2 silbernen Agnus Dei, 1 Korallen-Pater noster mit Silber gefaßt.

In der Nähe Vogt's wohnte der Pater noster-Macher Keyserlin, der 1502 folgende Artikel auf Lager hatte: große rothe Korallen-Pater noster, schwarze liegende Pater noster mit silbernem Agnus Dei, „Katzentonia"-Pater noster mit versilbertem Herz, „Barillin"-Pater noster, schwarze „eggete" Pater noster, Ditto von gelbem „Augstein", solche mit 50 Korallen, kleine mit Korallen. Daneben handelte unser Geschäftsmann auch um silberne Spangen, silberne Gürtel, vergoldete Gürtel, schwarze glatte Gürtel mit großen Spangen, Weichgürtel, goldene und silberne Ringe und kleine „Spengli".

Auf der entgegengesetzten Seite des Krienbaches, im Himmelreich, wohnte etwas später Hans Bircher, in jungen Jahren ein froher Sänger und gewaltiger Reisläufer vor dem Herrn, am späten Lebensabende ein ehrwürdiger Schultheiß. An Formgewandtheit kam kein Luzerner-Dichter unserm Bircher gleich. Drei fröhliche Lieder bezeugen Bircher's muntren Geist, das „schön Lied von dem Genower Krieg" vom Jahre 1507, zählt 45 neunzeilige Strophen;

das Lied auf den Krieg von 1521 zählt 46 vierzeilige Strophen und dasjenige auf Papst Leo 27 siebenzeilige Gesätze. Weß' Geistes Kind der französisch gesinnte Oberst Bircher war, zeigen folgende Verse aus dem letztgenannten Liede:

> Wenn uns der Christen Glauben
> Uf Erd soll ufrecht stan,
> Die Kirch soll man nit b'rauben,
> Ir Pot vor Augen han;
> Gott uns das selbig gheißen hat,
> Sant Petern d' Schlüssel geben,
> Ihn gsetzet an sin Statt
> Daher der Gwalt ist geben
> Dem Papst an allen Spott,
> Sonst wär der Glaub vergeben,
> Er ist der irdisch Gott!
> Ein Haupt der ganzen Christenheit,
> Wer sine Pot verachtet,
> Es wird ihm warlich leid!

Was unsern Bircher so fröhlich stimmte, sagt wohl die Schluß-zeile der letzten Strophe:

> Hans Bircher hat dis Lied gemacht
> Und singt es offenbar,
> Hat's in den Dienst der Kirchen bracht;
> Im einundzweinzigsten Jar
> Hat es ein wunderliche gstalt;
> Dem Papst hand wir gedienet
> Und hat uns ehrlich zalt.

Wie jedes größere Herrschaftshaus vor der Stadt hat auch das „Himmelreich" seine Hauskapelle.

Bei Caspar Pfyffer's Matte im Obergrund wurde 1653 unter einem Nußbaum von den eidgenössischen Schiedsrichtern der Spruchbrief verlesen, durch den die Streitigkeiten zwischen der Stadt und den Bauern nach dem sogenannten großen Bauernkriege am Samstag vor Dreifaltigkeit beigelegt wurden.

Weiter oben, am sogenannten Dünkelweiher, liegt das 1705 von Landvogt Christoph von Sonnenberg erbaute sogenannte Studenten-Käppeli. Diese Kapelle, bei welcher im Jahre 1712 Ritter Ackermann von Nidwalden sich lagerte, als er mit seinen 500 Freiwilligen gegen Zürich und Bern zu Felde ziehen wollte,

ursprünglich die Kapelle im Weggenthal genannt, erhielt 1768 vom
Nuntius Gonzaga Ablässe. Der Rath ernannte einen Kapellen-
pfleger, bis 1786 die Verwaltung des Kapellengutes an das Spend-
amt überging. — Gegen die Allmend hin, vielleicht da, wo jetzt
die drei Kreuze stehen, befand sich das sogenannte Allmend-
Käppeli, 1703 restaurirt, 1717 wegen Baufälligkeit abgetragen.
Im Jahre 1798 fuhren, mit bebendem Herzen, auf langen Leiter-
wagen in ländlich sittlicher Kleidung Abgeordnete des souveränen
Standes Nidwalden neben diesen Kapellen vorbei in die Stadt,
um mit der helvetischen Regierung diplomatische Unterhandlungen
zu eröffnen. Als diese Standeshäupter in ihren rothen, grünen
und blauen Röcken und Westen durch den Obern Grund herein-
fuhren, sprangen ihnen die Stadtbuben nach, reckten die Zungen
gegen die Landesväter, machten „lange Nasen" gegen dieselben
und benahmen sich auch in Worten so ungebührlich, daß die schlot-
ternden Enkel Winkelrieds eine gemeinsame Wallfahrt nach Maria-
Rickenbach auszuführen versprachen, wenn sie mit heiler Haut wider
Erwarten heimkommen sollten. In Maria-Rickenbach sah ich vor
30 Jahren das Votiv-Gemälde, welches diese Wagenfahrt und die
Insolenz der Luzerner-Jugend darstellt. Dem Pinsel des unbekannten vaterländischen Künstlers ist es gelungen, die Szene so
darzustellen, daß ein kritisches Auge das geistige Haupt der Ge-
sandtschaft aus den einzelnen Physiognomien nicht herausklügeln
kann; vielmehr muß der Beschauer, wie dieß auch beim Anblicke
von andern Landsgemeindbildern sich erst klar herausstellt, annehmen, der Geist sei pro rata gleichmäßig unter die Anwesenden
vertheilt.

Auf die Allmend, welche frühe schon für militärische
Uebungen benutzt wurde, durften laut Verordnungen von 1636,
1645 und 1651 nicht mehr als 200 Haupt Vieh aufgetrieben werden.
Später wurden 769 Auftriebs- und Streuerechte geltend gemacht.
1828 wurden dieselben auf dem Wege des Prozesses der Stadtgemeinde von den 682 Nutzungsberechtigten abgetreten. — Da der
Wasserstand des See's, bis zu welchem in alter Zeit die Allmend
reichte, sehr variirte und oft die Allmend unter Wasser setzte, ist
es begreiflich, daß in älterer Zeit der See gleich der Allmend benutzt
wurde. Wie weit der See in alter Zeit reichte, zeigen am klarsten
die Urkunden über die dem Spital gehörigen Güter im „Sääli".

Der Name „Sääli" bezeichnet hier nicht, wie Germanisten glauben möchten, einen Herrschaftshof, Saalhof, terra salica, sondern wie bei einer ähnlich gelegenen Liegenschaft des vormaligen Klosters Rathhausen am Rothsee einen „Seehof"; denn 1421 und 1467 heißt dieses Spitalgut noch das „obere Sewlin", oder das Gut „im Sewlin"; 1443 kommt zum erstenmale dafür der Name „Säli" vor.

Auf der Spitalmatte beim „Säli" wurden 1705 von dem berühmten Prediger **Fulvio Fontana** Missionspredigten abgehalten, die auf das Volk einen ungeheuren Eindruck machten, obwohl der Redner in italienischer Sprache seine begeisterten Vorträge hielt und daher der Mehrzahl der Anwesenden rein unverständlich war. Durch leichtverständliche Geberden mochte der Redner, dessen Ruf weit und breit erschollen war, in einer ohnehin glaubenseifrigen und tief erregten Zeit mehr Eindruck machen als heute, wo überdieß die Kenntniß der italienischen Sprache in Folge Erlöschens des italienischen Kriegsdienstes weniger verbreitet ist als in jenen Tagen. Ueberdieß stand dem gewaltigen Redner noch ein Uebersetzer zur Seite in der Person des Pater Anton Mariana. Auf einer hohen Bühne, welche mit den Sinnbildern der Vergänglichkeit alles Irdischen reich ausgeschmückt war, begann der Prediger mit seiner weithin schallenden Stimme die Vorträge, zu welchen Arme und Reiche von Nah und Fern in feierlicher Prozession herbeiströmten. Die Rathsherrn kleideten sich laut Rathsbeschluß vom 29. August 1705 als Pilger, mit der Jakobsmuschel auf dem Hute; baarfuß schritten sie, den Rosenkranz in der Hand, dem Zuge voran. Frauen und Töchter, welche Kruzifixe in den Händen trugen und Stricke um den Hals, drückten Dornenkronen in die Locken und hingen statt der Fächer Todtenschädel und Todtengebeine an die Mieder. Wie ein zweiter Savonarola riß Fontana das Volk mit sich. Da sah man in dem sonst so lebensfrohen Luzern massenhaft reumüthige Sünder, die sich mit Geißeln, Bußgürteln und Ruthen kasteiten und mit schweren Ketten beluden, während andere große Kreuze herbeitrugen. Ein Herr von Sonnenberg drückte sich eine Dornenkrone so tief in die Schläfe, daß er in Folge des Blutverlustes starb. Die Zeiten der Flagellanten schienen wieder erstehen zu wollen. Tag und Nacht wurde gebetet; wer damals nicht gebeichtet und kommunizirt hätte, wäre unbedingt als Ketzer verfolgt worden. Wie in den Tagen Savonarola's und

Capiſtrano's wurden auch damals weltliche Bücher, Kartenſpiele und unnüße Zierrathen von bußfertigen Seelen verbrannt oder zu Gunſten der Armen verkauft. Als am Feſte Maria Geburt die achte und leßte Miſſionspredigt gehalten wurde, verkündete der Nuntius, welcher im Einverſtändniſſe mit den Jeſuiten Fontana berufen hatte, unter Ertheilung des päpſtlichen Segens allgemeine Sünden- vergebung. Zwölf Kanonenſchüſſe gaben das Zeichen, daß die erregende und erhebende Feier ihr Ende erreicht habe. Die Wir- kung der Miſſion war verſchieden. Die junge luſtige Bürgerſchaft hielt wie vor- und ehedem ihren Fritſchizug und den Zug mit dem Ammann. Bei den ältern Herren und dem frommen Geſchlechte blieben die Eindrücke etwas länger; der Rath mußte ſelbſt ein Reglement erlaſſen, daß die Herren Großräthe während der Sißungen nicht mehr in Gebetbücher ſich vertiefen dürfen. Die Tage von Villmergen nahten.

Zwiſchen dem „Seeli" auf der Spitalmatte und dem See floß der Krienbach, ein kleiner Bergbach, der ſeit den älteſten Zeiten die Bürger von Luzern zeitweiſe in Schrecken ſeßte und dieſelben zu Wallfahrten in den Herrgottswald veranlaßte. Ob der Krien- bach, wie die Geologen vermuthen, früher beim Inſeli in den See ſich ergoß, wollen wir hier nicht unterſuchen. Großartige Ueberſchwemmungen des Krienbaches erfolgten in den Jahren 1333, 1472, 1475, 1552, 1544, 1611, 1626, 1641, 1643, 1673, 1725, 1758, 1741, 1766, 1811 und 1825, alſo in höchſt unregel- mäßigen Intervallen. Da der Krienbach vom Pilatus herkommt und auf dieſem Berge ſich der See befindet, in welchem nach einer alten Volksſage der Landpfleger Pontius Pilatus ſeinen Tod fand, ſo haben die guten alten Luzerner die Ueberſchwemmungen des Krienbaches mit dem Geiſte im Pilatusſee in Verbindung gebracht. Die Luzerner ließen deßhalb, namentlich in Kriegszeiten, wie z. B. 1468, den Pilatusſee bewachen, damit niemand durch Beunruhigung des hier gebannten Geiſtes, der nach der Reiſebeſchreibung des ſächſiſchen Edelmanns Hans von Waldheim vom Jahre 1474 jährlich am Charfreitage ſein Haupt aus dem See erhob, der Stadt Luzern Schaden verurſachen könne. Auch Einheimiſche durften nur mit Bewilligung des Rathes bis 1598 den Berg beſteigen; das Jagen war am Seeufer ſtreng verboten, und wer mit einem Buche in der Hand auf dem Pilatus betroffen wurde, hatte das Leben verwirft, wie uns eine Beſchreibung der Schweiz vom Jahre 1500 meldet ¹).

Ueber die Ueberſchwemmung des Krienbaches vom Juni 1555, welche in gewiſſen Kreiſen als eine Strafe des Himmels für den Beitritt Luzern's zum Waldſtätterbunde betrachtet wurde, hat uns der Minorit Johann von Winterthur eine intereſſante Nachricht hinterlaſſen, nach welcher ein vom Pilatus her kommendes

¹) Bulei Descriptio Helvetiæ (d. h. die von Domitius Calciatus dem Gofredus Caroli, Vize-Kanzler von Mailand dedicirte, urſprünglich für Calci, Staatskanzler von Mailand, beſtimmte Arbeit). Wir theilen aus dieſer nach der Pariſer- und Basler-Handſchrift die uns von Herrn Dr. Sieber gütigſt mitgetheilte Stelle über Luzern hier wörtlich mit:

*Lucerna* vetustate nobilis Suevorum Ducis opus: Si nomen rei conveniat: erit utique lux atque splendor urbium Suitensium. Non desunt tamen illi et amoenitas loci et moenia fortissima: umbilicum quoque omnium confoederatorum: [p. 18.] qui regionem dimensi sunt: id oppidum esse ferunt. Ibique ideo concilia generalia quas Dietas appellant nonnunquam habentur. Muri atque fossae non tantum urbem cingunt, verum etiam imminentem montem qui turribus quoque firmatus et munitus est. Lacum cui a vicina urbe nomen est Russa fluvius implet, inde aurifer ipse per medium oppidum effluens, Pontes quattuor magnifici operis subterlabitur. In fastigio montis aërii urbi proximi Lacuna est rerum naturae miraculum quae scilicet ut alibi etiam huiuscemodi stagna si quippiam inciderit: tempestates turbulentas ciet: et perspicuam coeli serenitatem nymbis obnubit: Pilati lacus ab indigenis appelatur: ceu illo delatum a spiritibus Pontii corpus divina ultione perpetuo inquietetur ad euntibus noxium uniusque ob culpam temere ad euntis totius propinquae regionis exitium: quocirca apud Nursiam: ubi lacus eiusmodi: tantum periculum observatur. Arcent enim magos et quicunque Manticae student etiamnum librorum gratia sacrandorum illuc usque properantis: uti consilio Daemonum atque praesidio sacris ibidem inferno Diti de more persolutis: magicas vanitates exerceant: si quis autem eum codice repertus fuerit morte multatur. Nec quos ipsi tantum posse putant praecipui disciplinae suae dii et antistites suppetias ferunt. Haec si qua sunt profecto mera miracula [p. 19] et secretum naturae opus est: Quae non attigissem nisi me quoque rerum istarum commentarium admonuisset: ne stagni Lucernensis ingenium omnino supprimerem. Mons ipse sylvis et fructibus [leg. fruticibus] densus non sine horrore unbratur ingentium petitur. Cueterum vastus atque desertus nimis et vix homini pervius e regione montem Reginam spectat: moxque etiam non secus ab eo Ergaudenses inhabitant: Inter aedes sacras quae Lucernae visuntur una cui canonicorum collegium est in urbis laudibus numeratur. Oppidani satis divitiarum habent: verum plus quam licet voluptatibus dediti Bacchum et Venerem inprimis colunt. Multa natio Lucernensibus paret martium genus et omnino bellis assuetum: eaque peditum numerum: si quid opus pugnae fuerit: novem milium implet. Insigne clypeus a superioribus in inferiora aeque divisus. Altera pars quae dextera est caeruleo: sed altera colore albo figuratur.

Geſchichtsforſcher werden die Benützung der Descriptio Helvetiae von Bonſtetten durch Calciatus leicht herausfühlen.

Ungewitter sich über Kriens entlud und mit gewaltigen Wasser-
massen Erde, Bäume, selbst Häuser und Scheunen mit sich fortführte
und den Ambos einer Schmiede bis zum Stadtgraben von Luzern
hinunterschwemmte.

Chronikschreiber Diebold Schilling hinwieder ist ganz über-
zeugt, daß die große Ueberschwemmung des Krienbaches vom
Jahre 1475 dadurch entstanden ist, daß irgend Jemand den Geist
des Landpflegers Pilatus im Pilatussee gestört hat. Dadurch
entstand ein ungeheures Ungewitter und eine Ueberschwemmung,
die jener von 1333 gleichkam. Man fürchtete den Untergang der
Kleinstadt, in welcher man mit Schiffen und auf Stegen von Haus
zu Haus fahren mußte.[1] — Als Hauptmann Beat Golder 1544
bei Cerisole fiel, ging im Lande die Sage, er sei in den Pilatussee
verbannt worden und habe das große Ungewitter verursacht, das
den Krienbach wieder zum Schrecken der Stadt anschwellte.

Auf die Ueberschwemmung im Jahre 1611 folgte die Pest.
In den Jahren 1626 und 1641 war das Wasser so hoch, daß der
Krienbach in die Barfüßerkirche eindrang und daß in der Jesuiten-
kirche die Priester auf Stegen Messe lesen mußten. Im Jahre
1675 trat mit dem Krienbach auch die Reuß aus, so daß kein
Markt in Luzern gehalten werden konnte.

An die Ueberschwemmung vom 1. Juni 1738 erinnert die am
Spitalportale angebrachte schwarze Tafel, auf welcher die Höhe
des damaligen Wasserstandes bezeichnet ist. Ob die Tafel bei der
Restauration des Spitals nicht etwas gehoben und verschoben
wurde, wollen wir nicht untersuchen. — Bei dieser Ueberschwem-
mung wurde auch hinter dem Spital in der Hirschenmatt ein
Muttergottesbild aufgefunden. Der Grundbesitzer ließ daselbst eine
Kapelle aufbauen, welche im Volksmunde das „Flußchäppeli" hieß,
weil durch Fürbitte der Muttergottes mehrere Personen vom
„Zahnfluß" geheilt wurden. Das „wunderthätige Bild" wurde,
als die Kapelle beim Eisenbahnbaue abgetragen wurde, nach
Wolfenschießen verehrt.

---

[1] Bei der Ueberschwemmung vom 27. Juli 1532 wurde der Steg vor dem
Henkerhause im obern Grund weggerissen, sammt demjenigen beim Gründel und
beim Bad, ebenso die Brücke über den Krienbach bei Keller's Haus, ein Theil
des Grendels wurde zerstört, beim Zollhaus im Untergrund lief das Wasser über
die Mauer und auf die Schützenmatt.

An den Krienbachmauern, die 1718 neu erstellt wurden, pflanzte man Linden zu beiden Seiten des Baches bis zur Grenze des Stadtkirchganges. Diese in alter Zeit viel gerühmte Anlage wurde 1875 großen Theils vernichtet und an Stelle derselben eine Allee von Kastanienbäumen gepflanzt. Gleichzeitig wurde (1718) zum Spielplatze für die liebe Jugend auch der Lindengarten angelegt, in welchem zur Zeit die militärischen Uebungen der Jugend statt-fanden, an deren Stelle in der Folge der Turnunterricht trat. Anläßlich der Eidesleistung auf die helvetische Verfassung wurde den 19. August 1798 der Lindengarten großartig illuminirt.

Im Jahre 1721 wurden im Krienbache mehrere Schwellen angebracht, um bei Feuersgefahren das Wasser des Krienbaches nutzbar machen zu können.

Im Obergrund befanden sich zur Zeit drei Humanitäts-anstalten: das Blatternhaus, das später in den Untergrund verlegt wurde, der große Spital und die Krankenanstalt für Gesellen. Die Schicksale der erstern Anstalt haben wir bereits beim Gange durch den untern Grund erwähnt. Die Krankenanstalt für Gesellen ist eine Stiftung aus dem Jahre 1807.

Oberhalb des Spitals, auf den wir zurückkommen, stehen zwei schöne Landsitze, derjenige der Familie Göldlin, im 16. Jahrhundert Hofstatt genannt, 1558 im Besitze Ludwig Pfyffers, der damals seine Heldenlaufbahn in Frankreich begann — und die Villa des Herrn Meyer-Amrhyn, in der die drei letzten päpstlichen Geschäftsträger residirten. Beim Bau derselben stieß man vor 40 Jahren auf Fundamente eines runden, thurmartigen Gebäudes, in dessen Nähe große alte Sporren gefunden wurden, deren Form auf das 14. Jahrhundert hinweist. Es ist wohl möglich, daß hier eines jener Reitertreffen stattfand, deren mehrere nach den Zeugnissen unserer Chronisten in Folge Aufnahme der Stadt Luzern in den Waldstätterbund zwischen dem österreichischen Vogte Ramschwag von Rothenburg und den Bürgern Luzern's in der Nähe der Stadt mit wechselndem Glücke geschlagen wurden.

Wie beim Baue dieses Hauses, stieß man auch in neuerer Zeit beim Baue der der Eisenbahn entlang führenden Häuserlinie tief unter der Erde auf Mauern, die von Gebäuden, Scheunen und Ställen herrühren mögen, die im Verlaufe der Zeit vom

Krienbach weggeschwemmt wurden. Uebrigens lebten hier zur Zeit galante Leute; denn beim Verkaufe eines dort gelegenen Grundstückes verlangte zu Anfang des 17. Jahrhunderts der Verkäufer zum Kaufpreise auch noch eine „seidene Brust" für seine Gemahlin, die er hiemit vielleicht über den Verlust dieses schönen Gutes trösten konnte.

Wegen des im Obergrund befindlichen Heiliggeist-Spitals hieß in der Zeit der Helvetik dieses Stadtviertel auch die heilig Geist-vorstadt. Vor dem dort aufgestellten Freiheitsbaume erklärte Burger Laurenz zur Gilgen den Burgern und Brüdern von der heilig Geistes-Vorstadt und Moos in schwungvoller Rede die „Menschenrechte".

„Wir wollen frey sein!" rief zur Gilgen. „Kein eisernes Joch soll künftig unsern Nacken, keines den Nacken unserer Kinder drücken. Auch jenes hässige Joch ist zerbrochen, welches einige zu einer besondern Klasse der Menschen umschuff, da es andere, so zu sagen, zu Stiefkindern des Vaterlandes machte. Freyheit der Personen und Gleichheit der Rechte schlingen jetzt Hand in Hand, um Uns zum glücklichsten Volke zu machen." Die so beglückten „Brüder" hatten gleich darauf die Ehre, für dieses Geschenk gemeinsam mit den Kantonen Bern, Freiburg, Solothurn und Zürich eine Kontribution von 15 Millionen zu entrichten. Was den Einzelnen an zeitlichem Gute abgenommen wurde, ersetzte ihm die Vermehrung der Gesetze, Verordnungen, Proklamationen und der Standesfarben, indem am 26. März 1798 der weiß und blauen Standesfarbe noch die grüne beigesetzt wurde.

Der neue Spital im Obergrund, vor welchem jene Freiheitsrede gehalten wurde, ist ein ansehnliches Gebäude ältern Styles. Im Jahre 1651 hatte der Rath beschlossen, den alten oder großen Spital vom Jesuitenkloster weg in den Obergrund zu verlegen. Die feierliche Grundsteinlegung fand den 20. April 1654 statt durch Landvogt Ludwig Meyer, der als Stadtbauherr 1655 den Neubau der Hofkirche begonnen hatte. Der Bau wurde innerhalb sechs Jahren in der Liegenschaft Junker Jakob Pfyffer's aufgeführt und zwar mit einem Kostenaufwande von circa 60,000 Gulden. Der aus zwei Hauptgebäuden und zwei Höfen bestehende Spital, welcher 1800 als Gemeindegut erklärt wurde, wurde erst in den 50er Jahren dieses Jahrhunderts als eigentliche Kranken-

anstalt benutzt; früher war er mehr eine Pflegeanstalt für alters-
schwache und unvermögende Bürger, wie für politische Agitatoren
milderer Richtung, eine Spezies zahmer Demokraten. Seit der
zweiten Hälfte des 17. Jahrhunderts wurden in demselben auch
die der Hexerei verdächtigen Personen bewacht und seit dieser Zeit,
wo man statt mit der Folter mit Arzneimitteln und sorgsamer
Pflege auf die vermeintlichen Hexen einwirkte, erloschen in Luzern
die Hexenprozesse. — 1830 wurden die Spitalschwestern von Besançon
zur Krankenpflege berufen und gleichzeitig der beim Spital befindliche, 1713 erweiterte Friedhof beseitigt. Mit dem Spitale, dessen
Zweck die ob dem Portal angebrachten Worte Deo et Pauperibus
verrathen, war von jeher eine Kaplaneipfründe verbunden. Als
vorzügliche Wohlthäter der Kaplanei im neuen Spitale galten
Heinrich Pfyffer (1677) und Beat Amrhyn. Ueber dem Wohn-
hause des Kaplans ist das Wappen des Schultheißen Fleckenstein angebracht, das in Luzern die Stelle einnahm, wie das Bild
eines reichen Wohlthäters im großen Spitale in Mailand. Dort
nämlich wurden, wie Johann Peter Frank berichtet, die Bildnisse der vorzüglichsten Wohlthäter aufgestellt und an bestimmten
Tagen des Jahres dem Publikum gewissermaßen zur Verehrung
vorgewiesen, um den Geist der Wohlthätigkeit nicht erkalten zu
lassen: wer dem Spital 100,000 Lire vergabt hatte, dessen Bild
wurde in Lebensgröße dargestellt; wer 50,000 oder 25,000 Lire
testirt hatte, ward im ersten Falle bis zur Hälfte des Körpers,
im andern bis zur Brust abgemalt und zur Nachahmung ausgesetzt.

In dem Stübchen bei der Spitalpforte befand sich der „blaue
Mann", der Schrecken der ungezogenen Schulknaben. In einem
blauen Mantel, stets stark vermummt, um später Rache desto
sicherer zu entgehen, vollzog dieser pflichteifrige Mann an den
Schülern die Ruthenstrafe, deren Wirkung die Pädagogen jener
Zeit wie die Polizisten mit beredten Worten priesen.

Den Brunnen im Spital vergabte Meister Heinrich Krugel,
der Wetzsteinschleifer, der hiefür vom Rathe auf zehn Jahre unentgeltlich die Wetzsteinschleife erhielt, doch „daß er sich gaume, daß
der Steinschliff nit in die Reuß falle."

Oberhalb des Spitals befand sich das Spitalmagazin, 1711
erbaut, welches zeitweise „Munoth" genannt wurde. Das um den

neuen Spital gelegene Land, anstoßend an den alten Burggraben
oder sogenannten Hirschengraben, hieß das Moos. Es bildete
dasselbe ohne Zweifel früher einen Theil der Allmend. Sonderbarerweise ertheilten noch im Jahre 1409 die Grafen von Thier-
stein, die sonst in und um Luzern nie Besitzungen hatten, Güter
im Moos den Herrn von Hunwyl als Lehen. Unter dem Nußbaum auf dem Spitalmoose nahm um die Mitte des 14. Jahrhunderts (1348) der Luzerner Schultheiß Johann Hofmeyer eine
Fertigung vor, vermuthlich weil damals in der Stadt die Pest
herrschte. Denn auch noch in späterer Zeit hielt man in Pestzeiten
in den benachbarten Urkantonen auf freiem Felde unter Bäumen
Gericht.

Zwischen dem Moos und dem Burggraben befanden sich einzelne Weyer, die im Jahre 1614 ganz abgelassen wurden. Der
Bach wurde so vom See bis zum Judenthurme, neben zahlreichen
Thürmen vorbeigeführt. Der Theil vom See bis zum Krienbach
hieß der obere Hirschengraben, derjenige von da weg zur Kaserne der untere Hirschengraben. — Im obern Hirschengraben
wurden neben den Hirschen auch Schwäne gehalten, die man 1703
in den See versetzte.

Am Hirschengraben, oberhalb des Freienhofes, befand sich das
Ballenhaus, später als Salzmagazin benutzt, bei welchem sich
das Schiffhüttenmagazin befand.

Das im Jahre 1618 erbaute und 1702 abgetragene „Ballenhaus" sollte den Junkern „zu Abwendung des vielen überflüßigen
Essens und Trinkens und zu früntlichem Exerzitium dienen". An
die Stelle dieses Gesellschaftshauses kam dann das Magazin für
Korn und Salz zu stehen.

In der Nähe der Schiffhütte befand sich bei der 1542 abgetragenen Suft die Kapelle der hl. drei Könige, angeblich
1174 an der Stelle erbaut, wo die nach der Zerstörung Mailands
von Rainald von Dassel nach Köln transportirten Gebeine der
hl. drei Könige zeitweise ruhten; 1606 erneuerte man diese Kapelle,
obwohl inzwischen schon bekannt geworden war, daß Rainald
diese Reliquien nicht über Luzern, sondern durch Burgund transportirt hatte. Vielleicht in der Nähe dieser Kapelle wurde im
Jahre 1401 durch bernische Bluthärscher Wernli Schilling, Bürger
von Luzern und Basel, ermordet. Dieser, vormals der reichste

Handelsmann Luzerns, hatte die Berner wegen zivilrechtlichen Ansprüchen zuerst mit fremden Gerichten, dann, nach übler Sitte jener Tage, auch mit Fehden belästigt und war eben, nachdem alle Hoffnungen auf Realisirung seiner Ansprüche verschwunden waren, im Begriffe, sein kümmerliches Dasein durch „Sandfuhren" zu fristen, als ihn in unmittelbarer Nähe der Stadt, zum großen Aerger seiner Mitbürger, der Mordstahl traf. Gustav von Heeringen hat die traurigen Geschicke dieses Mannes in zwei historischen Romanen erzählt, deren einer den Titel führt „Der Knabe von Luzern", während der andere, welcher Schilling's Ende schildert, „Der Kaufmann von Luzern" überschrieben ist.

Das Moos, die Hirschenmatt und der alte Burggraben war in alter Zeit der Lieblingsaufenthalt der Störche, die in solcher Zahl sich hier einfanden, daß im 16. und 17. Jahrhundert Luzern spottweise das Storchenstättlein hieß. Der Rath erließ damals zum Schutze dieser hochbeinigen Bewohner der luzernerischen Thürme und höhern Häuser zahlreiche schützende Bestimmungen. Einzelne Bürger, wie namentlich Gerichtschreiber L. Cysat, beobachteten genau das Leben und Treiben dieser Vögel und überlieferten manchen interessanten Zug, der Dichtern und Naturforschern willkommen war. In großen Kreisen kennt man aus Usteri's schönem Gedicht: „Der Storch von Luzern" die Geschichte von dem Storch, der bei einer Feuersbrunst das Nest umkreiste, um auf die Gefahr aufmerksam zu machen, die seinen Jungen drohte, wodurch ein Luzerner veranlaßt wurde, den brennenden Giebel zu ersteigen, um die Brut zu retten.

> Es haben die Bücher die männliche That
> Mit Freuden der Nachwelt verkündet;
> Doch — ungern erzähl' ich es — Niemand noch hat
> Den Namen des Thäters ergründet.
> Doch, fehlt uns darüber auch jeder Bericht,
> So fehlt er im Buch der Vergeltung doch nicht!

Wie die Störche, so genossen übrigens auch zahlreiche Wasser- und Singvögel den speziellen Schutz des Staates. Schon im 14. Jahrhundert, noch unter der österreichischen Herrschaft, wurde verboten, auf der Allmend Vögeln Schlingen zu legen. Storchen und andere nützliche Vögel durfte man laut Mandat von 1580 weder schießen, noch irgendwie belästigen oder fangen. Meisen durfte

man laut Verordnung vom Jahre 1591 erst vom 1. September an
fangen, sofern man solche auf Anhöhen fand; in Gärten und in
der Stadt sollten dieselben volle Freiheit genießen. 1606 wurde
eine neue Verordnung zum Schutze der Storchen erlassen, „um vom
Gewürm und Ungeziefer desto mehr Ruhe zu haben".

Gleichfalls auf einer der Matten im Moos zu Luzern, welche
zu Anfang des 14. Jahrhunderts den Herzogen von Oesterreich
2½ Pfund Denar und eine „Balle" zinspflichtig waren, befand
sich das „Wollenhaus" mit Walke und „Hänki". Dieses war
1750 vom Staate an Josef Gilli um einen kleinen Zins ver-
miethet worden. Die Regierung hoffte, daß die armen Leute,
welche sonst dem Müssiggang sich ergeben würden, dort um einen
anständigen Taglohn Arbeit finden sollten. Da aber längere Zeit
gar keine Elle Wollentuch im Wollenhaus fabrizirt wurde, beschloß
der Rath, entweder soll Gilli das Lehen aufgeben oder die Wollen-
fabrik ernstlich betreiben. Fabrikation wollte im alten Luzern seit
der zweiten Hälfte des 16. Jahrhunderts überhaupt nicht mehr
gedeihen. Das 1618 und 1619 durch die Hartmann und Furrer
in Luzern eingeführte Leinwand-Gewerbe wollte nie recht floriren
und auch die 1621 damit in Verbindung gesetzte Färberei erlangte
nie einen Ruf. 1719—1760 machte man Versuche mit der Indienne-
fabrikation; auch diese schlugen fehl. 1635 kam Diego Maderni
von Lauis nach Luzern, um hier die Seiden-Fabrikation einzuführen; nicht ohne Verluste zog er sich zurück. Da wollte der Staat
der Fabrikation aufhelfen. Aus dem Kapellen- und Bruderschafts-
vermögen verschaffte er sich durch Dekret im Jahre 1702 den
nöthigen Betriebsfonds von 150,000 Gulden, den er mit 3 Prozent
verzinsete. Bis 1709 belief sich der Verlust, den der Staat mit
dieser Fabrikation erlitt, auf 64,769 Gulden; 1709—1711 ergaben
sich weitere Verluste von 49,000 Gulden; 1711—1725 hatte der
Staat wieder einen Rückschlag von 83,000 Gulden zu verzeichnen
und doch stand kein Dummkopf und kein Betrüger an der Spitze
der Unternehmung, sondern der intelligente Landvogt Leodegar
Keller.

Diese Mißerfolge sind um so frappanter, da wir wissen, daß
die Tuchfabrikation und der Tuchhandel in Luzern in früherer Zeit
unter den Pfyffer, Fleckenstein und Feer (bis 1606) blühte.
Allerdings sind daneben noch andere Fremde mit den Luzernern

associirt gewesen, wie z. B. die von Saal. Im Jahre 1470 trieb der in Luzern eingebürgerte Handelsmann Damian de Roplims Tuchhandel bis nach Flandern. 1743 wollte das Wollenhaus weder ein Bürger, noch ein Hintersäße übernehmen, deßhalb verkaufte der Staat das Wollengewerbe und alle vorhandenen Maschinen den Brentano in Rapperswil.

Erst zu Anfang dieses Jahrhunderts wurde dann in der Nähe des alten Wollenhauses und zum Theil mit Benutzung der alten Wasserwerke die Seidenfabrik im „Seidenhof" eröffnet, deren wahre Blüthezeit uns unbekannt ist.

Von der Schiffhütte weg dehnte sich der Stadtbann seit 1357 auf der Kleinstadtseite durch das Moos aus bis an den Graben bei der Burg zu Tripschen, von da über die Allmend bis an den Krienbach, an den Eich- und Steinhof. Die im Moos und bei Tripschen gelegenen Höfe Obermatt, in der Lachen, Bach, Blätzigen, Stein, Schönenbühl, Studen, Biregg, Gebenegg u. s. w. waren schon im 14. Jahrhundert ziemlich bevölkert, indem das Steuerregister vom Jahre 1352 hier 59 Steuerpflichtige erwähnt. Das Steuerregister von 1455 schätzt das Vermögen der dort angesessenen Leute auf 3585 Gulden. Diese Höfe, zum Theil durch Einschlagen der Allmend entstanden, waren dem Stifte im Hof zehent- und ehrschatzpflichtig. Auf Tribschen saßen vom 13. bis 15. Jahrhundert die ritterbürtigen Tripscher, die später nach Aarau übersiedelten. Schönenbühl gehörte der Agnes von Moos, Gemahlin des Schultheißen Petermann von Gundeldingen, der als Hauptmann der Luzerner bei Sempach fiel. Auf einzelnen der benachbarten Anhöhen wurde im 15. Jahrhundert Wein gepflanzt, der durch vorzüglichen Säuregehalt sich auszeichnete; noch jetzt hat sich der Name „Weinbergli" dort erhalten. — Eine eigenthümliche Berühmtheit erlangte im Jahre 1817 das im 15. Jahrhundert dem Stadtschreiber Melchior Ruß gehörige Landgut in der Rüthi, ob und nid der Gaß. Hier hielt Freifrau Juliana v. Krüdener, die schwärmerische Freundin Kaiser Alexanders von Rußland, ihre mystischen Vorträge über Religion vor mehr denn 500 Personen, denen sie in den Tagen der damals herrschenden Theurung nicht nur leibliche Speise, sondern auch „das geistige Brod der Seele" verabreichte. Die Schwärmerin, deren Gesichtszüge noch die Spuren früherer Schönheit verriethen, unterhielt das von fern und Nah herbeigeströmte Publikum mit Gebeten, Predigten und Weissagungen und schien die großartigsten Bekehrungen erzielen zu können, als endlich die Geistlichkeit das Religionsgefährliche dieser Vorträge erkannte und die Obrigkeit veranlaßte, die „Sonnenfrau" gewaltsam dem Kreise ihrer Bewunderer zu entreißen und in der Nacht in einer Kutsche nach Zürich zu spediren, wohin ihr ein halbes Hundert Bettler nachfolgten.

Vor den Thoren, in der Nähe des Burggrabens, wohnten auch später noch sehr habliche Leute, so am Krienbachthor, vielleicht beim jetzigen Hartmann'schen Hause, Schultheiß Feer (1486). Von der Burgmatt bis nach Tripschen zog sich Ludwig Rußen's Gut. Rings um den Burggraben befanden sich Gärten. Durch Regierungsbeschluß von 1439 wurde die Unterhaltungspflicht der Stadtmauern am Burggraben Denjenigen überbunden, welche Gärten an der Mauer besaßen; die Stadt lieferte die hiezu erforderlichen Steine. 1613 und 1614 wurde der Burggraben um die Kleinstadt neu gebaut, die Bürger mußten hiebei Frohndienste leisten.

## IV. Das Quartier Kleinstadt.

Vom Moos her war der Eingang in die Stadt in der Regel nur durch das Ober- oder Krienserthor möglich. Das Krienserthor wird zuerst 1269 erwähnt in Verbindung mit den dort liegenden Hofstätten der Franziskaner (intus et extra ad portam qua itur versus Kriens); 1314 erscheint die porta dicta Krientor. 1315 wurde ernstlich verboten, Nachts bei diesem Thore einzusteigen. Das Oberthor, 1315, 1380 und 1393 mit diesem Namen erwähnt, gewährte im 16. Jahrhundert, wie der Martinische Grundriß zeigt, einen sehr malerischen Anblick; durch die im 17. und 18. Jahrhundert vorgenommenen Reparaturen und den Abbruch des Thurmes bis auf die Lauben (1719) büßte dieses Bauwerk, auf welchem seit alter Zeit ein Wächter wohnte, viel von seiner Schönheit ein. Mit dem Oberthore wurde 1857 der düstere Kesselthurm, der 1601 wie der Krienserthurm vom Erdbeben stark mitgenommen wurde, abgetragen. Im Kesselthurme saß 1764 der „lange Schumacher", 1845 Dr. Jakob Steiger. Der letztere dichtete hier den 25. April 1845 das einst vielgesungene, jetzt ganz verklungene Lied:

Ich seh' nicht Mond, nicht Sonne,
Vier Mauern sind mein Haus.

Zwischen dem Kesselthurm und dem obern Thore befand sich in
der zuletzt als Thurmwartwohnung benutzten Lokalität das „Schellenwerk", die Zwangsarbeitsanstalt. An der Stelle desselben hatte sich
vormals der „Ketzerthurm" befunden. Der Steg beim Oberthor
wird schon 1425 erwähnt; das daneben aufgerichtete „Toubhüslein",
ein Gefängniß für Betrunkene und Nachtschwärmer, 1507.

In der Nähe dieser drei Thürme am Krienbach, welche 1478
restaurirt wurden, anstoßend an Grabmann's Haus, besaß die
Stadt schon 1398 ein Haus, das sie an Margaretha Schöttlin
von Ueberlingen um einen jährlichen Zins von 1 Pfund Pfennig
und ein Huhn als Erblehen lieh. Weiter unten, in der Nähe des
jetzigen Schulhauses, das sich zum Theil auf der Stelle des ehemaligen Kesselthurmes und der daneben erbauten Metzg erhebt,
kaufte der Staat 1782 um 2318 Gulden das Haus Nr. 418, später
als Hafnerhaus benutzt, 1805 als Wohnung des Großweibels
bestimmt. Es wurde sammt Garten 1853 um 8800 Gulden an
Schreiner Bisang verkauft. Dort, in der Nähe des schon 1396
erwähnten Bades am Krienbach, welches Schultheiß Ludwig
Seiler 1496 an Peter Huber verkaufte, befand sich gegen die
Litzi hin die „alte Münz", welche der Rath von Luzern 1686
an Johann Kaspar Reinhard um 2400 Gulden verkaufte.
In diesem von Münzmeister Thyl Ippentanz aus Braunschweig
erkauften Hause hatte der Staat 1387 eine Münzstätte errichten
lassen.

In der obern Litzi, nahe am alten Münzhause, hatte sich der
unglückliche „lange Schumacher" in einem dem Kutscher Krum-
menacher gehörigen Wagen versteckt. Von diesem verrathen,
wurde Laurenz Plazid Schumacher, auf Betrieb des „göttlichen
Meier" des Hochverrathes angeklagt und den 6. Juni 1764 hingerichtet. Das Vergehen des liederlichen Schumachers würde heut
zu Tage nur als ein „Versuch mit untauglichen Mitteln", höchstens
als „eine Vorbesprechung über Anbahnung einer Verfassungsrevision auf demokratischer Basis" betrachtet werden.

Wir befinden uns nunmehr innerhalb der Grenzen des alten
Stadtbezirkes, für welchen ungemein strenge Polizeiordnungen zu
Anfang des 14. Jahrhunderts galten. So durfte weder Brennholz

noch Bauholz länger als eine Nacht auf der Straße liegen bleiben. Mutterschweine wurden in der Stadt nicht geduldet. Keine Kloake oder Abzugsdohle durfte bei Tage geöffnet werden. Auch für die Reinlichkeit der Straßen war man sehr bedacht; so mußte vor jedem Hause wöchentlich einmal die Straße gekehrt werden. Unreines Wasser, Blut, Abfälle u. s. w. durfte man weder an die Straße, noch in den Burggraben oder über die Reußbrücke schütten, und nachdem die Spitalglocke zur Frühmesse geläutet, durfte man auch keine Nachttöpfe auf die Straße leeren.

Die häufigen Feuersbrünste, mit welchen die Stadt seit alter Zeit heimgesucht worden war, gaben Veranlassung zu strengen feuerpolizeilichen Verordnungen. Von Completzeit bis Morgens zur Frühmesse durfte man nicht schmieden. Bürger und Knechte durften beim Lichte nicht dreschen, wannen oder im Werg arbeiten oder Unschlitt schmelzen. Streng war es verboten, Wachholder oder Reiser in der Stadt oder Vorstadt in einem Ofen oder einem Herde zu brennen; der Waldreichthum erlaubte, das schönste Holz zu verbrennen. Harz und andere feuergefährliche Substanzen durfte man nicht sieden. Nach der Vesperzeit durfte keine Stube geheizt werden, und ebenso streng war es untersagt, ein Feuer und eine Glut in einem Gemache zu haben. Die Oefen mußten wohl geschlossen sein. Tuchscheerer durften Tags oder Nachts weder Feuer noch offenes Licht für ihre Arbeiten haben; denn es stand ja in der Bibel schon geschrieben, Gott machte zwei große Lichter, das eine für den Tag, das andere für die Nacht. Und die „Bettglocke" sollte zugleich das Zeichen zur Arbeitseinstellung und zur Beendigung der Tanzbelustigung geben. Wer Nachts noch das Haus verließ, mußte eine Laterne mit sich nehmen; selbst den ehrsamen Junkern, die Nachts von der Gesellschaft heimgingen, mußten bis 1798 die Mägde mit der Laterne heimzünden. Jeder Hausbesitzer mußte einen Feuereimer — Melchtren — haben und Nachts, wenn ein Wind wehte, ein großes Faß mit Wasser füllen. Die Klein- und Großräthe wie die Zimmerleute bildeten das mit Aexten bewaffnete Baukorps der Feuerwehr. Die Frauen mußten mit Lichtern unter den Häusern stehen, die übrigen Bürger bildeten die Feuerwehr, die bei jedem Brande ausharren mußte, bis Schultheiß und Rath sie entließen. Nach „Bettglocken Zeit" wurden die Thore geschlossen; dann patrouillirten

abwechselnd 1 Kleinrath, 2 Großräthe, 3 Bürger und 1 Weibel
die ganze Nacht. Auf den Thürmen wachten besoldete Wächter.
Erst später wurden besoldete Nachtwächter angestellt. — Wie
anderwärts, war auch in Luzern Ruhe des Bürgers erste Pflicht;
schreien und rennen war strenge verpönt; das Einwerfen der
Fenster bei den Herren im Hof und bei den Barfüßern, wie das
Schneeballenwerfen war bei 3 Schilling, das Armbrustschießen
bei 10 Schilling Buße verboten, während ein Einbruch in die
Stadtmauer oder die Annexirung einer „Burdi" Holz im Walde
des Spitals oder der Senti nur mit 1 Schilling bestraft wurde. —
Jahrhunderte vergingen, ehe diese zur Zeit des Morgartenkrieges
erlassenen Statute ganz beseitigt waren. Und als vor einigen
Jahren ein städtischer Polizeidirektor wieder einige Mandate über
strenge Handhabung der Straßenpolizei, ähnlich denjenigen von
1315, strikte vollziehen ließ, beehrte man ihn mit einer Massen-
ansammlung vor dem Hause und trug einen „Geßlerhut" voraus.

Wie ruhig nahmen die Bürger des alten Luzern auch die
strengsten Verordnungen hin, wenn man dieselben in anständiger
Form ihnen vorlegte! Als Beispiel einer solchen in gutmüthigster
Form erlassenen Polizeiverordnung lassen wir diejenige vom 22. Februar 1647 folgen, welche wörtlich also lautet:

### Liebe Herren und Burgern!

Mine gnädigen Herren habend mir befohlen ein Ruof zethun,
als namlichen: Diewylen min gnädig Herren nicht ohne Mißfallen
beachtet, daß ettliche Ihrer Rathsfründen, Burgeren und Bysäßen
sich ohne Mantel, Sytenwöhr und Hut, allein mit einem Läder-
käple bedeckt, zimlich wyt von ihren Hüseren uff den Gassen und
Bruggen finden lassent, und ermelte mine gnädigen Herren einen
solchen Uffzug der Ehrbarkeit nit anstendig befindent, also wöllend
sy hiemit menigklichen alles Ernsts zu erbarlichem Uffzug ermahnet
und zumahlen gebotten haben, daß ihre Rathsfründ und Burger
sich fürterhin ohne Sytenwöhr, Mantel und Hut, die Handwerkslät
aber ohne Hut und ihr gewohnlichen Handwerks-Instrumenten
über drü Hüser wyt von dem Ihrigen nit sehen lassen, by 5 Pfund
unnachläßlicher Buß.

Innerhalb des Stadtbannes herrschte überhaupt ganz aleman-
nische Sitte und Sprache, wie denn auch die Bauart der hier

4

gelegenen Häuser mit ihren Steinbildern und bunten Malereien die Zugehörigkeit der Bewohner zu dem phantasie- und poesiereichen alemannischen Volksstamme verrieth. Noch vor wenigen Jahren erschallten auf den Gassen die altalemannischen Kinderlieder zu den frohen altgermanischen Kinderspielen, die durch unsere Pädagogen mehr und mehr verdrängt wurden, während es bis anhin noch nicht gelungen ist, die an altgermanische Rohheit erinnernden Kraftausdrücke aus der Sprache der Kinder zu verbannen. Das wahrhaft Poetische ist überhaupt, soweit es in Menschenmacht liegt, aus Luzern gründlich verbannt worden; das Rauhe ist geblieben und trägt im Bunde mit kalter Spekulation seine bekannten Früchte. Glücklicherweise hat Clemens Brentano während seines Aufenthaltes in Luzern noch manch' schönes Lied gesammelt, das jetzt in des „Knaben Wunderhorn" zu lesen ist.

Folgen wir dem Laufe des Krienbaches, so gelangen wir in die schon 1443 gepflästerte Pfistergasse, die in älterer Zeit häufig durch Brand heimgesucht wurde, während in späterer Zeit Ungewitter sich auffallend häufig hier entluden. So brannten am Aschermittwoch des Jahres 1412 in der Pfistergasse 31 Häuser ab; nur das Haus des reichsten Bürgers jener Tage, dasjenige des Hans v. Büren, blieb verschont. Die meisten Bürger wollten ihre Häuser nicht mehr aufbauen, bis ihnen 1417 der Rath gelobte, die Hofstätten billig zu verschaffen. Am Peter und Paulstage 1462, Nachts um 1 Uhr, begann es wieder zu brennen und schon nach 4 Stunden war die ganze Gasse vom Niederthor bis zum Krienbrüggli mit Ausnahme von 2 Häusern eingeäschert. Der Rath verordnete, die Gülteninhaber sollen entweder die Hälfte der Hypothekarschuld einschlagen oder aber die vormaligen Häuserbesitzer beim Aufbaue der Häuser unterstützen. Den 18. Februar 1609, Nachts zwischen 2 und 3 Uhr ging in der Schmiede Feuer aus, das 3 Häuser verzehrte. Zehn Jahre später brannte die Schmiede ab; der Rath beschloß, dieselbe nicht mehr aufzubauen, um Platz für die Erweiterung des Zeughauses zu gewinnen. Der vierte größere Brand begann den 7. April 1691 Morgens um 3 Uhr und dehnte sich über 14 Häuser aus, die zwischen der Gilge und dem Haberthurme lagen. Das in der Pfisterei Maugwylers ausgebrochene Feuer hatte zwanzigmal das Zeughaus ergriffen. Von den niedergebrannten Häusern gehörten 3 dem Staate; der den

Privaten zugefallene Brandschaden wurde auf 24,000 Gulden geschätzt. Diese häufigen Feuersbrünste trugen wesentlich dazu bei, der Gasse einen einheitlichen Baustyl der Häuser zu verschaffen, indem der Stadtbaumeister den Aufbau der Häuser leitete. Nicht fehlerhafte Konstruktion der Kamine, nicht Brandstiftung, nicht Blitzschlag, sondern nur Sorglosigkeit war die Ursache all' dieser Feuersbrünste. — Der Staat selbst gab sich alle Mühe, für Feuer-sicherheit die nothwendigen Anstalten zu treffen. Seit 1393 wurden für jedes Stadtquartier alle sechs Monate zwei Feuerschauer ge-wählt. 1499 schaffte der Staat 12 Feuerspritzen und 6 „Halbleitern" an. Das Löschwesen war durch die Feuerordnungen von 1554, 1560, 1577, 1591, 1691, 1704, 1720 und 1779 trefflich organisirt. 1706 kaufte der Staat Feuerspritzen, welche „in die 40 Schuh hoch tragen" um 20 Thaler; eine große Spritze wurde 1721 um 565 Gulden gekauft; eine zweite 1735 um 500 Gulden. Feuerläufer erhielten seit 1714 einen Tagessold von 20 Batzen; diejenigen, welche den Spritzenproben beiwohnten, erhielten einen Trunk oder 15 Schil-ling. Auf Ordnung während den Feuersbrünsten wurde streng gehalten. Rathsherren überwachten die Thore; die Kinder mußten während der Brände in den Kirchen den Rosenkranz beten oder bei Hause bleiben. Die Entwendung eines Feuerkübels wurde 1725 mit Galeerenstrafe bedroht. Nur das Stift im Hof erblickte in der strengen Feuerwerk-Visitation, die sich auf Chorherren- und Kaplaneihäuser erstreckte, einen Eingriff in die geistliche Immunität (1727); der Rath beschloß, diesen ängstlichen Seelen durch den Raths-richter „ein Miremur zuzuschicken".

Die oben erwähnte Schmiede in der Pfistergasse wurde vom Staate in früherer Zeit jeweilen auf Wohlverhalten einem Schmied verliehen, 1587 aber um 1000 Gulden verkauft.

Neben zahlreichen Wirthschaften und einer beim Baslerthore gelegenen Schule besaß die Pfistergasse zwei nicht unschöne Brunnen, einen beim Krienbrüggli, der 1878 in die „Buobenmatt" versetzt wurde, und einen beim Zeughaus, 1547 von Meister Peter zum Stäg erstellt, 1736 restaurirt. Dort wohnte auch 1505 Meister Luz von Basel, aus dessen Werkstatt der schöne Weinmarktbrunnen hervorgegangen ist.

Die älteste Wirthschaft an der Pfistergasse ist der „Engel", schon 1427 erwähnt, während des 15. Jahrhunderts im Besitze der Familie Faßbind, 1596 neu konzessionirt und 1686 um 2900 Gulden verkauft. Die Wirthschaft „zum Mooren", 1582 aufgeführt, wurde 1695 in die Kapellgasse transferirt. Die Wirthschaft „zu St. Mauriz" erhielt 1692 ihre Konzession. Auf der Wirthschaft „zum Bären" saß noch 1551 der ehemalige Kanzlist Niklaus Schradin von Reutlingen, der 1500 in Surfee seine äußerst lang-weilige „Reimchronik des Schwabenkrieges" hatte drucken lassen, über welche der deutsche Patriot Wimpfeling und der Dichter Bebel sich mit Entrüstung geäußert hatten. Die Wirthschaft er-hielt später den Namen „zum weißen Wind" (1708); erst in neuerer Zeit, wo man die Bedeutung dieses Namens nicht mehr kannte, ist der gute alte „Bär" wieder zu Ehren gekommen. 1706 wurde auch die Wirthschaft „zum Stein" in der Pfistergasse eröffnet.

Dem „Bären" gegenüber lagen die Häuser der Familien Feer und Heiserlin, die in der Geschichte Luzerns eine nicht unbedeutende Rolle gespielt haben. — Beim Schwybbogen befand sich das Haus des berühmten Glasmalers Martin Moser von Zürich, der bei Ausbruch der Reformation seine Vaterstadt verlassen hatte. Neben Moser wohnte 1389 Jakob von Sonnenberg. Neben dem „Bären", in der Nähe des Hauses „zum hohen Krayen", befand sich eine Badstube, die 1304—1375 dem Franziskanerkloster gehörte und dann an den Staat überging, der 1577 das Gebäude abtragen ließ. — Zu oberst, gegen das Krienbrügglein lag das Haus des im Treffen zu Arbedo gefallenen Hans von Büren, Herrn des Eigenthals, dessen Nachkommen jetzt in Bern blühen.

Die Pfistergasse und die „Gasse, die hindersich zum Bruch-thor gat" wurden 1443 gepflästert; die daherigen Kosten beliefen sich, abgesehen von den „Bußtagwen und Ertagwen", auf 400 Pfund. Die hier gesessenen Bürger, deren erste Häuser schon vor 1252 (angeblich schon 1225) sollen erstellt worden sein, versteuerten 1455 25,200 Gulden.

Die größte Bedeutung hatte die Pfistergasse wegen des hier befindlichen Zeughauses, das sich an den „Weitenbogen" anlehnte, durch den man von der Kaserne beim untern Thor auf die Spreuer-brücke gelangte.

Das Zeughaus an der Pfistergasse bildete die Hauptmerk-würdigkeit im alten Luzern, nicht an und für sich; denn das Gebäude war weder durch Größe, noch durch Schönheit ausgezeichnet, sondern wegen der angeblichen und wirklichen Schätze, die es barg. Wo das älteste Zeughaus Luzerns sich befand und aus welcher Zeit dasselbe stammte, ist nicht bekannt. Vermuthlich ist das Zeughaus erst im 15. Jahrhundert entstanden, wo der Staat nach und nach große Geschütze ankaufte. Im Jahre 1547 begann der Neubau des Zeughauses an der Reuß. Die im alten Zeughause befindlichen Geschütze wurden inzwischen im Garten bei den Barfüßern aufbewahrt. Allein die Grundmauern dieses Neubaues wurden in kurzer Zeit unbemerkt vom „Reußherrn" und dem Zeugherrn derart von der Reuß unterfressen, daß das Gebäude den 16. Juli 1566 in die Reuß stürzte. Es wurde hierauf beschlossen, das Gebäude zwar wieder an die Reuß zu stellen, aber etwas mehr landeinwärts. Schon 1568 war der Neubau vollendet, der heute noch steht.

In älterer Zeit diente das Zeughaus nur zur Aufbewahrung der im Gebrauche befindlichen Waffen und der eroberten Geschütze; die Fahnen und Trophäen aus den Freiheitsschlachten kamen erst spät dahin. Den 29. April 1798 plünderten die Unterwaldner und Schwyzer das Zeughaus, um sich später mit den erbeuteten Waffen in den Septembertagen gegen die weit überlegenen Franken helden- müthig, aber fruchtlos zu vertheidigen. Zum Glücke befanden sich damals noch wenige von den sehenswerthen Antiquitäten dort; einige der werthvollsten Stücke, wie Zwingli's Waffen, hatten einige beherzte Jünglinge gerettet. Allein auf das U folgt gleich das W, wie der Kapuziner bei Wallenstein sagt. Als die Franken in Luzern einzogen, erinnerte sich der französische Platzkommandant, daß einer seiner Freunde, der citoyen Vernet. officier de santé en chef, eine Waffensammlung besitze, in welcher noch alte Ka- nonen, Hellebarden und die „Drapeaux" des „Duc de Bourgogne" fehlen. Mit einem freundlichen Schreiben gab der General dem Statthalter „Bürger Vinzenz Rüttimann" hievon Kenntniß, der sogleich anordnete, daß diese Antiquitäten dem Platzkommandanten ausgeliefert würden. So verschwanden denn damals die bei Héri- court, Murten, Grandson und Nancy erbeuteten Panner, die burgundischen und österreichischen Kanonen und anderes. Was noch zurückblieb, wurde dann von dem Zeugwart, der immer den Besuchern der Rüstkammer sehr interessante Antiquitäten vorzeigen sollte, umgetauft und mit merkwürdigen Namen belegt. Zum

Glücke sorgte der Staat dafür, daß succeſſive aus den Kanzleien gute alte Beuteſtücke in die Rüſtkammer abgegeben wurden.

Das älteſte uns bekannte Zeughausinventar, aufgenommen von Schützenmeiſter Ulrich Kunn, ſtammt aus dem Jahre 1471 und verzeichnet folgendes in der „Kammer“ vorhandenes „Statt-Züg“: 142 Armbreſt, 29 Handbüchſen, 15 Kammerbüchſen, 5 Hacken-büchſen, 3 Eiſenbüchſen, 16 Winden, 33 Köcher, 5 „Hulſten“, 12 „Wellkrapfen“, 16 Spanngürtel und 3 „Büchſenpulverſäcke“. Die berühmten Harſthörner, welche namentlich in den Beſchrei-bungen der Burgunderkriege erwähnt werden, finden ſich noch nicht im Inventar; vielleicht lagen dieſelben bei den „Stadttrompetern“ oder den Pannerherrn. 1511 läßt der Staat die „Harſthörner“ faſſen. Wenn dieſelben erklangen, ſteckte man im alten Luzern zum Zeichen der Sammlung Fahnen in die Brunnen und trank vor dem Ab-ſchiede noch „Sant Johannes Segen“.

In ſpäterer Zeit ſuchte man auf verſchiedene Weiſe die Waffen-vorräthe zu äuffnen. So wurde z. B. im Jahre 1699 dem Seba-ſtian Anton von Reding anläßlich ſeiner Einbürgerung in Luzern geſtattet, ſtatt ein Haus in Stein aufzubauen, 3000 Gulden an das Zeughaus zu vergaben. Um die gleiche Zeit kam die Beſtimmung auf, jeder Pannerherr müſſe bei ſeiner Wahl 112 bis 120 Gulden, jeder Fenner 90 Gulden dem Zeughaus vergaben. 1670 vergabte Junker Bernhard Fleckenſtein 1000 Gulden dem Zeughaus. Nuntius Borromeo und die Erben des Statthalters Meyer beſtritten 1666 die Ausgaben für Anſchaffung eines Ge-ſchützes. Im 18. Jahrhundert erließ der Rath ein Mandat, daß die Allmendeinſchläge angepflanzt und die Hälfte des Ertrages derſelben dem Zeughaus abgeliefert werden ſoll.

Wie alle ſchweizeriſchen Zeughäuſer, war auch das Luzer-neriſche ungemein reich an Geſchützen, da man in älterer Zeit nicht an das Umgießen der nicht mehr brauchbaren Stücke dachte, ſondern dieſelben als Erinnerungszeichen an die Thaten der Väter aufbewahrte. Das Zeughaus-Inventar vom Jahre 1774 verzeichnet nicht weniger als 98 Kanonen und Feldſchlangen von 1—21 Pfund, 9 Mörſer und Haubitzen von 18—120 Pfund, 30 Proviantwagen, 500 Feldkeſſel, 5701 Munitionsgewehre und ſonſt noch Waffen für mehr denn 12,000 Mann. Unter den Ge-ſchützen iſt beſonders merkwürdig die Hinterladungskanone aus dem

Jahre 1801 mit der Inschrift „Louis Meyer fondeur". Die Zeitgenossen des genialen Mechanikers Meyer von Schauensee, der
1820 im Alter von 50 Jahren starb, wußten die Bedeutung dieser
Kanone nicht zu würdigen; erst Schmid hat in seiner „Geschichte der
Feuerwaffen" diese Erfindung Meyer's in's gehörige Licht gestellt. [1]

An die Schlacht von Marignano erinnerte der beim Feer-
schen Harnisch liegende Pfeil, bei dem sich eine Schrift befand,
welche meldete: Am 13. September 1515 sei Fendrich Hans Feer
mit einem Pfeile durch den Hals geschossen worden, „doch unver-
letzt der Gurgel"; da habe er, als ihm der Hals angeschwollen,
so daß man den Pfeil am Halse abschneiden mußte, eine Wallfahrt zu St. Sebastian nach Schännis versprochen. Frisch und
gesund sei Feer nach dieser Operation heimgekommen und habe
den Pfeil in Schännis als Votiv aufgehängt. Als aber die Refor-
mationswirren eingetreten seien, haben die Erben Feer's den
Pfeil mit Geld gelöst, um das Erinnerungszeichen an diese wunderbare Heilung zu erhalten. Beat Jakob Feer, des Fendrichs
Kleinsohn, gab den Pfeil an's Zeughaus ab.

An Beutestücken aus alten Schlachten fanden sich folgende
Geschütze vor: eine Kanone Herzog Sigmunds von Oesterreich,
zwei Burgunder Kanonen, die in der Schlacht bei Kappel 1531
erbeuteten zürcherischen Kanonen „Widder" vom Jahre 1523,
„Wolfmonat" von 1550 und „Rüde", eine Kanone von Basel.
Aus der Beute von Villmergen zehn Kanonen, zwei mit dem
Wappen des Generals von Erlach vom Jahre 1637, aus dem
bernerischen Alphabeth die Buchstaben B, C, G, H, L und M,
das „Pferd" und das „Rhinozeros".

Reich an Harnischen war die „Harnist-Kammer", von welcher
der aargauische Dichter Minnich sang:

> O Ritter, todte Ritter,
> In Helm und Panzerstahl,
> Was sitzt ihr hinter'm Gitter
> Im alten Waffensaal.
> Ihr sitzet hier so traurig,
> Ihr sitzet hier so stumm,
> Und um euch ist's so schaurig,
> Als geh'n Gespenster um.

[1] Ueber Meyer's Thätigkeit vergl. „Die Stadt Luzern und ihre Umgebung"
1811, 104.

Dort sah man das feine Panzerhemd Herzog Leopolds von
Oesterreich aus der Schlacht bei Sempach [1]), zwei andere Ringel-
panzer; den schönen Harnisch, den Petermann Feer 1499 in der
Schlacht zu Dornach getragen hatte; den Harnisch des Rathsherrn
Kaspar Pfyffer, der das Kloster auf dem Wesmelin gestiftet
hatte; einen Landenbergischen Harnisch aus der zweiten Hälfte des
16. Jahrhunderts, den Oberst Hieronimus Feer dem Staate
geschenkt hatte. Später wurde dieser „Küriß" als derjenige des
angeblichen österreichischen Landvogtes in den Waldstätten aus-
gegeben. Schon im letzten Jahrhundert machten Reisende beim
Besuche der Rüstkammern von Bern und Luzern die Wahrnehmung,
daß nur die schmächtigsten Leute aus den südlichen Gegenden
dieser Kantone die schönen Harnische älterer Zeit tragen konnten.
Damals war die Ackerbau treibende Bevölkerung groß gewachsen.
Als Friedrich Wilhelm I. von Preußen durch seine Werber in
ganz Europa Riesen für sein Potsdamer Regiment aufsuchen ließ,
setzte er großen Werth darauf, auch Luzerner unter seinen „lieben
blauen Kindern" zu haben, par rapport, que dans les terres des
louables Excellences de Lucerne il y a du monde, qui surpasse
en beauté, dans la longueur de la taille, dans le bon air et dans
le guarrure, wie ein Schreiben von 1717 sich ausdrückt.

Eine Spezialität waren die Harsthörner aus den Jahren 1495
und 1584; letztere, von Anton Trewelwitz sehr schön gearbeitet,
hatte der luzernerische Schultheiß Ludwig Pfyffer, der Held
von Meaux, Moncontour und Dreur, dem Zeughause geschenkt.
Die Luzerner wollen — seit dem 15. Jahrhundert ist die Angabe
überall zu finden — von Kaiser Karl dem Großen das Recht erhalten haben, solche Harsthörner zu führen. Auf der Kapellbrücke,
der größten illustrirten Schweizergeschichte, lesen wir:

> Kaiser Carolus der Große
> Auf Luzern sein Gunst ergoße,
> Gab als Preis der Tapferkeit
> Feldharsthörner zu dem Streit.

---

[1]) Ich weiß nicht, ob der Tod oder die Geburt dieses Fürsten schmerzreicher
war, denn Dr. J. Egger schreibt 1869 in seiner Geschichte „Herzog Leopold III.",
S. 7: Herzog Leopold wurde im Jahre 1351 vom 1. Mai bis 18. November
geboren.

Diese Verse wurden dahin interpretirt, die im Zeughaus vorhandenen Harsthörner rühren von Kaiser Karl dem Großen her.

Allgemeine Bewunderung erregte das schöne Schwert des Urner Ritters Johann Schricker aus dem Jahre 1529, auf dessen Korb der Rüttlischwur angebracht ist mit der Inschrift: Ist Gott mit uns, wer will wider uns. Begreiflicherweise wurde dann eine gleich alte Armbrust von vorzüglicher Schönheit als gerade diejenige vorgezeigt, mit welcher Tell den Geßler erschossen habe. Die von Ludwig Pfyffer 1584 geschenkten Flammberge wurden noch in diesem Jahrhundert als die ältesten Schweizerwaffen gezeigt und beim Anblicke dieser Paradeschwerter deklamirte jeder gute Patriot Stollberg's schöne Verse:

> Das Herz im Leibe thut mir weh',
> Wenn ich der Väter Rüstzeug seh'.
> Ich seh' zugleich mit nassem Blick
> In uns'rer Väter Zeit zurück.

Und wenn der geschäftige Zeugwart dem gerührten Fremdling einen 8 Fuß langen Speer aus dem Ende des 16. Jahrhunderts in die Hand drückte, so mußte dieser unwillkürlich ausrufen:

> Sohn, da hast du meinen Speer,
> Meinem Arm ist er zu schwer!

Waren die Fremden in dieser feierlichen Stimmung, so erleichterte sich der Zeugwart das Herz mit einigen „vaterländischen Lügen", daß er oft fürchtete, ob solchem Zeug könnte das alte Zeughaus bersten und noch einmal in der Reuß ein „Jungbad" nehmen. Da begannen die Erzählungen von dem Schiffsseile, mit welchem Herzog Leopold von Oesterreich oder Herzog Karl von Burgund die Eidgenossen bei Sempach oder zu Grandson habe ertränken und erhenken wollen; da zeigte man die vier Halseisen, die Herzog Leopold für die Schultheißen von Luzern und Sempach bestimmt hatte, Stücke, die man 1623 als Bestandtheile der Beute von Grandson betrachtete. Oder man zeigte alte „Lunten" als Stricke, die aus der Beute von Sempach herkommen.

Den Boden der Geschichte betrat man nach solchen patriotischen Irrfahrten erst wieder mit der Vorweisung der schönen Mailänder Rundschilde, die aus der Schlacht von Giornico herstammen. Diese aus Holz gearbeiteten und mit Leder überzogenen

Schilde zeigen meist wohlerhaltene Malereien, welche die Wappen der vormaligen Besitzer oder Kriegsherrn, des Johann Galeazo Visconti, der Grafen von Pusterla und Crivelli, der Republik Venedig u. s. w. — oft auch poetische Szenen — darstellen. Da hatte man die beste Gelegenheit über den Schicksalswechsel nachzudenken, denn der Held von Giornico, Frischhans Teiling, endete auf dem Schaffote in Zürich!

Sonderbarerweise wußte man im Zeughause zu Luzern niemals Bescheid über die Herkunft einiger sehr interessanter und schöner Waffen, wie z. B. der Streitkolben. — Hertenstein's Schwert, worauf die Worte stehen: „Zu Granson vnd Murten off iederem plan Tat ich bej Casparen von Hertenstein stan" befand sich nicht im Zeughause, sondern auf dem Wasserthurme bei den Familienschriften dieses erloschenen Geschlechtes.

Vergeblich forschten bis anhin alle unsere Waffenkenner nach dem Sinne jener Inschrift, die auf einigen Schwertern mit langem Griffe steht und also lautet: ANNHMH.

Unter den historisch mehr oder weniger gut beglaubigten Stücken erregten namentlich bei Protestanten Helm, Schwert und Streitaxt des Reformators Zwingli großes Aufsehen. Diese Trophäen, 1848 von der Regierung an Oberst Ziegler von Zürich geschenkt, werden zuerst im Zeughaus-Inventar vom Jahre 1625 also aufgeführt: „des Zwinglins isenhoudt, fuesthammer und schwert". Dieser Fausthammer war aber, wie ein Engländer zuerst herausgefunden hat, zugleich auch als Schießwaffe zu gebrauchen. Beim Einfalle der „Länder" hatten 1798 die Brüder Jost und Josef Segesser „durch Bestechung und jugendlichen Leichtsinn" sich Zwingli's Waffen zu verschaffen gewußt, die sie im September 1819 dem Staate wieder restituirten.

Großes Aufsehen erregte das „Fahnen-Kämmerli" des Zeughauses. Denn nirgends in der Schweiz sah man so alte, schöne Fahnen aus so vielen der berühmtesten Schlachten bei einander, wie in Luzern. Denn seit alter Zeit hielten die Luzerner darauf, daß ihnen alle von ihren Landesangehörigen eroberten Panner und Fähnlein zur Schaustellung am Hauptorte des Kantons abgeliefert wurden. Ursprünglich wurden die eroberten Panner in der Franziskanerkirche aufgehängt; als dann zu Ende des 15. Jahrhunderts diese Panner durch Alter zu Grunde gingen, brachte man die

Ueberreste in den Wafferthurm und ließ gute Imitationen derselben oder wie Diebold Schilling sagt, „Abgeschriften" in
der Kirche aufhängen. Als dann an der Stelle dieser Tuchfahnen
Frestomalereien in der Kirche ausgeführt wurden, gab man die
ächten und imitirten Panner zum großen Theile an das Zeughaus
ab. So lagen dort im Jahre 1623 nicht weniger als 20 „burgundische Fendli"; dann die Panner aus den Schlachten von
Sempach, Bellenz, aus dem Waldshuter- und Schwabenkrieg, aus
den italienischen und Hugenottenkriegen 2c. Wer eine Fahne dem
Staate verehrte, wurde mit Geld, Hosen oder dem Bürgerrechte
von Luzern beschenkt; oder aber, wenn er wegen eines Vergehens
sich hatte flüchten müssen, begnadigt. 1571 schenkte der päpstliche
Gardist Hans Nölli von Kriens dem Rathe zwei in der Seeschlacht zu Lepanto eroberte türkische Fähnlein. 1640 eroberte der
spätere Johanniter-Großprior Franz von Sonnenberg von
Luzern in einer Seeschlacht eine große türkische Schiffsflagge, die
kürzlich mit den meisten hier erwähnten Antiquitäten aus dem
Zeughause an das von der Kunstgesellschaft im alten Rathhause
am Kornmarkte angelegte Museum abgegeben worden ist. Im
16. und 17. Jahrhundert machten Nuntien und Rathsherren zuweilen
Vergabungen an das Zeughaus.

Das Zeughaus spielte auch in der neuern Geschichte Luzerns
eine Rolle. Mit dem Sturme auf das Zeughaus war 1814, am
Fritschi-Tage, der Sieg der aristokratischen Partei über die Me-
diations-Regierung entschieden. Die Wachsamkeit der Sonderbunds-
truppen hinderte 1844 und 1845 die projektirte Einnahme des
Zeughauses.

Wie in alter Zeit beim Anblick des wohlausgerüsteten Zeughauses, in welchem bis vor Kurzem die schönen schweizerischen
Standesscheiben aus dem alten Rathhause aufbewahrt waren,
mancher Patriot freudig erregt wurde, wenn er an die Zeugen
des Ruhmes dachte, die hier verschlossen ruhten, so mochte auch
manchen Unglücklichen der Anblick dieses alten Gebäudes freuen.
Die gnädigen Herren von Luzern hatten nämlich in etwas übler
Laune oft den Einfall, einem Religionsspötter, jungen Thunichtgut
oder Dieb als Strafe nebst anderm eine bestimmte Zahl kräftiger
Hiebe auf den bloßen Unaussprechlichen zu diktiren. Zwei Schergen
mußten vom Ober- bis zum Unterthor dem Unglücklichen diese

Hiebe appliziren. Dann näherte sich diesem vom Bogen beim
Zeughaus her ein Standesweibel und überreichte dem so Durch-
geprügelten unter dem Baslerthore zum Andenken ein Häfelein
mit linderndem Balsam für die frischen Wunden. Der letzte derartige Spaziergang wurde vor etwa 50 Jahren, unter lebhafter
Theilnahme der Jugend, mit zwei Hebräern veranstaltet, die einen
Küster zum Kirchendiebstahl verleitet hatten.

Gehen wir von der Pfistergasse, in welcher der gelehrte und geistreiche Dr. Josef Cölestin Segesser (1785—1844) in den zwanziger
und dreißiger Jahren den Wetterbeobachtungen oblag, neben dem
stattlichen Pfyffer'schen, früher Schwyzer'schen Hause, der Reuß
nach aufwärts, so gelangen wir über das unterste Krienbach-
steglein zum Korporationshause an der Ecke des Münzgäßleins.
Der Reuß entlang zog sich zu Anfang des 16. Jahrhunderts eine
etwa 4 Fuß hohe, breite Mauer, wie uns ein Bild in Schilling's
Chronik zeigt.

Augenzeugen versichern uns, daß beim Erdbeben vom 18. September 1601 die Reuß beim Zeughause, von der Schützenmatt an
sich rückwärts bewegte, so daß man trockenen Fußes durch dieselbe gehen konnte. Wie gewöhnlich litt auch dermalen die Kleinstadt, die auf aufgeschwemmtem Lande gebaut ist, weit mehr als
die Großstadt, die auf Felsen ruht. Von Nachts 2 Uhr bis Morgens um 8 Uhr dauerte das Erdbeben, das besonders an und
im See große Verheerungen anstellte. Weniger großartig, doch
immer in der Kleinstadt heftiger, waren die Erdbeben von 1356,
1584, 1599, 1602, 1684, 1755, 1774, 1784, 1837, 1855, 1856, 1879.

Das Corporationshaus, ein sehr geschmackvolles Bauwerk aus dem 17. Jahrhundert, birgt jetzt in seinen Räumen die
Stadtbibliothek und einen Theil des Stadtarchivs. Zwei Zimmer
sind mit schönen Boiserien geziert; auch das Vestibule mit seiner
heraldischen Ausschmückung ist originell gehalten. An das Kor-
porationshaus stößt das im Jahre 1584 auf Kosten der Brüder
Ludwig, Jost und Rudolf Pfyffer erbaute „Stypendi-Haus",
in welchem Studirende der Familie Pfyffer wohnen sollten. Dieses
mit einem Thurme und zwei Erkern gezierte stattliche Haus litt
besonders stark beim Erdbeben vom Jahre 1602.

Durch einen Schwybbogen gelangen wir unter dem „Stypendi-
Haus" hindurch in's „Münzgäßli". Dieses hat seinen Namen von

der hier 1419—1420 errichteten Münzstätte. Das alte 1486 umgebaute und 1620 um 1100 Gulden an Hans Fortmann verkaufte Münzhaus gehörte bis zum Jahre 1479 dem Stifte im
Hof, von welchem es der Staat als Erblehen inne hatte. Das
Stift besaß in der Kleinstadt auch zwei Häuser, welche Probst
Schweiger aus dem Erlöse des von ihm verkauften Hofes Stans
erworben hatte; später empfing Hans von Meran diese Häuser
vom Stifte gegen 8 Gulden jährlichen Zinses zu Lehen.

Die heutige Wirthschaft zu „3 Schweizern", in welcher in den
dreißiger Jahren deutsche Flüchtlinge ihre geheimen politischen
Besprechungen hielten, welche die deutschen Regierungen in die
größte Angst versetzten, wurde 1772 als Wirthschaft „zur Taube"
konzessionirt.

Das jetzige Hintergebäude der 1529 schon erwähnten Wirthschaft „zum Wildenmann", die 1699 von Salome Bachmann
um 2574 Gulden erkauft wurde, war vormals ein Waschhaus.
Ihm gegenüber befand sich das obrigkeitliche Sandhaus.

An der Ecke des Münzgäßleins gegen die Schmiedgasse befand
sich im Jahre 1499 ein dem Schultheißen Ludwig Seiler gehöriges
Haus. Seiler, Anführer der Luzerner in dem Burgunderkriege
und beim Sturme auf Bellenz (1478), hatte sich beim Prozesse des
ihm persönlich verhaßten Bürgermeisters Hans Waldmann (1489)
in Zürich wohl mehr als Parteimann, denn als eidgenössischer
Repräsentant benommen und behandelte seine Mitbürger und die
Unterthanen Luzerns in einer Weise, die ihm ernste Verweise von
Seite des Rathes zuzog. Da er aber sehr reich war, durfte er sich
solche Insolenzen wohl erlauben.

Das parallel mit dem Münzgäßlein laufende Sträßchen hinter
der Krongasse, das neben dem jetzigen Gasthof „zur Post" auf den
sogenannten „Platz" ausmündete, hatte in älterer Zeit keinen
Namen; 1558 kommt hiefür meines Wissens zum erstenmale die
Bezeichnung Reußgasse vor. Die „Post" gehörte vormals dem
Pfister Bisling, von dessen Erben der Staat 1812 das Haus
um 10,155 Fr. kaufte und gleich darauf mit dem daneben befindlichen von Moos'schen Hause verband, das er um 4555 Fr. erworben hatte. Während die obern Räumlichkeiten verpachtet wurden,
dienten die Erdgeschosse 1830—1842 als Postlokalitäten. 1842
wurde die Post in's gegenüber liegende Regierungsgebäude verlegt

und 1851 die ganze alte Post um 22,630 Fr. an Blondau verkauft, der hier eine Wirthschaft errichtete, deren Tavernenrecht er von der „Krone" in der Krongasse erworben hatte.

Die Schmiedgasse beim jetzigen Museum hieß früher offenbar „Eisengasse", da 1357 von einer „Eisengasse in der mindern Stadt" die Rede ist. Zahlreiche Schlacken, die bei der Anlegung der Wasserleitung hier vor einigen Jahren tief in der Erde gefunden wurden, bezeugen die industrielle Thätigkeit in diesem Stadttheile. Noch 1473 wird Werni Cloos beauftragt, „heißen hören schmiden in der Schmidgaß, wenn es weyget". Die Schmiede an der Barfüßergasse gehörte dem Staate, der dieselbe 1598 veräußerte. Das „hölzin Egghus" an der Schmiedgasse hieß 1553 bis 1585 — vielleicht wegen der vormaligen Besitzerin Anna von Luschin, Gemahlin des Peter von Utzingen — das Haus zur Loutschen, Leutschen oder Luschen. Da in Luzern, wie anderwärts, die Häuser nicht nummerirt waren, bediente man sich zur nähern Bezeichnung derselben verschiedener Benennungen, die oft sehr komisch, oft poetisch waren; zum gleichen Zwecke brachte man an den Häusern verschiedene Wahrzeichen, Gemälde u. s. w. an. An solchen Häusernamen war Luzern nicht so reich wie z. B. heute noch St. Gallen, Basel, Zürich und Schaffhausen, allein es gab deren doch eine weit beträchtlichere Zahl als man glauben sollte; allerdings nicht so pikante wie z. B. in Basel, wo ein Haus „zur hintern Tugend" existirte. So besaß 1357 Hans von Wile die „Hölle" beim Steinbruch; der damalige Besitzer des luzernerischen Himmelreiches dagegen ist unbekannt. 1542 kommt vor das Matthaus, 1710 Rotheck und Blaueck; 1709 der „hölzerne Stein"; in der Furren wird 1504 bis 1519 erwähnt das Haus zum Greiff; die Kapellgasse hatte ein Haus „zur Meerkatz" (1547—1598). Wie Zürich sein „Helmhaus", so hatte Luzern sein „Helm", das im 15. Jahrhundert am Kornmarkte, neben dem Hause des Petermann v. Meggen sich befand. Das Haus „uff dem Mürli" besaß 1473 Johann Iberg der ältere. Beim „steinernen Kreuz" wohnte die Familie Zimmermann, aus welcher der bekannte Humanist Johann Zimmermann, Pfarrer in Hochdorf und Chorherr in Luzern, abstammte, der nach Basel zog, um als Anhänger Zwingli's leben zu können. Zimmermann ist der Autor des einem alten Jakobsliede nachgedichteten reformationsfreundlichen Liedes:

Welcher das Elend buwen wöll,
Der mach sich uff und rüst sich schell
Wohl uff die rechte Straßen,
Vater und Mutter, Ehr und Gut,
Sich selbst muß er verlaßen.
Für und für gang er all Tag,
Ohn hindersichsehen, als wyt er mag,
Sorg soll er laßen fahren:
Gott der da spißt die Vögel und Thier,
Der wird ihn wohl bewahren.

Der fromme Dichter, ein vorzüglicher Kenner Virgils, starb
an der Pest in Basel.

Das „Paradies" existirte in der Furrengaß 1544—1558, und
gab dem Paradiesgäßchen den Namen.

Im Graben war 1505 der „Mohrenkopf". Das Sandhäuslein
im Wei behielt seinen Namen über 300 Jahre. Im Hause „zum
Stern" in der Mülegaß, wo der Chronikschreiber und Lieder-
dichter Hans Salat wohnte, wurde 1603 eine Apotheke errichtet.
Der Dichter Zacharias Bletz, der Freund Gilg Tschudi's,
wohnte 1568 im Hause zur Rose beim Schwarzen Thor, das 1722
im Gegensatz zur Weinrose beim Grabenthor, die „alte Rose"
hieß; die „Mostrose" ist eine unpoetische Kombination der Neuzeit; dieses Haus war früher die Wirthschaft zum Pfauen. Am
Fischmarkt stand 1445 das Haus zum rothen Schwert. Am Krienbrüggli lag das Haus „zur Trüw". 1724 ist die Rede vom Haus
zur Fleschen. Neben der Clauser'schen Apotheke in der Judengaß
war 1519—1563 das Haus zur Gilge. Schon 1740 waren beim
Werchläubli die sieben Todsünden. Im äußern Wäggis, dem
Brunnen fast gegenüber, befand sich 1678 das Haus zur Glocke;
beim Umbau des Hauses kamen 1871 noch Fresco-Gemälde in
einem Zimmer zum Vorschein, die darauf hinwiesen, daß hier
einer der luzernerischen Glockengießer wohnte. Beim äußern
Wäggisthor lag das Kochlöffelihaus. 1549—1481 befand sich in
der Kleinstadt, dem Spital gegenüber auch ein Haus zur Glocke;
auch die Ledergasse hatte 1552—1617 ihre „Glocke". „Unter den
Bäumen" stand 1551 das „Schaf". 1554 gab es in Luzern einen
„goldnen Adler", 1570 einen „rothen Adler", ob mit oder ohne
Schleife oder gar mit Eichenlaub und Schwertern wird nicht gesagt;
dann einen „schwarzen Adler" und 1684 einen „kleinen Adler"

am Hirschenplatz neben dem Hirschen, unfern dem „Chlihüsli",
das Ehr und guten Namen in seiner Art behauptet hat, während
das „Großhus" im Obergrund seinen Namen einbüßte. Der
Obergrund hatte 1700 ein Weberhaus und 1559 ein „Hochhaus";
der Wäggis 1705 ein Heuhüsli. In der „Sonne" wohnte Schultheiß Heinrich Hasfurter († 1485). 1502—1510 besaß Niklaus
von Meran das Haus zur schwarzen Kanne oder Kannte. Die
Pfiftergasse hatte 1556 ein Rößli, ein Haus zum Schützen, 1555
und 1707 einen „alten Mohren". Im Bruch erhielt sich das
Rothhüsli fast 400 Jahre (1491). Im Wäggis ist die Laterne
seit 1552 bekannt; derjenigen in der Eisengasse ging bald nach
1558 das Licht aus. Das Haus zum schwarzen Horn, 1570 erwähnt, ist längst verschwunden. Das Tamman'sche Haus zum
Einhörnli hat dem Seehof Platz gemacht, den man wegen gewisser
Vorkommnisse „Drachenried" nennen hörte. Vor der Stadt lag
die „bschiß Schür", wo die Werber des Kardinals Schinner die
guten Soldaten „beschissen" haben sollen; die „Flohütte" oder
Fluhütte ist nahe dabei. Gegen Seeburg liegt das „Schiltennüni".
In der Eisengasse steht das „höchste Haus"; am See der Seidenhof, nahe beim Freienhof. Verloren ist „der kleine Schlüssel",
verschwunden mit der ganzen Kropfgasse das „bös Bubenhaus",
der „große Adam", in dessen Nähe sich verschiedene Eva's befanden, und das goldene Kreuz. Die „hohe Stiege" erhob sich schon
1504 beim Wäggisthor. Den Häusern zum Spiel (1554—1564) und
„zum Ritter" (1504) fragt man jetzt vergeblich nach. Seit 1555 haben
wir auch den „Kopf" verloren; dagegen ist trotz häufiger Erdbeben die vor 1551 erstellte „Dohle" noch nicht eingestürzt. Ob
welchem Herde 1525 die „schwarze Pfanne" stand, weiß wohl
keiner unserer Forscher zu sagen, während manchem bekannt ist,
daß bei der alten Stadtmetzg sich der „rothe Gatter" befand.
Das Eckhaus an der Kapellgasse hieß 1580—1722 das Haus zu
5 Königen und war die Wohnung des Stadtkaplans. An der
Straße gegen den rothen Thurm lag 1582 das „Wattenhaus".
Der Obergrund hatte seine Löwenschmiede; der untere Grund —
daß Luzern von allen schweizerischen Städten allein einen obern
und untern Grund habe, bemerkte zuerst Haffner, der Herausgeber des Solothurnischen Schauplatzes — seine Löwengrube,
welche zeitweise gefallene Frauenzimmer beherbergte. Das luzer-

nerische „Königreich" von 1519 trotzte den Stürmen der Zeit nicht
so lange, wie „Gibraltar" oder auch nur „das Böshüsli" am
Gütsch. Der „Rappe" am Fischmarkt und der „Storch" im Münzgäßlein (1555) sind längst verflogen. Das „Walliser-Haus" ist
1738 eine Wirthschaft geworden. Auch das Haus in der Grub
beim fleckensteinischen Kaplaneihause im Hof ist gleich dem Bruderhaus im Hof (1558) und der Chorherrnstube — falls diese nicht
zur „Kaplanenkneipe" degradirt worden ist — versunken und vergessen wie das rothe Haus vor dem Mülithor, gegen die Musegg
hin, das hier 1430—1560 den vorbeifließenden Wellen der Reuß
trotzte. Das 1474 erwähnte Haus beim Kreuz im untern Grund
ist wegen seiner Nachbarschaft später zum „Kreuzstutz" geworden.
Dort herum muß sich auch das im 16. Jahrhundert oft erwähnte
„Haus unter'm Nußbaum" befunden haben, während die Häuser
„unter den Bäumen" seit 1349 am Sternenplatz sich erhoben.
Begreiflicherweise ist seit 1550 das Haus zum Glas zerbrochen. Das
„Lettierenhaus" an der Furre ist auch schon längst in Vergessenheit
gerathen. 1353 wird ein Haus „in fallo" erwähnt; Häuser im
Untergrund, in der Periode des großen Schwindels erbaut, ahmten
unfreiwilligerweise die Bauart des Thurmes von Pisa nach und
wurden deßwegen schon vor Eintritt des großen Kraches aus
Furcht vor dem Einfallen oder Umfallen abgetragen, obwohl ein
Baumeister sein salomonisches Gutachten abgegeben hatte, daß er
zwar in diesen Gebäuden persönlich nicht wohnen wollte, dieselben aber doch nicht für gefahrdrohend halte. Solche Baukünste
kannte man übrigens auch schon im guten alten Luzern, wie wir
bald vernehmen werden.

Allein nicht nur die Namen, sondern auch zahlreiche Wahrzeichen dienten zur Auffindung und Bezeichnung der Häuser. So
wußte gewiß Jedermann seit der Mitte des 16. Jahrhunderts das
Haus beim Burgerthurme zu finden, wenn man ihm sagte, es sei
daran ein „Lälli" ausgehauen, oder das Sonnenbergische Haus
mit dem großen hölzernen Kreuze hinter der Altane. Das Haus
der Familie Keller an der Kapellgasse war kenntlich an der
heiligen Familie, die in Stein gehauen auf dem Gesimse des
ersten Stockwerkes angebracht war. Das Balthasar'sche Haus
gegenüber (Nr. 278) war an einem in Stein gehauenen Engel
leicht kenntlich. Unter allen Bäckereien in der Stadt fanden die

5

Kinder wohl am leichteſten diejenige in der Kapellgaſſe, über deren Hausthüre das Bild des hl. Stephan angebracht war, das aus der Peſtzeit ſtammen ſoll. Ein 1613 gemeißeltes Steinbild von St. Johann bezeichnete ein Privathaus (Nr. 155) am Hirſchenplaß.

Gebildetere konnten an den in Stein gehauenen oder al Fresco gemalten Wappen leicht die Häuſer der Herren von Moos (Judengaſſe), Tammann (Nr. 63), Pfyffer (130 A), Bircher, Erlach, von Wyl, Fleckenſtein, Sonnenberg u. ſ. w. erkennen. Solche heraldiſchen Ausſchmückungen wurden übrigens nicht bloß auf Façaden, ſondern auch über Portale, auf Wehrſteine vor dem Hauſe und ſelbſt auf Dachfahnen in mehr oder weniger gelungener Weiſe angebracht. [1] Auch Jahrzahlen ob den Hausthüren, welche die Entſtehungszeit der Häuſer bezeichneten, trugen weſentlich zur Orientirung bei.

Gereimte Inſchriften waren an Häuſern in Luzern ſehr ſelten angebracht, namentlich nicht ſo gelungene wie in Baſel, wo man noch im Jahre 1781 leſen konnte:

> Auf Gott allein ich vertrau
> Und wohn in der alten Sau.

Und an einem andern Hauſe:

> Wacht auf ihr Menſchen und thut Buß,
> Ich heiß' zum goldnen Rinderfuß.

Außer der Inſchrift am Zunſthauſe zu Gerbern, auf die wir ſpäter zurückkommen, finden wir nur eine ſolche am Feer'ſchen Hauſe an der Reußbrücke erwähnt, allerdings nicht vollſtändig, doch aus einer verhältnißmäßig frühen Zeit, nämlich aus dem Jahre 1489, wo Bösheini Elſener, der bei Grandſon ſich ausgezeichnet hatte, dem Rathsherrn Hans Ruß ſeine Haltung in der Schlacht zu Grandſon vorwarf und die ihm feindſeligen Feer von Luzern als gewaltthätige Leute bezeichnete, wie denn auf der Reußbrücke geſchrieben ſtehe: „Daß Feren werend herren und ſy werent gewaltig". Es ging damals in Luzern das Sprichwort:

---

[1] Den 30. März 1798 beſchloßen Klein- und Großräthe der proviſoriſchen Regierung, alle Wappen, Inſignien oder Aufſchriften von fremden Mächten, Fürſten oder Herren an öffentlichen Gebäuden ſollen abgenommen und weggeſchafft werden. Durch Mißverſtändniß wurde dieſes Mandat auch auf die Wappen an Privathäuſern ausgedehnt.

Mer münd is were,
Daß die Herre feere
Uns nit statt und land verchere.

Solche Sprichwörter über Familien waren damals in der Schweiz ebenso geläufig, als die Haussprüche.

So verherrlichten die alten Basler-Geschlechter des 16. Jahrhunderts die Volksreime:

Sürle, Mürle, Scheckenpürle, Offenthürle, Grieben und Schweinefleisch
Ist der beste Adel so ich in der statt Basel weiß.

Die Solothurner Patrizier-Geschlechter hießen im Volksmunde:

Muri, Sury, Flury,
Gibeli, Gäbeli, Roggenstiel,
Bys, Bäs, Bus.

In Luzern, wo zeitweise recht böse Zungen existirten, gab es solche Sprichwörter, die aus der Zeit der Bürgerzwiste stammen und die damals geltenden Stichwörter verewigten.

Man reimte nach dem unglücklichen Bürgerhandel von 1653:

Der Probstatten Armuth,
Der Rüttimannen Uebermuth
Bringt Luzern um Hab und Gut.

Oder:

Der Rüttimannen Hochmuth,
Der Marzohlen Armuth,
Der Probstatten Listigkeit,
Bringt Stadt Luzern um ihre Friheit.

An den schönen Façaden-Malereien war besonders erkennlich das Hertenstein'sche Haus an der Kapellgaß. Oft kehrte, doch mit allerhand Variationen, das Bild der Madonna an Façaden wieder, so am Hause der Mettenwyl (jetzt C. Crivelli), der Segesser (jetzt von Moos an der Reußbrücke), Hertenstein (Maria Krönung).

Ornamente zeichneten das Haus des Marschalls Pfyffer an der Reußbrücke aus, wie dasjenige der Feer am Weinmarkt (jetzt Oberst Bell) und das Haasische Haus an der Kramgasse (1721 gebaut).

Wieder andere Häuser waren leicht kenntlich durch Erker, gezierte Fenster oder Thüren, durch ihre Farbe oder durch Hausmarken. Nach einem Entscheide des Rathes von Luzern vom

Jahre 1493 gingen Hausmarken nicht nur an den jeweiligen Hausbesitzer, sondern auch auf die männlichen Erben desjenigen über,
der solche geführt hatte; man konnte laut Entscheid von 1491 übrigens
solche Hausmarken auch verschenken.

Die Schmiedgasse stieß an den Bürgerthurm und das Thor
daselbst, durch welches man über das Krienbrüggli in die Pfistergasse gelangte. Die erste Erwähnung des Bürgerthurmes, für
welchen auch 1393 der Name Moosthurm vorkömmt, reicht
in's Jahr 1371 zurück. 1374 wird der Bürgerthurm der Familie
Fön um den jährlichen Zins von 1 Pfund zu Lehen gegeben.

1414 wird vom „Krienbachthor" geredet. Der „Grendel am
Krienbach" war 1393 durch Thore abgeschlossen; es gab 1426 und
1439 am „Mostürlin uf dem Burggraben" verschiedene Gärten,
die von der Custorei im Hof zu Erblehen gingen. Erst 1403
wurden direkt an die Stadtmauer beim Krienbach Häuser angebaut. — 1597 wurde der Moosthurm als Gefängniß für leichte
Vergehen der Bürger bestimmt; leichtfertige Bürger gingen Nachts
auch zuweilen aus dem „Bürgerthurm" in's nahe Frauenhaus.
Im Jahre 1684 wurde die Glocke auf dem Bürgerthurme, die
bis zur Schleifung des Thurmes im Jahre 1865 als Feuerglocke
diente, zum drittenmale umgegossen. 1765 wurde eine Uhr auf
dem Bürgerthurme angebracht, die 1865 auf den neu, aber möglichst geschmacklos erstellten Dachreuter auf der Franziskanerkirche
transferirt wurde. — Im Jahre 1700 petitionirten die Handwerker der Kleinstadt, man möchte am Donnerstag Abends mit
der Glocke auf dem Bürgerthurme zur „Todesangst" läuten, da
sie die Glocke im Hofe zu dieser Abendandacht nicht läuten hören.
Im Jahre 1702 wurde dieses Gesuch mit Hinweis darauf, daß
diese Glocke nicht geweiht sei, abgewiesen. — Die Häuser um den
Bürgerthurm bis zum Freienhof und vom Oberthore bis an die Reuß
bildeten das alte Quartier Kleinstadt, das 1352 187 Steuerpflichtige
zählte. 1455 wurden die Leute am Barfüßerplatz für 60,758 Gulden
besteuert.

Vom Bürgerthurme führte seit ältester Zeit eine Brücke über
den Krienbach in die Pfistergasse. 1463 wurden auf dieser Brücke
Bilder aufgestellt. Die Gegend um den Krienbach war zu Ende
des 14. Jahrhunderts (1396—1400) nicht sonderlich berühmt; denn

wenn man eine ehrbare Frau recht stark beleidigen wollte, sagte man, sie sei „böser als eine an dem Krienbach und gehöre auch an den Krienbach".

Die Fortsetzung der Schmiedgasse gegen das Krienserthor bildete die Barfüßergasse, deren Name zuerst 1361 erscheint. Die Häuser der 1385 von den Luzernern eroberten Stadt Rothenburg sollen zwischen dem Oberthor und dem Bürgerthor aufgestellt worden sein. Im Jahre 1422 brannten am St. Martinstage sieben Häuser an der Barfüßergasse ab; vermuthlich befanden sich darunter die zwei Häuser des Hans von Büren, dessen Haus an der Pfistergasse bei der großen Feuersbrunst verschont geblieben war. 1544 ließ der Rath mehrere baufällige Häuser an der Barfüßergasse niederreißen und an deren Stelle einen Brunnen errichten, der sehr schön gewesen sein soll. Dieser aus weichen Sandsteinen von Rudolf Felix erstellte Brunnen wurde 1759 durch den gegenwärtigen Brunnen ersetzt, dessen Stock mit dem Bilde des hl. Franziskus geziert ist. Beim Erdbeben vom Jahre 1601 hatte sich dieser Brunnen so bewegt, daß das Wasser mehr als zur Hälfte auf die Gasse rann.

Schon vor 1544 befand sich bei den Barfüßern ein Brunnen; 1519 malte Hans Holbein ein Fähnlein auf denselben, das 1 Pfund 1 Schilling 6 Heller kostete; gleichzeitig malte dieser große Künstler „zwei Fenlin gen Münster" um 12 Schilling und einen Pannerschaft um 1 Pfund 5 Schilling. Wie viele „unsrer Künstler" könnten es über sich bringen, solche Arbeiten auszuführen!

An der Barfüßergasse befanden sich drei Wirthshäuser, zuoberst beim Thor die 1655 konzessionirte Wirthschaft „zum Sternen", welche 1694 Jost Franz Rüttimann um 2800 Gulden an Cornel Wild verkaufte; dann auf dem Platze der „Schlüssel", welchen um die Mitte des 16. Jahrhunderts die Familie von Laufen besaß. Hier stieg der hl. Karl Borromäus ab, als er nach Luzern kam, um für die strikte Vollziehung der Beschlüsse des Konzils von Trient zu wirken (1570). 1586 wohnte hier beim Abschluß des borromäischen Bundes der päpstliche Gesandte. 1574 bis 1579 hielten hier die Jesuiten Schule, ehe sie das Gymnasium beziehen konnten. Im 17. Jahrhundert wechselte wohl keine Wirthschaft Luzerns so oft ihre Besitzer als der „Schlüssel"; im 17. Jahrhundert galt diese Wirthschaft 2200—2600 Gulden.

Weniger berühmt, ja zeitweise berüchtigt, war die Wirthschaft zum „weißen Wind", die 1708 in die Pfistergasse translozirt wurde. In der Blüthezeit besaß diese Wirthschaft Leopold Cysat. In der Barfüßergasse und der anstoßenden Schmiedgasse wirkten vom 15.—17. Jahrhundert mehrere Glasmaler.

Das große hölzerne Kreuz an dem hinter dem Brunnen gelegenen Hause, das 1556 dem Hauptmann Cloos gehörte, erinnert, wie die Sage erzählt, an die Predigt Murner's vor dem ersten Kappelerkriege, wo Murner die Luzerner durch eine begeisterte Rede zum Kriege gegen Zürich und Bern entflammte und selbst nach Ebikon hinaus den Luzernern ein Kreuz vortrug.

Auf dem Barfüßerplatz beim Brunnen hatten seit 1405 die Schuster, Krämer und Schindelmacher ihre Waaren ausgestellt.

1720 wurde das Serenische Haus am Barfüßerplatze an der Stelle von 10—12 kleinern Häusern aufgebaut; es stieß an die Pfisterei und an die Wirthschaft „zum Stein". 1761 kauften die Gebrüder Falcini dieses große Gebäude um 1650 Gulden! Hier residirte 1798 der oberste Gerichtshof der helvetischen Republik. Bei der Fundamentirung dieses Hauses fand man 10 Fuß unter der Erde Ruinen einer Eisenschmiede und einen Löschtrog mit Pferdenägeln und Hufeisen. Ohne Zweifel haben die zahlreichen Ueberschwemmungen des Krienbaches successive das Terrain der Kleinstadt so gewaltig gehoben. Die Regierung kaufte diese ganze Häusergruppe (Haus-Nr. 389—405) im Jahre 1845 und erstellte dafür 1846—1849 ein ansehnliches Gebäude, in welchem in der Folge das Naturalienkabinet, die Bibliothek und die kantonale Spar- und Leihkasse untergebracht wurden.

In dem einen dieser kleinen Häuser befand sich 1467—1519 die Amtswohnung des Spitalkaplans. — Das anstoßende Terrain hieß in älterer Zeit „die Au"; so wird z. B. 1408 ein Heinrich von Moos in der „Owe" erwähnt. Das Franziskanerkloster lag gleichfalls in der Au.

Das beträchtlichste Gebäude auf dem Barfüßerplatze ist die Barfüßerkirche mit dem dahinter stehenden, jetzt zum Theil abgetragenen Kloster. Wann und von wem das Kloster gegründet worden ist, läßt sich nicht ermitteln; sicher ist nur, daß Gräfin Guta von Rothenburg, die am 4. Mai 1255 gestorben sein soll, das Kloster nicht gestiftet hat, wie die Chronikschreiber seit dem 15. Jahrhundert behaupten; denn eine Gräfin dieses Namens existirte nicht. Vielleicht ist mit zahlreichen Adeligen aus der Gegend Luzerns auch Freifrau Geppa von Wolhusen, geborne Freiin von Rothenburg, unter den Mitstiftern zu nennen. Das Kloster, dessen erster Guardian im Jahre 1224 Peter Scriptor von Villingen gewesen sein soll, wurde erst nach der Mitte des 13. Jahrhunderts an der Stelle gebaut, wo es jetzt noch steht; ob schon 1225 die Franziskaner in Luzern eine kleine Kapelle mit einem eigenen Hause besaßen, ist nicht zu ermitteln. Ist aber die Sage, welche die Entstehung des Klosters in's Jahr 1225 setzt, der Beachtung werth, so dürfte Geppa als Stifterin wohl in Betracht kommen, da dieselbe in jener Zeit wirklich lebte. Im Jahre 1269 gab der Abt von Murbach nachträglich seine Einwilligung zum Baue einer Kirche, eines Konventes und eines Friedhofes außerhalb des Krienserthores.

Die dreischiffige, wahrscheinlich zu Anfang des 14. Jahrhunderts erbaute Franziskanerkirche, welche auf einer Doppelreihe von je zehn Säulen ruht, erlitt im Verlaufe der Zeit vielfache Umbauten, namentlich durch Erweiterung der Fenster, Bedecken des Getäfels unter dem Dachstuhle (1562) und Erstellung eines flachen Gypsplafonds an der Stelle des Getäfels (1733). Diese Decke wurde erstellt, weil man 1726 den Einsturz des Getäfels befürchtete.

Die beiden Seitenschiffe, weniger hoch als das Mittelschiff (36' 6" gegen 47'), sind gegenwärtig ganz schmucklos, während selbe früher polychrome Bemalung zeigten.

Das Hauptschiff trägt am dritten Pfeiler auf der Männerseite die auf Kosten der Familie Ostertag im Jahre 1628 erstellte kunstvolle Kanzel, über welcher früher (bis zum Jahre 1553) eine Orgel angebracht war. An den beiden Hauptmauern des Mittelschiffes und über dem Scheidebogen zwischen Chor und Langhaus sind Abbildungen von 42 eroberten Fahnen angebracht. Früher waren diese Trophäen wirklich zum größten Theile in der Kirche aufgehängt; so die Fahnen aus den Schlachten von Sempach, Grandson, Murten, aus dem Schwabenkriege u. s. w. Später wurden nur noch Imitationen oder Abbildungen in Fresco oder auf Holz hier zur Schau gestellt. (1622—1626, 1734 und 1790.)

Solche Panner malten 1625—1626 Hans Ulrich Wägmann und
Jakob Wyßhaupt.

Auf den beiden Abseiten befinden sich seit 1736 fünf Altäre;
früher waren einzelne Altäre an den Pfeilern im Langhause der
Kirche angebracht.

Auf der Weiberseite ist das Schiff der Kirche vornen nicht
geschlossen, sondern führt durch zwei Spitzbogen zu den Kapellen
der Mutter Gottes und des hl. Antonius von Padua, die an die
Kirche angebaut sind.

Die Mutter Gottes-Kapelle soll, wie die Sage erzählt, die
Stelle der frühern Wallfahrtskapelle in der Au einnehmen. Die
gegenwärtige Kapelle ist 1626 erbaut worden; der Altar darin
stammt aus dem Jahre 1723. 1870 wurde die Kapelle renovirt.

Diese an der Nordseite der Barfüßerkirche gelegene Maria-
kapelle erklärt Lübke [1]) als ein vollendetes Werk der Renaissance-
Dekoration. „Der dekorirende Meister fand einen schlichten, mit
gothischen Netzgewölben bedeckten Raum vor. Er gab nun den
Rippen in Stucco eine elegante antiquisirende Gliederung mit Perl-
stab und Kymation und vertheilte auf die einzelnen Gewölbefelder
schwebende Engelgestalten in den mannigfaltigsten Stellungen, köstlich
in dem Raum komponirt, von so anmuthvoller Bewegung und
Bildung, dabei so prachtvoll in Stuff durchgeführt, daß man an
einen italienischen Künstler und zwar einen der trefflichsten denken
muß. Obwohl die Arbeit auf das 17. Jahrhundert deutet, sind
die Figuren doch ohne alle Affektation. Die Schweiz muß damals
überhaupt zahlreiche oberitalienische Stukkatoren und Intarsiatoren
verwendet haben, denn die Spuren derselben findet man noch jetzt
an manchen Orten."

Die in einem Achteck gebaute St. Antonius-Kapelle mit Kuppel
und kleiner Laterne, 1454 von Parcival v. Frazinell gestiftet,
wurde 1512, 1554 und 1609 erweitert, 1636 umgebaut und 1658 eingeweiht. Reiche, schon zopfige Stukkaturarbeiten wurden nach dem
Plane des Jesuitenbruders Heinrich Meyer von dem Tyroler
Gypser Michel Schmutzer von Weisesbrunn 1673 in der Kapelle
ausgeführt. Das ältere Bild des Fischpredigers Antonius, das
namentlich von den Jungfrauen Luzerns sehr häufig besucht und

---

[1]) Kugler, Geschichte der Baukunst, V, 235.

mit Kerzen beschenkt ward, wurde vor wenigen Jahren an's Kloster im Bruch abgegeben, nachdem Frau Oberst Segesser ein neues Gemälde gestiftet hatte. Vier Glasgemälde aus dem Jahre 1702 zieren die Kapelle, an deren Wänden zwei Epitaphien — eines von Schultheiß Balthasar († 1725) und das andere von Evarist Raval († 1732) — angebracht sind.

Das Langhaus der Kirche war früher vom Schiffe durch einen Lettner oder eine Empore getrennt, auf welchem sich nebst einer Orgel der von Hans zur Gilgen 1480 errichtete St. Michels-Altar befand. Die Erstellung der Orgeln fällt in die Jahre 1594, 1653 und 1733. Bei der Renovation der Kirche wurde der Lettner durch zwei „Seitenchörli" oder „Betlauben" ersetzt, deren Erstellungs-kosten Dr. Kappeler bestritt.

Das Chorgitter ging 1734 aus der Hand des hiesigen Schlossers Aegid Lindegger hervor.

Am Eingange des Chores, der 44' 6" hoch ist, befand sich früher zur linken Hand die Dreieinigkeits-Kapelle, deren Altar der berühmte Oberst Lukas Ritter erbaut hatte.

Der 66' lange Chor mit seinen schönen Spitzbogen zählt zehn große Fenster und über dem Hauptaltare ein kleineres Fenster. Neben dem 1606 neugebauten Hauptaltare stehen seit 1736 zwei Nebenaltare, geziert mit Bildern des hl. Franziskus und der sagen-haften Gräfin Guta von Rothenburg.

Den Chor schmücken die schönen, 1647 von Meister Teuffel verfertigten Chorstühle, die Meister Johann Ulrich Reber 1651 mit zahlreichen Schnitzereien ausstaffirte. Die kleine Orgel im Chor ist ein Werk des Josef Anderhalden von Sarnen aus dem Jahre 1733. Die vergoldete und versilberte Altartafel, an welcher zwei Meister zwei Jahre gearbeitet hatten, ist ein Geschenk des Junker Christoph Feer, welcher hiefür 1609 5000 Gulden bezahlte.

Vor dem Choraltare ruhte P. Illuminat Rosengart, dessen Gebeine später (1746) wegen des großen Zudranges andächtiger Leute in's Kapitelhaus transferirt wurden.

Auf der Männerseite ist die Sakristei an's Chor angebaut, durch die man in's Kapitelhaus gelangte. An dieses schloß sich der in einem Viereck erbaute Kreuzgang an, dessen breite Hallen als Begräbnißplatz der Franziskaner dienten. Eine Säulenreihe trennte diesen Campo santo vom offenen Hofe oder Kreuzgarten.

1833 wurde der Kreuzgang niedergerissen und in einen offenen Platz verwandelt. Die im Kreuzgange angebrachten Bilder aus dem Leben des hl. Antonius, 1758 gemalt, wurden in den Stadtspital versetzt.

Hinter dem Kreuzgange erhob sich in zwei getrennten Flügeln das eigentliche Klostergebäude, dessen Neubau aus dem Jahre 1581 stammt.

Im Kapitelhause, dem ältesten Theile des gegenwärtig noch stehenden Klosters, befand sich ein 1595 von Johanna von Ulm gestifteter Altar.

Das jetzt als Sakristei benutzte Kapitelhaus war mit Wand-malereien aus dem Jahre 1595 geschmückt, die 1848 bei der Renovation und dem theilweisen Umbau der Lokalitäten gänzlich zerstört wurden. Diese Demolition ist um so mehr zu bedauern, da die Bilder der Apostel und Heiligen Portraite von Männern waren, die in der politischen Geschichte jener Tage eine Rolle gespielt hatten.

All' diese Gebäude wurden, wie zum Theile schon erwähnt, oft restaurirt. Kirchenrestaurationen sind namentlich aus den Jahren 1502, 1554, 1562 und 1622 verzeichnet. Die Restauration von 1622 wurde durch das Erdbeben vom 30. Mai geboten, bei welchem man den Einsturz der ganzen Kirche befürchtete. Am Klostergebäude wurden im 16. und 17. Jahrhundert mehrmals Restaurationen vorgenommen. 1735—1737 wurde die letzte große Restauration der Kirche vorgenommen, durch welche die alte einst stylvolle Kirche recht verunziert wurde.

Zahlreiche Glasgemälde schmückten früher die Kirche. Bei der Explosion des Pulverthurmes wurden 1701 alle Scheiben der Kirche zerstört; die Stände Zürich, Bern und Luzern ließen sogleich die Standesscheiben im Chore restauriren. Allein schon 1733 ersuchte der Guardian der Barfüßer die Vergaber von Glasgemälden, diese Scheiben wegzunehmen und durch helles französisches Glas ersetzen zu lassen, damit die Kirche an Licht gewinne. Aus dem gleichen Grunde waren zehn Jahre früher schon die Standes-scheiben in der St. Antonius-Kapelle entfernt worden. Von da an bis in's Jahr 1842 zierten nur die Standesscheiben von Bern und Zürich den Chor der Kirche.

Der einst nicht unbeträchtliche Kirchenschatz der Franziskaner-kirche ist längst seiner werthvollsten Bestandtheile beraubt. So vermissen wir namentlich eine sehr schöne gothische Monstranz, in welcher das Blut des hl. Franziskus aufbewahrt war. Verschwunden ist der Wappenrock, den Herzog Leopold von Oesterreich in der Schlacht bei Sempach trug. Die Sorglosigkeit der Guardiane trug an dem Verschwinden solcher Merkwürdigkeiten wohl die meiste Schuld. Es ist überhaupt auffällig, wie wenig bedeutende Männer in diesem Kloster sich längere Zeit aufhielten.

Außer Heinrich von Isni und dem Chronikschreiber Johann von Winterthur wirkten in Luzern in älterer Zeit wenige bedeutende Franziskaner. Erst in der Reformationszeit traten wieder kräftige Gestalten auf; vor Allen Dr. Thomas Murner, als dessen Gehülfe ohne allen Grund ein Luzerner, Johann Feer, genannt wird, mit dem man offenbar den in Mainz wirkenden berühmten Theologen verwechselte. Für die Reformation predigte hier 1522 Dr. Sebastian Hoffmann von Schaffhausen. Im 18. Jahrhundert traten mehrere bedeutende Männer hier auf, so P. Gerold Jost, Leodegar Bürgisser; der Mathematiker Ildephons Acklin; der geniale Kanzelredner Joachim Braunstein aus Offenburg und kurz vor der Auflösung des Klosters noch die würdigen Brüder Emeran und Franz Geiger († 1843). Der Letztgenannte, ein gewaltiger Kontroversist, trug zur Hebung des katholischen Volksbewußtseins und zur Bildung einer katholisch-konservativen Partei in der Eidgenossenschaft, wie zur würdigen Verfechtung katholischer Interessen das Meiste bei. Als Pädagoge glänzte P. Gregor Girard, der letzte berühmte Guardian des Luzerner-Konventes. Der Weihbischof Johann von Blatten, zur Zeit des Zürichkrieges eifriger Gegner Hämmerlin's, ein Anverwandter der Familie Feer, verewigte sich als Konventsohn durch eine große Jahrzeitstiftung bei den Barfüßern. P. Leodegar Ritzi können wir nicht zu den berühmten Männern zählen, da derselbe mit den Sittengesetzen in stetem Konflikte lebte und durchaus keine Werke eigenen Geistes hinterlassen hat. Ein Blick auf die Hinterlassenschaft dieses angeblichen Gelehrten erhärtet unser Urtheil. Ritzi hinterließ 1585 unter Anderm: 6 silberne Becher, 11 Pater noster, 1 Weibergürtel, 2 Panzer Ermel, 1 Füstling sammt Hulfter, 1 Schwert, 1 Rappier, 1 Schnäpslein, 1 Priestertägeli, 1 Stücklein Kuttentuch, 1 Kutte, 1 Damasträcklein, 1 „vögelfarb Häcktli", 1 arißnen Priesterrock, 1 Lederwams, 1 schamlotin

Wamsel, 2 Paar weiße Hosen, 1 Paar Lederhosen, 1 Paar braune
Hosen mit einem „lädrinen Gfäß"; 1 Paar blaue Hosen, 1 Sommer-
Jüppen, 2 Paar visuli braune Hosen, sehr viel Tisch-, Bett- und
Kochgeschirr, 1 Misthacken, 1 Pflegel, Reitzeug 2c. „ein Registerlin
in ein Buch zu legen". Bücher scheint Ritzi in spätern Jahren
nicht mehr besessen zu haben, obwohl er einmal in jungen Jahren
geschrieben hatte: vita sine litteris mors.

Außerhalb der Kirche, im Kreuzgange, befand sich das Bein-
haus, in welchem seit 1560 ein ewiges Licht brannte, das Martha
von Hertenstein, geborne Cammann, gestiftet hatte.

Die Kirche diente zahlreichen Bruderschaften als Versamm-
lungsort für kirchliche Gedenktage; so der um 1464 gegründeten
Spielleuten-Bruderschaft, deren Rechte und Freiheiten der Rath
1725 bestätigte. Pfleger dieser Gesellschaft war damals Meister
Heinrich Ludwig Bännig, der ältere, aus dessen Geschlecht
mancher Tonkünstler hervorgegangen ist. Auch die Gesellschaft der
Schützen, die hl. Kreuzbruderschaft, die Antonius-, St. Michels-, St.
Lukas- oder Maler-Gesellschaft und die Rochus-Bruderschaft hielten
gleich den Rohrgesellen oder der Fischergesellschaft und der St. Nik-
lausen- oder Schiffer-Gilde ihre Jahresgottesdienste zu Barfußen.
Die hl. Kreuz-Brüder, welche schon 1471 der Provinzial der franziskaner aller Gnaden und Ablässe der Minoriten theilhaftig
machte, vereinigte sich später mit der Krämer-Gesellschaft oder
Fritschi-Zunft, welche 1504 von Kardinal Raimund von Gurk
Ablässe erhielt. Diese Zünfte und Gesellschaften waren bei Kirchen-
bauten sehr hülfreich, so namentlich die Safranzunft bei der Restauration von 1565. — Die Familie von Sonnenberg hatte seit
dem Jahre 1506 einen eigenen Altar in der Franziskanerkirche,
der heute noch mit dem Familienwappen geschmückt ist. Vor dem
Frauenaltar liegt Hans von Sonnenberg begraben, der erste
Schultheiß dieses um Luzern hochverdienten Geschlechtes, welcher
1506 im Wallis starb. Er war Gesandter im Wallis, als die
Matze den Bischof Joß von Silinen vertrieb.

In älterer Zeit waren es vornehmlich die in und um Luzern
begüterten Adeligen, welche die Franziskaner unterstützten, in deren
Kirche sie ihre Begräbnißstätten hatten. Als Wohlthäter des Stiftes,
welche in der Kirche ruhen, werden genannt: die Edlen von
Wolhusen, Malters, Littau, Hertenstein, Stans, Meggen,

Schenken, Hospenthal, Hunwyl, Thun, Nottwyl, Truchseß
von Wolhusen, Küßnach, Rinach, Wolfenschießen, Ruda
u. s. w. — Auch die luzernerischen Schultheißen-Familien von
Gundeldingen und von Eich waren mit den Franziskanern
sehr befreundet. Graf Rudolf von Habsburg soll, wie Meister
Felix Hämmerlin seiner 1447 geschriebenen Abhandlung über
den Adel erzählt, von der Habsburg aus oft mit seiner Familie
das Franziskanerkloster in Luzern besucht haben, wo der ihm
befreundete Guardian Heinrich Knoderer von Jsni, in der
Folge Bischof von Basel und Erzbischof von Mainz († 1288), einige
Zeit lebte. Hämmerlin irrt übrigens, wenn er sagt, Heinrich
von Jsni, der in der Schlacht auf dem Marchfelde den Schlacht-
gesang anstimmte, habe die Wahl Rudolf's zum römischen König
betrieben; denn Heinrich wurde erst nach Rudolf's Wahl Bischof.
Dagegen soll, wie eine gleichzeitige Colmarer Chronik erzählt, eine
alte Klausnerin, die auf einer Insel bei Luzern wohnte, der Gräfin
Gertrud von Habsburg vorausgesagt haben, ihr Gemahl
werde den Kaiserthron besteigen. — Auch als König hielt sich
Rudolf in Luzern auf, so den 4. März 1283 und vom 18. bis
30. Oktober 1285 und zwar wahrscheinlich auch im Kloster der
Barfüßer, wo damals wohl die geräumigsten Lokalitäten sich befinden mochten. Ebendort mag auch König Albrecht mit seinen
beiden Söhnen Rudolf und Friedrich abgestiegen sein, als er
am 26. März 1299 nach Luzern kam. Bei seinem dreitägigen Aufenthalte in Luzern wurde Kaiser Sigmund 1417 bei den Franziskanern auf Kosten der Stadt beherbergt. Die Auslagen beliefen
sich auf 500 Pfund. Ob der vermeintliche Kaiser von Konstan-
tinopel, der 1479 nach Luzern kam, auch bei den Franziskanern
abstieg, wissen wir nicht. Dieser hohe Herr befand sich damals
in so dürftigen Umständen, daß ihn der Rath mit 12 Gulden
Reisegeld und einem Rocke, der 5 Pfund kostete, versah. Im
15. Jahrhundert scheinen zeitweise bei den Franziskanern großartige Gastmähler gehalten worden zu sein und zwar aus dem
Klostergute. Deßhalb wurde 1482 die Administration des Klosters
besser geordnet und namentlich bestimmt, damit der Gottesdienst
desto ruhiger abgehalten werden könne, sollen Guardian und Kon-
vent keinerlei Gastirung oder Zehrung den außer dem Kloster
wohnenden Personen gestatten, es sei denn, daß ehrbare, unarg-

wöhnige Leute und Gönner des Konventes kämen, so ihr Essen
mitbringen oder zum Kochen heimschicken: Solchen allein ist das
Essen im Kloster gestattet, „doch mit Bescheidenheit und ohne Ent-
geldniß des Klosters". Die Klosterthüren sollen auch stets geschlossen
sein, damit üppige, argwöhnige Leute nicht hineinkommen können.

Auch sonst wurde das Kloster frühe schon zu sehr verschiedenen Zwecken benutzt; so wird seit 1281 im Kapitelsaale der Barfüßer sehr häufig geurkundet. 1344 war der alte und neue Rath
von Luzern im „Reventor" der Minoriten versammelt; dreimal
in der Woche hielt der Kleine Rath in älterer Zeit dort seine
Sitzungen. Erst im Jahre 1572 bat Hieronimus Curtius,
Visitator der Barfüßer, den Rath von Luzern, seine Sitzungen nicht
mehr hier zu halten, damit das Kloster mehr Ruhe genieße. Der
Rath beschloß hierauf, den Ritter'schen Palast auszubauen und
dort am Dienstag, Donnerstag und Samstag seine Sitzungen zu
halten. 1574 endeten die Rathssitzungen bei den Barfüßern.

Auch als Gefängniß diente das Kloster. Wie im 15. Jahrhundert hier Meister Felix Hämmerlin für seine Injurien gegen
die Eidgenossen büßte, so saßen hier 1712 Chorherr Dürler von
Münster und Kommissar Risler wegen Aufreizung und 1847
die Mitglieder der Sonderbundsregierung und die von der proviso-
rischen Regierung entsetzten Geistlichen in Haft. Bekanntlich war
hier auch Abt Karl Ambros Glutz von St. Urban, ein großer
Wasserbautechniker und guter Uebersetzer der schmutzigen Plauti-
nischen Lustspiele, 1809 eingesperrt, als er sich weigerte, der Regierung von Luzern auch nur eine summarische Rechnung über
Verwaltung des Klostergutes abzulegen, wie dieß seit Jahrhunderten seine Vorfahren gethan hatten. — Zur Zeit des zweiten
Villmergerkrieges flüchteten die Konventualen von Muri nach
Luzern und fanden bei den Franziskanern freundliche Aufnahme.

Zeitweise war bei den Barfüßern eine Presse thätig, die in
der ganzen Eidgenossenschaft großes Aufsehen erregte. Es war
zur Zeit, als Thomas Murner, der witzige und eifrige Ver-
theidiger des Katholizismus, in Luzern wirkte (1525—1529). 1545
wurde bei den Franziskanern auch eine Lateinschule errichtet, die
gegen 50 Jahre sich erhielt.

Zur Zeit der Helvetik wurde das Klostergebäude zu allen
möglichen Zwecken gebraucht und mißbraucht, so daß der berühmte

Pädagoge P. Girard, der mehrmals in Luzern sich aufhielt, dasselbe die Arche Noe nannte.

Die Franziskaner hielten in der Blüthezeit des Ordens und
auch nachher zuweilen ihre Provinzialkapitel in Luzern, so 1485,
1486, 1519, 1586, 1628, 1692 u. s. w. Bei diesen Anlässen schenkte
der Rath nebst Ehrenwein dem Orden oft 100 Dukaten.

Durch Schlußnahme des Großen Rathes vom 22. November
1838, welche der Papst 1844 bestätigte, wurde das alte Franziskanerkloster aufgehoben. Durch Uebereinkünfte von 1853 und 1855
wurde der Franziskaner-Jahrzeitfonds mit der Kirche der Stadtgemeinde als eine Pfarr-Filiale abgetreten und der an die Kirche
anstoßende Flügel nebst Garten (früher Friedhof) der Stadtgemeinde als Pfarr- und Sigristenwohnung übergeben.

1858 trat der Staat an die Stadt den sog. Pavillon des
Franziskanerklosters (früher als Realschulgebäude benutzt) ab, sammt
dem dazu gehörigen Grund und Boden, unter welchem man 10'
unter den Kellergewölben im letzten Jahrhundert Reste eines alten
Steinbodens gefunden hatte. Der Staat knüpfte an diese Cession
die Bedingung: das Gebäude soll abgetragen und durch Auffüllung der Kellerräume soll ein freier, offener Platz erstellt werden,
der weder als Marktplatz, noch als Lokal zur Aufstellung von
Wagen benutzt werden darf. Seit 1852 befindet sich im alten
Klostergebäude, in welchem zeitweise auch das Verhöramt untergebracht war, das Telegraphenbüreau.

Wahrscheinlich befand sich in der Nähe des Klosters das
1393 und 1410 erwähnte „Hofbrunnentor am Grendel des
Krienbaches", da der Grund des beim Krienbach gelegenen
Stadttheiles dem Stift im Hof gehörte. Dieses Thor ist wohl
identisch mit dem „Rößlithurm", der 1703 den Franziskanern
von Seite des Staates zur Benutzung abgetreten wurde (1703 bis
1709). Ein anderer Ausgang gegen den Burggraben hieß im
15. Jahrhundert das Mosthürli; vor demselben lag der Garten
Heinrich's von Mos.

Vom Franziskanerkloster aus führte ein Weg in die Kropfgasse, durch welche man auf der einen Seite zwischen hohen
Mauern und neben niedern Häusern vorbei zum Kropfthurm
und Kropfthor, auf der andern Seite zum alten Spital und
„Affenwagen" gelangen konnte. Das Kropfthor, das im 18. Jahr-

hundert zugemauert und erst vor wenig Jahren wieder zur allgemeinen Bequemlichkeit geöffnet wurde, ist wahrscheinlich das 1595 erwähnte „neue Thürli". Der bei der Sönderung des Staatsgutes der Stadt überlassene und 1840 wieder dem Staate abgetretene Thurm wurde bis 1864 als Militärgefängniß gebraucht. In der Nähe des Thurmes befand sich das 1596 restaurirte „Taubhüslin". Die beiden die Kropfgasse einschließenden Mauern wurden 1840—1842 abgetragen und es entstand durch Beseitigung der den Jesuiten und Franziskanern vormals zugehörigen Gärten der Posthof, in welchem die ersten Nationalrathswahlen nach Einführung der Bundesverfassung von 1848—1857 abgehalten wurden. Neben einzelnen stark bewohnten Häusern (1556 wohnten hier 73 Hintersäßen) und Ställen, welche hier im 15. und 16. Jahrhundert Schultheiß Heinrich Hasfurter (1483), Niklaus Ruß (1502), Hans Cammann und Berthold Feer (1587) besaßen, befand sich hier, in unmittelbarer Nähe von drei Kirchen und in der Nähe eines bis 1535 benutzten Spielplatzes, seit dem Ende des 14. Jahrhunderts das Frauenhaus, das 1390—1394 unter dem Namen „Jochhus" vorkömmt. Die Stelle desselben nimmt gegenwärtig die Wagenmeisterwohnung ein. An diese „Kulturanstalt" schloß sich in einiger Entfernung der Frauenthurm an, auf welchem sich seit 1432 ein eigener Wächter befand. Dieser Thurm dient jetzt theils als Sakristei, theils als Archiv.

Irrigerweise versetzte man die Entstehung dieser Häuser in die Zeit der Burgunderkriege, indem man sich der Meinung hingab, die guten alten Eidgenossen haben bis auf jene Zeit in paradiesischer Sittenreinheit gelebt und seien erst damals durch die moralisch verkommenen Franzosen und das Reislaufen um ihre Unschuld gekommen. Wie es scheint, gab es übrigens schon vor der Schlacht bei Morgarten in Luzern mehrere Frauenhäuser; denn schon 1315 wird bestimmt, in den gemeinen, offenen Frauenhäusern dürfe kein Frauenwirth einen fremden übernachten, noch bei 6 Schilling Buße, in seinem Hause spielen lassen. Nach Balthasar befand sich ein Frauenhaus an der Citzi; 1480 wird noch ein solches hinter den Gärten der Pfistergasse, also in der Citzi, erwähnt; 1413 wurde ein Kriminalprozeß gegen eine „offene Frau", die am Krienbach wohnte, eingeleitet, weil selbe Drohungen und Scheltungen gegen die Behörden sich erlaubt hatte. Der Staat

ernannte den Meister im Frauenhaus; dieser bestellte die Frauenwirthin und einen Knecht. Der Staat betrieb zeitweise dieses Institut, indem er die Frauen kleidete, das Haus möblirte, die Be-
gräbnißkosten für die Dirnen bestritt, und die Einkünfte in der
Staatsrechnung verzeichnete. (1455—1503.) 1539 wurden 3 oder 4
Betten aus dem Jakobsspital in's Frauenhaus gethan! Wie ren-
tabel die Wirthschaft betrieben wurde, ergibt sich daraus, daß
1456 selbst der Frauenwirth in Baden, wo doch der pavischen
Göttin, wie alte Schriften bezeugen, mehr als anderwärts geopfert
wurde, sich um ein „Haus" in Luzern bewarb. ¹) Der Staat bezog
1464 für das Haus an der Kropfgasse einen Hauszins von 3 Pfund
Heller. Später minderte sich die Frequenz; 1473 zählte die Wirthin
die Häupter ihrer Lieben, und sieh, es waren nur drei Grazien da;
1488 zählte man in einzelnen Häusern 4 bis 6 gewerbsmäßige
Dirnen.

Im Jahre 1470 wurde folgende Ordnung für den Frauenwirth erlassen:

Der Frauenwirth soll Niemanden „sin ehafte" oder „gedingte
Jungfrau" abziehen; er soll keine Jungfrau, die nicht schon geschwächt ist, aufnehmen; er soll von Bürgerssöhnen oder Knechten
für den Schlaftrunk nicht eßbare Speisen, sondern nur Geld annehmen. Am Samstag Abend und an Vorabenden vor Aposteltagen soll das Frauenhaus beschlossen sein bis zur Frühmeß.
„Unfertigs Gut" darf der Frauenwirth nicht als Pfand annehmen,
noch darauf leihen. Ist der Nachrichter abwesend, so soll der
Frauenwirth dessen Verrichtungen in den Thürmen versehen, wenn
peinliche Verhöre vorzunehmen sind.

Als die Luzerner gegen die Burgunder zu Felde zogen, begleiteten sie die „Fröwelin" in neuen Kleidern, welche ihnen der Staat
angeschafft hatte.

Der Staat gab sich alle Mühe, die Unzucht in anständige
Formen zu bringen. So wurde 1470 beschlossen, alle armen Dirnen
sollen entweder dienen oder in's Frauenhaus gehen, wenn sie nicht

---

¹) Es fehlten dort auch nicht hohe Gäste. Graf Ludovico Moro, der 1461
mit den mailändischen Gesandten in Luzern war, unterhielt sich hier so gut, daß
die Gesandten den 21. Mai über ihn nach Mailand schrieben: Quelle putane
quale da ogni hora piu ne va crescendo in obondantia della quantita e della
belleza.

aus der Stadt ausgewiesen werden wollen. Und da später der Mensch erst mit dem „Junker" oder „Burger" anfing, wurde 1559 bestimmt, daß fremde Gesellen nur dann in's Frauenhaus dürfen gelassen werden, wenn sich in demselben keine Junker oder Bürgers-söhne befinden. Ein Zürcher, der sich 1529 in Zürich befand, will in Luzern 300 Dirnen gezählt haben!

Unfälle, die zuweilen in diesem Hause vorkamen, veranlaßten gar ernste Berathungen. So wurde den 7. Jänner 1572 zur Ver-hütung fernern Unglückes die Schließung des „gemeinen Hauses" angeordnet; die fremden Dirnen sollten die Stadt verlassen, die einheimischen an „ein Dienen und Werchen sich laßen, aber keine Wirthschaft treiben". Allein schon am 23. Mai 1572 wurde das Haus mit Wirthschaft der „Bern Anna" und „ihren Gespielen" wieder geöffnet; der Besuch des Hauses in der Fastenzeit, an hohen Festen und Vorabenden vor Festen wurde — auf dem Papier — gar strenge untersagt. 1576 erhielt die Frauenwirthin Vollmacht, alle in Schlupfwinkeln befindlichen Dirnen in ihr Haus aufzu-nehmen. Da kam im gleichen Jahre das Jubiläum; die Luzerner wurden durch die Väter aus der Gesellschaft Jesu in eine äußerste Zerknirschung versetzt, auf einige Tage ging das Frauenhaus ein. Der Rektor der Jesuiten schrieb triumphirend in seine Hauschronik: Pellices aqua et igne interdictae. Allein wie Tannhäuser's Stab trieb das verdorrte Sündennest neue Reiser. Erst 1581, am Freitag vor Galli, wurde im Rathe der Beschluß durchgesetzt, das „ge-meine Haus" zu schließen und dasselbe zur Wohnung der Stein-metzen und anderer Handwerksleute zu verwenden.

Allein schon 1612 wurde wieder über die zunehmende Unsitt-lichkeit in der Stadt, namentlich in Wirthshäusern und „Flöhäusern" geklagt, und ebenso „daß die versoldeten Dirnengoumer ihren dienst schlechtlich versehen". Wie anderwärts, mußten auch im alten Luzern die Dirnen eine eigene Uniform tragen, um das Dekorum zu wahren und doch den „Wissenden" kenntlich zu sein. Weniger ehrbar als die Dirnen kleideten sich oft die ehrbaren Bürger; denn es bestimmt das Kleidermandat von 1484 „der kurzen Kleidern wegen, das man die machen und tragen soll, in sömmlichem Mäs, das einer hinden und vor die Scham decken mag."

1500 wurden die kurzen Weiberröcke wieder verboten und 1525 wurde den Rathsherren untersagt „zerhowen hosen und kleider" zu tragen. Solche Mandate erregten oft große Stürme, allerdings nicht wie in Bern, wo das Verbot der Schnabelschuhe, das auch 1470 in Luzern erlassen wurde, zu einer gefährlichen politischen und sozialen Frage sich zuspitzte; aber doch zu einem Wortkriege, in welchem die spitzen Zungen der Frauen und der diesem Geschlechte innewohnende Korpsgeist zuweilen einen Sieg über die Beschlüsse der gestrengen Herren und Obern davontrugen, welche fremden Potentaten gegenüber eine eiserne Halsstarrigkeit zu behaupten gewohnt waren. Einen solchen Kampf hatte der Rath 1738 zu bestehen, wo die galanten Frauen, wie Urs Balthasar schreibt, ihre Stärke und die Schwäche ihrer Männer geprüft und „bewährt erfunden". Die damals überall gangbar gewordenen Reif- und Fischbeinröcke hatte der Rath „nach dreimaligem Anzug und drey aufgenommenen Mehren, vollkommen abgekennt und auf offener Kanzel verrufen lassen". Man scheute sich, schreibt unser Gewährsmann, nicht, diesem Verbot schnöd zu widerstreben, den Gebrauch der gemeldeten Mode halsstarrig zu behaupten, und durch Vorspiegelung eines scheinbaren Nutzens und Anstands derselben zu beschönigen; und, was das Erbaulichste war, wurde man in dieser Widersetzlichkeit von einigen Rathsgliedern selber so gut unterstützt, daß es durch allerlei Handgriffe und Intriguen unsern Weibern beiderlei Geschlechts gelungen, über das Gesetz und seine Vollzieher den ärgerlichsten Sieg davonzutragen. Die Satzung ward zwar nicht abgeschafft, aber über ihre Uebertretung durch die Finger gesehen. Da konnte man zu Luzern mit Cato ausrufen: „Wir herrschen über Alles; aber die Weiber über uns."

Der gleiche strenge Sittenrichter scheint übrigens, wie ich glaube, den wahren Grund unzweideutig zu verrathen, der an der langen Fortexistenz des Frauenhauses in Luzern die Schuld trug. Denn er sagt in seiner um das Jahr 1740 geschriebenen „Moralischen Schilderung des ehemals altfränkischen, itzt artigen luzernerischen Frauenzimmers": erst gegen Ende des 17. Jahrhunderts seien die Luzernerinnen „aus wilden in manierliche, aus mürrischen in aufgeräumte, aus scheuen in redreiche, aus haushablichen in kurzweilige Töchter, Gattinnen und Mütter verwandelt worden." Solchen Frauen setzte man dann allerdings nicht Grabschriften, wie jener protestantische Pfarrer seiner Ehehälfte, die er auf dem Grabsteine als die „Freude seiner Nebenstunden" pries. — „Unsere Aeltervater konnten das andere Geschlecht bereden, daß Eingezogenheit und haushälterisches Wesen bei demselben manche andere glänzendere Eigenschaft aufwäge, und daß der Mann glücklich zu nennen wäre, dem ein solches Weib bescheeret sei. Diese Einbildung war so allgemein und beherrschte eben unsere Frauen selber so stark, daß sie sich auf kein anderes, als die eigentlichen Hausgeschäfte legten, die sie mit der genauesten Aufsicht besorgten, und ihr scharfes Regiment, besonders die Sparsamkeit, wirklich bisweilen so weit ausdehnten, daß man es dem Eheherrn und den Kindern an den dünnen Lenden und schmalen Backen gar wohl ansehen konnte. Diese Wirthschaftsordnung flößte die Mutter der Tochter und dieselbe wieder der ihrigen ein, und es entstuhnd unter ihnen der größte Wetteifer, welche unter ihnen in dieser Art des Preises es der andern zuvorthun konnte." Mich wundert nur, daß bei dieser vorzüglichen Beschaffenheit der luzernerischen Töchter die Zahl der Ledigen so klein war und daß man nicht wie in Schaffhausen noch im Jahre 1834 in das heute noch bestehende Gesetz über Erwerbung der Bürgerrechte die Bestimmung aufnehmen mußte, daß jedem Fremden, der eine Bürgerstochter heirathe, die Hälfte der Einkaufssumme restituirt werden müsse. Weniger wundert es mich, warum Männer, die mit Glücksgütern wie mit Geistesgaben reich versehen waren, nie eine Luzernerin heiratheten, selbst wenn sie, wie Jakob von Hertenstein, viermal sich verehelichten.

Bevor wir die Kropfgasse verlassen, müssen wir noch den Leser dieser Zeilen zum „Pfaffenthurme" führen, der am Hirschengrabenkanal, der Hirtenmatt gegenüberlag, die seit Ende des 16. Jahrhunderts Hirschenmatt genannt wird. In diesem Thurme war 1445—1454 ein Geistlicher gefangen, der als einer der berüchtigsten Diebe bekannt war. In seine Zelle kam 1454 Meister Felix Hämmerlin, der die Eidgenossen mit Pamphleten verfolgt hatte. Mit ihm war auch der Franziskaner Burkard v. Regenstorf aus Zürich gefangen, der schon 1424 in Luzern wegen unsittlichen Lebenswandels bestraft, 1454 wegen politischer Umtriebe in Zürich gefangen und nach Luzern gebracht wurde. Hier dichteten Hämmerlin und Regenstorf lateinische und deutsche Klagelieder und verherrlichten das alte Zürich. 1457 wurde Regenstorf aus dem Gefängniß entlassen und nach Lindau geführt. Kurze Zeit nachher dürfte auch Hämmerlin's Befreiungsstunde geschlagen

haben. — In der Kropfgasse befand sich das 1494 erbaute Waschhaus, dessen Entstehungsgeschichte nicht uninteressant ist.

Wie fast überall, hatte man auch in Luzern in der guten
alten Zeit durchaus keinen Sinn für Naturschönheit, und gerade
die reichsten Leute bauten ihre Häuser nicht da, wo sich der Aus-
blick auf die herrliche Gebirgswelt darbot, sondern wo man recht
still und ruhig leben konnte, in Gassen, wo wenig Verkehr war.
So hatten die Hunwyl und die Silinen, wie die reichen Lütishofen ihre Häuser am Sternenplatze und in der Eisengasse. Als
Jost v. Silinen, Bischof von Grenoble und Sitten, einst König
Ludwigs XI. von Frankreich Agent in der Schweiz, seiner Vaterstadt zu Ehren ein prachtvolles Gebäude aufführen wollte, das
mehr denn 1000 Gulden kosten sollte, wählte er hiefür nicht etwa
einen Punkt mit schöner Aussicht oder einen der grössern öffentlichen Plätze, sondern das Kropfgässlein. Die Stadt aber vereitelte
des Bischofs Vorhaben, indem sie 1494 auf dem von Silinen
erworbenen Grunde ein Waschhaus erstellte, unbekümmert um die
Einsprache des Bischofs, der aus diesem Vorgehen schloss, man
verachte ihn und vergesse die grossen Wohlthaten, die er dem
Rathe und der ganzen Stadt erwiesen habe. Vier Jahre später
wurde der einst so gefeierte Diplomat, vom Kaiser geächtet, vom
Papste gebannt, zu Rom in ungeweihter Erde bestattet.

Am Ende der Kropfgasse befand sich da, wo jetzt der obere
Flügel des Jesuiten-Kollegiums steht, der alte Heilig-Geist-
Spital. Die Stiftung dieses Spitals soll in's Jahr 1100 zurück-
reichen; sicher ist nur, dass Stift und Stadt als Gründer des
Spitals gelten, der 1285 neben dem Franziskanerkloster neugebaut
wurde (hospitale de novo constructum) und zwar auf Grund und
Boden des Stiftes im Hof. Diesem Spitale, in welchem namentlich
Pilger verpflegt wurden, vergabte 1409 Graf Wilhelm von
Arberg den Kirchensatz und Zehnten von Ruswyl und die Stadt
trat demselben 1410 Kirchensatz und Zehnten von Willisau ab.
Das hölzerne Spitalgebäude wurde 1579 abgetragen und 1580 bis
1584 an dessen Stelle ein Steinbau aufgeführt, der bis 1656 als
Spital benutzt wurde. Damals erfolgte die Verlegung des Spitals
vor das Stadtthor im obern Grund und die Einverleibung des
Terrains des alten Spitals in den Jesuitengarten. — Die admi-
nistrative Leitung des Spitals war einem seit dem Jahre 1319 vom

Rathe gewählten Spitalmeister übertragen. Der Stadtarzt hatte die Obsorge über die Krankenpflege. Nebst freier Wohnung bezog der Stadtarzt seit dem Jahre 1550 ein Einkommen von 120 Gulden, dazu erhielt er noch 6 Malter Korn und 4 Malter Haber; 1588 stieg das Einkommen auf 120 Kronen nebst freier Wohnung und Holz; 1592 erhielt der Stadtarzt 200 Gulden nebst 15 Gulden für den Hauszins. Für jeden Krankenbesuch durfte der Stadtarzt einen Dicken berechnen. [1]) Der Stadtarzt war verpflichtet, die Leute im Spital, die Almosengenössigen, wie die Barfüßer, Jesuiten und Kapuziner unentgeltlich zu behandeln, „doch so soll er zu unlustigen, gfarlichen und schüchlichen sachen oder gebresten persönlich zu gan nit schuldig oder verbunden sin wider sin selbs guten willen". „Alle umschweifenden heimischen oder frömdem Scharlatanen, Gütterlinschryer, Triar- und Wurzenkrämer, Zahnbrecher und alle derglychen Kalber-Arzt und unfähige, selbst angemaßte wandelnde Apotheker in Statt und Land sollen allerdings abgeschafft sin, kein Platz haben und gar niendert geduldet werden".

Dieser alte Spital trug übrigens nicht so fast den Charakter einer Kranken- als einer Armenanstalt, welcher der Rath einen Theil der Bußengelder schon zu Anfang des 14. Jahrhunderts zuwendete. Findelkinder, alte Leute und verarmte Rathsherren wurden in demselben verpflegt. Armuth galt im alten Luzern nicht als Schande, deßhalb wurde auch bei der Verfassungsrevision von 1489 der 1423 schon angenommene, aber bald vergessene Beschluß, welcher die lahmen, blinden, tauben, untauglichen und im Spital verpflegten Rathsherren von den Sitzungen ausschließen wollte, verworfen und das alte Herkommen bestätigt, daß die auf Lebenszeit gewählten Rathsherren Sitz und Stimme behalten sollen, so lange sie in bürgerlichen Ehren sich befinden. In einzelnen Urkunden aus dem 14. Jahrhundert wird ausdrücklich hervorgehoben, an dem und dem Beschlusse habe die ganze Bürgerschaft, Arme und Reiche, mitgewirkt; man vergleiche z. B. die Urkunde über die Bürgereinigung vom 21. Oktober 1330. Schultheiß Heinrich Hasfurter hatte in seinem Testamente vom Jahre 1483 vor

---

[1]) Die fremden Aerzte, welche zuweilen nach Luzern berufen wurden, hatten früher sehr hohe Taxen; so verlangte 1494 Dr. Konrad Türst, Stadtarzt von Zürich, für die Behandlung des Peter Cammann von Enzern die für jene Zeit exorbitante Summe von 33 Gulden und 3 Ort.

gesehen, daß nach Absterben seines Stammes sein Vermögen zu Handen des Staates als eine Armenstiftung kommen sollte. Dieser sollte daraus wirkliche Arme speisen. Jede Person sollte täglich erhalten: ein Quärtlein Wein, ein Brod, zwei Stück Fleisch, an Fasttagen Eier oder Fische und Gemüse. An dieser Armenstiftung sollten nur solche Bürger und Bürgerinnen Antheil nehmen dürfen, die nicht durch Spiel, Ueppigkeit oder „bübische Zehrung" um Habe und Gut gekommen, namentlich Kranke, Blinde und Lahme und solche, die durch Gottes Gewalt arm geworden, hauptsächlich verarmte Mitglieder des Kleinen und Großen Rathes. Für solche war der Spital allerdings eine willkommene Institution.

Eine besonders imponirende Physiognomie muß übrigens auch noch im 18. Jahrhundert der Rath nicht getragen haben; denn im Rathsreglemente mußte man den gestrengen Herren einschärfen, es dürfe keiner einen Hund mitnehmen, „mit den Füßen lüthen oder scharren, oder in einem Bethbüchli lesen".

Starb ein Mitglied des Kleinen Rathes, so wurde neben der Spitalkirche ein alter schwarzer mit Pelz gefütterter Mantel zwei Tage lang aufgehängt. Die Erben des Verstorbenen hatten für diese sonderbare Todesanzeige dem Spitale einen Gulden zu entrichten.

Zu den interessantesten Spitalpfründnern gehörte unstreitig Freiherr Christoph Haller v. Hallerstein, Herr zu Waldstein und Sporeck. Im Jahre 1510 in Nürnberg geboren, hatte Haller als Hofherr fast alle europäischen Fürstenhöfe besucht; er war spanischer, savoyischer und kaiserlicher Hofherr, kaiserlicher Notar, Comes Palatinus; Kaiser Karl V. hatte ihm auf der Fahrt nach S. Juste den Ritterschlag ertheilt. Mit prachtvoll ausgestatteten Diplomen, aber ohne Subsistenzmittel war der alte Diplomat im Jahre 1579 nach Luzern gekommen, wo man ihm bald das Bürgerrecht schenkte. Von Luzern aus betrieb Haller seine Ansprachen an den Herzog von Savoyen, in dessen Dienst er als Hofmeister und kaiserlicher Gesandter längere Zeit für Restitution des Waadtlandes an Savoyen gewirkt hatte. Als er 1581 den Tod vor Augen sah, testirte Haller aus den von Savoyen zu erwartenden Geldern 2000 Kronen dem Spitale in Luzern; auch die Pfarrkirche im Hof bedachte er mit einem Legate. Wie aber Stadtschreiber Renward Cysat mit Haller's Sohn Bartholomäus in Turin 1585 die Abrechnung mit dem Herzog von Savoyen vornahm, fand es sich, daß Haller nicht nur nichts vom Herzog zu fordern hatte, sondern vielmehr demselben noch bei 400 Kronen schuldig war. Der Herzog verzichtete auf diese Forderung und schenkte dem Spitale in Luzern 5000 Kronen. Der Rath von Luzern ließ von der später mit Zinsen abbezahlten Summe dem Spitale 5000 Gulden, den Kreditoren 1100 Gulden und der Stiftskirche eine kleinere Gabe zukommen und errichtete dem sonderbaren Manne, der zur Zeit drei Jahre im Schuldenthurme in Augsburg zugebracht hatte, in der Hofkirche ein Denkmal aus Erz, das beim Brande der Stifts-kirche zu Grunde ging.[1])

Die Spitalkirche blieb nach der Verlegung des Spitals noch stehen bis zum Jahre 1788. Diese Kirche, 1343 eingeweiht, hatte nach und nach mehrere schlecht dotirte Kaplaneien entstehen sehen. Schon 1365 stifteten die Bürger von Luzern mit Zustimmung Herzog Ru-dolf IV. von Oesterreich und Bischof Heinrichs von Constanz hier eine Kaplanei. 1519 wurde die Kaplanei der hl. Jungfrau Maria im Spital neu dotirt und kirchlich bestätigt. Auf dem Agatha-Altar hielt seit dem 15. Jahrhundert ein eigener Kaplan Messe. Später wurde die St. Sebastians-Kaplanei in der Peterskapelle dem Spital einverleibt, so zwar, daß der Spitalkaplan zweimal wöchentlich eine hl. Messe auf dem Sebastiansaltare lesen sollte. 1579 wurden Spital und Kirche mit einem Kostenaufwande von 14,000 Gulden neugebaut. In dem gegen den Krienbach zugekehrten Ecksteine der Kirche wurden mit einem Fläschchen Wein Reliquien, Münzen und Denkschriften in einem zinnernen Kästchen eingemauert. Da-mals galt ein Mütt Kernen 7 Gulden, Roggen 5 Gulden, Haber 6 Gulden, 1 Maß Elsäßer 7 Schilling, 1 Kub Anken 50 Plappert und 1 Ledi Holz 34 Batzen. Den 24. August 1581 weihte Bischof Balthasar Ascalon die Spitalkirche ein. Seit Anfang des 14. Jahr-hunderts bis 1599 läutete man im Sommer um halb drei Uhr in die Frühmesse; 1599 wurde bestimmt, die Frühmesse soll im Sommer um 4 Uhr beginnen. 1788 wurde diese Kirche abgetragen und der Agatha-Altar der Jesuitenkirche einverleibt, weßwegen seither die Feuerwehr bis in die neueste Zeit am Agatha-Feste ihren Gottes-dienst bei den Jesuiten abhielt.

---

[1]) Vgl. die mit irriger Jahrzahl im „Geschichtsfreunde" XXXI. 223 f. mit-getheilte Grabschrift.

Bis zum Jahre 1651 befand sich im alten Spital eine eigene Schmiede; zur Ersparung von Kosten — nicht etwa aus Rücksicht auf schwer Kranke oder die benachbarten Schulen — wurde diese Lärmmaschine abgedankt und dafür die Schmiede auf dem nahen Barfüßerplatz in Anspruch genommen.

Noch 1681 befanden sich in der Nähe der alten Spitalkirche mehrere hölzerne Häuser; zur Verhinderung der Feuersgefahr wurden dieselben wegdekretirt; Neubürger sollten an die Stelle derselben Steinhäuser aufbauen.

Eine Ansicht dieser Häusergruppe gibt nebst Martini's Grundriß namentlich das Gemälde auf der Kapellbrücke, welches das Gymnasium darstellt. Wenn wir dieses Bild mit seinen verschiedenen hohen und niedern Stein- und Holzhäusern neben einander betrachten, so tritt uns das wahre Bild des alten Luzern in baulicher Beziehung entgegen.

Steinhäuser und Holzhäuser stehen neben sogenannten Riegelhäusern, von denen einige jetzt noch sehr malerisch sich ausnehmen; man betrachte z. B. die Spitalmühle im Obergrund und das von Moos'sche Haus bei der Kaserne.

Da in Luzern niemals großer Reichthum herrschte und verhältnißmäßig nur sehr wenige habliche Leute hier wohnten, konnte von Prachtbauten nicht die Rede sein. Die Häuser der Wohlhabenden hatten auch niemals einen einheitlichen, scharf ausgeprägten Styl, der sich von demjenigen der benachbarten Orte wesentlich unterschied. Erst im 17. Jahrhundert verschwanden nach und nach die alten hölzernen Häuser der minder begüterten Bürger, die mitten zwischen den Steinhäusern der Reichen sich sonderbar genug ausgenommen hatten. Das alte Luzern hatte nicht eine stark lokale Färbung, die im Baue der Häuser sich hervorthat, wie z. B. die Mehrzahl der norddeutschen oder italienischen Städte, wie in unserer Gegend etwa Bern oder Schaffhausen, obwohl die nämlichen Baumittel im gleichen Bereiche zur Anwendung kamen und der Stadtbaumeister selbst bei den meisten Häuserbauten seit dem 15. Jahrhundert mitwirkte. Besonders auffällige traditionelle Gewohnheiten im Baue der Mehrzahl der Häuser lassen sich absolut nicht nachweisen. Wir finden vielmehr, daß fremde Elemente successive in unserer Architektur Eingang fanden. Es rührt dieß ohne Zweifel daher, daß einerseits zahlreiche fremde hier sich nieder-

ließen, und daß andrerseits unsere Luzerner im fremden Sold-
dienste sich lange aufhielten. Aus Italien stammten namentlich
die wohlhabendern Handelsleute Luzerns, die hier in italienischem
Style sich Häuser bauten. Die ältesten Häuser in Luzern waren
aus Holz ausgeführt und zählten über dem Erdgeschosse selten mehr
denn 2 Etagen.[1] Schwere Steine belasteten noch im 16. Jahrhundert,
wie Schillings Chronik zeigt, die Dächer. Die Fenster waren höchst
unregelmäßig vertheilt. Für Häuser in den best gelegenen Stadt-
theilen, die mit „Gaden" oder Krambuden versehen waren, zahlte
man im 15. Jahrhundert einen Zins von 2 bis 19 Goldgulden.
Häuser vor den Thoren waren mit den dazu gehörigen Gärten
um einen Zins von 2 bis 3 Münzgulden zu haben.

Erst im 15. Jahrhundert wurden Steinhäuser allgemeiner beliebt und in schönerer Form aufgebaut. Selbst die Zunfthäuser,
die anderwärts zu den ansehnlichern Bauwerken gehörten, waren
in Luzern im 15. Jahrhundert noch sehr unscheinbar; so z. B. das
Zunfthaus zum Affenwagen, das in der Nähe des alten Spitals und der Kropfgasse sich befand; der „Affenwagen", zuerst
erwähnt 1385 und 1400, war das Zunfthaus der Krämer, deren
Stube 1374 schon genannt wird. 1451 vereinigten sich die Stubengesellen der Krämer mit der nebenanstehenden Schützenstube.
Die 1480—1484 errichtete Sebastians-Bruderschaft der Schützen trat
1518 diesen beiden vereinigten Gesellschaften bei. Schon vor dieser
Vereinigung hatte die Gesellschaft zum Safran das an den Spital
anstoßende Haus besessen. 1451 verkauften die Schützen ihr in der
Großstadt gelegenes Haus und zogen in den „Affenwagen".

Man sollte glauben, die Herrenstube, wo die wichtigern Staats-
geschäfte vorbesprochen wurden, hätte sich vor allen andern Zunftstuben durch ihre Größe ausgezeichnet. Dem ist aber nicht so; die
alte luzernerische Einfachheit war auch in diesem Hause daheim.
Denn das Zunfthaus, anstoßend an die Wohnung Heinrich's v.
Moos und der Familie von Gestelen, bestand — so weit es sich
im Besitze der Stubengesellen befand — im Jahre 1430 aus einem
im Erdgeschosse gelegenen Gaden, über welchem sich nur eine
Stube mit Küche und Kammer erhob. Dieses Haus, Lehen der
Propstei im Hof, hatte die Zunft um 110 Gulden von Anton

---

[1] Ueber eine gewisse, leider nicht näher bezeichnete Höhe durfte übungs-
gemäß schon 1367 kein Haus gebaut werden.

Krepsinger erkauft. Diese Localitäten bildeten den „Mittelring des Hauses"; das „Oberhaus", also das zweite Stockwerk, besaßen die Krepsinger, welchen die Zunft „Steg und Weg" durch den Mittelring geben mußte. 1455 erwarb die Safrangesellschaft das nebenan gelegene Haus „am Platz... in der Au" von Anton Scherer. In diesen kleinen Häusern ging es oft hoch her, so besonders bei eidgenössischen Bundeserneuerungen, an den beiden Schwörtagen, bei Faßnachtbesuchen eidgenössischer Orte, namentlich aber bei den Kriegsaufbrüchen, wo die durchziehenden Truppen auf dem Affenwagen bewirthet wurden, wie z. B. 1457 beim Feldzuge in den Höhgau die Schwyzer und Zürcher; auf allen Stuben zusammen wurde damals Ehrenwein für 24 Pfund 5 Schilling ausgeschenkt. Auch wenn eidgenössische Standeshäupter in Privatangelegenheiten in Luzern weilten, schenkte ihnen der Rath gern im Affenwagen Ehrenwein; z. B. 1460 als der Bürgermeister von Zürich und Urban von Mulern von Bern dem Hans von Meggen ein Kind aus der Taufe hoben. Auf diesen Zunftstuben erklangen die frohen Schlachtlieder, welche die Zunftgenossen gedichtet hatten. So das Sempacherlied von Schreiner Hans Halbsuter, der einst Gerichtsweibel und Stubenherr zum Affenwagen war, das nach dem Zeugniß des Baslers Heinrich Pantaleon noch 1568 allgemein beliebt war; so das schöne kecke Murtner- und Iruiserlied von Viol, das Lied von Grandson, das der Luzerner Montigel gedichtet hatte, wie Viol's Lied auf die Schlacht zu Ragaz und Steinhuser's Lied auf den Waldshuterkrieg.

Auf der Herrenstube wurde auch Hans Fründ's treffliche Beschreibung des alten Zürichkrieges im Kreise der Zunftgenossen gelesen, wie weiland das Werk des Thucydides vor den in Olympia versammelten Griechen. Die Zunftstube war also die „Sängerschule", die Aula für die Historiker. Hier produzirten sich auch die fremden Pfeiffer und Sänger, die Luzern oft besuchten und zum Staunen der Luzerner 1486 auch ein kleiner Knabe, der gut lateinisch sprechen konnte. 1494 im Oktober produzirten sich in Luzern die Sänger des Herzogs von Sachsen, 1505 ein Geiger und ein Lautenschlager.

Die Krämergesellschaft, welche auch die Herrenstube genannt wurde, galt als die älteste Zunft in Luzern, da sie ihre Entstehung in's Jahr 1300 zurückversetzte. Die ältesten Urkunden, namentlich

die von römischen Königen erworbenen und bestätigten Freiheiten
der Krämergesellschaft sollen, wie eine Urkunde aus dem Jahre
1450 meldet, bei einer Feuersnoth in der Stadt verbrannt sein.
Als solche alte Freiheiten werden namentlich bezeichnet die Bestimmungen, daß kein Hausirhandel in der Stadt getrieben werden
dürfe; daß die Waaren auf offenem Markte müssen feilgeboten
werden; daß Jeder, der falsches Maß und Gewicht brauche, aus
der Gesellschaft ausgeschlossen werden dürfe, und daß die Bußengelder zum Unterhalte eines ewigen Lichtes vor dem Heilig-Kreuz-
Altar im Hof zu verwenden seien — Verordnungen, die 1450 und
1475 vom Rathe von Luzern genehm gehalten worden sind.

Die Urkunde vom Sonntag nach Thomastag 1451 über die
Vereinigung der Stubengesellen auf der Kaufleuten-Trinkstube,
genannt die Herrenstube, mit denjenigen „zu Schützen" enthält folgende nicht uninteressante Bestimmungen:

Der Name „Herrenstube" soll fortexistiren; ebenso sollen die
Schilder der Gesellschaftsstifter auf der Laube bleiben; am Escher-
mittwoch oder „sant Berchten Tag" sollen die Gesellschaftsmit-
glieder nicht auf andere Zünfte gehen, um sich dort bewirthen zu
lassen; jeder soll baar zahlen, was er auf der Stube verzehrt
(ganz wie im schwarzen Walfisch zu Askalon).

Die Schützenstube soll verkauft und der Erlös für die Herrenstube verwendet werden.

Wer in die Gesellschaft treten will, zahlt 6 Gulden und 6 Maß
Wein, wovon 4 Maß den Gesellen, 2 der Jungfrau oder einem
Knecht zukommen. „Zinsgesellen" entrichten jährlich 6 Plappert
und 5 Maß Wein. Aus dem Nachlasse eines jeden Gesellen soll
der Gesellschaft ein „Tischlachen" zufallen oder 2 „gute Zwechelen".

Für die Gesellen, welche die Schießstatt benutzen, gelten die
allgemeinen Rathsordnungen; nur diesen kömmt der vom Staate
geschenkte Wein zu. Beim Doppel wird am Sonntag auf jede
Armbrust eine Maß Wein verlegt.

Am Berchtoldstag findet die Wahl des Stubenmeisters statt
und die Rechnungsablage.

Fasznacht- und Tanzbelustigungen dürfen nur in Folge von
Gesellschaftsbeschlüssen abgehalten werden. Wer sich gegen den
Anstand verfehlt, verliert sein Stubenrecht.

Die Herrenstube bestand übrigens schon vor der Vereinigung mit den Schützen aus zwei Gesellschaften, nämlich aus der eigentlichen Krämer- oder Safran-Gesellschaft und aus der Bruderschaft des hl. Kreuzes oder der Gesellschaft der Zimmerleute und Maurer. Allein diese drei in einem Hause vereinigten Zünfte hatten, gleich den andern luzernerischen Gilden und Gesellschaften, ihre eigenen Maienbriefe, Statuten und Satzungen. So genehmigten Schultheiß und Rath von Luzern 1463, Zinstag vor St. Matthäus-Tag, den Maienbrief der Zimmerleute und Maurer, wonach jeder, der Meister wird, oder ein „Verdingwerk" übernimmt, einen Gulden an das heilige Kreuz im Hof geben soll. 1453, den 13. April, bestätigte der Rath die Verordnung betreffend Aufnahme von Mitgliedern in die Bruderschaft des heiligen Kreuzes in Luzern, genannt die Krämer-Gesellschaft zum Safran.

Während anderwärts die Zahl der Zünfte im Verlaufe der Zeit wuchs, suchte der Rath von Luzern dieselbe zu beschränken und auch die heterogensten Handwerker unter einen Hut zu bringen.

Wer in Luzern ein Gewerbe ausüben wollte, mußte entweder Bürger sein oder Zunftgenosse. So erließen 1501, Montag nach Niklaus, Schultheiß und Rath von Luzern eine Verordnung zum Nutzen der Safrangesellschaft und der zu derselben gehörigen Handwerker, nämlich der Zimmerleute, Steinhauer, Maurer, Bildhauer, Trächsler, Tischmacher, Küffer, Seiler, Wagner, Haffner, Ziegler, Knöpfmacher, Eißmer und aller Arbeiter, die „mit Spönen umbgond". Nur wer in der Gesellschaft oder Bürger sei, dürfe ein solches Handwerk in der Stadt ausüben. Die Räthe begünstigten auch später die Safranzunft; so wurde 1509, Donnerstag vor Vincula Petri, der Streit zwischen der Gesellschaft zum Fritschi und den Seilern Hammerer, die nicht zünftig waren, dahin entschieden, es sollen diese das Zunftrecht kaufen. Für solche Gunsten waren die Krämer der Regierung sehr dankbar und veranstalteten seit dem 15. Jahrhundert zu Ehren derselben — jährlich — „den Fritschizug", der mit kostbaren Mahlzeiten verbunden war. Das Kleid des „Bruder Fritschi" zahlte der Staat.[1]

Diese Umzüge und Mahlzeiten wurden aber zuweilen in einer Weise gehalten, die mit der Auffassung des Rathes nicht ganz

---

[1] Umgeldbuch 1493: Samstag vor der alten Fasnacht, man sol um Bruder Fritschis Kleid Heinrich Rosenschilt 9 Pfund.

harmonirte, theils weil man die Mahlzeiten auf Fasttage verlegte, theils weil man Fritschiväter erwählte, die dem Rathe nicht genehm waren. Daher verordnete der Rath am 17. Februar 1629, das Fritschi-Essen dürfe künftig nicht mehr an einem Freitag abgehalten werden, sondern am Sonntag nach dem Umzuge; der „Hauptmann" beim Fritschi-Zug aber soll von Schultheiß und Rath erwählt werden. Im Jahre 1651 und 1666 mußte der Rath den lustigen Zunftbrüdern zu Safran schon wieder wegen der unnützen Ausgaben, der Umzüge und Mahlzeiten Ordnung schaffen.

Das unter dem 5. Februar 1652 obrigkeitlich festgesetzte Programm für Fritschi-Zug und Essen lautet:

1) Am Fritschi-Tag gibt die Gesellschaft den Trompetern, Pfeiffern und Trommelschlägern ein Morgenmahl.

2) Diese und der Kellner im Spital erhalten je 2 Maß Wein, Brod und den „Kopf", der herumgetragen worden ist.

3) Auf des (Stuben-) Meisters Kosten wird der Kopf (Becher) auf der Gasse gefüllt.

4) Am Donnerstag zu Nacht erscheinen auf der Stube die Zünftigen zur Mahlzeit, gastieren die Musikanten, die vier Amtsleute der Gesellschaft und deren Frauen; die Stadtdiener, welche den Ehren-Wein bringen, werden mit 2 Maß Wein abgefertigt.

5) Dagegen haben künftig die neuen Amtsleute die neuen Beamten der Gesellschaft nicht mehr zu gastieren.

6) Die Trabanten sind, soweit möglich, zu vermindern; diejenigen, welche wegen der Sicherheit und des Ansehens erforderlich sind, sowie deren Frauen, sind von den Beamten gastfrei zu halten.

7) Die Beamten werden auch „zu einem fründtlichen Nachwein den Kopf mit 12 Maß beschenken".

8) Die Gesellschaft hat das Recht, an die Festkosten von den vier Beamten Beiträge zu beziehen.

9) Weil das Fest zu Ehren der Regierung stattfindet, haben die Musikanten keinen Lohn zu beziehen.

10) Der Umzug soll künftig am Donnerstag stattfinden; das Essen am Sonntag Nachts.

Durch Regierungsbeschluß vom 1. März 1666 wurde dieses Programm bestätigt und in der Weise ergänzt, daß den „Beamten" der Gesellschaft gestattet wurde, auch an der „Herren-Faßnacht" einen Abendtrunk zu halten, sofern jeder Beamte die von ihm eingeladenen Gäste auf seine Kosten bewirthe. Es gab also schon damals Mitglieder der gemeinnützigen Gesellschaft, welche persönliche Freunde auf Gesellschaftskosten zu bewirthen gewohnt waren.

Diese für die Gesellschaft nicht unwichtigen Verordnungen wurden übrigens nicht mehr im alten Zunfthause zum Affenwagen eröffnet; schon vorher hatte die Gesellschaft wieder das alte Zunfthaus zu Schützen in der Großstadt bezogen. 1586 befand sich im Affenwagen die Münzstatt und auch diese wurde gleich darnach in die Großstadt verlegt; denn 1587 begann der Bau der Jesuitenkirche, der das ehrwürdige Zunfthaus zum Affenwagen weichen mußte, in welches der König von Frankreich 1505 ein von Oswald Süler verfertigtes Glasgemälde geschenkt hatte. Das alte lustige Leben litt übrigens durch die Lokalveränderungen niemals. Welcher Geist damals die Safran-Zunft beseelte, zeigen am besten die noch erhaltenen Statuten.

Die Zunftordnung von Safran, 1502 entworfen, 1552 obrigkeitlich genehmigt, 1691 revidirt, bestimmt:

In die Gesellschaft kann jeder Biedermann aufgenommen werden, der dem Stubenmeister 3 Gulden, dem hl. Kreuz 2 Pfund Wachs und 1 Schilling und den Meistern 4 Maß guten Weines und jährlich 2 Plappart entrichtet. Wer die Gesellschaft erkauft hat, soll Bürger werden, Harnisch und Gewehr anschaffen und mit den Bürgern reisen und „purſen“. Wer dreimal ein Gebot übersieht oder drei Jahre nach einander das Jahrgeld nicht zahlt, verliert den Schild, ebenso jeder, der nicht als Biedermann sich benimmt. Auf des Vaters Schild kann man sich einkaufen mit 1 Gulden, einem „Tischlachen“ und 4 Maß Wein. Der so in die Gesellschaft Aufgenommene hat jährlich 2 Plappart den Meistern, 2 Pfund Wachs und 1 Schilling dem hl. Kreuz zu entrichten. Wer eine ungewöhnliche Waffe auf die Gesellschaft bringt, wird laut Statut von 1542 um eine Maß gestraft. Zur Aufnahme eines Gesellen ist die Anwesenheit von sechs Meistern erforderlich. Wer ein Amt ausschlägt, verliert auf ein Jahr das Stubenrecht. Wer beim Leichenbegängnisse eines Gesellschaftsmitgliedes unentschuldigt fehlt, verfällt in eine Buße von ½ Pfund Wachs. Der Vorstand der Gesellschaft besteht aus einem Stubenmeister, Schultheiß, den

Sechsern, dem Kerzenmeister, Heilig-Kreuz-Pfleger, dem Bulfer-stampfer und Weibel. Der Schultheiß hatte die Gerichtsbarkeit über die fremden Krämer und bezog die Bußengelder von denselben. Aus dem Gelde, welches für das hl. Kreuz nicht erforderlich ist, dürfen laut Statut von 1559 silberne Becher gemacht werden.

Küffer, Kellenmacher, Hafner und andere derartige Hand-werker, welche ihre Waaren auf offenem Markte verkaufen wollen, sollen dem hl. Kreuz 1 Gulden und der Gesellschaft 4 Maß Wein zahlen.

Die Gesellschafts-Gottesdienste wurden laut Statut von 1637 zu Barfüßern gehalten und zwar: am Feste der hl. Apolonia (9. Februar), Valentin (14. Februar), Quirin (14. März), Oster-montag, St. Georg (23. April), Urban (28. Mai), Pfingstmontag, St. Anna-Tag (26. Juni), an vier Quatember-Tagen und an den beiden Heilig-Kreuz-Tagen. — Daß eine so gottselige Gesellschaft zu Ehren der Gesellschaft Jesu mit Freuden ihr Haus verließ, ist wohl ganz unzweifelhaft. Die Gesetze sorgten auch dafür, daß die Gegner der Jesuiten auf der Zunftstube gegen das Projekt nicht auftreten durften; denn schon 1581 wurde verboten, in Wirths-häusern und auf offenen Straßen über Papst, Bischöfe und Glaubens-sachen zu disputiren; später wurden auch besondere Bestimmungen zum Schutze der Jesuiten erlassen, die als eine Art geheiligte Per-sonen betrachtet wurden. Zu diesen Verboten hatten Anlaß gegeben Großrath Martin Schwyzer und Gerber Hans Jakob Schwyzer — die Söhne des Hans Schwyzer, der 1551 nach Luzern kam. Wegen Reden über Religion und Jesuiten wurden sie um 100 Gulden gestraft.

Bevor wir zur Baugeschichte der Jesuitenkirche und des damit zusammenhängenden Collegiums übergehen, haben wir noch die-jenigen Häuser vorzuführen, welche „vom Platze" bis zum Freien-hof sich hinzogen: das Haus „unter dem Gewelb", das Wirths-haus zum gelben Kreuz und Rudolf Glasers Haus. „Unter dem Gewelb", wo Ludwig Seiler und Peter von Meggen ihre Waarenlager hatten, pflegte um 1480 Notar Johann Schil-ling, der auf dem Tage in Stans 1481 als Schriftführer funk-tionirte, Urkunden auszufertigen; dieser Ort heißt in Urkunden zu-weilen auch „unter den Lauben" und „unter den Häusern". Im Jahre 1556 kaufte der in den französischen Kriegen reich gewordene Schultheiß Lukas Ritter Rudolf Glasers Haus und das Haus zum gelben Kreuz, um an der Stelle derselben im florentinischen Renaissance-Style ein Haus zu bauen, das durch seine Dimensionen und die Schönheit der Formen alle andern Gebäude der Stadt übertraf. Er berief zu diesem Zwecke einen in Zürich beschäftigten Steinmetzen Johann von Lyn, genannt Motschon, der das Gebäude, ohne den innern Einbau, wahrscheinlich nur bis zum zweiten Stockwerke aufführte. Dieser treffliche Meister kam theils wegen Finanzfragen, theils wegen seiner häretischen Ansichten mit Schultheiß Lukas Ritter in Konflikt. Ritter klagte seinen Baumeister der „Ketzerei" an und erwirkte dessen Hinrichtung, die 1559, den 8. Mai, vollzogen wurde. Als Lyn am Todestage neben dem „Palaste zum Affenwagen" vorbeischritt, lud er den Schultheißen ins Thal Josaphat. Der kranke Schultheiß starb schon am Tage nach Lyns Hinrichtung, den 9. Mai 1559. Nach Ritters Tod zog der Rath den Palast an sich und zwar um die Summe, welche er dem Schultheißen vorgestreckt hatte, theils auch weil die Töchter Ritters den Ausbau nicht übernehmen und den Staat für seine Anforderungen nicht befriedigen wollten. Zum Ausbaue des Palastes wurde Solbiolo de Ponte berufen, der dem Herzog Ferdinand von Gonzaga einen Palast erbaut hatte, der auf 40,000 Kronen zu stehen gekommen war und eben an dem Baue eines Palastes in Lugano arbeitete. Bis zum Jahre 1564 wurde der Bau des Ritter'schen Palastes fortgesetzt. An dem unharmonischen Ausbaue des Ganzen ist wohl der Streit zwischen dem Stadtbaumeister und dem Architekten Schuld, der schon 1561 ausbrach, als der Bau der Gewölbe und Säulen im Innern in Angriff genommen wurde. 1572 wollte der Rath seine Sitzungen im Ritter'schen Palaste abhalten und ließ zu diesem Zwecke 1573 verschiedene bauliche Vorrichtungen daran vornehmen. Allein schon 1577 wurde das Gebäude, dem noch das Dach fehlte, den Jesuiten abgetreten, welche dasselbe von 1578 bis 1774 bewohnten. Kunstfreunde finden eine einläßliche, mit Illustrationen gezierte Beschreibung dieses schönen Bauwerkes im 23. Bande des Geschichtsfreundes und in der 7. Abtheilung des Werkes „Deutsche Renaissance" von Ortwein, bearbeitet von Herrn E. v. Berlepsch (Leipzig 1873).

Lübke schildert den Ritter'schen Palast also: die Façade hat ein

7

mächtiges Erdgeschoß in schön ausgeführter Rustica, darüber zwei obere, aber einfacher behandelte Stockwerke, das Ganze von ernster und stattlicher Wirkung im Charakter florentinischer Paläste. Noch entschiedener geht das Innere auf florentinische Anlagen zurück. Die Mitte nimmt nämlich ein quadratischer Hof ein, ursprünglich offen, neuerdings mit Glas bedeckt; in drei Geschossen, mit Säulenhallen umgeben, die Treppe ebenfalls nach Florentiner Vorbildern in einer Ecke des Hofes mit gerade ansteigenden Läufen angebracht, mit steigenden Tonnengewölben und auf den Podesten mit Kreuzgewölben bedeckt. Sämmtliche Thüren, auch die Portale der Treppe, haben zierliche Einrahmungen von dekorirten Pilastern und reichen Gesimsen: alles, auch die durchbrochenen Balustraden der Treppe, im Gepräge florentinischer Frührenaissance. Diese starken Einwirkungen Italiens lassen sich durch die zahlreichen Einwanderungen italienischer Familien in Luzern erklären.[1])

Als die helvetische Regierung ihren Sitz nach Luzern verlegte, projektirte Architekt Vogel von Zürich eine Vergrößerung des Regierungsgebäudes, indem er die Stadtmauern niederreißen und an das Regierungsgebäude zwei Flügel anbauen wollte, deren Kosten er auf 552,700 Franken veranschlagte.

Nachdem die Stadtgemeinde den 12. Dezember 1836 und 16. Februar 1838 dem Staate das Jesuitencollegium sammt Zubehörde, von der Jesuitenkirche bis zum Kropfthurme, und 1837 auch das alte, von dem helvetischen Großrath 1798 als Sitzungssaal benutzte Stadttheater ob der Sakristei der Jesuitenkirche abgetreten hatte, wurde der gegen den Posthof gelegene Theil des sog. Schlößchens 1841—1843 abgebrochen und an der Stelle desselben der Großrathssaal nach dem Plane von Berry aufgeführt, wodurch der dem Posthofe zugekehrte Theil des schönen Ritter'schen Palastes ruinirt wurde. Eine Ansicht des Palastes von dieser Seite bietet der Schumacher'sche Stadtplan vom Jahre 1791.

Die neben dem Ritter'schen Palaste gelegene Wirthschaft zum gelben Kreuze mit dem dazu gehörigen Stalle in der Kropfgasse ging 1570 von der Familie Ritter an die Emberger über. 1612 übergab Ritter Rudolf Pfyffer kaufsweise die Wirthschaft zum gelben Kreuz den Jesuiten, die später daraus den östlichen Flügel

---

[1]) Geschichte der Baukunst von Kugler. V. Band, S. 233.

ihres Collegiums bauten. Die Arrondirung dieser Liegenschaften erfolgte durch Erwerbung der zwischen dem alten Jesuiten-Collegium und der Schiffhütte befindlichen Gärten, welche von Niklaus von Wyl um 670 Florin an Leodegar von Meggen, von diesem um 1306 Gulden an Johann Pfyffer verkauft wurden, der selbe 1579 den Jesuiten schenkte. Diese errichteten hier ein Recreationshaus, das jetzt noch, mit ihrem Wappen geschmückt, den Namen „Seidenhof" führt.

An die Stelle all' dieser Gebäude, die sich vom alten Spital bis zum See beim Freienhof hinzogen, trat nachher noch das Jesuiten-Collegium mit seinen Kirchen. Die 1574 nach Luzern berufenen Jesuiten, welche für Kirche und Schule hier nach besten Kräften wirkten, predigten zuerst bei den Barfüßern; zur Wohnung erhielten sie dann den unvollendeten Ritter'schen Palast und als Schullokal das gegenüberliegende Gebäude. Im westlichen Flügel des Collegiums errichteten die Jesuiten zuerst ein Oratorium mit drei Altären. Die Schultheißen Ludwig Pfyffer und Heinrich Fleckenstein, wie Jost Pfyffer, waren für Herstellung dieses 1578 vom Weihbischof von Konstanz eingeweihten Kirchleins, dessen Bestand nur von geringer Dauer sein sollte, besonders besorgt. Schon 1587 begann der Neubau der größern Kirche an der Stelle der beiden Zunfthäuser zum Affenwagen und Fritschi auf Kosten des Schultheißen Pfyffer. Diese dem heiligen Michael geweihte Kirche wurde in überstürzter Eile aufgeführt; schon 1590 stürzten die Gewölbebogen ein; allein durch reiche Spenden von Einheimischen und Fremden konnte der Bau doch wieder fortgesetzt werden, so daß am 25. August 1594 der Weihbischof von Konstanz die Einweihung vornehmen konnte. Diese mit Gemälden Heinrich Wegmanns gezierte Kirche, welche die Stelle der jetzigen Postlokalitäten einnahm, war 1588 bis 1677 der Mittelpunkt des damals sehr intensiven religiösen Lebens in der Stadt Luzern. Zahlreiche Bruderschaften hielten hier, zum Aerger der Franziskaner, ihre Gottesdienste ab, und die Jesuiten stifteten in Verbindung mit der ihnen befreundeten Nuntiatur immer neue Bruderschaften, deren Ablässe nur in der Michaelskirche der Jesuiten gewonnen werden konnten. Die großen religiösen Ceremonien wurden nicht in der Pfarrkirche, sondern bei den Jesuiten gehalten, die durch pomphaften Gottesdienst, wie durch gediegene

Predigten zu imponiren wußten. In diesem Bestreben unterstützte sie die „große Congregation", welche ihren Jahresfesten durch großartige Illuminationen besondern Glanz zu verleihen suchte; 1700 bis 3000 Lichter brannten jeweilen am 8. Dezember in der Jesuitenkirche.

Der Jesuite Franz Xaver wurde den 6. März 1654 auf Antrag der beiden Schultheißen zum Schutzpatron der Stadt und des Kantons erwählt und am 21. November fand darauf eine feierliche Prozession zu Ehren des Landespatrons von der Peterskapelle in die Jesuitenkirche statt. Allegorische Bilder wurden vorgetragen, welche die Macht des Heiligen darstellten. Der Festzug glich mehr einem Fastnachtzuge, als einer nordländischen kirchlichen Ceremonie, da Knaben als Mohren gekleidet kamen, welche den Triumphwagen begleiteten, und ein Frauenzimmer in den Standesfarben eine Wachskerze trug, die fast die Größe eines Balkens hatte. Andere Figuren stellten den besiegten Cupido, die Weltlust und die Hoffart dar; selbst ein schwarzer Indierfürst, von 20 Pagen begleitet, mußte aufmarschiren. Zur Erhöhung der Feier ließ der Nuntius „Zweibätzler" vom Collegium aus unter das Volk werfen, welches in dieser Comödie die geistliche Hochzeit des heiligen Franz Xaverius mit der ehr- und tugendreichen Jungfrau Luzerna erblicken sollte, wie ein lateinisches Gedicht durchblicken ließ.

Nach langen Unterhandlungen begann 1667 der Bau der neuen Kirche östlich vom „Schlößli", wie der Ritter'sche Palast später genannt wurde, auf der Stelle, wo damals die Häuser der Familien Studer, Feer und Hunn sich befanden, die mit den dahinter gelegenen Gärten bis zum Frauenthurm reichten. Von diesen um 4000 Gulden erkauften Gebäuden stürzte das eine ein, die beiden andern wurden abgetragen. Den 3. Dezember 1667 begann der Kirchenbau mit der feierlichen Grundsteinlegung durch den päpstlichen Nuntius; innerhalb Jahresfrist ragte der Bau schon 40 Fuß über die Erde empor. 1677, 29. August, wurde die Kirche feierlich eingeweiht, die damals zu den schönsten Ordenskirchen in Deutschland gerechnet wurde, obwohl die Thürme, welche derselben noch ein stattlicheres Aussehen verschaffen sollten, nie zum Ausbaue kamen. Ueber die Gültigkeit der mit grandiosem Ceremoniell in Scene gesetzten Weihe kam es nachher zu unerquicklichen Streitigkeiten, da von Seite der Regierung behauptet wurde, der Consecrator habe nicht geweihtes Oel angewendet.

Ungeachtet des Neubaues der Kirche war die alte Michaelskirche 1684 noch restaurirt worden, um 11 Jahre später abgetragen
zu werden. Damals wurde der westliche Flügel an das Ritter'sche
Schlößlein, 119 Fuß lang und 49 Fuß breit, angebaut, in welchem
das auf Kosten der Familie Amrhyn erstellte Refectorium sich
befand. Erst später, 1681, wurde in der neuen, dem hl. Franz
Xaver geweihten Kirche der 70 Fuß hohe und 40 Fuß breite
Hochaltar durch Christoph Bruck erbaut, dessen Altarblatt Do-
menico Torriani von Mendrisio auf Kosten des Schultheißen
Eustach von Sonnenberg malte. Die Kirche wurde 1743—1752,
1844 und 1880 restaurirt.

Inzwischen hatten die Jesuiten 1756 auch den östlichen Flügel
an das Ritter'sche Schlößlein durch den Architekten Jakob Singer
aus Ehrenberg anbauen lassen, wodurch das Kollegium zu dem
umfangreichsten Gebäude der ganzen Stadt anwuchs.

Allein mitten in dieser baulichen Entwicklung begann die
Opposition gegen die Gesellschaft Jesu, welche den Papst 1775 zur
Aufhebung des Jesuitenordens bestimmte. In Luzern wurde die
Aufhebung dieses Konventes erst den 17. Jänner 1774 durch-
geführt; die Jesuiten, welche dem Staate mit ihren Liegenschaften
nicht unbeträchtliche Schulden hinterließen, mußten eine ganze Nacht
außer dem Kollegium zubringen und kehrten in theils „blauen
Röcken", theils in neuen langen Abbé-Kleidern schon am folgenden Morgen in ihr Kollegium zurück, nachdem ihre Kirche zur
Filiale der Pfarrkirche erklärt worden war, um, wie zuvor, dem
Jugendunterrichte sich zu widmen. Die Regierung ließ die Jesuiten
ihren gemeinsamen Haushalt bis 1798 fortführen; dann wurde das
Kollegium nach und nach für Kanzleien und Schulen benutzt, bis
1830 und 1843 auch die letzten Schulen und die Kantonsbibliothek
aus dem „Regierungsgebäude", wie das Kollegium seither hieß,
entfernt wurden. Als 1844 den Jesuiten wieder die Leitung der
höhern Lehranstalt übertragen wurde, kehrten sie nicht mehr in's
alte Jesuitenkloster zurück, sondern mußten im Franziskanerkloster
Wohnung nehmen. Die Barfüßer- und Jesuitenkirche dienten dann
zeitweise als Gefängniß für die Freischäärler, die man zum Kriege
gegen Luzern durch die Jesuitenberufung provozirt hatte. Ueber
der Sakristei der Jesuitenkirche erhob sich das Theater, das im
17. und 18. Jahrhundert so baufällig war, daß der Stadtbau-

meister vor jeder Vorstellung noch einen Untersuch anstellen mußte, ob noch eine Produktion gewagt werden dürfe.

Hinter der Kirche, am Hirschengraben, befand sich die Gruft-kapelle, welche vor einigen Jahren abgetragen wurde.

Dem Ritter'schen Palaste gegenüber lag die Wirthschaft „zum rothen Kopf", in welcher sich vormals eine Judenschule soll befunden haben. Noch im 16. Jahrhundert waren einige hebräische Worte an den Wänden des Hauses gemalt, weßwegen einige das Gebäude für eine Synagoge hielten. 1381 wurde Berthold „zem Roten-kopf" Bürger von Luzern; dieser war wohl der Besitzer des Hauses, welches Melchior Ruß in seiner Chronik vom Jahre 1482 als den „Juden Turm" bezeichnete. Etterlin, Diebold Schilling und zahlreiche spätere Autoren erblicken in dem „Rothen Kopf" mit dem dazu gehörigen Hause „zur Krone" ein altes Raubhaus, das in den ältesten Zeiten Luzerns schon existirt habe. Die einläßlichste Nachricht von diesem Raubhause gibt uns Gilg Tschudi.

Tschudi erzählt uns, zur Zeit Kaiser Karls des Großen haben sich in der Stadt Luzern zu beiden Seiten der Reuß zwei feste Thürme befunden, in welchen man den Zoll von den durchgehenden Waaren eingenommen habe. Die Fischer mußten jährlich 800 Balchen an diese „Vestinen" entrichten. Diese Festungen verwan-delten sich nach und nach in Raubhäuser, deren Bewohner sich als angebliche Beamte Karls des Großen auf „Schätzung fremder Kauflente" verlegten und auch an Bürgern und dem Stifte im Hof Muthwillen vollbrachten. Im Jahre 802 erhoben die Bürger Klage beim Kaiser; dieser gab ihnen den Befehl, die beiden Raub-häuser zu schleifen und die Räuber hinzurichten; zugleich erließ er „den Fluch", daß die zwei Burgen nicht mehr aufgebaut werden dürfen. Andere Autoren lassen noch die Herzoge von Oesterreich in den Besitz dieser Raubhäuser gelangen. Nach unserer Ansicht dienten diese beiden Häuser den Beamten von zwei verschiedenen Herrschaften zur Aufbewahrung der Raubsteuer von Früchten und Einkünften, sowie des Falles von Erb- und Eigengütern. Andere dagegen wollen annehmen, der Name Raubhäuser rühre von dem Jus spolii, dem Grund- und Ruhrrechte, her. Allein dieses Recht er-scheint in unsern Landen stets mit der Gerichtsbarkeit verbunden und nie in zwei getrennten Händen; wäre diese Deutung richtig, so könnte nur von einem Raubhause die Rede sein. Als das zweite

Raubhaus wird nun aber das gegenüberliegende „Gawertschen-
haus" in der Großstadt, die jetzige Apotheke, gleichzeitig mit dem
„Rothenkopfe" in allen unsern spätern Geschichtsquellen erwähnt,
während es gänzlich an einem Hinweise auf das Grundruhrrecht
fehlt. Dieses Haus zum „Rothenkopfe" erwarb Schultheiß Ludwig
Pfyffer 1578 um 1260 Gulden und schenkte es den Jesuiten zum
Baue eines Gymnasiums. Den 9. März 1578 wurde der „rothe
Kopf" niedergerissen und schon am 4. Oktober stand das neue
Gebäude unter Dach. 1591 mit einem Thürmchen geschmückt, erweiterte sich das Gymnasium mehr und mehr durch Erwerbung
des anstoßenden Hinterhauses und der gegen die Krongasse gelegenen Häuser. 1701 wurde der große Gymnasiumsaal für den
Gottesdienst der Studenten und einiger Bruderschaften erbaut.

Behufs Erweiterung des Gymnasiums wurden 1729 das Ast-
mannische und Albrechtische Haus gekauft und 1729—1731 mit
mehr Eile als Verstand der Neubau des Gymnasiums betrieben.
Die Baukosten, welche sich auf 10,718 Gulden beliefen, wurden zum
Theil aus den Geldern der Senti- und der Maria-End-Bruderschaft
bestritten, da man diesen Bau als ein „halb geistliches Werk"
betrachtete. Schon 1755 mußte ein Theil des Neubaues abgeschliffen
und neu ausgeführt werden. Da die Marianische Sodalität einen
wesentlichen Beitrag an die Baukosten des Gymnasiumsaales
leistete, wurde ihr das Benutzungsrecht desselben eingeräumt. Dieser
Saal erlitt übrigens verschiedene Wandlungen. 1798 wurde derselbe an die Burger X. Meyer und X. Schwyzer als „Ver-
gnügungslokal" verpachtet; 1799 führte Illenberger seine Komö-
dien in demselben auf. Dann diente er wieder als Sitzungslokal
für den Großen Rath ꝛc.

Der Brunnen beim Gymnasium wurde 1737 restaurirt und
mit einem alten in der Steinwerkhütte gefundenen Stücke geziert,
das den Reichsadler mit der Krone zeigte. Als die Rathsherren
diese Dekoration sahen, wurde beschlossen, künftighin nicht mehr
den Reichsadler an Gebäuden, Brunnen ꝛc. anzubringen, da man
sich ja längst vom Reiche unabhängig gemacht habe.

Neben dem Gymnasium, am „Jesuiterbogen", wie man diese
Arkaden früher nannte, befanden sich mehrere hölzerne Häuser,
die erst 1639 niedergerissen und in Stein neu aufgebaut wurden.
Unmittelbar an das Gymnasium stieß ein im 16. Jahrhundert

neugebautes Steinhaus, dessen Eingang mit den Wappen der
Pfyffer und Fleckenstein geschmückt ist. Hier, „unter den Häusern",
wohnte 1624 Oberst Rudolf Pfyffer, der mit den Tagsatzungs-
Gesandten von Zug, die im „Rößli" erzählten, es sei auf zwei
Saumrossen durch die Franzosen Nachts eine große Summe Geldes
zum Bruchthor hinein bis „unter die Häuser" geführt worden,
einen interessanten Injurienprozeß hatte. Früher allerdings waren
einmal große Geldsummen an Pfyffer abgeliefert worden, indem
im Jahre 1602 der König von Frankreich alle seit dem Jahre 1565
rückständigen Soldansprachen, namentlich auch diejenigen für den
sogenannten Dumaine'schen Feldzug, auszahlte.

Das Eckhaus, gegen den See gehörte dem Seckelmeister Mel-
chior von Mettenwyl, der an demselben 1551 das Bild der
Madonna malen ließ, die ihm vor der Schlacht von Kappel sieg-
verheißend erschienen war. Seither hatte unseres Wissens kein
Seckelmeister eine so freundliche Erscheinung; dagegen sollen jetzt
noch alt Großräthe und Kanzlisten existiren, denen ebenfalls die
Mutter Gottes erschienen sein soll. — Das Gebäude zwischen dem
Mettenwyl'schen Hause und der „Krone" hieß das Haus zur
„Sonne". Bis dorthin wurde, wie das Rathsprotokoll erzählt,
Hans Hegenheim, ein 15jähriger Knabe, vom Wyenstein weg
durch den Henker von Zürich geschwemmt; man legte ihn dort in
einen Sarg. Der Knabe erwachte nach einiger Zeit, erholte sich,
wurde begnadigt und hatte später, wie Diebold Schilling erzählt,
schöne Kinder.

Die Gasse vom Gymnasium gegen die Reußbrücke hieß seit
dem 14. Jahrhundert „des von Stans Gasse", weil hier die von
Stans in dem von Burkard Gerold erkauften Hause wohnten;
später hieß diese Gasse Krongasse, wegen der dort befindlichen
Wirthschaft zur Krone, welche 1466 German Seiler, später bis
zum Jahre 1562 die Familie Ruß betrieb. Großes Aufsehen
erregte es in Luzern, als sich hier im Jahre 1521 ein vornehmer
Türke mit mehreren Dienern, worunter auch „Mören", einlogirte.
Als das Haus an die Pfyffer überging, hörte um 1585 die Wirthschaft auf, deren Name durch eine Erzählung in Wickram's
Rollwagenbüchlein auch in lustigen Kreisen wohl bekannt war.
Erst 1661 wurde die Tavernenwirthschaft, welche vor 50 Jahren
auf das Zunfthaus „zu Gerwern" verlegt wurde, wieder konzes-

sionirt. Der Krone gegenüber lag im 15. und 16. Jahrhundert das Haus der Familie von Meran. Das bei der Brücke befindliche große Haus befand sich im 15. Jahrhundert im Besitze der Familie Feer, später in dem der Segesser und jetzt der von Moos.

Im Eckhaus der Krongasse, rechts neben der Reußbrücke, wenn man von der Großstadt kömmt, wohnte von 1479—1540 Johann Pfyffer, der Stammvater der Familie Pfyffer von Altishofen, der hier im Alter von mehr denn 100 Jahren starb. Des Augenlichtes beraubt, ließ sich Pfyffer viele Jahre lang von seinem jüngsten Sohne in die Hofkirche führen. Jedem seiner fünf Söhne hinterließ dieser Patriarch ein Haus in der Stadt, 4000 Gulden an Gülten, eine schöne Baarschaft nebst Silbergeschirr. Pfyffer's Stammhaus an der Reußbrücke ging auf den jüngsten Sohn Kaspar über, der an dem 1608 neuerbauten Hause sein Wappen anbringen ließ. Dieser Kaspar Pfyffer, welcher 95 Jahre alt starb, ist der Stifter des Kapuzinerklosters auf dem Wesemlin und der erste Postmeister Luzerns. Mit solchem Eifer lag Kaspar seinem Amte ob, daß ihm der Rath 1569 die Alternative stellte, entweder den Rath oder die Postmeisterstelle aufzugeben. Das Haus, in welchem Schultheiß Ludwig Pfyffer vor Beginn seiner militärischen Laufbahn eine Apotheke betrieb, stand mit dem dahinter gelegenen schloßartigen von Rathsherrn Hans Sonnenberg 1480 erbauten Gebäude im Münzgäßlein, dem Stipendienhaus, durch eine hölzerne Laube in älterer Zeit in Verbindung.

Bei diesem Hause erhob sich um das Jahr 1288 ein Thor, welches die Bürger ohne Bewilligung des Abtes von Murbach aufgebaut hatten. Dieser wollte daher sein „Stangenrecht" geltend machen und die Abtragung desselben durchsetzen. Gleichzeitig verlangte der Abt die Entfernung des ohne seine Zustimmung erbauten Schwybbogens bei des Gerold's Haus. Die Stadt, welche diese Bauten zur Verhinderung von Feuersgefahr aufgeführt hatte, erkaufte mit 30 Mark Silber die Bewilligung zur Fortexistenz dieser Bauwerke.

Von diesem Thore gelangte man zuerst unter gewölbten Hallen, denen „unter der Egge" ähnlich ¹), dann der Reuß entlang auf

---

¹) Vrgl. das Bild in Schilling's Chronik Fol. 80, b.

einem schmalen Landstreifen zum Freienhof, wo der Schwybbogen
den Zugang zur Kapellbrücke ermittelte. Das Haus zum Freienhof
bestand ursprünglich aus drei Gebäuden, die mit ihren drei Thürmchen und den dicken Mauern und hohen Zinnen ein festungs-
artiges Aussehen hatten. Das Hauptgebäude besaß zur Hälfte 1499
Schultheiß Ludwig Seiler, 1508 dessen Schwiegersohn Hans
Werner Segesser. Um das Jahr 1510—1543 scheint die Familie Iberg im Besitze des Freienhofes sich befunden zu haben,
wie das Wappen mit den sechs rothen Bergen andeutet, das sich
sowohl am Aeußern des Hauses, als an einem Eisenschranke
findet. Dieses Wappen, welches von einer mit der Schellenkappe
gezierten Puppe gehalten wird, die mit dem Zeigefinger auf die
herausgereckte Zunge hinweist, gab zu verschiedenen Deutungen
Anlaß. Es fehlte nicht an Solchen, welche den Freienhof als
ein Gegenstück zu dem bekannten Freihof von Aarau erkennen
wollten, während andere selbst an eine Fehmgerichtsstätte dachten.
Der Name rührt wohl von einem der frühern Besitzer her; so
war z. B. die Gemahlin des Schultheißen Heinrich Hasfurter
eine Frey von Luzern. In Egloff's Freyen Haus bewirthete der
Rath 1459 den berühmten Landammann Ital Reding von Schwyz;
der Ehrenwein — eine Maß — kostete 11 Angster. Daß sich das
Wappen auf die Familie Effinger beziehe, ist ganz unglaub-
würdig. 1551—1554 wohnte im Freienhofe der päpstliche Legat
Ennea Veroli, um den Bund der katholischen Orte mit Papst
und Kaiser zu vermitteln. Er trieb, wie ein Bericht aus Basel
meldet, große Pracht. Später residirten hier abwechselnd savoyische
und spanische Gesandten. — Hier schrieb der berühmte Franz
Guillimann als spanischer Gesandtschafts-Sekretär die Schrift
„De rebus Helvetiorum" und seine „Habsburgica", in welchen er
zuerst die Existenz von Wilhelm Tell bezweifelte (a. 1607).

Zeitweise im Besitze der Familie von Wyl (1539—1552)
ging das Haus später an die Zimmermann, 1724 an Franz
Xaver Pfyffer über. Damals galt dieses schöne Haus mit aller
Zubehörde nur 6000 Gulden.

Das bei der Brücke befindliche Thor hieß 1393, 1410 und 1416
das „Goventhor". Vom Freienhof bis zum Gymnasium wurde
1834—1838 der neue schöne Quai angelegt, der in der Folge bis
zur Liegenschaft Moseggmatt, wo jetzt der Bahnhof steht, erweitert

Die sechs Blutstropfen am ehemaligen Hause
des Vehmgerichtes in Luzern.   Volkssage.
Muthmasslicher „Effingerische Wappenschild"
am sogenannten Freyenhofe zu Luzern mit Jahrzahl:

— 1510. —

Stellen Pallisaden eingeschlagen, um das Landen der Schiffe zu
verhindern. An tieferen Stellen sperrten Schutzstangen und Ketten
den Durchpaß. Gegen die Großstadtseite wurde im Jahr 1478
beim Wyglus ein „Schutzgatter" angebracht, da man wegen der
Streitigkeiten über die Aufnahme von Freiburg und Solothurn in
den Städtebund einen Ueberfall von Seite der Waldstätte glaubte
befürchten zu müssen. Auch die unter der Brücke angebrachten
Fischkästen hemmten die freie Einfahrt von der Seeseite, gleich den
„Schwirren" ob dem Wasserthurm, die 1464 erwähnt werden. —
Der eigenthümliche Schmuck, welcher bis zur Stunde der Brücke
geblieben ist, stammt erst aus späterer Zeit. Im Jahre 1599
beschloß der Rath von Luzern, die Kapellbrücke mit gemalten
Tafeln zieren zu lassen, „doch mit einer weltlichen zierlichen und
nit geistlichen histori". Stadtschreiber Rennward Cysat erhielt
den Auftrag, den Plan zu einer solchen Bilderreihe zu entwerfen.
Jahre lang durchstöberte Cysat die Schweizergeschichte, die heiligen Legenden, das alte und neue Testament, um Namen zu verzeichnen, welche vor allem geeignet wären, den Beschauer auf die
Idee zu bringen, die Geschichte des jüdischen Volkes sei das Vor-
bild der Schweizergeschichte; wie die Juden seien später die Eidgenossen in all' ihren Streiten von Gott wunderbar geleitet und
sichtlich begünstigt worden; die Kämpfe der Juden mit den Phi-
listern stellen nach Cysats Idee den Kampf der Katholiken mit
den Protestanten dar. Um das Volk auch religiös zu erbauen,
sollten die berühmten Wallfahrtsorte, wie die Lebensgeschichten der
Schweizer-Heiligen und besonders der luzernerischen Stadtpatrone,
Leodegar und Mauriz, illustrirt werden. Im Jahre 1611 wurde
in einer Sitzung von Räthen und Hundert das Verzeichniß der
ausgewählten Tafeln vorgelegt. Jeder Rathsherr wurde freundlich eingeladen, ein Bild auf seine Kosten malen zu lassen; an die
Stelle der Rathsherren, welche solche Bilder nicht übernehmen
wollten, durften andere Bürger treten. Der aus Zürich herstammende Maler Hans Heinrich Wegmann übernahm die Ausführung der Gemälde zum Preise von 4 Gulden. Da er aber
innerhalb der ihm bestimmten Zeit nicht alle Aufträge ausführen
konnte, erhielt er die Erlaubniß, die Bilder auch durch andere
Maler erstellen zu lassen. Namentlich war Wegmanns Sohn,
Meister Hans Wegmann, seinem Vater bei dieser Arbeit behülf-

lich. 1615 schenkte der Rath dem Meister Heinrich Wegmann
noch 8 Gulden, weil sich dieser beklagte, „er möge nit bestohn mit
synem Lohn". Die Verse zu den Bildern dichteten Stadtschreiber
Cysat und Rathsherr Hans Rudolf von Sonnenberg. 1646
ließ der Rath 158 Tafeln auf der Kapellbrücke „ausbutzen"; für
jedes Bild wurden 9 Schilling bezahlt. — Im Jahre 1726 wurde
ein eigener Aufseher über die Kapellbrücke ernannt, der besonders
dafür sorgen sollte, daß die der Stadt zum Schmuck gereichenden
Bilder von der lieben Jugend nicht beschädigt würden. Auch später
widmete der Rath dieser Brücke besondere Aufmerksamkeit; so
wurde z. B. 1756 beschlossen, die Bilder besser ordnen und im
Frühling und Herbst säubern zu lassen. — Bei der Ueberschwemmung des Krienbaches im Jahre 1741 stürzte ein Theil der Kapellbrücke ein und die Bilder wurden weggeschwemmt.

Den 5. November 1742 erließ der Rath von Luzern ein Mandat betreffend Zurückgabe der abhanden gekommenen Tafeln, worin hervorgehoben wurde, daß „die auf der Hof-, Capell- und
Sprühl-Brugg befindlichen Tafeln" sowohl bei Einheimischen als
bei Fremden in „großem Ruhm" gestanden. Der Rath bemerkte,
einige dieser Tafeln seien allerdings durch „ungeschickte Bembsel"
mangelhaft, andere aber bei der jüngsten Ueberschwemmung hin-
weggespült worden. Zur Herstellung dieser vormaligen Zierde
der Stadt sei eine Commission ernannt worden, bestehend aus
den Rathsherren Franz Urs Balthasar und Franz Carl
Rusconi. Damit diese Tafeln nach und nach wieder in einen
„anständigen und schauenswürdigen Stand gesetzt" werden können,
verbiete der Rath bei hoher Ungnade, daß Niemand mehr
solche Tafeln entferne oder eigenmächtig aufhänge. Wer solche
Tafeln bei Hause habe, soll dieselben dem alt Bauherrn Balthasar überbringen, der dieselben durch einen erfahrenen Maler
werde restauriren lassen. „Wer Liebe und Hochschätzung zu diesem lobwürdigen Werke", der Renovation der Tafeln, habe, solle
sich anmelden; in diesem Falle werde dann das Wappen des
Renovators auf der Tafel angebracht. — Der Ruf fand lebhaften
Wiederhall, wie die aus neuerer Zeit stammenden Wappen auf
zahlreichen Bildern beweisen. Die auf diesen neuern Bildern angebrachten Spruchverse rühren von Chorherrn Jost Franz
Halter her.

Nachdem Stadtpfarrer H a l t e r die Verse auf den Bildern verbessert hatte, übernahm den 5. August 1743 der Rath die Kosten, welche für diese Inschriften erforderlich wurden, um den Privaten nicht zu große Kosten aufzubürden. Der Maler verlangte für jeden Vers 10 Schilling. Uebrigens war Halter ein besserer lateinischer als deutscher Dichter, wie die Epigramme gegen den vormaligen Nuntius P a s s i o n e i zeigen, den P a n k e l i u s zu sehr gefeiert hatte. (Vrgl. Jo. H a l t e r : Polymetra ad epistolam Punckelii responsio.) Die Kosten der Reparatur der Kapellbrück-Bilder beliefen sich laut Rechnung von 1744 auf 482 Gulden 15 Schilling, woran Privaten 374 Gulden 35 Schilling beitrugen. Der Maler S u t e r übernahm 1756 die Pflicht, die Gemälde gegen eine jährliche Entschädigung von 2 Malter Korn in gutem Stande zu erhalten. Er hatte die Bilder aller drei Brücken successive restaurirt.

Im Verlaufe der Zeit kam ein genialer Bauherr der Stadt Luzern auf die Idee, den altväterischen Bildercyklus durch einen andern zu ersetzen. Er glaubte, symbolische Darstellungen der wichtigsten Begebenheiten, welche unter der jeweiligen Amtsverwaltung eines Bauherrn vorgekommen seien, würden sich vorzüglich zu solchen Gemälden eignen. Glücklicherweise fand diese Idee im alten Luzern keinen Anklang. — Die Neuzeit hat die Brücke mehrfach bedroht. So wollte der Stadtrath im Jahre 1837 die durch Abtragung eines Theiles der Kapellbrücke disponibel gewordenen Gemälde verkaufen. Der Einsprache von Seite der Kunstgesellschaft gelang es, den bereits verschriebenen Kauf rückgängig zu machen. Diese Gemälde, zum Theil abgebildet in E g l i's „Gemälde der Kapellbrücke", wurden seither auf der Laube des Wasserthurmes aufbewahrt.

Ein neuer Sturm begann gegen diese im Sommer und Winter für Spaziergänger ebenso bequeme als angenehme Brücke von Seite der Ufer- und Stadtbewohner nach Erstellung der neuen Seebrücke. Die Regierungen der Urkantone verlangten die Entfernung der Brücke behufs Erweiterung und Verbesserung des Seeabflusses; einzelne Stadtbewohner wünschten statt der schräg verlaufenden Brücke, welche ihnen zum Theil die Aussicht auf die Gebirge etwas verkümmert, einen geraden unbedeckten Steg vom Theater gegen die Ecke in gerader Richtung. Ein Sonderling wünschte die ganze Brücke in bisheriger Gestalt zu erhalten, allein den Holzbau durch Eisenkonstruktion zu ersetzen. Bei diesem

Streite der Meinungen laſſen wir drei kompetente Männer über
die Bedeutung der Brücke ſich ausſprechen.

Der als Dichter und Kunſtkritiker bekannte Friedrich Leopold
Stollberg ſchreibt 1794 über die Kapellbrücke: Sie iſt zwar nach
Landesart oben gedeckt, aber zu beiden Seiten offen. Hier ſieht man
mannigfaltige Ausſichten von der größten Schönheit. Keine Stadt in
der Schweiz hat, meiner Empfindung nach, eine ſo ſchöne Lage wie
Luzern.... Auf der großen Brücke ſind die Thaten der Väter gemalt.
So elend auch dieſe Bilder ſind, erfreuten ſie mich dennoch. Man
muß ſie nicht ſowohl als Vorſtellungen, ſondern als Erinnerungen
anſehen. Aus dieſem Geſichtspunkte angeſehen und in der Be-
leuchtung einer glühenden Vaterlandsliebe, ſind ſie ſehr ehrwürdig.
Einer unzeitigen Kunſtkritik möchte ich mit den Worten, welche
Shakeſpeare dem Theſeus in den Mund legt, das Maul ſtopfen.
Als nach Art des Hofgeſindes die Höflinge über die wirklich elende
Vorſtellung von Pyramus und Thisbe ſpotteten, bei welcher der
Mondſchein und die Mauer als handelnde Perſonen erſcheinen,
ſagt Theſeus das große Wort: „Die Beſten in dieſer Art ſind
nur Schatten und die Schlechteſten ſind nicht ſchlechter, wenn die
Phantaſie ſie verbeſſert.‟

Im Jahre 1864 äußerte ſich der geiſtreiche Reiſende Julius
Rodenberg alſo: Diejenigen Gebäude, welche mich im alten Luzern
am meiſten intereſſirt haben, ſind die Brücken, denn vollſtändige
Gebäude ſind ſie hier geworden. Schon in den Dörfern fiel mir
ihre Bauart mit Dach und Fenſtern auf; aber die Brücken von
Luzern ſind keine Häuſer mehr, ſondern ganze Straßen, aber ohne
Häuſer! Sie unterſcheiden ſich dadurch von den Brücken des alten
Paris, welche uns Frankreichs großer Romantiker in ſeiner „Notre
Dame‟ geſchildert, und von den Brücken des alten London, deren
ſeltſames Ausſehen uns ein Stich des vorigen Jahrhunderts ver-
gegenwärtigt, welcher im Muſeum von South-Kenſington aufbewahrt wird. Jene Brücken waren auf beiden Seiten mit Häuſern
bedeckt, es waren Straßen über das Waſſer. Dieſe Luzerner
Brücken aber ſind nur Verbindungen der Straßen über das Waſſer hin — ſie ſehen aus wie Straßen oder wie Paſſagen und
haben hie und da kleine Ausgänge, die zu Häuſern, Gäßchen und
Mühlen führen und ſind, alles zuſammen, die wunderlichſten Bauwerke — mag man ſie nun als bedeckte Galerien, als eine hölzerne

Straße ohne Haus oder als ein hölzernes Haus ohne Straße betrachten.

Zehn Jahre später schrieb ein Kunsthistoriker im „Anzeiger des Germanischen Museums von Nürnberg": Die Kapellbrücke ist jener merkwürdig überdachte Steg von Holz, der sich im Zickzack über die Reuß zieht, und dessen 70 oder 80 innere Giebel mit einer doppelt so großen Zahl von chronologisch gereihten Gemälden der wichtigsten Begebenheiten der Stadtgeschichte geschmückt sind. Die Seltsamkeit des Baues gibt ihm eine allgemeine Bedeutung und die Abtragung der Brücke wäre von diesem Gesichtspunkte aus höchlichst zu bedauern. Von wirklich künstlerischem Werth ist freilich nichts an der Kapellbrücke, weder an dem Bauwerk als solchem, noch an der nur handwerklichen Malerei. Kulturgeschichtlich aber ist die Brücke, wenn auch kein Unicum, doch das ausgeprägteste Beispiel einer ästhetischen und patriotischen Idee, welche leider nirgends wo sonst in älterer Zeit zu monumentalem Ausdruck gebracht worden ist. Der Gedanke, Geschichte in fortlaufenden Bildern denkmalartig darzustellen, ist allerdings so alt, wie Geschichtschreibung und Kunst überhaupt; in die christliche Kunst aber hat derselbe fast nur in Bezug auf die heilige Geschichte Aufnahme gefunden; es war und ist noch heute ein Merkzeichen mittelalterlicher Auffassung, der sogenannten profanen Geschichte den idealen Gehalt zu bestreiten oder doch zu schmälern. Beispiele gemalter Reihen von religiösen Ereignissen gibt es in großer Menge. Wir erinnern an die Wandgemälde, mit denen Karl der Große seinen Ingelheimer Palast, und an jene, mit denen sieben Jahrhunderte später Rafael die Zimmer und Logen der Päpste schmückte, als an hervorragende Muster. Von ähnlichen Darstellungen aus der weltlichen Geschichte hören wir dagegen im Mittelalter und im 16. Jahrhundert sehr wenig, und was davon übrig ist, zeigt nicht, daß man gewillt und im Stande war, die Landesgeschichte auch nur annähernd, wie die Geschichte der Kirche, als ein organisches, von einem Geiste belebtes Ganze zu fassen.

In dieser Beziehung ist nun der Bildercyklus der Luzerner Kapellbrücke sehr merkwürdig. Für die einheitliche Idee desselben ist das Gemälde bezeichnend, welches die 150 Scenen eröffnet. Es ist ein riesiger Wildmann, als Symbol der waldstättischen Urzeit, mit der Unterschrift:

Soll der Ruf der Staatsgeschichten
Erster Anfang sein? Mit nichten.
War der Anfang zwergenklein, riesengroß das End' soll sein.

Wir hoffen, daß die Entscheidung über das schließliche Schicksal
der Brücke nicht fallen wird, ehe das Gutachten der Männer ein-
geholt sein wird, welche den Beruf haben, über den Lärm des
Tages hinweg den geschichtlichen Zusammenhang der Gegenwart
mit der Vergangenheit in den Waldstätten zu pflegen.

Die Bilder der Kapellbrücke haben seit alter Zeit in vaterländischen Kreisen großes Interesse erregt und daher auch verschiedene Publikationen hervorgerufen. So schrieb der edle Seckelmeister Felix von Balthasar 1775—1785 „Historische und mora-
lische Erklärungen der Bilder und Gemählde auf der Kapellbrücke
der Stadt Lucern"; Businger 1820 eine zweibändige „Schweizerische
Bildergallerie oder Erklärung der Gemälde auf der Kapellbrücke
zu Luzern", die h. de Crousaz 1821 in's Französische übersetzte.
Ingenieur Johann Müller von Zürich gab Nachbildungen einzelner Bilder der Kapellbrücke 1773—1783 heraus in seinen „Merkwürdigen Ueberbleibseln von alten Alterthümern an verschiedenen
Orthen der Eidtgenossenschaft". Die Gebr. Eglin veröffentlichten
die auf die Schweizergeschichte bezüglichen Bilder in einer Zeit, wo
die Lithographie in Luzern noch nicht sehr große Fortschritte
gemacht hatte, in Quer-Folio. Die Publikation ist mit einem
kleinen Vorworte versehen, in welchem die Bedeutung der Bilderreihe für Luzern durch folgende treffende Bemerkungen präzisirt ist.

„Jedes Volk hat eine Zeit frischer, blühender Jugend. Diese
Zeit zeichnet sich nicht allein durch regere Lebendigkeit, höhern,
feurigern Muth, Drang zu Handlung und Großthat, sondern auch
durch einen eigenen Tiefsinn des Gemüthes in allen aus ihr stammenden Anschauungen und Bildwerken aus. Eine solche Zeit hatte
auch Luzern. In dieser Zeit waren die edlern Häuser und Geschlechter nicht nur bedacht und bereit, für Recht und Freiheit das
Schwert zu führen und den Lorbeer zu pflücken, oder in Raths-
stuben und auf Gerichtsstühlen, über jede engere Schranke sich er-
schwingend, als vermittelnde Seel- und Lebensorgane sich und
andern die große Aufgabe des ganzen Volkes und der ganzen
Zeit zur lebhaften Anschauung zu bringen und im öffentlichen
Leben zu verwirklichen, sondern auch, wie in einer schönern, dichte-

8

rischen Zugabe durch aller Art Bildungen der Kunst sich auf die
Nachwelt zu vererben und so die Aufgabe des wahrhaften Adels —
fühlen, anschauen und handeln in dem großen Ganzen nur, es sei
denn in welchen Gebieten und Formen, — zu lösen und zu erfüllen.

Aus diesem Sinn und Streben entstand sichtlich auch die
Gemäldereihe auf der sogenannten Kapellbrücke, wo jedes bedeutende Geschlecht sich einfand, sich einen Platz ansprach, um daselbst
sein Wappenschild gleichsam mit einer großen welthistorischen Be-
gebenheit oder einer vaterländischen Heldenthat, oder welcher univer-
salen ewigen Anschauung der Geschichte oder der Natur unzer-
trennlich zu verschwistern, eines durch das andere zu heben, zu
verschönern, zu versinnlichen und zu deuten und in dieser an-
muthigen Verkettung seinen Namen und sein Wappen auf die
Enkel fortzupflanzen und sie bildlich zu erinnern, was von ihnen
ebenfalls ihre Zeit erwarte. — Ja in diesem edlen Wetteifer strebte
ein Haus das andere zu überbieten und es wäre mitunter psycho-
logisch interessant, die eigenthümliche Sinnes- und Handelnsweise
eines jeden aus dem Gegenstande gerade zu entziffern, den es sich
vor allen zum Gefäß und Symbol dieser seiner Ansichten und
Wünsche ausersehen, weil es darin eine geheimnißreiche Verwandtschaft mit sich fand."

Die innere Beziehung zwischen Bild und Donator tritt oft
ganz deutlich hervor, so ließ z. B. Johann Heinrich Pfyffer
das Gymnasium malen, dessen Errichter sein Stammvater Schultheiß Ludwig Pfyffer war. Ludwig Pfyffer wählte das Bild
der Anna Vögtlin, weil einer seiner Ahnen 1447 sich unter den
Richtern dieser Missethäterin befunden hatte. L: von Wyl ließ
die Mordnacht von Luzern darstellen, weil dieselbe nach alter Sage
unter seinem Familienhause niedergeschlagen wurde. Segesser
von Brunegg wählte die Scene aus dem Sagenkreise Geßler's
von Brunegg wegen der gemeinsamen Benennung nach diesem
Schlosse. Oberst Martin Keller fand als alter Kriegsmann ein
Gefallen daran, seine Thaten mit jenen Karls des Großen und
der ihm treu ergebenen Luzerner in Parallele zu setzen.

Einzelne Bilder gaben Reisenden oft zu sehr sonderbaren
Bemerkungen Anlaß, da dieselben die Namen der Donatoren der
Gemälde mit den Darstellungen der Ereignisse verwechselten, oder

mit den Heiligenlegenden nicht sehr vertraut waren. Für Kultur-
geschichte sind einzelne Bilder nicht ohne Interesse. So stellt z. B.
eine Tafel die Hinrichtung von Urs und Victor mit dem Fall-
beile dar, oder wie man im 16. Jahrhundert sagt, mit „der
welschen Falle", die in der französischen Revolution durch Guillotin
in verbesserter Gestalt wieder auflebte.

An der Kapellbrücke befindet sich der gegen die Mitte des
13. Jahrhunderts in einem Octogon erbaute Wasserthurm, der
circa 150 Fuß im Umfang und vom Flußgrunde bis zum Oberbau 66 Fuß in der Höhe hat. Der Eingang zu diesem von
ältern Schriftstellern irrigerweise für einen Leuchtthurm gehaltenen
Bollwerke, wurde früher durch eine steinerne Stiege vom See
bewerkstelligt; dann 1759 durch eine Fallbrücke und endlich durch
einen festen, gedeckten Steg. Die Frage, ob der Wasserthurm der
1514 und 1401 erwähnte neue Thurm sei, läßt sich nicht mit
Bestimmtheit ermitteln. Der Name Wasserthurm kömmt erst 1397
vor. Im Jahre 1367 verlieh das Stift im Hof den Bürgern
von Luzern den „Turm an der neuen Brücke", d. h. der Kapellbrücke zu Erblehen. Schon 1397 wurde dieser Thurm als Gefängniß gebraucht und seither wurde derselbe bis zum Jahre 1803
theils als Gefängniß, theils als Archiv, theils als Schatzkammer
benutzt. Seit dem sog. Generalauskauf zwischen der Stadt und
dem Stifte im Hof vom Jahre 1479 war der Thurm volles freies
Eigenthum der Stadt. Zur Zeit des alten Zürichkrieges (1443 bis
1446), im zweiten Kappelerkriege (1531) und zur Zeit der Helvetik
(1798—1803) wurden im Wasserthurme Kriegsgefangene und De-
serteure eingesperrt. Daneben diente der Thurm auch als Ge-
fangenschaftslokal für politische Verbrecher. So schmachtete hier
Peter Amstalden 1478 wegen seines Hochverrathsprozesses. Zwei
mal war hier Salat eingesperrt; 1532 wegen seines Spottgedichtes
gegen Zürich und Bern, der „Tanngrotz" genannt, dann 1540 bis
1541 wegen Gültfälschung. Später war der Wasserthurm das
Gefängniß für gefährliche Diebe, Mörder und auch für prozeßsüch-
tige Leute, deren Rechnungsstreite der Rath nicht immer revidiren
wollte. So erhielten 1559 zwei alte Zänker vom Rathe ein Stück
Kreide, um an diesem kühlen Orte ihre Forderungsstreitigkeiten
auszurechnen, so lange es ihnen beliebe. Im untersten Raume
befand sich das sog. Bloch, d. h. das Gefängniß für gefährliche

Verbrecher, die mit einem sogenannten Haspel, auf einem Knebel sitzend, aus dem untersten Raume heraufgewunden wurden. Die Volkssage behauptet, aus diesem Verließe habe ein unterirdischer Gang unter der Reuß hindurch zum Hause des gegenwärtigen Herrn Schultheißen Friedrich Bell am Weinmarkt sich fortgezogen. Thatsache ist, daß aus diesem alterthümlichen Hause, auf das wir später zurückkommen, ein niederer Gang bis an die Reuß hin- läuft; ob derselbe ursprünglich den Charakter eines Abzugkanals hatte, oder andern Zwecken diente, lassen wir dahingestellt. Die außerhalb des Wasserthurmes in auffälliger Weise hervortretende Gestalt eines gangähnlichen Baues erwies sich bei genauer Prü- fung als ein Felsengrat. Im Jahre 1836 wurde nämlich das sog. „Bloch" im Wasserthurm untersucht und es fand sich, daß durchaus kein Ausgang nach dem See hin existire; dagegen fand man zu nicht geringer Ueberraschung neben einem großen Schuttkegel — Gebeine. Allerdings existirte im Wasserthurme auch eine Folter- kammer; diese befand sich aber nicht im sogenannten Verließe, sondern zuoberst im hellen Oberbau, wo neben der Folter das Pult des Verhörschreibers stand. Wie die Gebeine in die unterste Kammer kamen, ist nicht recht klar, da die Vollziehung der Todesstrafe nach alt alemannischem Rechte in der Regel öffentlich vor sich ging und für die Delinquenten ein eigener Gottesacker existirte. Nun finden wir aber Anhaltspunkte dafür, daß in Luzern im 15. Jahrhundert zeitweise auch heimliche Hinrichtungen stattfanden. So bitten 1450, 3. August, Schultheiß und Rath von Bern den Rath von Luzern, einen armen Knecht, der von frommen, biderben Leuten in Bern abstamme und in Luzern gefangen sei, nicht nach der Strenge des Rechtes zu bestrafen, sondern mit Rück- sicht auf die Verdienste seiner Verwandten so gelind wie möglich, jedenfalls sollen sie denselben, um den Verwandten üble Nach- rede zu ersparen, „heimlich vom leben tun", oder dann „dem armen knecht doch semlich gnad und erbärmde erzeigen und bewisen, das er mit dem Schwert doch gerichtet werd".

Im zweituntersten Gemache, zeitweise auch im dritten, befand sich der Staatsschatz. Hier wurde, wie uns der Nürnberger Staats- mann Willibald Pirkheimer erzählt, mit der Burgunderbeute auch der berühmte burgundische Diamant aufbewahrt. Daneben waren hier die kostbarsten Beutestücke aus andern Schlachten, namentlich die Fahnen, aufbewahrt. Ein Theil des Staatsschatzes befand sich später in den obern Lokalitäten; deßhalb gelang es 1748 bis 1759 ungetreuen städtischen Angestellten, mittelst des Seiles aus der Folterkammer sich in die Schatzkammer herunterzulassen und sich successive die Summe von 50,000 Gulden anzueignen. Wie der Staatsschatz, so wurde auch die Folter bald in diesen, bald in jenen Theil des Thurmes verlegt; so befand sich dieselbe im 16. Jahrhundert im mittlern Lokale; erst 1601 wurde sie wieder auf den obern Raum transportirt.

Seit dem 14. Jahrhundert befand sich im Wasserthurme auch das Archiv, das durch die Uebersiedlung des im Jahre 1415 im Stein zu Baden eroberten österreichischen Archives sehr an Bedeutung gewonnen hatte. Dieses letztere Archiv wurde successive theils unter die eidgenössischen Orte vertheilt, theils an die Herzoge von Oesterreich herausgegeben. 1804 wurde das oberste Lokal gewölbt, und nach der Sönderung zwischen Staat und Stadt der ganze Thurm zur Aufbewahrung der städtischen Archive und der Werth-schriften der Bürgerschaft bestimmt.

Ganz irrig ist die Ansicht, der Wasserthurm habe als Leucht-thurm, Lucerna, der Stadt den Namen gegeben und es sei der-selbe das älteste Bauwerk der Stadt gewesen; weit älter war jeden-falls der viereckige schwarze Thurm. Der Name Luzern rührt wahr-scheinlich weder vom lateinischen Lucerna oder Luceria (Fischerhütte) her, noch von dem keltischen Lug-cern — am Kopfe eines See's — son-dern es ist derselbe durch Contraction des deutschen Namens Ludger oder Leodegar und des Wortes „ern" — Hof — entstanden. Der Ort hieß entweder „Leodegars Ern" oder „Leodegarii area". Wir ver-weisen diesfalls auf die viel zu wenig beachteten Forschungen über die Ortsnamen von Herrn Dr. L. Brandstetter in den Schweizer-blättern für Wissenschaft und Kunst, 1869, 542 ff.

Am Ende der Kapellbrücke angelangt, betreten wir die „Groß-stadt", die „merun Stadt", wie Urkunden des 14. Jahrhunderts diesen Stadttheil im Gegensatze zur Kleinstadt oder „mindrun statt" nennen.

## B. Die Großstadt.

### I. Quartier Kapellgasse.

Die Stadt Luzern wurde in der ältern Zeit in 9 Quartiere eingetheilt. Im Jahre 1352 kommen hiefür folgende Namen vor: Großstadt, Kleinstadt, Vor dem Thor, Bruch, Grund, Moos, Tripschen, Hof und Wey. Im Jahre 1393 sind es nur noch 7 Quartiere mit durchaus veränderten Namen; es sind dieß: Müligaß, Graben, Furken, Ecke, Wegus, Ennet Bruck und Vor dem Thor. Die gleiche Zahl begegnet uns mit andern Namen zur Zeit der Burgunderkriege; da hören wir von den „Gaumeten" Müligaß, Graben, Kapellgaß, Fischmarkt, Wägus, Kleinstadt und Krienbach. Im 16. Jahrhundert hinwieder finden wir die Stadt eingetheilt in die Quartiere: Fischmarkt, Müligaß, Graben mit Eisengasse, Kapellgasse, Wäggis, Hof, Kleinstadt oder Affenwagen, Pfistergasse, Moos und Niedergrund. Von der zweiten Hälfte des 16. Jahrhunderts bis 1798 treffen wir nur noch 7 Quartiere: 1) innerer Wäggis, 2) äußerer Wäggis, 3) Kapellgaß, 4) Kornmarkt, 5) Müligaß, 6) Affenwagen mit Obergrund, 7) Pfistergaß mit dem Untergrund. Die Kapellgasse umfaßte den Stadttheil vom Hofthor bis zum Kornmarkt, also Kapellplatz, Kapellgasse und Fuhre, die beiden Eisengassen sammt der Cedergasse und dem Strählgäßlein. Wie in allen andern Quartieren oder „Gaumeten" mußten auch hier bis ins 17. Jahrhundert während des Gottesdienstes im Hof zwei Männer „gaumen", d. h. Wache halten und dabei besonders auch auf Handhabung der Feuerpolizei Bedacht nehmen. Die Reihenfolge der „Gäumer" wurde durch die „Gömsenlin" bezeichnet, die an den betreffenden Häusern eingesteckt wurden. 1498 ließ der Rath wieder einige solche „Gömsenlin" von dem als Maler und Glasmaler bekannten Guldiner erstellen. —

Die Häuser um die Peterskapelle, ja fast in der ganzen Stadt waren mit äußerst seltenen Ausnahmen ähnliche wie diejenigen in Bern, Zürich, St. Gallen und Schaffhausen, nur aus Holz gebaut. Im Jahre 1587 erließ Genf ein Gesetz, daß innerhalb der Stadt keine Häuser aus Stroh oder Holz erbaut werden dürfen. Luzern, das allerdings schon 1398 und 1412 Steinbauten zu fördern suchte,[1] kam zu einem solchen Gesetze erst im 18. Jahrhundert. Daher war eine militärisch geordnete Feuerpolizei, analog derjenigen im alten Rom, hier doppelt nothwendig. Schon die alte, fälschlich dem hl. Franciscus zugeschriebene Prophezeihung:

D' Großstadt wird verbrünne.
D' Kleistadt wird verrünne

schien eine strenge Obsorge zu verlangen. Auch andere Sagen vom Untergange der Stadt beunruhigten das Volk und veranlaßten den Staat zur Aufstellung strenger Polizeiwachten.

Im Rathsprotokoll von 1424 z. B. lesen wir: Götschi Fritschi hat gerett zu Hilgisrieden, wie hie ein priester ein briefli in ein kelch gevallen sie; darin stunt, dз man dry frowen von der statt slan sölt, anderst die statt gieng unter.

Diese „Gäumerordnung" stammt wahrscheinlich schon aus dem Jahre 1340 her. Damals nämlich, am St. Peter und Pauls-Tag, wurde die ganze Großstadt ein Raub der Flammen.[2] Chronikschreiber Ruß erzählt uns, als die „groß Stadt Luzern überall zu bulver verbrann", habe der Rath 1340 die jährliche Procession über die Musegg angeordnet und es seien damals die mit Luzern wegen

[1] Die Bauordnung von 1412 sagt: Wer der ist, der in unser Statt muren wil hüser oder anders, dem wil man stein gen uf die Hofstatt, also dз ein buwmeister ein von Reten zu im neme und vorhin den bu geschowe und da heiß muren, dз das pfulment zem minsten 3 schu dick si und sol die mur machen allwegen iedermann in der maß, dз man mög si uftriben, und sol niemant me in unser Statt kein überschütz me von holzwerch machen noch buwen. — Die Verordnung von 1398 folgt beim Kapitel über den Wäggis.

[2] Die ältesten Chronikberichte hierüber sind sehr kurz. Das Stadtbuch bemerkt nur: An der heiligen zwelf botten tag sant Peters und sant Paulus 1340, do verbran dü merer stat зe Lucern. Die Engelberger Annalen sagen: MCCCXL oppidum Lucernæ in die Petri et Pauli totaliter ex una parte fluminis igne consumptum est, et domus nostra funditus. 1383 wurden sehr viele Personen in Luzern wegen Feuereinlegen verhaftet. Ueber den Brand selbst fehlen alle Chroniknachrichten; die Brandstiftung muß deßhalb nicht etwa mit der politischen Bewegung jener Tage in Zusammenhang gestanden sein.

des Bürgenberges in Streit liegenden Nidwaldner nach Luzern gekommen, um beim Löschen behilflich zu sein. Die Luzerner wollten
sie aber nicht in die Stadt lassen, bis die Nidwaldner mit weinenden Augen erklärten: „Lieben, getrüwen biderben Eidtgenossen,
üwer Leid ist unser Leid; wir sind hie, das wir als viel wir vermögen üwer Lib, Gut, Wib und Kind und was üch lieb ist retten und
entschütten, als ver unser Lib und Leben gelangen mag, und als
trüwlich helfen zu löschen als brönnen unsere eignen Hüser." Die
Luzerner hätten hierauf die Nachbarn freundlich empfangen und
beschenkt und sich hierauf mit den Nidwaldnern wegen des Bürgenberges verglichen.¹) Wie fast alle Erzählungen, welche unsre
Chronikschreiber des 15. und 16. Jahrhunderts über die ältern
Stadtgeschichten in ihre Annalen einflechten, kann auch diejenige
über die Entstehung der Procession über die Musegg nicht vor der
kritischen Forschung bestehen. Auch die Nachrichten über die Peterskapelle, welche dem Kapellplatze den Namen verschaffte, sind
in unsern Stadtchroniken ebenso widersprechend als ungenau. Diese
unscheinbare Kapelle, in welcher im alten Luzern die wichtigsten
Gemeindeversammlungen gehalten wurden, soll zu einer Zeit entstanden sein, als Luzern sich im Banne befunden habe. Jeder
unsrer Forscher hat hiefür eine andere Jahresangabe. Felix Balthasar nennt das Jahr 1170, Diebold Schilling und Schnyder
schwanken zwischen 1175 und 1174, Etterlin und Gilg Tschudi
setzen den Bau ins Jahr 1258, Ruß ins Jahr 1259, Cysat gar erst
ins Jahr 1288. Thatsache ist, daß die Kapelle im Jahre 1178 längst
existirte. Denn der Leutpriester wurde damals verpflichtet, den Gottesdienst im Hofe und in der „ecclesia que capella dicitur" so zu halten
wie seine Vorgänger; namentlich sollte er dort die Frühmesse be-
sorgen. Chronikschreiber Gilg Tschudi weiß zu erzählen, 1258 sei
die Kapelle in der Großstadt erbaut worden, weil viele fromme
Leute da begraben lagen, die im päpstlichen Banne und Interdikt
zur Zeit Kaiser Friedrichs und seines Sohnes Conrad gestorben,
die man nicht in geweihte Erde habe begraben lassen wollen, weil
die Luzerner damals zum Kaiser hielten. Nun gab allerdings
Papst Innocens IV. den 28. August 1247 dem Probste von Oelen-

¹) Ruß kannte offenbar den ältesten geschwornen Brief von 1252 noch nicht,
laut welchem die Procession damals längst bestand. Der Vergleich wegen des
Bürgenberges aber wurde erst 1378 abgeschlossen.

berg Vollmacht, die Luzerner als Anhänger Kaiser Friedrichs zu
bannen. Wäre nun die von Tschudi erwähnte Thatsache richtig,
so fiele die Errichtung des Friedhofes zwischen 1247 und 1251.
Allein schon aus dem Jahre 1254 existirt eine Urkunde über die
pfarramtlichen Verhältnisse Luzerns, worin gesagt wird, es können
in der Kapelle (potest) beerdigt werden: Minderjährige unter 12
Jahren, Knechte, Mägde und Fremde. Wir sehen also, daß die
Entstehung der Peterskapelle in die Zeit Kaiser Friedrich I. zurückreicht. Ob die Luzerner als Anhänger dieses Kaisers je mit
dem Banne bedroht wurden, läßt sich nicht ermitteln; Cysat versichert, es sei dieß 1171 geschehen. Thatsache ist ferner, daß schon
im Jahre 1257 in der Peterskapelle (in capella Lucernensi) geurkundet wurde. Schmucklos war die Kapelle von Anbeginn, und
die häufigen Reparaturen (1592, 1601, 1610, 1611, 1722, 1856) an
derselben konnten niemals dem Aeußern einen würdigen Charakter
verleihen. Die Unterhaltungspflicht des Dachstuhles lastete schon
vor 1576 auf dem Stadtpfarrer. Kirche und Thurm dagegen
unterhielt die Stadt. Noch im Jahre 1451 wurde der Kirchthurm
von der Stadt als Wachtthurm benutzt. Der Thurm erhielt 1757
seine jetzige Gestalt; der unschöne Dachstuhl stammt aus dem
Jahre 1554. In älterer Zeit befänd sich an der Kapelle keine
eigentliche Altarstiftung.

Erst im 15. Jahrhundert wurden successive einzelne Kaplaneien
mit sehr minimem Einkommen gestiftet. 1443 gründete Schultheiß
Petermann von Lütishofen die Kaplanei St. Katharina; die
Stiftung der St. Jakobskaplanei durch Hans Schwendimann
und Elisabeth Am Ort fällt ins Jahr 1485, diejenige der Se-
bastianspfrund, deren Besorgung 1589 auf die Kapuziner überging, fällt ins 16. Jahrhundert. Den Altar u. l. Frau weihte
1444 der Weihbischof von Konstanz; die Pfrund soll von Burkard von Lütishofen dotirt worden sein. Die Stiftung des St. Ka-
tharinagebetes erfolgte 1463 ebenfalls durch den Münstrer Custos
Burkard von Lütishofen. Die Glocke, welche den Beginn des
Abendgottesdienstes verkündete, sollte zugleich den fremden Wan-
derer auf den rechten Weg leiten. Nach dem Aufhören dieses
Geläutes sollten die Kinder sich nicht mehr auf den Straßen sehen
lassen; die Handwerksleute durften bei 5 Gulden Buße nicht mehr
arbeiten und, laut Mandat von 1731, die Wirthe ihren Gästen

keinen Wein mehr vorsetzen. 1578 begannen die Jesuiten in der Kapelle Christenlehre zu halten; im 17. Jahrhundert wurde der Unterricht für Knaben in der Jesuitenkirche, für Mädchen bei den Ursulinern gehalten. Nicht wegen ihrer architektonischen Form, nur wegen ihrer bequemen Lage wurde die Peterskapelle immer mehr von den Bürgern protegirt. 1569 erhielt die Kapelle einen Taufstein, der den 21. April zuerst zur Taufe von Zwillingen benutzt wurde. 1595 stifteten Hauptmann Beat Jakob Feer und Landvogt Leodegar Meyer das Salve regina. Früher sang man das Salve nicht täglich um 4 Uhr, sondern nur während der periodisch in der Zeit der bessern Sommermonate üblichen Türkenkriege, vom Mai bis September, um 6 Uhr Abends. 1650 stiftete Jakob Gilli die Litanei, welche alle Feierabende gehalten werden soll.

Das Innere der Kirche erlitt im Verlaufe der Zeit bedeutende Veränderungen, namentlich durch die Erstellung und Translokation der Altäre, die in großer Zahl vorhanden waren. 1510 und 1586 wurde der Fronaltar renovirt und 1511 mit einem Gemälde des Malers Cristen geschmückt, das 4 Pfund 10 Schilling kostete. Wittwe Salome Pfyffer, geborne Bodmer, erneuerte 1600 den Sebastians-Altar. Im Jahre 1615 wurde der Katharina-Altar durch Stadtfendrich Ludwig Schürpf und der Barbara-Altar durch Barbara von Hertenstein, Anna Bächler und Anna Feer restaurirt. Schon 1668 war wieder eine Renovation des Barbara-Altares nothwendig, deren Kosten Jost Melchior zur Gilgen bestritt. Wie im Jahre 1673 der savoyische Ambassador, Markgraf de Gryssi, den hl. Kreuz- und St. Jakobs-Altar in der Peterskapelle neu errichten ließ, so besorgte die Renovation des Altars unserer lieben Frau, auf der Seite gegen die Suft, Landschreiber Leodegar Keller mit seiner Gemalin Barbara Feer im Jahre 1680. Die Restauration des Katharina-Altars dagegen übernahm 1679 Salzherr Johann Keller. 1692 wurde der Sebastians-Altar an die Mauer gegen die Suft transferirt und durch Nuntius d'Asti geweiht. 1698 ließ die Krönungsbruderschaft das Gemälde, die Krönung Christi darstellend, renoviren. 1673 wurde die im 15. Jahrhundert erstellte Orgel renovirt. Auf der Seite gegen das „Wighus" wurde 1700 eine Thüre angebracht, welche zur Zeit des großen Gebetes geöffnet werden sollte, damit die Geistlichen besser durch die Volksmenge in die Sakristei gelangen können. Die Gemälde der Peterskapelle waren 1786 so ekelhaft, daß der Rath in Erwägung zog, ob dieselben nicht durch die schönen Gemälde in der Reußbühl-Kapelle ersetzt werden sollen. Die Gemälde, welche gegenwärtig die Peterskapelle zieren, rühren von Overbeck's würdigem Schüler, Paul von Deschwanden her, der mit diesen erhebenden Bildern den Beginn seiner künstlerischen Laufbahn in der Schweiz eröffnete. Ueber der alten Kanzel befand sich ein im Jahre 1511 renovirtes einfaches Denkmal, welches an die für Luzern so verhängnißvolle Schlacht von Bellenz vom Jahre 1422 erinnerte, wo 10 Kleinräthe, 30 Großräthe und 63 Bürger der Stadt gefallen waren. Als der Rath 1511 dieses Denkmal, welches die von einer Kette umschlungenen und von zwei wilden Mannen gehaltenen Wappen der Kantone Luzern und Uri unter dem Reichsschilde darstellte, erneuern ließ, hatten die Urner solche Freude, daß sie den Rath von Luzern ersuchten, auf Kosten des Standes Uri ein Glasgemälde in der Peterskapelle erstellen zu lassen, wenn für ein solches noch Platz vorhanden sei. In dem Dankschreiben für die Renovation dieses Monumentes versicherten die Urner, je schöner das „Stierli" in dem Glasgemälde ausgeführt werde, desto angenehmer sei es ihnen. Bei all' den zahlreichen Kirchenrestaurationen blieb immer eine zerbrochene Scheibe in der Peterskapelle. Kaplan Jost Büelmann hatte nämlich, wie ein Chronikschreiber bemerkt, aus Anna Maria Dick einen Teufel ausgetrieben, „dessen zum Wahrzeichen hat der böse Gast ein Scheiben ausbrochen in einem Fenster, durch welches er ausgefahren, welche Scheiben zum Angedenken nit mehr eingesetzt werden soll."

Das Aeußere der Peterskapelle war, auf der Seite gegen den See hin, mit dem Bilde des seligen Nikolaus von Flüe und einem 1473 gemalten Frescobilde geschmückt, welches die Krönung Christi darstellte. Dieses 1706 und 1748 restaurirte Bild wurde 1867 entfernt. An seine Stelle kam der in Alabaster geschnittene Christus am Oelberge, 1661 von Ritter Heinrich von Fleckenstein dem Rathe geschenkt. Gegen den See hin ist für Ableitung des Regenwassers ein Drachenkopf am Kännel angebracht, der 1592 von Joseph Moser um 3 Gulden erstellt wurde.

Der Kirchenschatz der Peterskapelle war, wie die Inventarien aus den Jahren 1566 und 1592 beweisen, nicht sehr beträchtlich. Die schöne, 1516 verfertigte Monstranz wurde 1525 gestohlen. Im Jahre 1601 kaufte die Stadt für die Peterskapelle von Goldschmied Hans Werner Mudrer in Freiburg im Breisgau eine Monstranz um 102 Kronen. Bei der Theilung der Burgunderbeute, die in der Peterskapelle vorgenommen wurde, wurde dieses Gotteshaus nicht bedacht.

Da von der Peterskapelle aus die Leute der Großstadt meist mit den Sterbesacramenten versehen wurden, führte man 1515 das Institut der sog. Sacramentsschüler auch in Luzern ein; dasselbe erhielt sich bis zum Jahre 1798. Zur Begleitung des Hochwürdigen wurden nämlich Altardiener bestimmt, von welchen zwei die Fahnen, zwei die Tortschen trugen und mit Gesang den Priester ins Sterbehaus und zurück begleiteten. 1772 übernahm die Nuntiatur noch die Ausrüstung von vier Sacramentsschülern. Hinter dem Geistlichen schritt der Sacristan daher, mit braunem Rocke und weiß und blauem Mantel bekleidet, den Baldachin tragend.

In Tagen der Noth, bei Theurung, Krankheit und Kriegen wurde seit ältesten Zeiten in der Peterskapelle das sog. große oder 40stündige Gebet abgehalten. Einzelne Congregationen, z. B. die Jungfrauenbruderschaft, die schon im 15. Jahrhundert existirte, und die Corporis Christi-Bruderschaft, wie die Frauenbruderschaft, 1464 errichtet, hielten hier ihre Versammlungen und Gebetstunden.

Zwei große Processionen bewegten sich jährlich zur Peterskapelle. Die eine, in der Pestzeit gestiftet, ging am St. Sebastians-Tage von der Hofkirche aus zur Franziskanerkirche und von hier aus zur Peterskapelle. Nach Absingung des Pestgebetes Stella coeli kehrte die Priesterschaft zur Hofkirche zurück.

Zum Andenken an den 1656 am St. Timotheus-Tag (24. Jänner) zu Villmergen über die Berner erfochtenen Sieg fand bis 1798 jährlich eine nächtliche Procession durch die Stadt Luzern statt. An den Straßenecken brannten Fackeln und jeder Bürger stellte zwei Lichter vor jedes Fenster. Mit den bei Villmergen erbeuteten Trophäen zog das Militär durch die Straßen, begleitet von der Geistlichkeit und der Nuntiatur. Die Mitglieder beider Räthe trugen Kerzen.

Mit der Siegesfeier war ein 10stündiges Gebet verbunden, das in der Peterskapelle mit einer Procession eröffnet und ge-

schloffen wurde. Am Sonntag vorher war eine Feftpredigt im
Hof. Bei der Proceffion hatte die Jugend von der Peterskapelle
bis zur Jefuitenkirche die Herz-Jefu-Litanei zu fingen und den
Rofenkranz zu beten. Der Proceffion voran ging ein Wagen, aus
welchem trockener Sand auf die Erde geftreut wurde.

Eine andere höchft eigenthümliche Proceffion bewegte fich den
29. April 1798 in die Peterskapelle. Durch einen plötzlichen Ueberfall hatten die Urkantone die Stadt zur Kapitulation gezwungen.
Nachdem die „fiegreichen" Truppen, geführt von Emil Paravicini,
auf offenen Plätzen ihre Gewehre aufgeftellt und einigen Soldaten
zur Bewachung überlaffen hatten, zogen fie zum Gottesdienft in
die Peterskapelle. Die Luzerner trauten nicht, die Wachtpoften
aufzuheben oder die ganze Armee in der Kapelle gefangen zu
nehmen; in ftiller Refignation warteten fie, bis es den „Ländern"
beliebte, zum Frühfchoppen zu kommen, alle Freiheitsbäume um-
zuhauen, die Anhänger der Helvetik zu infultiren, das Zeughaus
zu plündern und das neue Tellenlied zu fingen: Wilhelm, wo bift
du, der Telle? Erft als die Truppen, von plötzlicher Furcht vor
den anrückenden Franzofen ergriffen, in fchleuniger Haft Luzern
verlaffen hatten, erwachte der Heldenmuth der Bürger, Studenten
und Knaben. Mit Wuth eilte man einigen zerftreuten Truppen
nach und hoffte bei diefen die 10,000 Gulden zu finden, welche die
Luzerner als Brandfchatzung bezahlt hatten. Dann erließ man
ein Signalement des Kapuziners Paul Styger, der hoch zu Roß,
Piftolen im Gurte, einen Degen in der Rechten, ein Crucifix in
der Linken, die „Länder" zur Plünderung des Zeughaufes ermun-
tert hatte.

Bei diefem, allen Gefetzen des Völkerrechtes hohnfprechenden
Ueberfalle von Luzern, betheiligten fich übrigens nicht etwa nur
fanatifche Bauern, fondern auch „Staatsmänner erften Ranges",
fo der Mann, auf deffen Denkmal auf dem Friedhofe in Schwyz
die Worte prangen: Aloisius Reding, comes, cuius nomen summa
laus. Reding wurde den 18. Mai 1798 in Luzern infultirt, bald
aber wieder als der Philopömen der Schweiz gefeiert. Die Zeit
hat eine verföhnende Kraft. Kluge Leute fangen Häfliger's
Volkslied:

> Es gohd zwor fuft noch viel,
> Doch hend ech müüsli ftill;

Sind froh, daß mier noch Schwytzer sind,
Händ Fried daheim mit Wib und Chind.
Wär d' Sache z'scharf will gseeh,
Erluegt em 's Auge weeh.
D'rum luegid lieber eis is Glaas,
Wär nid viel sorget, läbt das d' baaß.

Auch bürgerlichen Zwecken diente die Peterskapelle. An den
beiden Schwörtagen mußten sich hier alle waffenfähigen Bürger
zur Leistung des Bürgereides und zeitweise zur Erneuerung der
eidgenössischen Bünde einfinden; hier fanden die Abstimmungen
über Krieg und Frieden statt; hier debattirte man über den Abschluß von Bündnissen und Staatsverträgen; hier versöhnte man
die Parteien, welche bei den aus alter Zeit herstammenden Messen
den Frieden gebrochen hatten [1]); hier wurden die vom Rathe getroffenen Wahlen verkündet und die neugewählten höchsten Beamten,
die in feierlichem Zuge zur Kirche begleitet wurden, vor dem
Hochaltare beeidigt. Vor dem Barbara-Altar verrichtete der be-
eidigte Schultheiß ein Gebet, in welchem er Gottes Segen zum
Heile des Staates erflehte. Hitzig ging es oft an dieser geweihten
Stätte zu, besonders zur Zeit der Burgunderkriege, wo dreimal
die Gemeinde auf den Beschluß über die Kriegserklärungen an Karl
den Kühnen zurückkam, und zur Zeit des Zwölferkrieges, wo den
10. Juli die von der Geistlichkeit aufgestachelten Bürger lange
Reden zur Fortsetzung des Krieges verlasen, die ihnen gelehrte
Kleriker in die Hände gedrückt hatten. In der Peterskapelle
genehmigte die Gemeinde den 29. August 1726 die Haltung des
Rathes im Udligenschwyler-Handel. — Nicht immer blieb die
Debatte auf die Kirche beschränkt, sondern oft wurde dieselbe in
heftiger Weise außerhalb der Kapelle fortgesetzt. So erhob sich
z. B. im Jahre 1403 bei der Rathsbesetzung am St. Johannes-
Tag im Sommer ein Tumult. Einzelne Bürger forderten ihre
Gegner aus der Kirche auf den Friedhof heraus, wo es zu einer
blutigen Schlägerei kam, in Folge deren der Friedhof wieder geweiht
werden mußte. — Dieser Friedhof lag auf der Seite gegen
Norden und Osten, auf einem Platze, auf dem später (1542) die
Sust erbaut und ein Brunnen erstellt wurde. Den obern Theil
der Sust, in welcher Korn aufbewahrt wurde, trug man um 1765

---

[1]) Wie z. B. 1379, wo 34 Urner sich an einer Schlägerei betheiligt hatten.

ab, den Rest des Gebäudes 1861. Der alte Brunnen bei der Suft wanderte später zum „großen Heiland" hinaus, nachdem an dessen Stelle ein Gebilde getreten war, das nicht zur Zierde des Platzes gereicht.

Schon frühe wurden Verordnungen zum Schutze dieses um die Mitte des 16. Jahrhunderts eingegangenen Friedhofes erlassen. So wurde z. B. zur Zeit des Morgartenkrieges (1315) bestimmt, auf dem Friedhofe bei der Peterskapelle dürfe man nicht Keglen, Wallen, Stechen, Turnieren, Schießen oder Steinstoßen.

Im Süden der Peterskapelle erhob sich vom Zur Gilg'schen Hause bis zum sogenannten Wyghaus eine hohe 1478 mit Schieß- scharten versehene Mauer, welche 1851 auf Brusthöhe abgebrochen wurde.

Eines der stattlichsten Häuser des alten Luzerns war ohne Zweifel das Zur Gilgische Haus mit dem daran gebauten Bagghardsthurm. Dieser Thurm war in alter Zeit viereckig und mit einem hölzernen zweistöckigen Oberbaue versehen, wie ein Bild in Diebold Schilling's Chronik zeigt (Fol. 89, b). Der Thurm gehörte bis zum Generalauskaufe zwischen dem Stifte im Hof und der Stadt Luzern vom Jahre 1479 dem Stifte, das schon im Jahre 1367 „Turm und Hofstatt an der Hofbrücke, genannt Bagharzturn", den Bürgern zu Erblehen gab. Seit dem Jahre 1420 hatten Ulrich Walker und seine Erben von der Bürgerschaft den Bagharzthurm um einen jährlichen Zins von 20 Plappert zu Erblehen. Mit dem Lehen des Thurmes war von 1436—1479 auch ein Fischerrecht auf dem See verbunden. Auf den Hofstätten neben dem Thurme erhoben sich im Verlaufe der Zeit zwei Häuser, das Walker'sche und das Grepper'sche, beide ursprünglich Eigen- thum der Stadt. 1416 verkaufte der Rath dem Heinrich von Greppen das 1407 an Jakob Mahler verliehene Haus sammt Hofstatt an der Kapellgasse, hinter der Kapelle am Bagharzthurm, das der Frau von Rüsegg um 50 Pfund verpfändet war, um 62 Gulden. Das Walker'sche Haus ging dann an die Herten- stein über. Im Jahre 1491 befahl der Rath der Familie Herten- stein, den Bagharzthurm eindecken zu lassen. Im November 1495 brannten Haus und Thurm nieder; selbst aus Nidwalden traf Löschmannschaft ein, die vom Staate auf Metzgern bewirthet wurde. Im „Backarzthurm" kamen drei Männer in den Flammen

um. Der eine derselben war Niklaus zur Gilgen, dessen Nachkommen auf einem Gemälde der Kapellbrücke die Darstellung des
Brandes anbringen ließen; die andern waren Großhans Haas
und Hans von Bruck. In der Folge ließ der Staat 1500 Haus
und Thurm in Stein aufführen; der Thurm aber, welcher längere
Zeit zur Aufbewahrung von Kaufmannswaaren benutzt wurde,
sollte zu ewigen Zeiten der Stadt offen Haus sein. Vogt Schürpf
hatte inzwischen die Hofstätten erworben, die der Staat 1502, nachdem Schürpf gestorben, zu seinen Handen zog und dann 1509 an
Jakob zur Gilgen verkaufte, der 1522 bei Bicocca fiel. Im Jahre
1552 kaufte Junker Rennward Göldlin von Tieffenau vom
Staate Haus und Thurm. Im Thurme ließ Göldlin eine Kapelle
errichten, geziert mit Wandmalereien. Das eine dieser Wandgemälde stellt Christus am Kreuze dar, umgeben von Maria und
Johannes; das andere zeigt einen Ritter mit einem Wappen,
dessen Deutung noch nicht gelungen ist. In einem obern Gemache
des Thurmes sind die zehn menschlichen Alter, mit Spruchversen
versehen, bildlich dargestellt. Auch die anderen Zimmer waren
mit Figuren und Sprüchen bemalt. — Von den Erben des im
Jahre 1555 verstorbenen Junkers Rennward Göldlin gingen
Haus und Thurm 1570 an den wegen seiner Kenntniß der lateinischen Sprache „Floslatinitatis" genannten Seckelmeister Ludwig zur
Gilgen über; „doch daß der Thurm zu allen Zitten, zu schimpf
und ernst, der statt offen hus sin und verbliben soll". Der Kaufpreis betrug 2328 Gulden. Als im Jahre 1630 Jost Melchior
zur Gilgen den Thurm mit Sturzblech eindecken ließ, leistete ihm
der Staat — mit Rücksicht auf das auf dem Thurme zu Gunsten
der Stadt haftende Servitut — einen Beitrag von 150 Kronen,
unter der Bedingung, daß künftig der jeweilige Besitzer des Hauses
die Kosten der Bedachung selbst zu tragen habe und daß der
Durchpaß durch das Haus zu Ernst und Schimpf der Stadt jeder-
zeit offenstehe. Als Turenne 1674 Basel bedrohte, hielt der Kriegsrath von Luzern im kleinen Saale des Sentiherrn zur Gilgen seine
Berathungen. — Seit mehr als 300 Jahren befindet sich nun das
1732 umgebaute Haus im Besitze der Familie zur Gilgen, welche
Luzern zwei literarisch gebildete Schultheißen gab. Seit 1681 sind
Haus und Thurm Fideicommiß; der Errichter des Fideicommiß
bestimmte, daß das Haus nie getheilt und nach dem Erlöschen

des Geschlechtes gegen eine gewisse, zum Theil an eine Jahrzeit-stiftung zu verwendende Summe an die Stadt fallen soll. Die Ansicht, daß die Familie Zur Gilgen von Straßburg kommend, 1355 sich in Luzern eingebürgert habe, können wir nicht theilen; denn die Steuer- und Waffenrödel des 14. Jahrhunderts erwähnen weder der Familie Zur Gilgen, noch der Götzenheim, die mit dieser identisch sein soll. Erst im zweiten Decennium des 15. Jahr-hunderts tritt die Familie urkundlich auf. In der Reformations-zeit ist sie schon sehr hablich.

Aurelian zur Gilgen hinterließ laut Vogtrechnung vom Jahre 1527 außer dem reich mit Möbeln und Kostbarkeiten ausgestatteten Schloß Hilfikon und den dazu gehörigen Höfen in Luzern viele Pretiosen, so z. B. einen großen silbernen Kopf, ein „knur-rächts" vergoldetes Becherlein und neun vergoldete Becherlein mit Deckeln, eine silberne Kanne, sieben beschlagene Löffel, drei silberne Schalen, einen Wappenrock „ist blau, rot und schwarz, hinden und vornen gestickt", einen blauen Rock mit weißem Futter, ein „teilt Wamsel, ist Sammet und Silber", ein „wyß tamasten zerhowen Wamsel mit Tafet gfütret, ein rot attlaßin Wamsel, ein teilt Wamsel, ist halber attlas, blaw, gel und rot; ein lederfarwen rock mit schwarzem atlas bsetzt. Item ein daffite Deckin, ist goldgel, grün und rouchfarw. Zwen guldin Ring one Stein, zwen silberin beschlagen Dolchen, vier silberni Becher, ein hulziner Kopf mit Silber beschlagen" und sehr viele andere Sachen von Werth, die wir hier nicht aufzählen können. Man sieht aus dieser Vogt-rechnung, daß in den Häusern der Patrizier damals schon Luxus heimisch war und zwar auch bei solchen, die nicht, wie z. B. die Hasfurter, wegen Verschwendung bei ihren Zeitgenossen bekannt waren. — Bunte Kleider, wie solche in dieser Rechnung vor-kommen, waren übrigens schon seit alter Zeit in Luzern beliebt; so hinterließ um 1439 der reiche Junker Henzmann v. Hunwyl einen blauen Mantel aus Arras, einen rothen und einen grünen Rock, drei „Par böwelin Hentschen", dagegen wenig Silbergeschirr, worunter zehn „Engel-Löffel", nur ein „Vingerli von Guld" aber auch einige „Schulbücher". Als besondere Unterscheidungszeichen trugen zu Anfang des 15. Jahrhunderes die Junker in Luzern „Spengelin". Andere Bürger liebten werthvolle Waffen, so z. B. Peter von Meggen, der die Burg Hertenstein besaß. Er hinterließ

9

1443 „ein ftächlin Pantzer, ein Ifin Panzer, ein engelfch Hub, ein Bruftblech, zwei Stößli, ein Armzüg und zwei Müsli". Der alte, um 1484 verftorbene Hans zur Gilgen, der am Fifchmarkt wohnte, befaß an Waffen: ein Kreps, ein Küras, vier Haupt- harnifch, zwei Paar Schinen, vier Panzer, zwei Kragen, ein Paar Handfchuhe, zwei Halbarten, einen Schweinfpieß, zwei „Rittfchwert", zwei Gaßenfchwert, ein „Ruggmeffer" mit filbernem „Ortbant", einen „Tegen", alfo eine eigentliche Waffenfammlung. Wie mannig- fach damals die Waffen waren, zeigt das Inventar über die Ver- laffenfchaft des Peter von Manfet, der 1455 ftarb. Er hinter- ließ: ein Bruftblech, zwei Kreps, drei Spaneröl, ein Beingewand, drei Paar Handfchuhe, ein Ifenhut, ein Schaladren, ein Schiferli, ein Bart, zwei Paar Armzüge, zwei Paar Knieling, ein Paar Müfer, zwei Pantzer, zwei Kragen, ein Sturtz, drei Schwerter, ein Langmeffer, ein Mordachs. Seltener kommen auch Pferde- harnifche vor; fo hinterließ z. B. 1467 Egloff von Meggen „ein Roßftirnen". — Schultheiß Lukas Ritter dagegen, deffen Haus wir oben erwähnten, fcheint ein befonderer Freund von filbernen Trinkgefchirren gewefen zu fein; denn er befaß: eine filberne Stitzen, einen filbernen Becher, eine Muskatnus, zwei Flafchen von Silber, fünf Schalen, ein „knorret" vergült Becher, drei Tatzendeckel, vier vergoldete Tatzen, ein Trinkgefchirr, fechs vergoldete Tatzen, 26 Becher „Maiöli", zwei „teckte Trinkgefchirrlin", ein „knorret verteckt Gefchirr", ein Trinkgefchirrlin als ein Glas, ein „Narrenkappen wigt 28 Lot Silber", ein befchlagen Fladern- kopf und ein befchlagenes Mußkatnüßlein. Begreiflicherweife hatte er auch „ein Härtzlin" von Silber und fechs goldene Ringe, geziert mit Saphir, Türkis und Granaten und fechs filberne Glimpfe.

Dem Baggharzthurm gegenüber lag in der Ecke der Kapell- gaffe das Pfrundhaus der Kaplanei S. Sebaftian, an welchem zur Zeit des Chronikfchreibers Petermann Etterlin, kurz vor 1507, eine Tafel mit dem Bilde der hl. drei Könige angebracht wurde. Man glaubte nämlich irrigerweife, hier feien nach der Zerftörung der Stadt Mailand durch Kaifer Friedrich I. 1152 die Gebeine der hl. drei Könige beim Transporte nach Köln einige Tage liegen geblieben. Das baufällige Pfrundhaus wurde 1574 verkauft. 1603 wurde dafelbft die Wirthfchaft zu drei Königen errichtet, die nach 1722 in die Wäggisgaffe verlegt wurde. Zwifchen diesem Hause und dem Zur Gilgischen Hause lag das Hofthor, durch welches die Stadt gegen den See und die Hofbrücke abgeschlossen war.

Anstoßend an dieses Pfrundhaus, welches 1835 den runden Anbau gegen den See erhielt, finden wir das Haus des Kaplans und des Sigristen an der Peterskapelle; diese beiden Häuser gehörten vormals den Herzogen von Oesterreich, vielleicht schon in der Zeit, da sie noch Grafen von Habsburg waren. Oftmals urkunden die Grafen in Luzern; so treffen wir in loco Lucernensi 1199, den 16. Februar, den Grafen Rudolf von Habsburg; 1210 sind die Grafen Rudolf und Albrecht von Habsburg in loco Lucernensi; 1215 stellt Graf Rudolf als Landgraf des Elsaß eine Urkunde aus in Lucerna. Graf Rudolf der ältere von Habsburg, aus der Lauffenburger Linie, ist den 8. Juni 1244 und 1249, 29. Juli, in Luzern. 1257, 5. Oktober, weilen hier die Grafen Gottfried, Rudolf und Eberhard von Habsburg. Der letztere allein 29. Jänner 1282. Als die Grafen Herzoge geworden, kehrten sie nicht mehr bei dem kleinen Hause an der Peterskapelle an, sondern logirten sich bei den Franziskanern ein. Allein in der Folge kauften sie doch noch ein zweites Haus bei der Peterskapelle. Wir schließen daraus, daß sie daran dachten, in Luzern sich eine ansehnlichere Wohnung innitten ihrer schönen Besitzungen am Vierwaldstättersee zu gründen, wo König Rudolf mit seinem Sohne Rudolf den 30. Oktober 1285 und der strenge Albrecht 1292 den 31. Mai als Herzog, und mit seinen Söhnen Rudolf und Friedrich als König 1299 den 26. März weilte. Das tragische Ende König Albrechts am Maitage 1308 vernichtete solche Pläne. Heinrich von Griesenberg, österreichischer Landvogt im Aargau, verkaufte am Samstage vor Viti und Modesti 1309 an Schultheiß und Rath von Luzern um 50 Pfund Pfennig Zofinger Münze das Haus der Herzoge von Oesterreich bei der Kapelle, das Heinrich des Vogtes von Baden war, und das die Herzoge zur Zeit von Niklaus dem Kirchherrn von Römerswyl erkauft hatten. Das daneben stehende ältere Haus behielten die Herzoge noch längere Zeit. Den 12. Mai 1313 verpfändet Herzog Leopold von Oesterreich dem Ritter Konrad von Winterberg das hinter der Kapelle in Luzern gelegene Haus um 50 Pfund Pfennig. Im Jahre 1344 soll auch dieses Haus an die Stadt gekommen sein. Diese kaufte in der Folge 1606 noch ein Haus um 600 Gulden dazu und ließ in diesen Häusern die Wohnung für den Kaplan, den Sacristan und die Sacramentsschüler einrichten. — Da, wo jetzt das schöne Haus der Wittwe Wallis steht, befanden sich früher zwei kleinere Häuser, welche im Jahre 1528 der des Glaubens wegen aus Bern aus-gewanderte Rathsherr Anton von Erlach in ein Haus zusammen-gebaut hatte. — Das Eckhaus, welches an dem Gäßchen zur Leder-gasse steht und jetzt zum Wallis'schen Hause gehört, ist das Stammhaus der Familie Moor von Luzern; bei der Ueber-schwemmung vom Jahre 1626 erreichte das Wasser eine solche Höhe, daß man die Schiffe an dieses Haus anband.

Von den zahlreichen Häusern in der Kapellgasse erregte wohl keines bei dem frommen Geschlechte mehr Interesse als dasjenige des Rathsherrn Johann Uttenberg; denn dort kehrte jeweilen an der Romfahrt der selige Nikolaus von Flüe ein. „Die Stätte, die ein guter Mensch betrat, sie ist geweiht für alle Zeiten." Dort geschah es, daß der in der ganzen Eidgenossenschaft gefeierte Friedensstifter seinem Freunde den alten Rock zurückließ, in welchem er sein Eremitenleben begonnen hatte. Im Jahre 1590 oder eher 1595 schenkte Großrath Adam Uttenberg diese Reliquie, welche oft von Gebärenden erbeten wurde, den Jesuiten in Luzern, in deren Kirche dieselbe heute noch liegt. Zum Andenken an diesen Besuch war an dem links neben dem Eingange zur Hofbrücke befindlichen Hause das Bild des seligen Niklaus von Flüe, wie das-jenige des Karl Borromäus abgemalt. Noch im Jahre 1808 sah Propst Göldlin diese Gemälde, die wohl erst aus dem Ende des 16. Jahrhunderts stammten. Diese Façadenmalereien waren übrigens in Luzern schon zu Anfang des 15. Jahrhunderts eingebürgert; schon 1435 besaß die Familie Frey „das gemalet Hus am Krienbach". Leider hat einer von Uttenbergs Nachkommen, Spitalverwalter Adam Uttenberg, den ehrbaren Namen seiner Familie durch Unterschlagung von Spitalgut untergraben und dadurch 1625 sich die Landesverweisung zugezogen.

Das an das ehemalige Balthasar'sche Haus anstoßende Ge-bäude Nr. 278a bildete früher einen Bestandtheil des erstern, das sog. „Wittwenstöcklein". Wie im alemannischen Bauernhause das Hauptgebäude oder der „Stein" — in Willisau der Wielstein — zur Wohnung der Familie bestimmt war, so wurde auch in Städten das eigentliche Wohnhaus für die Familie, das Nebengebäude oder „Stöckle" für die von der Familie getrennt lebende Wittwe reservirt.

Dem Brunnen bei der Sust gegenüber, an der Ecke, wo man „unter die Böm gat", wohnte in der Reformationszeit Martin Schryber, 1509—1531 Gerichtsschreiber in Luzern, nebenbei Chirurg und 1512 politischer Agitator. Schryber ließ sich 1525 die Urkunde über den Drachenstein ausstellen, jenen runden Meteorstein, der für Frauenkrankheiten wunderbare Heilkraft besaß, wie unsere alten Chroniken sagen. Bis in die neuere Zeit galt dieser Stein „als ein sonderbares Mirakel der Natur und vorzügliche Gabe Gottes." Der zürcherische Naturforscher Scheuchzer nannte diesen jetzt im Besitze der Familie Meyer von Schauensee befindlichen Stein „die merkwürdigste aller Merkwürdigkeiten aller Museen." Noch in unsern Tagen haben Naturforscher von Namen, wie Chladni, Blumenbach, Ehrenberg und selbst Dr. Feierabend sich mit dieser „gefallenen Größe" beschäftigt, die aus dem Jahre 1421 stammt und erst 1847 durch einen 427 Pfund schweren Meteorstein, der bei Hauptmannsdorf fiel, an Gewicht, nicht aber an Ansehen bei der Mitwelt übertroffen wurde. Schryber's Haus ging in der Folge an die Familie Balthasar über, welche dasselbe mit einer schönen Façadenmalerei zieren ließ, die unter anderm einen gut gezeichneten Armbrustschützen — Wilhelm Tell im Bauernkostüm — zeigte, der bei der Restauration des Hauses, 1879, übertüncht wurde. Die Fenster waren mit Ornamenten eingerahmt, welche theils Schmiedeisen-Motive darstellten, so daß die Façade metallotechnisch dekorirt erschien, theils figürlichen Schmuck zeigte, wie z. B. Vögel, Putten, Harnischmännchen. Alterthumskennern fiel, außer der schönen gothischen Hausthüre, der an diesem Eckhause angebrachte große, gegliederte Fackelhalter auf. Denn in Italien z. B., namentlich in Florenz, durften nur hohe Adelsgeschlechter große Laternen oder Fackelhalter an ihren Häusern anbringen. Diese Vorrichtungen wurden bei festlichen Anlässen zum Aushängen von Fahnen und zum Halten von Fackeln benutzt. Hier diente diese vorzüglich zur Beleuchtung bei der nächtlichen Procession, der wir oben gedachten. An der Hausecke ist überdieß ein steinerner Engel unter einem Baldachin zu sehen, der zu einer am gegenüberliegenden Hause angebrachten Madonna ein Gegenstück bildete und mit dieser zusammen die Gruppe Maria Verkündigung darstellte.

Diesem Haufe gegenüber lag die größte Merkwürdigkeit des alten Luzerns, auf welche sonderbarer Weise kein einziger Reisender früherer Jahrhunderte und kein Kunstkenner aufmerksam machte, bis der Untergang dieses Monumentes nicht mehr abzuwenden war. Wir meinen das Hertensteinische Haus mit den Façaden-Malereien von Hans Holbein dem jüngern. Schon im Jahre 1486 besaß Jakob von Hertenstein dieses Haus; allein erst im Jahr 1517—1519 ließ er Malereien an demselben anbringen, getreu der Mahnung: Nur das Werk verschoben bis die rechten Meister nah'n. Damals wohl wurde das Haus, das aus zwei Gebäuden bestand, die sehr ungleiche Fenster hatten, total umgebaut. Unregelmäßig[1]) war das Haus, so daß es Holbeins Kunst bedurfte, um diesen Wandflächen eine Zierde zu verleihen, die allgemeinen Beifall finden konnte. Das Erdgeschoß, das an der belebtesten Straße Luzerns täglichen Beschädigungen ausgesetzt war, blieb nach Holbeins Anordnung frei von jeder Bemalung. Das erste Stockwerk war mit Fenstern so überladen, daß sich mit Mühe für die Darstellung dreier Personen Platz gewinnen ließ. Holbein stellte hier drei weibliche Figuren dar, die eine mit Helm und Schild, die andere mit einer Lanze, die dritte, ihre eigenen Reize in einem Spiegel betrachtend. Ueber dieser etwas üppigen Figur war unter einem Baldachin an der Hausecke das Bild Maria's mit dem Kinde in Stein ausgehauen. Ueber die Fensterreihe zog sich ein bandartiger Streifen hin, auf welchem links zwischen reich ausgestatteten Renaissance-Ornamenten musizirende Kinder, rechts kämpfende Knaben in komischer Gruppirung dargestellt waren. In den Zwischenräumen zwischen den Fenstern des zweiten Stockwerkes war jeweilen das Wappen des Schultheißen Jakob von Hertenstein mit einem Alliancewappen gemalt. Da sah man das Wappen der Veronica Seevogel aus Basel, die mit Hertenstein 1489 sich verehelicht hatte; den Schild der Anna Mangold von Sandegg aus Constanz, mit dem rothen Drachen und Adlersflügeln im silbernen Felde, und das Trauungsjahr 1495; beim Wappen der Ursula von Wattenwyl von Bern stand die Jahreszahl 1512 und als das Jahr 1514 war

---

[1]) Vgl. die Abbildung auf dem Grundriß von Martini, wo die Gemälde angedeutet sind.

dasjenige bezeichnet, in welchem Hertenstein Anna von Hallwyl heimführte. Ueber diesem Wappen waren in neun Feldern
Szenen aus der römischen Geschichte dargestellt. So erblickte man
Cäsars Triumphzug nach den Kupferstichen des 1517 verstorbenen
Paduaners Andrea Mantegna. Die Fenster des obersten oder
dritten Stockwerkes waren eingefaßt mit fünf bildlichen Darstellungen aus der Geschichte des klassischen Alterthums. Man sah
hier als Beispiel großartiger antiker Gesinnung: die Peitschung
des Schulmeisters von Fallerii, die Zeugniß verweigernde Geliebte
des Aristogeiton, den kühnen Mucius Scävola, wie er die Hand
in die Flamme streckt und den Schreiber des Porsenna ersticht;
den Selbstmord der Lucretia, und Marcus Curtius, der, um Rom
zu retten, zu Pferd in den gähnenden Abgrund sich stürzt. Den
Mittelpunkt der Façade nahm die Darstellung der im Mittelalter
so beliebten Sage von den drei Königssöhnen ein, die auf den Leich-
nam des Vaters schießen. Holbein hat hier, wie Woltmann
sagt, etwas hervorgebracht, was durch Größe des Styles würdig
dasteht neben dem Besten der italienischen Wandmalerei.

Auch im Innern des Hauses waren die Prunkgemächer mit
reichen Dekorationsmalereien, theils grau in grau, theils in hellen
Farben geziert. Hier sah man in der ehemaligen Hauskapelle
folgende Darstellungen religiösen Inhaltes: die 14 Nothhelfer und
St. Wendelin. Eine Procession. Die 7 von der Familie Hertenstein
besonders verehrten Heiligen: Sebastian, Rochus, Peter, Hierony-
mus, Leodegar, Benedikt und Mauriz, vor welchen Hertenstein,
seine Gemahlin und drei Kinder knieen, darunter die Klosterfrau
in Eschenbach und ihr Bruder, der Domherr von Constanz, von
denen die Zimmer'sche Chronik eine so amüsante Geschichte
erzählt, die sich im Kirchthurme zu Eschenbach zutrug. Ein andres
Gemach war geziert mit den Darstellungen der Hertensteinischen
Besitzungen und der Leiden und Freuden, die sich daran knüpften.
Da sah man die Hirschenjagd und Entenbeize beim Schlosse Buonas,
welcher der Schloßherr auf einem Schimmel beiwohnte, wie eine
Hasen- und Fuchsjagd. Die Herren von Hertenstein waren
damals große Jagdfreunde, so daß sie selbst dem Pfarrer von
Risch die Pflicht auferlegten, „sie zu versorgen mit einem Falken
und Vogelhund, damit sie Kurzweil haben, wie sich's gebührt und
der Edlen Gewohnheit ist". Am Dreiländerstein hatte der Herr

von Buonas aber auch die Bettel= und Armenfuhren zu veran=
stalten, wenn er nicht sein schönes Besitzthum zum Sammelplatz
lästiger Leute wollte werden lassen. Daher war hier eine solche
Bettler=Jagd dargestellt. An das der Familie Hertenstein ge=
hörige Bad bei der weltbekannten Heilquelle zu Leuk im Wallis
erinnerte das Jungbad, vor welchem der Schloßherr im Wappen=
rocke abgebildet war. Woltmann schildert dieses mit derbem,
kernigem Humor entworfene Bild folgendermaßen: Der empfehlens=
wertheste aller Gesundbrunnen ist bei Holbein nicht dem schönen
Geschlecht allein vorbehalten. Frauen und Männer sitzen neben
einander darin, die Einen noch alt, die Anderen bereits verjüngt.
In der Mitte des runden Bassins steht ein Pfeiler, dessen Wetter=
fahne das Wappen des Schultheißen Hertenstein nebst dem seiner
vierten Gemahlin, dem Hallwyl'schen, schmückt. Zahlreiche Alte
beiderlei Geschlechtes kommen von allen Seiten hinzu, in Karren
gefahren, auf dem Buckel getragen, auf einem Esel reitend. Das
Köstlichste darunter ist ein überaus häßliches altes Weib in einem
Tragekorb, das ihren ebenso häßlichen Hund auf den Armen hat,
um dem guten Vieh dasselbe Verjüngungsmittel angedeihen zu
lassen wie sich selbst. Noch ein Bild steht in Beziehung zu diesem,
ein Karren mit vier Pferden, der lauter alte Männer und Weiber
zur Wunderquelle schleppt, ein Lahmer hat sich hintenauf ge=
schwungen, ein zweiter humpelt mühsam hintenher. Fünf Zimmer
waren noch 1824 mit Gemälden vollständig geziert; in andern sah
man nur noch Spuren solcher Malereien. Natürlich fehlten in
einem Hause, dessen Glieder fast in allen berühmten Schweizer=
schlachten mitgefochten hatten, auch Kriegsscenen nicht. Leider läßt
sich nicht mehr ermitteln, ob die Schlacht von Murten oder Ma=
rignano hier dargestellt war.

Von jeher galten diese Gemälde in Luzern als Werke Hol=
beins, unter dessen Zeichnungen in Basel sich auch zum Theile noch
Skizzen zu denselben vorgefunden haben. Holbein war damals
noch jung an Jahren; noch hatte er Italien nicht gesehen; doch
ließen seine Arbeiten den künftigen Meister ahnen, der hier recht
heimisch sich fühlte, da er sich in die Lukas=Bruderschaft aufnehmen
ließ. Und auch der Rath von Luzern beehrte den Künstler mit
Aufträgen.

So zahlte der Umgeldner 1517 „1 Pfund= 8 Schilling dem

Holbein um visirungungen", worunter wir wohl Entwürfe zu
Glasgemälden zu verstehen haben.[1]) Allein bald darnach, Donnerstag
nach Conceptionis Mariæ, wurden Caspar Goldschmid und „der
Holbein" je um 5 Pfund gebüßt, weil sie „übereinander zuckt
hand." Holbein mußte Luzern vielleicht zeitweise verlassen und
kehrte erst im Frühjahr 1519 wieder zurück, als man die Todten-
feier für Kaiser Maximilian beging, beim Rößli ein Faßnachtspiel
aufführte und zum Kriege nach Italien sich rüstete. Damals malte
Holbein, wie wir oben erwähnten, zwei Fähnlein nach Münster,
einen Pannerschaft und das Fähnlein auf den Brunnen zu Barfüßern. Nicht schon bei seinem ersten Aufenthalte in Luzern kann
Holbein all' diese Façadenbilder gemalt haben; denn die wunderbare
Kompositionskraft in einzelnen dieser Darstellungen spricht entschieden für eine spätere Zeit und größere technische Gewandtheit,
obwohl es auch damals noch Holbein an charakteristischer Darstellung der Personen und Situationen gebrach, wie S. Vögelin
bemerkt. Wir glauben annehmen zu dürfen, Holbein habe zuerst die
fünf Zimmer und erst später die Façade gemalt. Auch von Seite der
Privaten und Klöster scheint Holbein damals in Luzern mit Aufträgen bedacht worden zu sein; denn als Charles Patin 1676
seine vita Johannis Holbenii[2]) veröffentlichte, zeigte man in Luzern

---

[1]) Der Basler Glasmaler Antoni führte 1519 die schöne, jetzt noch im
Rathssaale in Basel vorhandene Standesscheibe von Luzern aus, deren Entwurf
sich unter den Holbein'schen Zeichnungen in Basel findet. Es zeigt diese das
Doppelwappen von Luzern, gehalten von einem nackten behaarten Manne und
einem Affen. Die Einfassung ist von der reichsten Renaissance mit prächtigen
Säulen, oben elegante Arabesken mit Putten, unten ein Fries. Lübke in Zahn's
Jahrbuch für Kunstwissenschaft. I, 27.

[2]) Die Stelle im Index operum Jo. Holbenii lautet:

Nr. 47. Christus in cunis et coram eo Virgo Deiparm flexis genibus,
adstante Josepho, in loco remotiori comparent bos et asinus, et e longin-
quo pastores ab Angelo moniti. Lucernæ in templo Augustinianorum.

Nr. 48. Christus in gremio matris a Magis adoratus. Ibidem.

Nr. 49. Christus e cruce depositus, circumstantibus B. Virgine, Johanne
Apostolo, Magdalena, Nicodemo, et aliis: latronibus adhuc utrinque de
cruce pendentibus. Ibidem.

Nr. 50. Christi facies in sudario a puerilis gestato expressa. Ibidem.

Nr. 51. Christus e cathedra Iudaeos docens. Ibidem.

Moriæ enkomion, stultitiæ laus Desid. Erasmi Rot. Basil. 1676.

noch fünf Kirchenbilder von Holbeins Hand; eines derselben, die Abnahme Christi vom Kreuze, welche im Franziskanerkloster in Luzern sich fand, dürfte jedoch nach Herrn Dr. E. His von Basel eher ein Werk des bekannten Baldung Grien gewesen sein.[1]) Daß Holbein das Bild des im Jahre 1519 auf der Heimreise von Jerusalem in Rhodus verstorbenen Ritters Melchior zur Gilgen gemalt habe, ist mehr als zweifelhaft; denn einerseits stimmt die Jahrzahl 1506 nicht mit Holbeins Aufenthaltszeit in Luzern, andrerseits ist die gelungene, aber stark verzeichnete Arbeit für Holbein zu derb[2]). Dagegen hat Holbein wahrscheinlich noch ein Brustbild des Schultheißen Jakob von Hertenstein gemalt, das der ehemalige Johanniter Franz Ludwig von Hertenstein († 1826) nach Basel verkaufte. Nachbildungen desselben finden sich auf dem alten Rathhause und auf der Stadtbibliothek.

Bis zum Jahre 1824 waren die Bilder am Hertenstein'schen Hause ziemlich unbeachtet geblieben[3]); nicht einmal Patin, der doch Holbeins Façadenmalereien in Basel zuerst hervorhob, erwähnte dieselben. Erst als das Haus, das inzwischen in den Besitz der Familie Dulliker gekommen war, an Banquier Friedrich Knörr überging, der selbes niederreißen ließ,[4]) erwachte das Interesse an demselben.

Der Baubericht der Kunstgesellschaft von Luzern vom Jahre 1825 gibt uns über das Ende des schönen Hauses folgende Auskunft:

„Das ehemalige Dulliker'sche[5]) Haus auf dem Kapellplatz wurde von Hrn. Knörr von Straßburg, Handelsmann in hier, gekauft, zu Boden geschliffen und neu aufgebaut. Dieses Haus war vormals von Außen in Fresco ganz bemalt und wie man

---

[1]) Neben Holbein lebte in Luzern auch ein Maler „Ambrosi", der oft vom Rathe Aufträge erhielt; es ist dieser aber nicht Holbein's Bruder Ambrosius, wie z. B. Regnet in Pierer's Lexikon X. 393 angenommen hat, sondern Ambrosi Spaltisen.

[2]) Woltmann's Holbein. I. 215.

[3]) Die erste Erwähnung derselben finde ich in Göldlin's: Conrad Scheuber 1817.

[4]) 11 Jahre vorher hatten die Basler ihren Todtentanz niederreißen lassen.

[5]) Der letzte Dulliker, der sich zu St. Euphemia in Kalabrien mit Ruhm bedeckt hatte, fiel 1813 auf dem Feldzuge nach Rußland.

dafür hielt, vom Holbein. Die interessantesten Darstellungen davon sind von Mitgliedern unseres Vereins kopirt worden, als von Herrn Ulrich und C. M. Egli und die reinere Ausarbeitung derselben dem Hrn. Obrist May von Bern verkauft worden. Auch im Innern dieses Gebäudes waren Frescomalereien, jedoch mit weit weniger Sicherheit dem Holbein zugeschrieben. Auch diese wurden von Hrn. Schwegler, Marzol und einem Italiener, Drolii genannt, kopirt und ebenfalls Hrn. Oberst May kaufweise überlassen. Einige Theile dieser Malereien sind sammt der Mauer abgenommen worden und können von Liebhabern angekauft werden. Diese Malereien zu besichtigen, hat eine Menge Volkes an sich gezogen."

Wegen des Volkszudranges drückt sich Usteri in seiner plastischen Manier also aus: „Wenn dieses Haus nicht durch dieses Abzeichnenlassen eine Celebriät erhalten hätte, so wäre vermuthlich kein Bewohner Luzerns hingegangen, solches zu untersuchen, sondern man hätte solches niederreißen und abbrechen lassen, wie man einen Schweinestall niederreißen und abbrechen läßt, ohne Notiz davon zu nehmen."

Von allen Häusern des alten Luzern war nur dieses mit wahrhaft fürstlicher Pracht ausgestattet; die Hertenstein waren zu Anfang des 16. Jahrhunderts theils durch Staats- und Militärdienst, theils durch reiche Heirathen und Handel auf dem Höhepunkt ihres Wohlstandes angelangt, von dem sie rasch hinunterstiegen, so daß Töchter dieser einst so stolzen Familie mit Metzgern und Gerbern sich verheiratheten.

Allerdings wären schon früher einzelne von Schultheiß Hertensteins Zeitgenossen im Stande gewesen, Luxusbauten auszuführen; denn König Ludwig XI. von Frankreich stellte einmal an einen Luzerner die Frage, ob nicht die Dächer in Luzern mit Gold bedeckt seien, da er so enorme Summen dahin geschickt habe. Auch in Mailand hielt man, wie die Beschreibung der Schweiz von Calciato zeigt, zu Anfang des 16. Jahrhunderts Luzern für eine sehr reiche Stadt. Allein die fremden Diplomaten und Literaten verkehrten eben fast ausschließlich mit den höhern Ständen, welche aus dem Pensionenwesen großen Gewinn zogen, nicht mit dem Volke, das in seiner Großzahl damals gewiß nicht reich war, vielmehr durch die Berührung mit dem Auslande immer mehr von seinem Wohlstande verlor, da die alten guten Sitten durch die Kriegszüge litten und die Genußsucht sich immer mehr verbreitete. In jenen Tagen schritten habliche Luzerner ungemein jung an Jahren zur Ehe und nahmen dann, wie Schultheiß Hertenstein, vier bis sechs Frauen nacheinander; es kam soweit, daß man selbst ein Gesetz erlassen mußte, nach welchem die Ehe unter Schulkindern untersagt wurde. Schon im 14. Jahrhundert wurde Töchtern unter 15 Jahren die Ehe untersagt; 1620 hingegen schritt Wittwe Maria Cloos mit einem jungen Schüler von Art zur Ehe.

Wir haben beizufügen, daß in Luzern von diesen abgelösten Stücken vom Hertenstein-Haus noch Lucretias Hand mit dem Dolch und Ritter Tarquinius Collatinus nebst Architekturfragmenten vorhanden sind — bezeichnend für Knörr'schen Kunstsinn — ein-gemauert ob dem Stalle, und daß die Zeichnungen des Herrn von May sich seit 1851 auf der Stadtbibliothek in Luzern befinden. Photographien der Façadenbilder verfertigte Photograph Höflinger in Basel (großes Blatt).[1]

Jene noch im Besitze der Familie Knörr befindlichen Archi-tektur-Fragmente der alten Fresken haben nicht die entfernteste Aehn-lichkeit mit einer Arbeit des Hans Holbein, so daß Herr His auf den Gedanken kam, es habe überhaupt nicht Hans, sondern dessen älterer Bruder Ambros Holbein, der nur 1516 bis 1517 in Basel sich auf-hielt und dann auf immer verschwindet, das Hertensteinische Haus in Luzern gemalt. Eine Wittwe des Letztern soll Mag-dalena Holbein, Bürgerin von Zug sein, die 1540 das Testa-ment des in Bern verstorbenen Sigmund Holbein anstritt.

Von den vier Frauen Hertensteins kam eine in den Fall, der Stadt Luzern wichtige Eröffnungen zu machen. Durch Herten-

[1] Freunde der Kunstgeschichte machen wir auf folgende Werke aufmerksam, in welchen sich Notizen über das Hertensteinische Haus finden: Ulrich Hegner: Leben Hans Holbeins 1827, 117—119. W. Lübke: Gesch. d. deutschen Renaissance, Stuttgart 1872, 8. Woltmann, Holbein I, 219—228; II, 33 und 240; 2. Auf-lage I, 146. Schueller: Luzerns St. Lukas-Bruderschaft 1861, 8—9 und Die Fres-ken des ehemaligen Jakob von Hertensteinischen Hauses in Luzern. Geschichts-freund XXVIII, 7—15. His-Heusler: Die neuesten Forschungen über Hans Holbein. Beiträge zur vaterländischen Geschichte, Basel 1866, VIII, 352 f. His: Die Basler Archive über Hans Holbein, Sonderabdruck aus Zahn's Jahrbücher für Kunstwissenschaft. III, 1870. S. Vögelin: Die Wandgemälde im bischöflichen Palast zu Chur. Zürich 1878.

steins letzte Gemahlin vernahmen die Luzerner den Plan Zwingli's, die fünf katholischen Orte durch die Fruchtsperre zur Annahme seiner Reformen zu zwingen. Den Hergang erzählt Cysat folgendermaßen: Im Jahre 1530 belauschte die Frau von Hallwyl, Wittwe des Schultheißen Hertenstein, in einer Wirthschaft in Zürich Zwingli im Gespräche mit drei Gesandten von Bern. Zwingli sagte: „Wolan, nun hab ich doch sovil und mengs angefangen und versucht mit den 5 Orten, ob man sy uns glichförmig machen möchte, aber es ist alles vergeben mit disen Tangrozen, Kukämmen und Sennhütten. Aber so man mir folget, wüßte ich noch das best Mittel, namlich das Salz, deßen sy nit embären mögen, abzuschlahen, diewyl jr größer Gwirb und Uffenthalt mit Ych ist, demnach Isen und anders. Indem der Frowen geacht und gsagt: Frow, achtend unser Reden nüt. Ich hab üwern Her seligen wol kent; ist mir ein lieber Herr gsin, hab vil mit jm gezecht. Was wurden üwere Herren sagen, so sy wüßtend, (daß) Jr mit Zwingly äffend? Sagte sy: Ich hab über die Reden nit bevelch zu antworten; aber essenshalb sagend sy nüt, diewyl es hie in fryem Wirtshus bschicht. Aber so ich üch zu Lucern in min Hus fürte, kam, es wurd nüt wol kramet."

Dem Hertensteinischen Hause gegenüber befand sich das Haus der Familie Keller. Dieses Eckhaus am Kapellplatze, geziert mit Steinbildern, welche die hl. Familie darstellen, war der Wohnsitz des Schultheißen Josef Anton Leodegar Keller († 1782), den die Luzerner den „lutherischen Schultheißen" zu nennen gewohnt waren, und des freisinnigen Schultheißen Xaver Keller, der den 12. September 1816 ein tragisches Ende fand. In diesem Hause wurde Regierungsstatthalter Keller im September 1802, als das geheime Comité sich anschickte, die helvetische Regierung zu stürzen, von Cajetan Schilliger gefangen, aber von den helvetisch gesinnten Bürgern, an deren Spitze der Munizipalpräsident Elmiger sich befand, wieder befreit. Zahlreiche tüchtige Männer, die im Rathe und auf dem Schlachtfelde ihren Mann stellten, waren aus dieser 1584 in Luzern eingebürgerten Familie Keller hervorgegangen.

In wenigen Gassen Luzerns haben sich die an Häusern angebrachten Nischen und Altärchen mit Heiligenbildern so lange erhalten, wie an der Kapellgasse.

Auf der Seite gegen den See hin lagen am Kapellplatze im

14. Jahrhundert zahlreiche kleinere Häuser; von diesen interessiren uns besonders das Wyghus, das Engelberger-Haus und das Haus der Familie von Büttikon.

Im 15. Jahrhundert hatte der Abt von Murbach das Recht, den Wochenmarkt in Luzern zu bewilligen, und hiefür einen Platz anzuweisen vom „Garten bis zum Wyckhus." Der Name Wyghus bezeichnet nach den Einen ein Wachthaus, nach den Andern ein festes Gebäude, propugnaculum. In Luzern treffen diese beiden Bestimmungen zusammen; denn wir wissen, daß das Wyghaus bis 1798 als Wachtposten diente und daß nach dem in den Murbachischen Höfen geltenden Rechte — und aus einem solchen Hofe hat sich die Stadt Luzern entwickelt — Niemand „ein horn schellen, ein wild fellen," oder einen „wyghaften bu" aufführen durfte. Ein solcher „wyghafter", d. h. fester Bau, war das Wyghus, das 1478 befestigt und mit einem Schutzgatter gegen den See versehen wurde. 1397 und 1433 ließ der Rath Oefen auf dem „Wyghus" erstellen. Noch im Jahre 1665 bewilligte der Rath den Wachtmeistern und Nachtwächtern im „Wyghus" eine Kapelle zu Ehren des hl. Michael zu erbauen und darin ein ewiges Licht zu unterhalten. Das Wyghaus wurde später mit dem Engelbergerhause zusammengebaut.

Unterhalb des Wyghauses an der Reuß befand sich der „Wyenstein". Dort, neben dem Hauptings-Hause, wurden schon im 14. Jahrhundert diejenigen in's Wasser geworfen und bis zum „Rothenthurm" „geschwemmt", welche Gott und die Heiligen geläjtert hatten und die Buße von 12 Schilling nicht zahlen konnten. Später wurden die Wiedertäufer in Luzern an dieser Stelle geschwemmt. Wie das Schwemmen 1473 vor sich ging, zeigt das hier folgende Bild aus Diebold Schillings Chronik (fol. 80, b.[1]). Damals wurden die Geschwemmten beim „rothen Kopf" „unter den Häusern" in der Kleinstadt an's Land gezogen. Laut Verordnung vom Jahre 1405 mußten alle neugebauten Schiffe und Nauen beim „Wyghus" aufgestellt und vom Schiffmeister probirt werden.

Neben dem Wyghause lagen die Engelberger-Häuser.

Den 15. Herbstmonat 1271 hatte Abt Berchtold von Murbach dem Abt und Convent von Engelberg auf Ansuchen der Bürger von Luzern einen Hausplatz und ein Haus bei der Kapelle gegen

---

[1] Schwemmung des Hans Hegenheim 1473.

einen jährlichen Zins von einem Roßeisen abgetreten. Auf dem
Hausplatze sollte ein neues Gebäude, offenbar für das Frauen-
kloster, erstellt werden. Beide Gebäude, in welchen die Ordens-
mitglieder und die Schaffner der Klöster bei ihrem Aufenthalte in
Luzern wohnten, brannten 1540 und 1551 ab und wurden wieder
in Holz aufgebaut. 1558 beredete der Rath die beiden Klöster,
an der Stelle dieser Häuser ein einziges Bauwerk in Stein aufzuführen und das Erdgeschoß zur Wohnung der Frauen, den obern
Theil des Hauses aber für die Conventualen herzurichten. Mit
Zustimmung der Schirmorte, jedoch ohne Consens des Klosters,
verkaufte Abt Blattmann im Jahre 1590 um 1400 Gulden das
beiden Klöstern gehörige Haus dem Schultheißen Ludwig Pfyffer.
Nach Pfyffers Tod (1594, 16. März) ersuchte der Abt von Engelberg Pfyffers Erben, mit Hinweis auf die hohen Verdienste

Pfyffers um die katholischen Interessen und dessen freundschaft-
liche Beziehungen zum Kloster Engelberg, das Haus entweder dem
Kloster zu schenken, um Pfyffers Andenken hiedurch zu ehren,
oder aber um einen mäßigen Preis dem Kloster wieder abzutreten.

Bald nach dem Jahre 1600 finden wir das Kloster wieder
im Besitze seines Hauses, in welchem zeitweise Nuntien und fremde
Gesandten wohnten.

Abt Leodegar Salzmann ließ kurz vor Ausbruch der
französischen Revolution sein Wappen mit Schwert und Stab an
einem schönen Ofen anbringen. Als das Schwert der Hand des
Abtes entfallen war, ging bald auch das Engelbergerhaus auf
eine Weise für das Kloster verloren, die nur mit Entrüstung von
den alten Klosterherren geschildert wurde.

Jetzt wohnt in diesem schönen Hause einer unserer beliebtesten
Maler der Alpenwelt, der aus Stans herstammende Herr J. Zelger,
dessen Ahnen seit dem 15. Jahrhundert mit Luzern befreundet und
zeitweise in Luzern eingebürgert waren.

Neben dem Engelberger-Hause lag im 14. Jahrhundert das
Haus der reichen Familie von Lütishofen, die sich besonders
1479 durch die Vergabung der — für sie in partibus infidelium gelegenen — Kirchensätze Rothenburg, Doppleschwand, Inwyl, Groß-
dietwyl und Großwangen an das Stift Münster berühmt machte.
Später ging das Haus an die Ratzenhofer über, die bessere
Krieger als Diplomaten waren. Im 17. Jahrhundert besaßen
dieses Haus die Dulliker, von denen es 1714 Kleinrath Schwyzer
um 6000 Gulden erkaufte; und heute besitzen es dessen Nachkommen.
Die ältesten Besitzer dieses Hauses waren die von Büttikon.

Die Ritter von Büttikon, 1173 Ministerialen der Grafen
von Lenzburg, Besitzer der vier Burgen zu Wykon, der Herrschaften
Ruod und Trostberg, Inhaber der Vogtei von Horw und des
Meyerhofes zu Kriens, waren seit dem 14. Jahrhundert mit Luzern
befreundet. Rudolf, Vasall der Herzoge von Teck, 1382 Bürger
von Bern, war verehelicht mit Bertha von Gundoldingen.
Sein Sohn, Ritter Hermann, erwarb 1392 das Bürgerrecht von
Luzern. Er hinterließ schöne Herrschaften, Güter und Rechte,
welche durch seine Töchter theils an die Schultheißen von Lenzburg, theils an die Segesser fielen. Sein Haus, anstoßend an
der Herrn von Engelberg Haus bei der Kapelle, fiel zur Hälfte

an Johann von Lütishofen den jüngern, den Sohn des österreichischen Untervogtes in Rothenburg. Hermann von Büttikon, der den Stern seines Hauses erbleichen sah, gab sich mit
Weissagungen ab und kam deßhalb 1415 mit 22 andern Personen
geistlichen und weltlichen Standes, worunter mehrere Edelleute,
vor die Schranken des Gerichtes. Früher schon waren einzelne
Adelige aus dem Aargau in Luzern eingebürgert, so der Herr
von Ruda, der 1552 12 Florin Steuer zahlen mußte, der Herr
von Littau, der 10 Florin, die von Malters, welche 8 Florin
steuerten, Hartmann von Baldegg, dessen Steuersumme 4 Florin
betrug, und Herr Johann von Hünenberg, der sogar 40 Florin
steuerte. Die reichsten Einwohner bürgerlichen Standes waren
damals die von Sulzberg, die 34 Florin Steuer entrichteten,
während Werner von Gundoldingen 26¹/₂ Pfund 4 Denar,
Johann von Gundoldingen 12 Schilling, Rudolf von Gundoldingen 10 Schilling 4 Denar, Ulrich Tripscher 33 Pfund,
die von Moos und von Frienbach je 20 Pfund 18 Schilling,
Walther von Gerlingen 7 Pfund, H. von Hochdorf 4 Pfund
3 Schilling 4 Denar Steuer zahlten.

Vom Kapellplatze ziehen sich zwei Parallelstraßen gegen den
Kornmarkt: die Kapellgasse und die Fuhre oder Furre. Letztere
war in alter Zeit das Quartier, wo die reichsten Bürger wohnten,
so die Hasfurter, Lütishofen, Hertenstein, Hunnwyl.

Im Hause zur „Sonne" in der Furre wohnte Schultheiß
Heinrich Hasfurter, nicht ein Schlesier von Geburt, wie seit
Cysat's Tagen die Luzerner irrig behaupteten, sondern ein Sohn
des in Luzern eingebürgerten Heinrich Hasfurter von Buben-
berg, ein mehr interessanter als großer Mann. Immer in dürf-
tiger Kleidung, so daß man ihn für einen Bettler hätte ansehen
können, einäugig und durch einen Höcker entstellt, behandelte Hasfurter an eidgenössischen Tagen seine Gegner mit einer Leiden-
schaft, die in Staunen setzte. Von Hause aus Häuserspekulant —
er kaufte mit Vorliebe alte Burgen, die er neu aufbaute und
durch seine Söhne mit Glasgemälden versehen ließ — und Lieb-
haber alter, reicher Wittwen, deren Kinder er um Haus und Habe
brachte, zeichnete sich Hasfurter durch schmachvolle Behandlung
seiner Dienstboten aus, denen er Decennien hindurch den Liedlon
vorenthielt. In jungen Jahren war Hasfurter ein arger Frei-

10

schärfer, im Alter ein Haupt der Städtepartei. Im Auslande galt Hasfurter, der von Oesterreich, Frankreich, Lothringen, Savoyen, Mailand und Ungarn Pensionen bezog, als tapfrer Kriegsmann; im Heimathlande redete man ihm nach, er habe sich beim Feldzuge in den Sundgau feig benommen, und die Schwyzer behaupteten, Hasfurter sei Schuld daran, daß sie bei Grandson so viele Leute verloren haben. Was Hasfurter zusammengewuchert hatte, zerschlugen und verpraßten seine Kleinsöhne. Schon des reichen Schultheißen Tochter war arm und bewarb sich 1497 um — Almosen. Valerius Anshelm erzählt uns, Adam Hasfurter habe 1516 den Feldzug nach Italien mitgemacht, von wo er, vom Kaiser Maximilian zu muthwilliger Pracht „geliefert", reich heimkam und „eine so gütige, muthwillige Badenfahrt" hielt, „als von keinem Eydtgenossen nie beschehen, also daß ihm der unmäßig Schlamm noch diß Jahr sin jungs, frechs Leben abbrach." Schon 1482 hatte der alte Schultheiß den Untergang seines Geschlechtes geahnt. Daß Hasfurter in diesem Hause seine Ehefrau beim Ehebruche überrascht, das Licht angezündet und das Schwert neben das Bett gesteckt habe, wie die Fama erzählt, ist nicht wahrscheinlich. Einzelne versetzen diese Scene ins Schloß Baldegg und zwar ins Jahr 1465, Andere in die Zeit der Burgunderkriege und bringen damit das Statut aus dem geschworenen Briefe von 1489 in Verbindung, wonach einer denjenigen tödten durfte, den er bei seiner Frau im Ehebruch ertappte. Nun wurde schon 1457 dem Großen Rathe die Frage vorgelegt, ob man den Ehemann strafen solle, der an einem Schänder seiner Ehre Rache nähme. Hasfurter war damals noch im obern Grunde wohnhaft und noch nicht Besitzer von Baldegg; seine erste Gemahlin war Verena von Moos, Wittwe des Peter Manzet; die zweite Gemahlin Hasfurters war Dorothea Frey, welcher Hasfurter 1000 Gulden testirte. 1477 klagte Schultheiß Hasfurter, Ulrich Jberg habe seiner Frau nachgeredet: „er hett sy ein buben under dem a.... dannen zogen"; da Jberg den Beweis der Wahrheit nicht antreten wollte, wurde er zu einer Ehrenerklärung, zu 20 Pfund Buße und 10 Monaten Stadtverweisung verurtheilt. Thatsache ist aber gleichwohl, daß Schultheiß Hasfurter nicht alle von seiner Gemahlin gebornen Söhne als die seinen anerkannte; denn das Testament vom Jahre 1482 sagt ausdrücklich: als erbsähige Söhne wolle er nur Heinrich und Niklaus bezeichnet wissen, nicht aber Jörg, der ihn erzürnt habe. Und doch war auch Niklaus, 1460 schon ein waffenfähiger Bürger, am Hofe des Königs von Frankreich erzogen, ein unehelicher Sohn, der sich erst 1494 durch Landvogt Kretz legitimiren ließ. Da aber dieser Landvogt die Legitimationstaxe nicht an die 6 Orte, welche das freie Amt regierten, ablieferte, so wollten dieselben nach Hasfurters Tod (1511) die Herrschaft Heidegg zu ihren Handen ziehen, weil sie die Legitimation als erschlichen und die Herrschaft als erbloses Gut betrachteten.

In Hasfurters Hause fand Ursula von Ramstein, geborne Freifrau von Geroldseck, die 1460 das Bürgerrecht in Luzern annahm, freundliche Aufnahme. Der gefürchtete Schultheiß Hasfurter nahm sich der unglücklichen Frau, welche man in Luzern immer „Gräfin" nannte, in ihren Prozessen mit dem ruchlosen Freiherrn Thomas von Falkenstein, dem Mordbrenner von Brugg, eifrig an und brachte denselben in die Reichsacht (1460). Unglücklicherweise verehelichte sich Ursula mit dem Unterwaldner Heini Abschwanden, der ihr Vermögen durchbrachte und die arme Frau hungern ließ, so daß sie mit weinenden Augen den Rath von Solothurn bat, ihr auf die Herrschaft Seewen 100 Gulden zu leihen (1467). Noch war Hasfurter ihr Vogt, mit dem sie sich bald entzweite, und ihren Perlenkranz, ihre Kleinodien, goldenen Ringe, Haften, „heidnisch Werk" und andere Kostbarkeiten um 550 Gulden verpfänden mußte, um ihr trauriges Dasein zu fristen. Die unglückliche Dulderin, welche in der Peterskapelle einen eigenen Stuhl hatte, starb 1481.

Ob das Wirthshaus „zur Sonne" die Stelle des alten Hasfurter'schen Hauses einnimmt, in welchem 1453 die Streitigkeiten zwischen dem Stift im Hof und dem Leutpriester durch Rechtsgelehrte beigelegt wurden, wissen wir nicht. Es scheint eher nicht der Fall zu sein, da außer dem Wirthshause zur Sonne gleichzeitig noch ein Privathaus dieses Namens bestand. Die Fuhre — der Name kömmt schon 1393 vor — hatte 1579 ein Wirthshaus zum gelben Kreuz und 1628 ein Wirthshaus zum weißen Kreuz. Hinter dem Kreuz lag in älterer Zeit, und noch 1710, eine der vielen Badstuben Luzerns. Nach den luzernerischen Verordnungen aus dem Anfange des 14. Jahrhunderts durften am Freitage keine Badstuben geheizt werden. Frauen durften nur am Mittwoch baden

und nur in den ihnen bestimmt angewiesenen Lokalen, die an diesen
Tagen nicht von Männern besucht werden durften. Fremde durften
nie in einer Badwirthschaft übernachten. Ein Haus mit Hofstatt
an der Furre gehörte dem Stifte im Hof, welches dasselbe mit
dem Gute Altmatt im Moos, Weinreben an der Musegg, Zehnten
in Seeburg, zu Rupplisberg u. f. w. dem jeweiligen Inhaber des
Brauamtes als Erblehen verlieh. Solche Erblehnsleute waren im
15. Jahrhundert die Zer Geißen (a Capris) und Rey. Wahrscheinlich erhielt Ulrich Schiffmann 1470 dieses Haus mit einem
Gut, das sich dann über 400 Jahre in seiner Familie vererbte.
Die Bierwirthschaft in der Furre (Dubenstubeli) existirte schon 1734.

Jn der Nähe der „Sonne", gegen die Reuß hin, lagen einige
Gerbereien. 1709 wurde die alte Gerbe des Wachtmeisters Schobinger sammt einem daranstoßenden Hause geschliffen und neu
aufgebaut. Durch Ungeschicklichkeit des Werkmeisters wurde das
eine Haus mit einem höchst sonderbaren Dachstuhle versehen, wodurch das Haus das Ansehen eines Thurmes erhielt. An solchen
kleinen Häusern war die Furre früher sehr reich. 1609 wurde deßhalb beschlossen, „diese alten bösen Nester und hölzenen Häser"
successive zu beseitigen.

Zu den schönsten Häusern in der Furre gehörte das Wohnhaus des einst so einflußreichen Schultheißen Niklaus Amlehn,
der nach seiner Verbannung aus Luzern durch die siegreiche
Pfyffer'sche Partei in Unterwalden zeitweise als Schullehrer lebte.
Amlehns Schwiegersohn war der berühmte Landammann Melchior Lussi, der 1562 nach dem Tode seiner ersten Gemahlin die
schöne Kleopha zu Käs, Tochter des Niklaus zu Käs, bei
Nacht entführte und auf den Armen durch die Stadt in ein Schiff
vor dem Hofthor trug. Amlehns Haus fiel später an die Familie
Amrhyn. Schultheiß Walther am Rhyn († 1635), der Erbauer
des Landhauses auf dem Stutz, baute das Haus um; seine Nachkommen vermietheten dasselbe im letzten Jahrhundert dem Nuntius. Als im dreißigjährigen Kriege die Jesuiten aus Freiburg
im Breisgau nach Luzern flüchteten, fanden sie freundliche Aufnahme bei Schultheiß Mauriz an der Allmend und Walther
am Rhyn; der letztere trat ihnen das Vorhaus in der Furrengasse zur Wohnung ab.

Dem Rathhausthurme gegenüber lag im 15. Jahrhundert das

Haus der Familie Oltinger, aus welcher der Kammerer Andreas Oltinger im Hofe abstammte. Daneben lag das Hertensteinische Haus. Als Kaiser Josef II. unter dem Namen eines Grafen von Falkenstein 1777 nach Luzern kam, besuchte er die Familie von Hertenstein, da man ihm gesagt hatte, seine Familie sei vor Jahrhunderten mit den Edlen von Hertenstein verwandt gewesen. Der hohe Gast muß bei der damals nicht mehr in glänzenden Verhältnissen lebenden Familie sich sehr wohl befunden haben, denn er sandte später von Wien aus dem Herrn von Hertenstein sein in Oel gemaltes Bild.

Als Metzger Meyer 1833 das Hertensteinische Haus erkaufte, ließ er die antiken Reliefs an Thüren und Fenstern abbrechen, um für sein Metzglokal mehr Licht zu gewinnen.

Ein anderes Haus der Familie Hertenstein befand sich in der Furrengasse, Nr. 324, gegen den Kapellplatz hin. In demselben wohnte früher Statthalter Wendel Pfyffer, dann Junker Kaspar Pfyffer, Herr zu Mauensee, der Stifter des Kapuzinerklosters auf dem Wesemlin, der hier den 14. November 1616 im Alter von 86 Jahren starb. Pfyffers Tochter Margaretha, Gemahlin des Niklaus von Hertenstein, erbte dieses Haus, das nun bis zum 12. Juli 1824 im Besitze der Familie von Hertenstein blieb. Mit großem Vergnügen schrieb Niklaus von Hertenstein, Besitzer dieses Hauses, in das Stammbuch seiner Familie eine Relation über seinen Militärdienst in Basel anläßlich der Grenzbesetzung vom Jahre 1674, als Turenne im Elsaß lag. Hertenstein schreibt sich die Entdeckung und Vereitelung von drei geheimen Anschlägen Turenne's auf Basel zu, sowie die Anordnung des katholischen Gottesdienstes in Basel. In 42 Tagen wurden in Basel 435 Messen gelesen und mehrere großartige Processionen gehalten, „welchen Grafen, Freyherrn, wie auch vil Edellüth, dames und demoiselles beigewohnet . . . welches die Basler sehr verdrossen hat." Doch trank der Bürgermeister Jakob Krug wegen Hertensteins „eidgenössischen, getreuen vaterländischen Gemüthes bei vielen großen Gastereyen" zuerst auf die Gesundheit des Jost Melchior von Hertenstein, der während dieser Grenzbesetzung seinem Vater geboren worden war. Zum Andenken an diesen Aufenthalt in Basel schenkte der Rath dem Niklaus von Hertenstein ein in Oel gemaltes Bild der Madonna, das auf der Stube zum Brunnen aufgehängt war.

Neben diesem Hertenstein'schen Hause lag die Gerichtsschreiberei, wo Johann Fründ, der treffliche Darsteller des
alten Zürichkrieges, den Abend seines Lebens verbrachte († 1468);
hier wirkte auch 1495—1509 Petermann Etterlin, dessen
Schweizerchronik 1507 in Basel erschien.

Das Gerichtshaus dagegen lag in späterer Zeit weiter oben,
beim Rathhausthurm, da wo das Wirthshaus zum rothen
Ochsen sich befunden hatte. 1514 verkaufte Max Teggeler von
Luzern das Haus zum rothen Ochsen, mit Ausnahme des Kellers
unter der Kanzlei, um 750 Gulden an Peter Haslimann. Als
1543 Hans Knab an Jost Schriber die Wirthschaft sammt
Inventar verkaufte, erhielt er 1520 Gulden. 1577 kaufte die
Stadt die Wirthschaft und ließ dieselbe 1579—1581 durch Anton
Groß, Steinmetz, und Zimmermann Ulrich Hardmeyer, die
damaligen Stadtwerkmeister, zu einem Gerichtshause umbauen.
Gleichzeitig wurden die zwei daranstoßenden Häuser von Privaten
umgebaut. Hinter dem Brunnen steht das Haus Nr. 526, vormals Lettigenhaus oder Letierenhaus genannt, einst Eigenthum
des Staates, welcher dasselbe sammt Remise 1803 an Ignaz
Holzmann um 1686 Gulden verkaufte.

Das Gäßchen, das zwischen der Furre und Niklaus Amlehn's
Haus vom Stalle des Hauses zu drei Königen an den See hinab-
führt, hieß 1552 das „Schweingäßlein". In der Ecke dieses Gäßleins
am See steht „die Mostrose", vormals das Haus „zum Pfauen"
genannt; nach Cysat das älteste Steinhaus der Stadt Luzern.

Cysat hielt dieses vormals mit gothischen Fenstern reich versehene Haus für die Herberge der römischen Kaiser und der österrei-
chischen Fürsten; auch Martin Martini konnte er bereden, diese
irrige Angabe auf seinen schönen, wenn auch keineswegs genauen
Stadtplan zu verzeichnen. Namentlich wußte Cysat nur den Kaiser
Lothar anzuführen, der hier 1135 soll abgestiegen sein. Seine
Quelle für Lothars Aufenthalt in Luzern war das in „Lutere"
am 10. Juli 1135 ausgestellte Diplom Lothars für das Kloster
Einsiedeln; allein diese von Cysat auf Lucern bezogene Ortschaft
Lutere ist entweder Kaiserslautern[1]) oder Lutter[2]), wo Lothar

[1]) Vgl. über diese Urkunden Hidber: Schweiz. Urkunden-Register II. Nr. 1697
und 1698. Andere lassen Lothar 1125 oder 1130 nach Luzern kommen. Stadlin:
Geschichte von Zug IV. 62.

[2]) Böhmer: Acta Imperii I, 77 und Jaffé: Lothar 168.

sich nach dem Annalista Saxo 1155 aufhielt. — Einmal allerdings
wurden auch hier für das Gefolge eines Fürsten 26 Betten zu-
bereitet. Als nämlich der vormalige Kardinal Erzherzog Albrecht
von Oesterreich mit seiner Gemahlin Isabella, Infantin von Spanien, auf Einladung der katholischen Orte seine Hochzeitsreise im
August 1599 von Mailand aus über den Gotthard nach den Niederlanden machte und mit einem Gefolge von 2000 Personen und
600 Pferden und Maulthieren in Luzern eintraf, hatte man große
Noth, dieselben unterzubringen.

Das Empfangskomite, bestehend aus Schultheiß Jost Pfyffer,
Seckelmeister Bircher, Pannerherr Pfyffer, Stadtfendrich
Schürpf, Hauptmann Wilhelm Balthasar, Junker Hans
Helmlin, Vogt Wirz, Leodegar Pfyffer und Oberst Rudolf
Pfyffer, fuhr in einem mit Teppichen und Laubwerk geschmückten
und mit österreichischen, spanischen und luzernerischen Fahnen
gezierten Schiffe den Neuvermählten entgegen. Als der Erzherzog
die österreichischen Fahnen erblickte, fragte er, ob es diejenigen
seien, welche seine Vorfahren zu Sempach verloren haben? Vier
Schiffe mit Schützen begleiteten das Komite. Schützen und Schiff-
leute erschienen in den besten Kleidern in Luzerner Standesfarben,
auf dem Kreuze im Trichter, wo die Begrüßung mit einer Ge-
schützsalve begann. Beim „Wyghause" stieg man aus und schritt
durch die mit Kränzen und Inschriften gezierten Bogen unter dem
Donner des großen Geschützes in die Stadt. Mit Doppelhacken
schoß man beim Stutz, auf dem Thurme zu Seeburg, zu Luzern auf
Junker Melchior zur Gilgens Thurm, auf dem Wasserthurme. Je 70 Doppelhacken wurden auf der Hof-, Kapell- und
Reußbrücke abgebrannt; 4 große Geschütze standen zu Tripschen,
6 auf der Fluhmatt, 4 in Oswald Webers Gut und 4 beim Gütsch-
thurme. Die ganze waffenfähige Mannschaft in schönster Rüstung
strahlend begleitete den Erzherzog in seine Wohnung im Freienhof, wo damals der spanische Ambassador residirte. 265 Betten
und Platz für 456 Pferde konnten die Wirthe von Luzern an-
weisen, nämlich Rößli 37 Betten, Schlüssel 44, Adler 35, Mooren 18,
Hirschen 25, Storchen 26, Löwen 8, Wind 20, Kreuz 54, Wilder-
mann 3, Engel 5, Linde 10. Im Hause des Schultheißen Jost
Pfyffer im Zöpfli standen 24 Betten zur Verfügung, bei Schultheiß L. Pfyffer sel. in der Furre 4, bei Oberst Rudolf Pfyffer

unter den Häusern 24, bei Balthasar Pfyffer am Graben 6, in Stadtfendrich Cloosen sel. Haus beim Burgerthurm (Nr. 402) 6, in Jk. Ludwig Segesser sel. Haus unter den Bäumen 3, bei der Frau von Mettenwyl 4 ꝛc.

Der Rath schenkte dem Erzherzog ein Paar schöne Ochsen, mit weiß und blauen Hörnern und Hufen, bedeckt mit weiß und blauen Decken, zwei Fuder Wein, einen Wagen Hafer, einen Hirsch, vier Gemsen. Diese Geschenke überreichten mit hausbackenen Sprüchen zwei „wilde Männer". Dem Erzherzog servirten zwölf junge Knaben in den Luzerner Farben, mit schönen Waffen und Federnbaret geziert; sie mußten auf silbernen Platten auch „Marzipan" und andere Süßigkeiten präsentiren und Sprüchlein hersagen, die ihnen Stadtschreiber Cysat gedichtet hatte. Die lateinischen und spanischen Inschriften beim Kollegium, wo der Triumphbogen stand, hatten die Jesuiten und der Sekretär des spanischen Gesandten, der Geschichtsschreiber Franz Guillimann, verfaßt. Die Infantin zeigte auf dem langen Brücken das größte Interesse am Fischfange; den Erzherzog interessirte mehr der Kirchenschatz, das Zeughaus und die Münzstätte, wo man gerade eine neue „Presse" erfunden hatte. Die Kosten für dieses Fest beliefen sich auf 698 Gulden.

Vor diesem Feste hatten die jungen Bürger im Wirthshause zum Storchen, welches jetzt die westliche Hälfte des Hauses zum Schiff unter der Ecke einnimmt, eine Bachusgesellschaft errichtet und ungebührlich große Geschirre angeschafft, mit denen sie sich täglich „grausam" übertranken, ungeachtet der Rath 1500 und 1514 das Vortrinken und übermäßige Trinken mit Buße von 1 Pfund und Entzug des Weines auf ein Jahr verboten hatte. Als aber im Winter 1577 ein Komet am Himmel erschien, verordneten Schultheiß und Rath, Tanz, Spiel, Gesang, übermäßiges Essen und Trinken soll unterbleiben, dafür soll man Gebete und Processionen abhalten. Die Bachusgesellschaft aber soll ihre Geschirre abschaffen und sich auflösen, da „Bachus ein böser Heid und Mensch gesin". — Der Quai, der sich jetzt von der Mostrose bis zur Fischerstatt hinzieht, ist erst 1850 angelegt worden.

Von der Mostrose weg führen wir unsere Leser in eine enge Gasse, die schon durch ihren unpoetischen Namen auf ihr hohes Alter hindeutet. In einer Zeit, wo man ein „Bocksthor" hatte, durfte auch die „Hundskehri" nicht fehlen, in deren Nähe das Paradiesgäßchen sich befand.

Im Hause zum Paradies wohnte der Rathsherr Melchior Schitterberg, der 1524 wegen seiner Hinneigung zu Zwingli's Lehre ehr- und gewehrlos erklärt, aber 1531 wegen seiner guten Haltung in der Schlacht zu Kappel wieder rehabilitirt worden war.

Rennward Cysat schreibt in seinen „Collectanea": Michel Schytterberg und A. Rappenstein[1]) hand zu den Klosterfrowen zu Rathusen vil Wandels ghept, Jnen heimlich gepredizet und sy underständen abfellig ze machen, allso und dermaßen, das sy ettlich Gesind der nüwen Sekt anhengig gemacht und besonder ein Kloster- frowen, genannt die Sieckentalerin, deßglichen ein Pürin daselbs, umb das Kloster gesessen, zu wölcher die Klosterfrow vil Wandels ghept. Und so sy zusamen kamen, dz Gsind und Kind alles uß- hin geschaffet und ir Gespräch und Winkelpredig allein ghept und Kinden und Töchtern im Kloster, so uß der Statt dahin verordnet und nachin gloffen, Küchlin und anders verordnet, dz sy dußen bliben und schwygen. Letstlich, als dise zwen vil sektischer Büchern mithin in's Kloster yngescheübet, und ein Rat dessen zwar worden, deßhalb angsehen, sy beid zu fahen und die Bücher zu suchen und verbrennen, sind sy von Stund an gewarnet, erstlich die Bücher in Spycher gflöckt, underm Korn begraben; die zwen den Weiblen kum entrunnen, in einen finstern Winkel gschmückt, die Weibel für sie gloffen, also dz gar wenig gfält, sy jnen wor- den, harnach aber Schyterberg gfangen, lang enthalten, kum wöllen abstan, noch sich ergeben; luthrische Büchlin bi ime im thurn (genannt der Kätzerthurn bim obern Thor) ghept und erst ettliche (jar) harnach no. 1576, als man den Thurn gfübert, funden; aber nach vil Monaten Gnad erlangt, synem Wyb und kleinen Kin- den und gantzer Nachpurschaft gschenkt.

Cysat irrt, wenn er die Auftritte in Rathhausen in's Jahr 1530 versetzt; denn Margarethe Sickenthaler, Abtissin von Rathhausen, hatte schon im Sommer 1524 in Zürich sich nieder- gelassen, wo sie den 20. August Johann Weber, Pfarrer von Hedingen, ehelichte. Der mit Schitterberg genannte Andreas Rappenstein trat 1532 im Juli an der Disputation zwischen den

---

[1]) Die Familie Mohr in Enzern soll von den Rappenstein abstammen.

Berner Pastoren und den Wiedertäufern in Zofingen auf und
suchte beide Parteien zu versöhnen; 1547 gab er bei Appiarius
in Bern einen Dialog „vom Amt und Dienst der Kirche" heraus.
Ueberhaupt hat man ganz irrige Vorstellungen von der reformatorischen Bewegung in Luzern. Selbst Rathsherren waren derselben geneigt, so Großrath Jost Küffer, der deßhalb des Rathes
entsetzt wurde und die lutherischen Bücher, die er in der Stadt
verbreitet hatte, abliefern mußte. Noch 1530 hielten Meister Friedli,
Goldschmied, Tyllmann, Keller, Kapellsigrist zur Gilgen,
Caspar von Wyl, Daniel Egli, Jost Küffer, der Organist,
der Pfister vor dem Spital und der Hafengießer geheime Unter-
redungen des Glaubens halber. Vonwyl, Egli, Küffer, der Organist und der Pfister wurden verbannt. 1551 kannte man in
Basel noch 10 geheime Protestanten in der Stadt Luzern.

Durch das Paradiesgäßchen stand die Furre mit der Kapell-
gasse in Verbindung. Diese Gasse zählte wenig bemerkenswerthe
Häuser; auffällig aber sind hier noch einige gothische Portale aus den
Jahren 1618 und 1624. Unmittelbar an das Hertensteinische Haus
stießen zwei hohe Häuser an, die zur Zeit, als Martini den
Stadtplan aufnahm, mit Wappen geschmückt waren; das eine
dieser Häuser, an welchem ein Muttergottesbild angebracht ist,
besaß später die Familie Ostertag. 1581 ließ Schultheiß Ludwig
Pfyffer in der Kapellgasse durch den Steinmetzen Gladi ein
Haus bauen; für die zwei Thüren mit zwei „gevierten Läden"
zahlte er 7 Gulden, für jedes Licht 50 Schilling, für jedes Kreuz-
fenster 5 Gulden, für jeden Schuh Eckstein 12 Schilling und für
jedes Kläfter Mauer 17 Batzen. Dieses Haus stand im Winkel
der Kapellgasse; zu Anfang des 16. Jahrhunderts gehörte dasselbe
der Margarethe Keller, von der es an Leodegar von Hertenstein (1528) und dann an Vogt Niklaus Schall überging. Das
stattliche Haus Nr. 260 gehörte der einst einflußreichen Familie
Heiserlin, die zeitweise die Herrschaft Castelen inne hatte. Ruhm-
los endete der letzte Sproße dieses alten Geschlechtes fern von der
Heimath (1688).

Das Haus Nr. 322 an der Kapellgasse gehörte 1473 dem
Kloster Rathhausen. Gegen das Salzhaus hin lag ein dem Staate
gehöriges Haus, die Amtswohnung der Hebamme. Das eine der
Pfisterhäuser in der Kapellgasse hatte der Stadtphysikus Dr. Abra-

ham Seph bei seiner Einbürgerung in Luzern 1681 neugebaut.
Seph's Frau wurde um 10 Pfund gestraft, weil sie seidene Kleider,
einen goldenen Gürtel, eine große Kappe und einen Kragen trug.
Umsonst hob ihr Gemahl hervor, es sei doch ein Unterschied zwischen der Frau eines gemeinen Handwerkers und eines Doktors.

Die „Hundskehri" an der Kapellgasse besitzt ein Haus mit
ungemein dicken Mauern; vermuthlich Reste eines alten Thurmes.
In der „Hundskehri" verschwand jenes Gespenst, das nach Cysat's
Bericht 1607 in Sommernächten sich zeigte, bald als dürrer
schwarzer Mann mit langer Nase, bald als Riesengestalt, mehr
denn ein Spieß hoch, mit gräulich langem Schwanze, von der Eckstiege über den Kornmarkt, die Furre hinab über den Kapellplatz
und durch die Kapellgaß wandelnd, um im kleinen Gäßchen
zwischen Kapell- und Eisengaß zu verschwinden. — Cysat, der in
vollem Ernste von dieser Erscheinung berichtet, klagt gleichzeitig
über den Aberglauben des gemeinen „Pöffels".

Da hier die belebteste Straße sich hinzog, fehlten begreiflicherweise auch die Wirthshäuser nicht. 1695 wurde der „Möhren"
aus der Pfistergasse hieher verlegt. „Rotheck" und „Blaueck" lagen
sich hier gegenüber. Hier befand sich 1529 die Wirthschaft zum
Engel. Das Haus Rotheck gehörte der Kürschnerzunft, die
bereits 1451 existirte und 1500 und 1505 ihre Statuten revidirte.
1493 erhielten die Kürschner vom Rathe das Privilegium, im
Gebiete von Luzern das Gewild aufzukaufen; 1500 bewilligte
ihnen der Rath, anderwärts gefertigte Arbeiten zu kaufen; doch
sollten sie damit nicht Handel treiben. Ihre Waaren sollten die
Kürschner laut Verordnung von 1505 vor dem Zunfthause aus-
legen und um die Plätze, für welche ein Standgeld von 10 Schil-
ling entrichtet wurde, das Loos werfen. Erst 1609 wurde den
Kürschnern gestattet, im eignen Hause ihre Waare feilzubieten.
Im Jahre 1347 klagten die Kürschner von Luzern, daß ihnen
Grempler aus Frankfurt das „Futter" und im Kanton und in den
Urkantonen das Gewild aufkaufen. Im Jahre 1355 suchten die
Kürschner mit der Schneiderzunft sich zu vereinigen; als der Ver-
trag nicht zu Stande kam, bestätigte ihnen der Rath die alten
Zunftrechte. Wegen Feuersgefahr wurde 1617 der Umbau des
Zunfthauses beschlossen und 1620—1622 ausgeführt. Zur Be-
streitung der Baukosten verkaufte die Zunft ihr Silbergeschirr nach

Basel. Im Jahre 1697 entstand ein Streit zwischen den Kürschnern und den Kappenmachern über die tief eingreifende Frage,
wer Pelzstöße machen dürfe. Die Kappenmacher gingen als Sieger
hervor. 19 Jahre, 1730—1749, dauerte der Streit zwischen den
Kürschnern, Sattlern und Seclern wegen Fabrikation und Verkauf
von Leder- und Pelzwaaren, Aufkauf von Fellen u. s. w. Im
Jahre 1818 erlosch die Kürschnerzunft, nachdem selbe schon frühe
ihr Haus, unter Wahrung des Stubenrechtes, verkauft hatte. Das
Haus hieß schon 1593 zum „Rooteneck". 1643 veräußerte die
Wittwe des Hans Krämer die Kürschueren um 2500 Gulden
an Jakob Schobinger.

## II. Die Wäggisgassen.

Von der Kapellgasse führt eine Gasse nach der Wäggisgasse
einerseits und nach dem Sternenplatz anderseits; es ist dies die
vordere und hintere Eisengasse, in welcher sich bis in die Mitte
des 18. Jahrhunderts einzelne Holzhäuser forterhielten. Von 1726
bis 1751 baute der Staat diese Häuser in Stein auf und verkaufte
sechs derselben an Privaten um 500, 850 und 1250 Gulden. In
der Eisengasse befand sich der sog. Salzbrunnen; vor demselben
lag das Eckhaus Bethlehem, das 1693 als Weinhaus konzessionirt wurde.

In der Eisengasse stand das Zunfthaus der Schmiede
(Nr. 282), jetzt Wirthschaft zum Ochsen. Zu dieser schon 1417
erwähnten Zunft gehörten die Schlosser, Uhrenmacher, Büchsen-
macher, Hufschmiede, Kupfer- und Messerschmiede, Plattner, Kanten-
und Häfengießer. 1672 bestätigten Schultheiß und Rath von Luzern
der Schmieden- und Keßler-Zunft die von römischen Königen und
den eidgenössischen Orten 1471 und 1487 ertheilten Freiheiten und
Rechte. Die Tarife der Schmiede wurden 1472, 1579 und 1592,
diejenigen der Kantengießer 1556 und 1559 revidirt. 1559 erhielten die Zinngießer einen eigenen Freiheitsbrief. Reich war die
Zunft nicht, denn 1678 verkaufte sie ihr Silbergeschirr, um die
Kosten für den Bau des Zunfthauses zu bestreiten. 1692 wurde
das Zunfthaus durch Brand heimgesucht. Bis zum Jahre 1688
wurden die Haupteinnahmen der Zunft, die Bußengelder, welche

anderwärts kapitalifirt wurden, ausschließlich zu Gefellschaftseffen verwendet. Damals beschloß der Rath, künftig soll die eine Hälfte der Bußen dem Stadtfäckel zukommen, von der andern Hälfte soll ein Theil an die Meister zu Schmieden, der andere an die Keßler fallen. Nach altem Brauche mußten alle Schmiede gemeinsam an den Eisenstangen arbeiten, an welche man die Köpfe der Rebellen auffteckte. Als 1712 sich einige Meister weigerten, an diefer Arbeit mitzuwirken, erhielten fie einen „Butzer" mit der Weifung, wenn fie dem Befehle nicht Folge leiften, fo werde man fie des Landes verweifen. Erft 1841 erwarben die Schmieden ein Taverneurecht für ihr Zunfthaus, das fie 1843 verkauften. Im Jahre 1531 waren viele Kriegsgefangene aus der Schlacht von Kappel im Zunfthaufe zu Schmieden, andere im Fritschi internirt. Hinter dem Zunfthaufe zu Schmieden lag das Haus der reichen, in Frankreich und Italien bekannten Herren von Silinen, deren Stammburg zu Silinen am Gotthard ftand. Hier tödtete fich in Folge Geiftesftörung Schultheiß Heinrich von Hunwyl, der letzte feines Geschlechtes, am Vorabend der Burgunderkriege. Erft nach feinem Tode (1474) gewann die französische Partei in Luzern die Oberhand und zwar durch Hunwyls Erben, die Silinen. Ritter Albin von Silinen kaufte 1483 von der Schmiedenzunft eine hinter deren Haus gelegene Hofstatt an der Eisengaffe. Als Leo Kaspar von Silinen im Jahre 1548 fein Glück im Dienfte des Königs von Frankreich versuchen wollte, bezeugte ihm der Rath von Luzern, daß feine „Altvordern von ein gar uralten nam- haftigen, berümpten, wolgewälten hus vom adel, vor vil hundert Jaren im Land zu Uri gfäffen, auch da und zu Schwyz Landlüt, und zu Luzern Burger, da iren etlich ouch hußhablich gfin, in fälben Landen Uri und Schwyz etliche herrlicheiten befäßen und under Jnen tapfer rittermeffig lüt gfin, die fich in urhaben eyner loblichen eydtgenoffenschaft an mengen enden wyder die tyrannischen Regenten und ir Anhenger in den IV. Waldstatten wyder ire Conspirationeu und offentlichen Feldschlachten zu handhaben, auch schützen und schirmen der IV. Waldstatten frygheiten land und lüt, und fich gegen dem tyrannischen übermüttigen unbillichen gwalt erretten, damit man in gotzforcht und ruwen läben möchti, ire lyb und gut harzugefetzt haben." Namentlich wurde dann auch hervorgehoben, daß zwei Brüder von Silinen der Krone Frank-

reich), andere dem Papste treu gedient haben und daß einer zu
Sitten Bischof gewesen sei. Noch aus den Tagen Ritter Albins
von Silinen stammt der schöne, in Holz gesprengte Plafond im
geräumigen Saale des alten Hauses und wohl auch die im Erdgeschosse angebrachte Kapelle und spitzbogige Kellerthüre. Das
schon durch seine schönen Portale, Stiegen und hellen Gänge imponirende Gebäude birgt in seinem Innern die Ueberreste eines
alten Thurmes. Fünf geniale Künstler benutzten nacheinander den
schönen, mit einem religiösen Bilde gezierten Saal als Atelier:
der gewandte Portraitmaler Wyrsch, dann Reinhard, auf den
wir später zu sprechen kommen, der verdienstvolle Zeichnungslehrer
Franz Schlatt (1765—1843), der originelle Bildhauer und Maler
Jakob Schwegler (geboren den 1. Mai 1795, † 7. Jänner 1866),
der als Zeichnungslehrer in Luzern von 1837 — 1864 wirkte und
dessen heute noch wirkender Sohn X. Schwegler, der gleich seinem
Vater das alte Luzern so oft zum Gegenstande seiner farben-
prächtigen Bilder sich erkor, die an schweizerischen Kunstaus-
stellungen reichen Beifall ärnteten. Wyrsch hatte 1785 bei seiner
Uebersiedlung von Besançon nach Luzern seine Zeichnungsschule
in diesem Hause errichtet. Der Staat gewährte dem trefflichen
Meister, der für Luzern große Sympathie besaß, eine jährliche
Subsidie von 400 Gulden und genehmigte den 10. Weinmonat 1785
den von Johann Melchior Wyrsch vorgelegten Lehrplan. Unter
Wyrsch's Leitung bildete sich in Luzern der Zürcher Heinrich
Keller zum Bildhauer. Der Thätigkeit und Energie dieses tüchtigen Mannes haben die Luzerner namentlich es zu verdanken,
daß Thorwaldsen das Modell zum Löwendenkmal vollendete,
während er die ihm von der Familie Bonaparte übertragenen
Arbeiten nie ausführte.

Von den Silinen ging dieses schöne Haus (Nr. 282) an die
Segesser über. Das „höchste Haus" (Nr. 283) gehörte im Anfang
des 15. Jahrhunderts den Herren von Küngstein; dann um die
Mitte des 15. Jahrhunderts dem Schultheißen Heinrich Hasfurter,
dessen Nachkommen dasselbe noch 1499 innehatten. Später fiel
das Haus an die Familie Fleckenstein.

In der Eisengasse wohnten im 15. Jahrhundert auch die
reichen Herren von Meggen und von Utzingen. Hier endete
der letzte der ehemaligen Reichsfreiherrn von Utzingen als armer

Kantengießer; er hatte sich lange geweigert, von seinem Vetter, dem reichen Landammann Peter von Utzingen eine Unterstützung anzunehmen. Die Regierungen von Uri und Luzern mußten ihn förmlich zwingen, mit seinem Vetter ein Abkommen zu treffen, das seine Existenz ermöglichte. Als Gerhard, Freiherr von Utzingen, 1370 in Luzern das Bürgerrecht nahm, hatte man ihm bei 60 Mark Buße verboten, ohne Zustimmung des Rathes einen Krieg anzufangen. Peter von Utzingen, des Ritters unwürdiger Kleinsohn, floh zu Arbedo und mußte deßwegen flehentlich um Gnade anhalten, da ihn die Landsgemeinde von Uri mit dem Tode bestrafen wollte.

In keiner Gasse Luzerns erhielten sich die für Frauenzimmer angebrachten Vorrichtungen zum Aufsteigen auf's Pferd länger, als in der Eisengasse; noch vor 20 Jahren sah man hier die aus 5 Quadersteinen erstellten Stieglein, welche diesem Zwecke dienten.

Von der hintern Eisengasse gelangt man auf den Sternenplatz, der früher die Gasse oder der Platz unter den Bäumen hieß. Auch hier wohnten in alter Zeit viele vornehme Leute, so besaß Heinrich von Ospenthal 1361 ein Haus mit Hofstatt unter den Bäumen. Hier wohnte Stadthauptmann Petermann von Lütishofen, der Anführer der Luzerner im Treffen am Hirzel (1443); hier war die Wohnung der beiden Schultheißen Ludwig Seiler und Petermann von Meggen (1486—1479). Hier, im Eckhause gegen die vordere Ledergasse, wohnte Rathsherr Beat Schürpf, der bei seinem um 1551 erfolgten Tode „90 kleine und große Bücher" hinterließ; hier starb 23. Juni 1625 als der letzte seines Geschlechtes Schultheiß Ludwig Schürpf. Das Haus der Familie Schürpf ging an die Feer über, welche dasselbe an die Krus verkauften. Um 1784 baute die Frau des Rathsherrn Mahler das von Schultheiß Krus erworbene Haus ganz um; als aber ihr Gemahl durch die zu luxuriösen Bauten des Bades Knutwyl sein Vermögen geschwächt hatte, wurde sie zum Verkaufe des Hauses an die Meyer von Schauensee gezwungen.

Das ansehnliche Gebäude, welches jetzt die deutsche Bierhalle heißt, hieß schon im 14. Jahrhundert das Predigerhaus oder das Haus der Augustiner. Hier stieg der Terminierer des Zürcherklosters ab. Mehrere dieser Terminierer sind in diesem Hause gestorben (so z. B. einer 1471, Heinrich Einsi 1527). 1503 ernannte der Rath von Luzern Heinrich von Allikon als Pfleger der Augustiner von Zürich, die damals mit dem Plane sich trugen, ihr Besitzthum in Luzern durch Ankauf eines zweiten Hauses zu vergrößern und zu diesem Zwecke, vielleicht selbst zum Baue eines eigentlichen Klosters, Gelder bei Heinrich Bergmatter deponirten. In diesem Hause lebten 1574—1598 die Beginen, die von hier in das Haus in der Rößligasse übersiedelten; 1659—1662 die Ursulinerinnen. Hinter dem Hause lag, anstoßend an das „höchste Haus", ein Friedhof, der vor etwa 40 Jahren wieder entdeckt wurde, als die Familie Eglin den hinter einer gothischen Thüre aufgehäuften Schutt entfernen ließ. Auch ein sehr alter-thümlicher Weihwasserkessel von getriebener Arbeit wurde damals zu Tage gefördert.

Neben dem Augustinerhause besaßen 1393 die Franziskaner ein Wohnhaus, das ihnen der Priester Lisin von Ligno und Bertha Geißberg geschenkt hatten. Hier lag auch das Pfrund-haus des Kaplans zu St. Katharina an der Peterskapelle, welches 1496 der Chronikschreiber Diebold Schilling bewohnte.

Vom Sternenplatze zweigen sich vier Gassen ab: die erste führt an die innere Wäggisgasse, es ist dieß das „Strählgäßli"; zwei andere führen zum Gründel, nämlich die vordere und hintere Ledergasse, und die vierte führt auf den Kapellplatz. Die Kamm-macher, die 1420—1450 in Luzern besonders zahlreich waren, mußten im Strählgäßli ihre Waaren nebeneinander ausstellen; fremde würden hier eher das Ghetto suchen.

Die beiden Ledergassen, die schon 1361 erwähnt werden, konnten 1393 durch Thore geschlossen werden. In der hintern Ledergasse, wo das Haus zur Glocke durch eine Façaden-Malerei kenntlich war, befanden sich zwei interessante Thürme, der Leder-thurm und der Rosengartenthurm.

Der Lederthurm, ein viereckiges Bauwerk aus dem Ende des 13. Jahrhunderts, war ungefähr 90 Fuß hoch, die drei untern Stockwerke bestanden aus Kugelsteinmauern, die oberste Etage aus leichten Schieferstücken, geziert mit einem den Museggthürmen ähnlichen Mauerkranze. Offenbar war derselbe erst später auf-gesetzt worden. Der äußere Bestich war roh. Die Bauart des Thurmes läßt schließen, daß derselbe gleichzeitig mit dem Rosen-gartenthurme und dem schwarzen Thurme erstellt wurde und zur

Befestigung der Stadt dienen mußte. Da 1296 lombardische Kauf-
leute nach Beilegung eines Streites 240 Pfund an den Stadtbau-
fonds zahlten, dürften diese Bauten in jener Zeit ausgeführt worden
sein, wenn nicht schon 1255, wo Luzern Castrum heißt. 1474 wird
eine Kammer im Thurme an der Ledergasse an Ulrich Muri um
den Zins von 2 Hühnern von der Stadt verliehen. Auf einem
Bilde vom Jahre 1512 sehen wir am Lederthurme gegen den See
hin einen hölzernen Anbau auf halber Höhe des Thurmes! 1711
wurde der Lederthurm restaurirt; die Kosten hiefür beliefen sich auf
310 Gulden. Im Stecklikriege wurden mehrere Auswyler hier eingesperrt, namentlich Bachmann von Hunkelen, der auf Betrieb
des Statthalters Vinzenz Rüttimann durch das Kriegsgericht,
unter dem Vorsitze des spätern Landammannes und Pfarrers von
Flüe, zum Tode verurtheilt, um das Volk von ferneren Aufständen abzuhalten. Bachmann war nicht mehr am Aufstande
schuldig, als irgend einer seiner Mitangeklagten; allein Rüttimann
wollte nur Einen streng bestrafen und der von Napoleon einst
ausgezeichnete von Flüe, der nach dem Empfange aller sieben
Sakramente nach seinem Tode noch als Konkursit „vergügglet"
wurde, gehorchte. 1840 trat der Staat den Lederthurm an die Stadtgemeinde ab, welche denselben im Dezember 1848 abtragen ließ.

In der Ledergasse, welche ihren Namen von den zahlreichen
Lederarbeitern, namentlich den Gerbern, hat, die hier in alter
Zeit wohnten und am Grendelkanal ihre Arbeiten verrichteten,
wurden vom Staate unter freiwilliger Beihülfe von Privaten 1711
mehrere Häuser abgetragen, um der Feuersgefahr vorzubeugen;
dadurch entstand der kleine Platz zwischen der vordern und hintern Ledergasse. Unter den Gerbern, die hier wohnten, verdienen
besonders die Golder genannt zu werden. Aus dieser Familie
ging der berühmte Schultheiß Hans Golder hervor, der im
Kappelerkriege die Luzerner befehligte und selbst Memoiren über
denselben hinterlassen hat. — Die Gerbe beim Lederthurm wurde
1681 um 800 Gulden verkauft. 1420—1450 zählte man in Luzern
45 Gerber, 34 Schuhmacher und — 200 Wirthe und Weinschenken.
Das Wirthshaus zum Hecht in der Ledergasse existirte schon 1515.
Das Schumacher'sche Haus am Ende der Ledergasse gegen den
See hin, mußte dem Gasthof „zum Schwanen" Platz machen, der
in der Folge, nach Abtragung der Hofbrücke, dem durch See-

11

auffüllung gewonnenen Lande den Namen Schwanenplatz verlieh.
Die jetzt ausgestorbene Familie Dürler besaß die zwei Häuser
zwischen dem Schwanen und dem Hofthor. Die Dürler hatten,
wie so viele andere Luzerner Familien, in Frankreich ihr Glück
gemacht; mit dem Sturze der Bourbonen erlosch auch ihr Glücks-
stern. Zwei interessante Dokumente besaßen die Dürler: den Befehl Ludwig XVI. an die Schweizergarde in Paris vom 10. August
1792, die Waffen niederzulegen und sich in die Kasernen zurückzuziehen, und den Brief Ludwig XVIII. an Oberstlieutenant Dürler
vom 6. September 1795. In diesem letztern Dokumente heißt es:
„Je scavoie la conduite que vous aviez tenu le 10. Août 1792,
journée aussi mémorable quoique l'issue en ait été bien différente
dans les fastes de votre brave loyale nation, que celle de Meaux
et d'Ivri. Et j'acquitte la dette que le Roi mon frère n'a pu acquitter,
en vous disant pour vous et pour vos compatriotes, que jamais
les Rois de France n'oublieront ce que les Suisses ont fait dans
cette funeste occasion." Oberstlieutenant Dürler ließ um das Jahr
1780 das große Haus Nr. 307 am See erstellen, indem er drei
Häuser in eines umbaute.

Als im Jahre 1651 Kinder aus den bessern Familien in der
Ledergasse ihre Spiele aufführten, kamen sie auf die Idee „Hexen"
zu spielen, einander zu fangen, foltern, „Papyrlin wie Hostien"
zu schneiden und darauf zu tanzen. Einige boshafte Weiber und
Spitalpfründner denuncirten die Kinder als Hexen; in der „Näh-
schule" wurde die Sache weiter erzählt und ausgemalt, so daß der
Staat einschritt. Die Berichte, daß die Kinder einander „erlämt"
und auf wirklichen Hostien getanzt haben, erwiesen sich als Un-
wahrheit; dagegen wurde konstatirt, daß einzelne Kinder auf
Stecken geritten seien, daß ein Kind Teufel „Lutz", eines die Hexe
„Luzene", ein Knabe „Schultheiß der Hexen" genannt wurde, daß
ein Kind aus Scherz „unsern Herrgott und nit unsere Frau ver-
leugnet habe", daß „die Meidtli ein andern verbrent und glugt,
ob sy zeichen under den Zungen habent". Die Kinder kamen glücklicherweise mit einem Verweise davon. Der Hexenwahn aber lebte
in den untern Volksschichten noch lange fort.

In der vordern Ledergasse wohnte 1513 in einem dem Junker
Balthasar von Hertenstein, Herrn zu Baldegg, gehörigen Hause
der französisch gesinnte Ritter Werner Rath, Bürger von Solo-

thurn, Zürich und Luzern, mit seiner Gemahlin Küngold Appen-
theker. Als nun der „Zwiebelnkrieg" losbrach, machten sich die
antifranzösischen Bürger in der Stadt auf, um ihre Gegner zu
schädigen. Vogt Klos, Rudolf v. Hünenberg nebst 25 Genossen,
worunter der Franziskaner Hölderli, fielen in Rath's Haus und
plünderten dasselbe rein aus. Rath verzeichnet folgende geraubte
Gegenstände: einen gelben Reitrock, je 1 Paar rothe und graue
Sammethosen, rothe und schwarze Lünschhosen, Lederhosen, 4 schwarze,
2 rothe und 1 braunes Sammetbaret, 1 rother und 1 grauer Hut,
1 Umhang, 3 Bursaquin, 1 goldenes Zeichen mit dem Bilde der
hl. Katharina, verschiedene Paar Stiefel und Schuhe, u. a. „wiß
welsche Schuh"; an Waffen: Rücken und Kreps, Armschienen und
Handschuhe, Harnisch und Kragen, „alles mit vergülten Negeln",
1 „Inßbrugker Brüstli und Ruckli", 1 Hirnhaube, 2 lange Spieße,
1 Schüfelin, 1 Helbarte, 1 Armbrust mit Winde, Köcher und
Pfeile, 1 Seitenmesser, 1 Degen mit Sammetscheide, 1 Schwert mit
versilbertem Knopfe, 2 „möschin Weidner", 1 beschlagenes Tisch-
messer, 1 „Büchsen so selb für schlecht im lidrin Sack", 1 Bulfer-
horn, 1 rothe Tasche zum Schießzeug, 1 Ledersack zur Büchse.
An Wäsche wurde gestohlen: 2 mit Gold gesteppte Hemden,
3 andere gesteppte Hemden mit Flammen und Buchstaben, 1 „ge-
manget Kragenhembd", 1 Seidenhemd, 1 „gesötzes von Gold",
3 welsche Hemden, 2 Badhemden, 1 gestepptes „Zwechtuch" mit
rother Seide; 4 Schärtücher, 2 Dutzend „Fazaletli", 3 Nacht-
hauben, 2 Paar leinene Söckli, 1 Wollentuch von 20 Ellen zu
Hemden „hat min Husfrau selbst gesponnen", mehrere gesteppte
und ungesteppte Brusttücher, 2 Ellen rother Atlas, 1 Stück grüner,
schwarzer und gelber Sammet, 1 Stück schwarzer Sammet zu einem
Koller, schwarze Ermel zu einem Sammetwams, große und kleine
Sammetstücke und Taffet von allerlei Farbe, 1 „schamlotin Stück";
sodann Mannen- und Frauenhandschuhe und 1 Spiegel aus Messing,
5 verdeckte Gläser in Futteralen, 1 Bulgen und 1 Seckel, 1 „Roß-
biß", 1 ledernes „Hauptgestüdel", 1 Speer. Natürlich blieben auch die
Vorräthe an Speisen, namentlich Zuckererbsen, Mandeln, Bienen-
zelten, Küttenen und Latwergen nicht unbeachtet. Da selbst „gebildete"
Leute an der Plünderung sich betheiligten, wurden auch die Bücher
annexirt. So bedauerte Rath den Verlust der von seinem Großvater eigenhändig geschriebenen Pilgerfahrt zum heiligen Grabe,

„ein geschrieben Buch von den nün Felsen, gehört Bruder Nicklausen
von Uri, hat er mir gelichen, des sich er und die von Uri vast
erklagend"; eine „geschribne Cronick gehört denen von Gersow,
hattend sy mir gelichen", „ein geschribne Cronik mit gemalten
Wappen vom huß Österrich", „das buch Johannes Boccacius
getruckt, etlich bücher und serteruli in der artzny, alchamy und
anderen fryen künsten, Commentaria Cesaris getruckt, Epistole Pauli
und Salomonis getruckt, der Thürken ursprung und anschlag getruckt, der frowen rosengarten getruckt, vil welscher bücher getruckt,
etliche tütsche und latinische getruckte bücher; etlich latinische
schriften, so ich uff hocher schul beschriben, noch etlich brieff,
missiven von minen vater, muter, brüdern, wibern und andern,
minen vordern, herren und gesellen geschriben; etlich rechnungen
der brobsty zu Bern, so ich geregiert hat. Noch etlich schrifften,
als ich in den cantzlyen Zürich, Bern, zu Sant Gallen, Soloturn
und an andern enden gesin bin. Etlich schrifften keiserlich fry-
heiten, so ich vom keyser hab wappen ußzegeben, notarios und
unelich etlich ze machen und anders. Etlich schrifften uß Wallis,
als ich bim vorigen bischoff Her Josen von Silinen gesin bin,
händel uff richstagen, dahin er mich geschickt hat. Etlich schrifften
latin, tütsch, welsch, so ich in Frankrich geschriben." Sodann verzeichnet Rath noch die ihm abhanden gekommenen Rechnungen
über seine Reisen, über die Haushaltung, die Schriften über die
Händel in Frankreich und andern Fürstenthümern und die von
ihm als Stadtschreiber in Solothurn verfaßten Schriften. Namentlich aber bedauerte Rath den Verlust der ihm entwendeten Gült-
briefe.

Der Frau Rath wurden entwendet: 1 langer, schwarzer
„Sattinrock mit weißem welschem Leinenfutter", 1 schwarzer Scham-
lotinrock mit Fuchsfutter, 1 schwarzer Schamlotinleibrock, 1 neues
schwarzes Sammetkoller, 1 rothes Karmoasinwamms, 1 schwarzes
Sammetwamms, 1 graues Atlaßwamms, 1 weißes Schürlitzwamms
mit schwarzem Sammet und 1 schwarzes Wamms aus St. Galler
Zwilch. 3 Kästen Rath's wurden — ob als Siegesbeute? — im
Zeughaus oder Büchsenhause aufgestellt. Sechs Jahre lang brachte
Rath seine Klagen vor der Obrigkeit in Luzern vor; aber obwohl
alle Bürger schon unter dem 4. November 1515 restitutionspflichtig
erklärt wurden, konnte Rath nur den geringsten Theil seiner werth-

vollen Habseligkeiten wieder erlangen. Rath, der nach Diebold Schilling's Chronik den Zunamen Sidenmeyger hatte, wurde dafür 1551 zum Großrathe von Luzern gewählt und 1549 zum Landvogte von Ebikon, womit seine vielbewegte Laufbahn abschloß.

In der vorderen Ledergasse, wo 1422 an Leodegarius-Tag auf offener Straße geurkundet wurde, wohnten im 15. Jahrhundert die Menteler, genannt zur Hirten, deren einer, genannt Hans, 1454 den Leuten von Münster wegen eines Forderungsstreites mit Hänsli Hecht Fehde ankündete und das Stift in Kenntniß setzte, daß er mit Feuer und Brand den Flecken heimsuchen werde.

Das zweite interessante Bauwerk in der hintern Ledergasse war der Rosengartenthurm. 1472 wohnte in demselben der Augustiner-Eremit Herr Heinrich, Mitstifter der Krönungsbruderschaft, welche die berühmten Osterspiele in Luzern aufführte. Für Benützung einer Kammer im Thurme zahlte Heinrich, welcher die Kaplanei auf dem Nebenaltare im alten Spital versah, einen jährlichen Zins von einem Faßnachthuhn. Als Bruder Heinrich 1485 starb, kam es zum Prozesse um dessen Bibliothek.

Des Erblassers Bruder hatte dem Bruder Wilhelm, einem „Frauenbruder", die Bibliothek um 55 Gulden käuflich abzutreten versprochen; nun trat aber ein Luzerner Bürger auf, der dem Besitzer der Bibliothek ein höheres Angebot machte. Der Rath von Luzern entschied den Streit dahin: Heinrich Tammann, Bürger von Luzern, soll das Recht haben, die Bibliothek um die Summe von 55 Gulden zu übernehmen, er soll aber „die bücher in unser statt lauffen bliben und die von unser statt nit verkouffen, noch darus geben" und seinem Prozeßgegner als Entschädigung „ein par hosen geben, das eines tugatten wol wert sin soll old ein tugaten darfür." — Der Frauenbruder ließ es bei diesem Spruche des Kleinen Rathes nicht bewenden, sondern appellirte an den Großen Rath. Dieser bestätigte den frühern Spruch, ließ aber dem Käufer Tammann, der sich beklagte, Bruder Wilhelm habe zwei Bücher aus dieser Bibliothek den Minoriten in Luzern vergabt und ein anderes ihm sonst nicht abgeliefert, die Wahl, entweder die Bibliothek um den früher bezeichneten Preis anzunehmen, oder aber dem Frauenbruder zurückzugeben. In letzterem Falle sollte Bruder Wilhelm „die bücher jar und tag by unser

ſtatt lauffen, und ob jeman, der unſer burger iſt, der bücher eins
old me ze kouffen begert, daz einer ſelbs behebe, die ſol Her Wilchem
den ſelben ze kouffen geben nach marchzal des kouffs, als ein buch
werd iſt."

Wir ſehen aus dieſem Urtheile, daß der Rath von Luzern
Werth darauf ſetzte, daß die Bibliothek in Luzern bleibe.

Später finden wir das Benutzungsrecht des Thurmes mit dem
daneben gelegenen Hauſe zum Roſengarten verbunden. So verkauft
1542 Rudolf Zürcher von Luzern um 280 Gulden an Wolf-
gang Spiller Haus, Hofſtatt und Garten, genannt Roſengarten,
ſammt dem Benutzungsrechte des Roſengartenthurmes; für letzteres
iſt dem Staate eine jährliche Abgabe von zwei Hühnern zu entrichten.
Später zog der Staat den Thurm wieder an ſich. In dieſem
Thurme ſtarb den 29. Juni 1823 nach dreijähriger Gefangenſchaft
der religiöſe Schwärmer Anton Unternährer von Schüpfheim,
genannt Mettlentöneli, geboren den 5. Herbſtmonat 1759. Unternährer, der bald als Schreiner und Küher, bald als Privatlehrer
und Barometerfabrikant, als Botaniker, Vieh- und Menſchenarzt
auftrat, und beduſelt oder unbeduſelt von himmliſchen Erſchei-
nungen redete, hatte ſich vorgenommen, die Welt zu erneuern und
ſich zum Herrn und Richter der Welt zu ſetzen. 1802 veröffentlichte er das große Lied und ein Büchlein: „Gott der Herr der
Heerſchaaren ein verzehrendes Feuer", worin Gemeinſchaft der
Güter und der Frauen, Abſchaffung der Kirche, des Gottesdienſtes,
der Schule und der weltlichen Obrigkeit empfohlen werden. Die
allerfreieſte Liebe ſollte die Stelle der Religion und des Gottesdienſtes einnehmen. Auf den 16. April 1802 verkündete Mettlentöneli den Untergang der Kirche und der Stadt Bern, wie ſeine
Himmelfahrt. Er büßte hiefür mit zwei Jahren Zuchthaus
in Bern und Landesverweiſung. Da der Prophet im Gebiete von Luzern ſeinen Blödſinn verkündete, wurde er 1806—1811
gefangen gehalten und dann wieder freigelaſſen, bis neue Wallfahrten der Berner zum „Heilande in Schüpfheim" deſſen noch-
malige Verhaftung erheiſchten. In Mettlentöneli's Geiſt ſcheint
übrigens früher ſchon eine Sekte in Luzern gewirkt zu haben, wie
einige Geſchichtsforſcher glauben. Das alte, zur Zeit des Morgartenkrieges geſchriebene Stadtbuch ſagt nämlich, man ſolle das
Sacrament nicht zu benen tragen, die ſich vor einander niederwerfen.

Als 1852 in den Stadtrath die Wuth fuhr, alle alten Thürme zu demoliren, begannen die Unterhandlungen über Abtretung der einzelnen vom Staate als Gefängnisse benutzten Thürme. 1856 und 5. Juni 1860 wurden vom Staate um die Summe von 20,000 Fr. an die Stadt abgetreten: der schwarze Thurm, der Rosengartenthurm, der Graggenthurm, der Kesselthurm mit Verhörlokal, der Baslerthurm, der Burgerthurm und der äußere Wäggisthurm. Der Rosengartenthurm wurde hierauf an einen Privaten verkauft, der denselben beim Umbaue seines Hauses zum Theil abtragen ließ.

Vor der hintern und vordern Ledergasse am Gründel lagen gegen die Hofbrücke hin einzelne Häuser und der Hofthurm, der früher auch Frischingsthurm hieß. Diesen liehen 1423 Rath und Hundert um den Zins von 1 Gulden der Frau Maler auf Lebenszeit. Ritter Nögger von Littau besaß 1265 ein Haus ad murum prope portam que dicitur Hofthor; noch 1352 befand sich das Haus im Besitze seiner Nachkommen. Vom Hofthurme führte 1393 ein Thürli auf die Brücke und eines gegen den See. Zwischen den Hofthoren gegen die Kapellbrücke hin lag die 1430 erstellte Ruderhütte. Am Hofthore gegen den See hin war das Brustbild des Stadtpatrons, des Bischofs Leodegar, mit Stab und Bohrer über zwei Luzerner-Schilden angebracht. Unsere Leser erhalten das aus Schillings Chronik stammende Bild (Fol. cclxxviii), welches die Abfahrt der Luzerner im Dienste Frankreichs beim Hofthore im Jahre 1508 darstellt. Wir machen dabei auf die interessanten Kostüme der Krieger aufmerksam, wie auf die Bauart der am jetzigen Schwanenplatz gelegenen Häuser und auf die Façadenmalereien an den Museggthürmen, von welchen später die Rede sein wird. Bei dieser Schifflände wurde schon sehr früh das Anwerben von Fremden und Pilgern von den zahlreichen Wirthen mit Schwung betrieben; schon im Jahre 1421 wurde dieser Unfug bei Strafe von 1 Pfund verboten.

Vom Hofthore bis zu dem Ende der jetzigen Allee beim Stadthofe erstreckte sich die Hofbrücke, über welche der Kirchweg führte. Im Jahre 1785 war die Brücke 1380 Fuß lang. Schon um das Jahr 1515 wurde bestimmt, es dürfe Niemand über die „lange verdeckte Brücke reiten oder Vieh treiben." Für Erhaltung der Reinlichkeit auf allen vier großen Brücken war die Stadt stets besorgt;

denn man betrachtete die Brücken als die schönsten Zierden der
Stadt.[1]) Um 1513 sollen die Pallisaden vor der Brücke geschlagen
worden sein, um die Stadt vor einem Ueberfalle der Urkantone
sicherzustellen. Den 19. Jänner 1521 vereinbarten sich das Stift
im Hof und die Bürger von Luzern wegen des Unterhaltes der
langen Brücke zur Hofkirche; die Stadt übernahm die Unterhaltungspflicht der Brücke, weil über dieselbe der Pfarrweg gehe;
das Stift sollte zum Unterhalt der Brücke jährlich 4 Pfund
Pfennig beitragen, die Stadt 6 Pfund. 1347 hieß die Brücke, auf
welcher zuweilen Urkunden ausgestellt wurden, die „oberste Brücke".
In dieselbe schlug 1494 der Blitz; mehrere Personen wurden zu
Boden geworfen; ein Theil der Brücke brannte ab. 1711 wurden
die Pallisaden bei der Hofbrücke wegen des bevorstehenden Krieges
erneuert und zugleich alle Thore mit starken Gittern aus Eichenholz und Eisen versehen. Die letzte Erneuerung der Pallisaden
fällt in's Jahr 1736. 1833 wurde ein Theil der Brücke abgetragen;
1847 zählte man noch 121 Tragbalken, auf welchen das Dach ruhte;
je zwei solcher Balken ruhten auf einem steinernen Joche. 1854 wurde
der Rest der Brücke, deren Entstehung unkritische Autoren in's Jahr
853 versetzen, abgetragen und der Quai vom Schweizerhof bis zu
den Kaplaneihäusern im Hofe erstellt. Seit dem Jahre 1572 war
die Hofbrücke mit 119 Doppelgemälden geziert, welche Scenen aus
dem alten und neuen Testamente darstellten. Leutpriester Johann
Hürlimann hatte diese mit den Wappen der Donatoren geschmückten Bilder mit deutschen Reimen versehen.

Die von Hürlimann herrührenden Verse bestehen immer
nur aus zwei Zeilen. So lesen wir unter der von Jost Kre-
pfinger und Anna Bächler 1572 gestifteten Tafel:

> Der Heilig Geist die Jünger lehrt,
> Ihr Herz ersucht, ihr sprach verkehrt.

Unter der Tafel, die Melchior Krus 1575 mit seiner zweiten
Gemahlin geschenkt hatte, heißt es:

> Das Crütz ward ufgericht mit gschrey,
> Der Lesterung gabs mancherley.

[1]) Vgl. die Beschreibung Luzerns von Gundolfingen. 1481 schreibt auch Albert
v. Bonnstetten in der dem Könige von Frankreich gewidmeten Descriptio Helvetiæ
von Luzern: quatuor pulcherrimis pontibus mirum in modum ornata.

Auch Landvogt Leodegar Meyer ließ sich abbilden und
zwischen seinem und seiner zwei Frauen Wappen, unter dem Bild
der Himmelfahrt Christi den Spruch anbringen:

> In einer hellen Wolken zart
> Christus der Herr gen Himmel fahrt.

Wie es scheint, wurden die Bilder meist in den Jahren 1572
bis 1575 gemalt, dann großentheils 1645—1657, 1681—1687, 1722
bis 1727 und 1776 restaurirt. Hiebei wurden dann die Wappen der
Restauratoren auf den Bildern, oft auch neue Verse angebracht,
so z. B. 1681 bei der auf Kosten des Landvogts Johann Jakob
Krus restaurirten Tafel:

> Darii Kämmerling all drey
> Schriben was doch das sterkste sey:
>> Stark ist der König,
>> Stark ist der Wein,
>> Stark ist das Wyb.
>> Die Wahrheit bleibt vor allen. Esdra 4.

Einzelne Bilder sind recht brav gemalt, namentlich das jüngste
Gericht. Die Inschriften aber schienen bei der letzten Restauration,
die um 1776 vorgenommen wurde, einigen Bürgern zu einfältig;
man verlangte eine theilweise Verbesserung der Verse.

Diese Verballhornisirung der Inschriften besorgte Martin
Vonmoos, vormals Kapuziner-Noviz, dann Spengler, Glaser,
endlich Zeugwart (1765) und 1774 Schützenmeister. Vonmoos galt
bei seinen Zeitgenossen als Volkslieddichter und fand bei seinen
Mitbürgern Anerkennung wegen seiner Tragödien, deren mehrere
in Luzern aufgeführt wurden. Im Streite zwischen den Schu-
machern und dem göttlichen Meyer veröffentlichte Martin von
Moos 1769 seine „Satyrischen Reflexionen über die Reflexionen
eines Schweizerbauern ab dem Esel auf dem Pilatusberge". Die
„Schriften unter die Gemälde der Hofbrücke zu Luzern" erschienen
ohne Jahrzahl bei Wyßing in Luzern und es läßt sich nicht ermitteln, wie viel von den alten Versen beibehalten wurde, bis
eine genaue Untersuchung vorgenommen worden ist. Wie es scheint,
wurden nur wenige Verse aus diesem Vonmoos'schen Buche für
die restaurirten Bilder verwendet. — Von Hürlimann stammte
jedenfalls noch der Vers auf Gog und Magog. Derjenige auf
dem von Frau Maria Lucia Mahler, Wittwe des Caspar

Josef Rüttimann, um 1776 renovirten Bilde dagegen stammt von einem unbekannten Poeten. Er lautet:

> Der Brüder Neid und Mordgedanken
> Mit Gutem Joseph thät verdanken,
> In Lieb und Fried er all umarmt,
> So Gott des Menschen sich erbarmt.

Hürlimann, der eifrige Bekämpfer der Beschlüsse des Konzils von Trient, dessen Eröffnung er Namens der katholischen Orte begrüßt hatte, zeigte sich übrigens auch in andern Spruchversen nicht gerade als großer Dichter, so daß die neuen Verse den alten an Gehalt nahe kamen. Als Probe dieser Epigramme des Spenglers Vonmoos lassen wir den Vers auf das Luzerner Wappen folgen:

> Es führet blau und weiß das schöne Lilienreich,
> Dem ist auch in der Farb der hohe Stand ganz gleich:
> Auch ist der Lilienglanz der Reinigkeit ein Zeichen,
> Dem sey in reiner Lehr Luzern stets zu vergleichen.

Besser waren folgende Verse zum Bilde des hl. Paulus, der Eutych zum Leben erwecket:

> Eutychus fiel zu Tod, weil ihn der Schlaf bedeckt,
> Da Paulus prediget, der ihn vom Tod erweckt.
> Izt fallen die nicht tod, so in der Predigt schlafen,
> Sonst hätte Paulus wohl entsetzlich viel zu schaffen.

Auf der Brücke befand sich neben einem „Käppeli" ein „Oelberg" mit großen, aus Holz geschnitzten Figuren. Oberst Rudolf Pfyffer, bekannt aus den Hugenottenkriegen, hatte dieses „Käppeli" nach dem Jahre 1597 erbauen und mit seinem Wappen zieren lassen. Als nach Pfyffer's Tode († 1650) dessen Erben 1688 und 1702 die Kosten der Kapellen-Restauration nicht übernehmen wollten, ließ der Staat 1704 Pfyffer's Wappen an dem „heiligen Hüsli" durchstreichen. Bis zum Jahre 1673 brannte vor der Kapelle ein ewiges Licht, das wegen der Feuersgefahr beseitigt wurde. — Im Jahre 1672 ließen die Chorherren auf der Brücke ein Gemälde anbringen, welches zu argen Konflikten führte und deßwegen vom Rathe wegerkannt wurde. — Die Aufsicht über die Brücke, deren von Wegmann herrührende Gemälde als eine Zierde der Stadt betrachtet wurden, führte seit 1724 der Unterbauherr.

In Cyfat's Zeiten trug ein Luzerner „zum Gewette fünf starkgeleibte Männer über die Hofbrücke, welche 500 Schritte hält", während ein anderer zwei Salzsäcke unter den Armen und einen mit den Zähnen viele Schritte weit trug. Auch für „feinere" Unterhaltung wurde die Hofbrücke benützt. Hier spazierten die Schönen Luzerns und zahlreiche Reisende machten die Beobachtung, daß die Angehörigen aller Stände durch Artigkeit und Höflichkeit sich auszeichnen, und daß die Gestalt des weiblichen Geschlechtes durch die angenehme Landestracht und das kleine Strohhütchen sehr gewinne. Professor Meister fand, daß die Damen gegen das Ende des letzten Jahrhunderts etwas steif den französischen Ton nachahmten; daß dagegen die bürgerliche Tracht besser in's Auge falle. Damals wurde in Luzern das weibliche Haar in Knoten geflochten und mitten durch, von hinten, mit einer silbernen Nadel befestigt; statt dieser trugen die Frauen ein viereckiges Silber- oder Gold-blech, oder auch ein Stück von Seide oder Sammet. Frau von La Roche aus Speier hielt dafür, die Luzernerinnen seien schöner als die Zürcherinnen, und fand es sehr natürlich, daß die Luzer-nerinnen schon wegen ihrer Tracht von Natur aus schöner wer-den müssen. Die „geistreiche Frau" argumentirt also: Die bürger-liche Kleidung erfordert ohne anders ein niedlich gebildetes Gesicht, weil sie von dem natürlichen Putze der Haare nicht den geringsten Vortheil ziehen, ob sie schon die Zöpfe, wie die Straßburgerinnen, um den Kopf winden, aber letztere mit vielem Geschmacke aus ihren Zöpfen eine Art von Aufsätzen machen, welcher ungemein gut steht, und die Luzernerinnen sie glatt und fest zurückstreichen und die Zöpfe am Nacken um silberne Nadeln winden, wobei viele durch das starke Anspannen die Haare abreißen und die Stirne kahl machen.

So war denn die Brücke ein beliebter Ort zu „Stelldichein". Hier spazierten die luzernerischen Standeshäupter mit den fremden Gesandten, z. B. Schultheiß Ludwig Pfyffer mit dem spanischen Gesandten am Vorabende seines Hinscheides. Hier erstach aber auch der feingebildete Kaplan Christoph Schilling, Hofmusiker Herzog Ulrichs von Württemberg, der Freund Reuchlins und des Nekromantikers Cornelius Agrippa von Nettesheim, 1527 die Dienstmagd Itle von Zürich, die ihm Uebles nachgeredet hatte.

Im letzten Jahrhundert hatten die jungen Herren von Luzern

die Gewohnheit, während des Gottesdienstes im „rothen Surtout"
auf der Brücke zu spazieren und sich von hier zum Billard zu
begeben, was ihnen der Rath 1724 streng untersagte.

Auf der Seite gegen die äußere Wäggisgasse, außerhalb des
Steges über den Grendel, wohl bei dem jetzigen Wagenbachischen
Hause, lag seit dem 14. Jahrhundert das Fahr, dem gegenüber
die Pallisadenreihe außerhalb der Brücke unterbrochen war. Dem
See entlang zogen sich Gärten, durch Mauern gegen den See hin
geschützt. Ungefähr an der Stelle, wo die äußere Dependance des
Schweizerhofes steht, erhob sich eine Schanze, von der aus Mauern
in verschiedenen gebrochenen Linien bis zum äußern Wäggisthor sich zogen. Schon im Jahre 1593 werden das innere und
äußere „Wegthor" erwähnt. Das im Jahre 1860 abgetragene
äußere Wäggisthor trug unter dem Luzernerschilde die Jahrzahl
1482, welche den Neubau des Thores bezeichnete. Der äußere
Wäggis galt 1552 noch als Vorstadt; man zählte damals in via
99 Steuerpflichtige. 1451 wird beschlossen, um das Einsteigen durch
den Grendel bei der Nachtzeit zu verhindern, beim Wäggisthore
ein Thürlein zu erstellen, das bis Nachts um 9 Uhr offen sein
soll. Am Thore wurden, ähnlich wie beim Krienserthore, verschiedene Anbauten successive erstellt. Die wichtigste dieser Anbauten
stammt aus dem Ende des 17. Jahrhunderts.

Im Jahre 1691 wurde nämlich das Schellenwerk im äußern
Wäggisthurm errichtet. Laut Beschluß des Rathes sollten hier
angeschmiedet werden: „böse schadhafte Buben, so in dem Land
umstrichen, nit arbeiten wöllen, den armen Leuten das Brod vor
dem Mul abschneyden, und biderben Leuten das Ihrig entfrömb-
den." Die Strafe sollte 2 bis 4 Wochen oder Monate dauern;
mehrjährige Dauer der Strafe kommt erst später auf; die längste
Dauer betrug 40 Jahre. Der stärkste „Bättelvogt" sollte „Guardian" der Condemnirten sein. Die Verurtheilten sollten einen
eisernen Ring mit einem langen Schnabel am Halse tragen; besonders gefährliche Individuen sollten zusammengekettet werden,
jedoch so, „daß sie nichts destoweniger wohl arbeiten können." Die
eiserne Kugel an den Füßen wurde erst 1793 eingeführt. „Muß
und Brod" soll der Spital liefern, denn dieser wird durch die
Errichtung des Schellenwerkes besser gestellt, indem das „böse
Gesind" vertrieben wird. Der Bauherr soll diese Schellenwerker

immer durch Arbeiten an der Reuß, Emme oder am Krienbach beschäftigen. Uebrigens wurden bald nicht nur Verbrecher, sondern auch starke Bettler in's Schellenwerk gebracht, ja selbst Frauen, die durch „insolente Worte" ehrliche Leute belästigten, wie z. B. 1718 Verena Dula, oder auch solche, welche keine Aufenthaltsbewilligung besaßen (1728). 1718 wurde beschlossen, einen Theil des Almosens, das am Tage Allerseelen, am Charfreitag und Musegger-Umgang ausgetheilt wurde, zur Bekleidung der Schellenwerker zu verwenden. Streng wurde im Schellenwerk nicht auf Ordnung gesehen; denn erst 1728 wurde den Sträflingen der Gebrauch von Tabakpfeifen untersagt. Noch 1753 wurde beim Regenwetter und Nachts beim Licht im Schellenwerk mit Karten gespielt, weil der Profos Anton Ender meinte, es sei besser, er spiele mit den „Buoben, als wann sie schwehren". Seit 1767 wird in Urtheilen bestimmt, daß ein Sträfling beim Eintritt ins Schellenwerk „mit 12 empfindlichen Stockstreichen bewillkommet und im Fahl sich selber während seiner Bußzeit unruhig und mürrisch zeigen sollte, jedesmal mit derben Streichen zur Besserung angemahnet werden solle." Seit 1768 wurden die Sträflinge auch beim „Ausgang mit guten Prügeln ihres Fehlers erinnert." Der Zuchthausdirektor bezog 1769 als Einkommen 2 Malter Korn.

An das äußere Wäggisthor stießen zwei Häuser, von denen eines, das Kochlöffelihaus genannt, dem Spital und der Senti gehört. Beide wurden wegen Baufälligkeit 1744 abgetragen.

Schon um die Mitte des 16. Jahrhunderts spielt das äußere Wäggisthor eine eigenthümliche Rolle in der Kriminaljustiz. Kleine Schelmen übergab der Herr Rathsrichter dem Nachrichter mit der Weisung, er solle sie „binden, als sich gebürt und führen zum ußern Wäggisthor, daselbst nach Gewohnheit bloßmachen bis auf den Gürtel und daselbst anfangen schlagen mit Ruthen bis vor das nider Thor." Diese Strafe nannte man den „großen Umgang", im Gegensatz zu der kürzern Strecke, welche andere Schelmen vom obern bis zum untern Thore zurückzulegen hatten. In beiden Fällen war mit dieser Strafe auch die Landesverweisung verbunden.

Das innerhalb des äußern Wäggisthores gelegene Land war auf der einen Seite vom See bespült und auf der andern Seite von der Musegg begränzt. Zwei öffentliche Brunnen befanden sich hier; der eine in der Nähe des Hafnerhauses war schmucklos; der

andere in der Mitte der Gaſſe dagegen, 1491 neu erſtellt, beim Hauſe
der Agnes Stutzenberg, Gemahlin des Egloff Etterlin, war
zu Ende des 16. Jahrhunderts recht zierlich und mit einem großen
Löwen geſchmückt, der als Schildhalter diente, wie die Abbildung in
Martini's Grundriß zeigt. Dieſen Brunnen hatte 1592 Anton
Iſenmann neu erſtellt und zwar um die Summe von 227 Gulden.
Zwiſchen der äußern Wäggisgaſſe und dem See gegen die Hofbrücke
hin lagen zahlreiche Gärten. Am Mittwoch vor Corporis Christi
1595 beſchloß der Rath von Luzern, „die Wyte zwiſchen den Gärten
nächſt bi dem uſſeren Wäggisthor und der Hofbrugg gegen den
See bis ungefehrlich zwey Spießen wyt von der Hofbrugg" auf-
zufüllen und zu einem Zimmerplatz zu machen, „damit dieſer
Unluſt des Murs und böſer Geſchmack abgeſchafft werde."

Als Beſitzer des See's hatte der Abt von Murbach im 13.
Jahrhundert das Recht zur Ertheilung von Baubewilligungen im
Wäggis auf allen Stellen, die um Mitte Mai vom See beſpült
wurden. — Zahlreiche Feuersbrünſte ſuchten dieſen Stadttheil heim.
Als im Dezember 1438 die Wäggisgaſſe brannte, eilten Feuerläufer von Unterwalden und mehreren Nachbarorten herbei. Dagegen am St. Jörgen-Tag 1444, als am frühen Morgen eine
Feuersbrunſt die Gaſſe in Aſche verwandelte, zeichneten ſich durch
raſche Hülfeleiſtung die Bewohner von Küßnacht aus, denen die
Stadt hiefür das Fahrrecht auf dem See ſchenkte. Noch 1512
waren, wie uns Chronikſchreiber Diebold Schilling erzählt, nicht
alle damals niedergebrannten Häuſer wiederhergeſtellt. — 1508
brannten wegen einer „Küchleten" wieder 11 Häuſer am alten
Faſnacht-Sonntag ab. Höchlich ärgerte ſich das Volk, daß die in
der Stadt anweſenden Franzoſen nicht Hülfe leiſten wollten. Am
Abende wurden aber doch die üblichen Faßnachtfeuer angezündet,
wenn auch ohne Pomp und Tanz.

Als die Familie Kupferſchmied 1598 im äußern Wäggis
das erſte Steinhaus in Luzern baute, beſchloß der Rath, künftighin jedem Bürger zu ſolchen Bauten auf Staatskoſten die nöthigen
Dachziegel zu liefern. Höchſtwahrſcheinlich iſt dieſes Kupferſchmied'-
ſche Haus dasjenige „zur Glocke", welches jetzt Herr Muth beſitzt;
denn die Kupferſchmiede waren Glockengießer; am Hauſe war
1597 eine große Glocke gemalt, wie Martini's Grundriß zeigt,
und als vor wenigen Jahren (1871) das Haus umgebaut wurde,

kamen schöne Wandgemälde zum Vorschein, welche auf den vormaligen Glockengießer hinwiesen, der hier gewohnt hatte. Am
Fußboden eines reich dekorirten Zimmers bemerkte man die Jahrzahl 1556.

Im äußern Wäggis befand sich zunächst beim Thore eine
Badstube. Beim Leu'schen Hause war seit dem Ende des 17. Jahrhunderts die deutsche Schule. — Bis zum Jahre 1668 befand sich
in der Wäggisgasse ein Spital, dessen Verkauf damals vom
Rathe angeordnet wurde. Wahrscheinlich lag derselbe da, wo jetzt
das zum Schweizerhof gehörige Hauser'sche Haus steht, das in
Martini's Grundriß und Merian's Topographie von 1643 mit
einem Thürmchen versehen ist. Es zeichnet sich dieses Haus durch
eine schöne steinerne Stiege aus, in deren Geländer sog. Fischblasen ausgehauen sind. Die zahlreichen gegen die Musegg gelegenen Gärten waren von der Kämmerei im Hof seit dem 14. Jahrhundert einzelnen Bürgern um einen mäßigen Zins zu Erblehen
gegeben worden und gingen meist mit den an der Straße gelegenen Häusern successive in den vollen freien Besitz der Bürger
über. Solche Erblehengüter an der Musegg besaßen 1417, 1418, 1447
bis 1451 Jakob Menteler, genannt zur Hirten, Heini Schwin-
gruber, Götzenheim, Hans Haas, Peter und Hans von
Matt und Ulrich Brunner. Zwei solche Gärten kaufte 1487
Hans Holdermeyer um 75 Gulden; Jost Holdermeyer kaufte
dazu noch einen Garten 1540 von der Familie Cammann um
95 Gulden. — Das Schumacher'sche, vormals Holdermeyer'sche
Haus mit diesen drei Gärten erwarb der Staat 1782 um 7200
Gulden und errichtete darin zuerst eine Kaserne, dann eine Strafanstalt für Frauen, das sog. Wollenhaus. An die Stelle desselben
traten 1836 die Häuser der Herren Steiger und Sidler.

Auf Martini's Grundriß ist das eine dieser Häuser gerade
so punktirt, wie das Hertensteinische am Kapellplatze und das Gasthaus zu Gerwern; es muß also die Façade des Hauses ebenfalls
bemalt gewesen sein. Der Schumacher'sche Stadtplan ist in dieser
Beziehung weniger genau als derjenige von Martini; denn er
bringt fast nur, was mit der Reißfeder in geraden Linien sich
zeichnen ließ; deßhalb gleicht auch das alte Luzern bei Schumacher
viel zu viel einer modernen Stadt. Schumacher zeichnete Luzern,
wie es nach seiner Ansicht hätte aussehen sollen, nicht wie es war,

obwohl die Dimensionen weit richtiger sind, als bei Martini. Wie willkürlich Schumacher's Zeichnung ist, lehrt ein einziger Blick auf die Fenstereinfassungen. Als alt Landeshauptmann Ritter Franz Xaver Schumacher „seinen mit vieler Mühe und Kunst gezeichneten Stadtplan" den 23. Juli 1790 dem Großen Rathe vorlegte, bezeugte dieser dem Verfasser für die schöne Arbeit seinen Dank und ließ ihm „60 neue Dublonen" vom Seckelamt zukommen, behielt sich aber vor, die Dedikation des Planes nur dann anzunehmen, „wenn der Stich der wohlgerathenen Zeichnung entspreche". Diese Bewilligung wurde den 14. November 1791 ertheilt. Eine Verifikation des Planes dagegen wurde nie vorgenommen.

Der alten Kaserne gegenüber liegt die 1585 konzessionirte Wirthschaft zum Falken. Die Bierbrauerei daselbst wurde 1668 errichtet. Herr Keller brachte damals aus den Niederlanden einen „gut katholischen Biersieder"; deßhalb stieß die Konzession auf keine Schwierigkeiten; die Maß Bier kostete damals 4 Schilling 3 Angster. Allein die guten Bürger konnten sich lange nicht entschließen, Bier zu trinken; es bedurfte mehrmaliger amtlicher Versicherungen des Stadtarztes wie des Sanitätsrathes, daß dieses Getränke nicht gesundheitsschädlich sei, bis der Besuch der Bierwirthschaft sich etwas hob. Als 1590 die erste Bierbrauerei in Luzern errichtet wurde, konnte sich gar kein Bürger entschließen, dieselbe zu besuchen. Der erste Bierbrauer Luzerns gab deßhalb bald sein Unternehmen auf. Der schädliche Branntwein dagegen wurde in Luzern schon 1436 getrunken; vielleicht wurde derselbe durch die Zigeuner bei uns eingeführt.

Dem Falken gegenüber lag, unmittelbar vor dem innern Wäggisthor, zu Anfang des 16. Jahrhunderts ein großes Haus, an dem nach Schilling's Chronik fol. 204 b zwei Sonnenuhren angebracht waren. Noch im Jahre 1637 ließ der Staat „zu gemeinem Nutzen" die an Meister Mathä Käppelin's Haus angebrachte Sonnenuhr „von nüwem erfrüschen".

Von den Häusern in der äußern Wäggisgasse verdient das hinter der protestantischen Kirche gelegene Amrhyn'sche, vormals Landtwing'sche Haus Nr. 61 besondere Beachtung; einerseits wegen seiner schönen Dachfähnchen, die als Muster trefflicher Schmiedearbeit aus dem 17. Jahrhundert gelten, andererseits wegen der beiden aus Holz geschnitzten, reich ornamentirten Dachpfeiler, die an Schönheit in der Zentralschweiz von keiner ähnlichen Arbeit übertroffen werden. Ob diese Pfeiler erst 1688, beim Umbau des Hauses, verfertigt wurden, läßt sich nicht ermitteln. Ich möchte dieselben lieber als ein Werk des berühmten Simon Bachmann von Muri betrachten, der nach Erstellung der schönen Chorstühle in Muri seinen Lebensabend in Luzern verlebte (1653—1662).

Bei der hohen Stiege, hinter der Hafnerhütte, welche seit dem 14. Jahrhundert in Betrieb sich befindet und in ältester Zeit recht zierliche Arbeiten lieferte [1]), stieg man zur Kaserne der berühmten luzernerischen Stadtgarnison empor. Die Garnison, deren Hauptposten sich bei dem Rathhause am Kornmarkt befand, ist eine Schöpfung des „göttlichen" Meyer, der 1764 die Regierung nach der „glücklichen Entdeckung der Schumacher'schen Verschwörung" bereden konnte, zu ihrer größern Sicherheit eine Leibwache von 150 Mann zu organisiren. Ein in Berlin erschienenes Buch „Ueber die Schweiz und die Schweizer" vom Jahre 1796 bemerkte: „wahrlich, der Ausländer muß doch eine sklavische Seele mitbringen, der einen solchen Staat, eine solche Versammlung von gefürchteten und bewachten Menschen noch frey nennen kann". Da die Stadtgarnison zum guten Theil aus ehrwürdigen Invaliden bestand, imponirte dieselbe mehr und mehr ebenso wenig den Einheimischen als den Fremden, die sich vorstellten, die Hauptaufgabe dieser Heldenschaar bestehe nur in der richtigen Kommißbrodvertilgung und in der „Präsentirung des Gewehres", die in feierlicher Stille in acht Tempi vor sich ging. — Im Jahre 1814 verkaufte der Staat die Kaserne sammt Garten an Josef Segesser. Diese Kaserne nahm die Stelle der frühern Stuckgießerei oder Gießhütte ein und wurde 1764 mit einem Kostenaufwande von 2100 Gulden errichtet. Für die Bürger hatte die Einführung der Stadtgarnison einen sehr großen Vortheil, indem sie fortan von den lästigen heimlichen Nachtwachen befreit wurden, welche nunmehr die Stadtgarnison übernahm.

Fast auf gleicher Höhe wie die Kaserne befand sich zwischen der Museggmauer und dem Graben, an der Scheide der innern und äußern Wäggisgasse das Kloster der Ursulinerinnen

---

[1]) Vgl. Anzeiger für schweizerische Alterthumskunde 1872, S. 363 f.

12

sammt der dazu gehörigen Kirche. Die Berufung der Ursulinerinnen, welche sich vorzüglich der weiblichen Erziehung widmeten,
betrieb Jost Knab von Luzern, der würdige Bischof von Lausanne,
der in Freiburg die segensvolle Wirksamkeit dieses Ordens kennen
gelernt hatte. Den 29. November 1659 bewilligte der Rath auf
Ansuchen des Chorherrn Kaspar Kaufmann die Berufung der
Ursulinerinnen. Diese hielten zuerst im Schwesternhause bei der
Peterskapelle Schule. Statthalter Laurenz Mayr von Baldegg
testirte 1662 den Ursulinerinnen eine Behausung im äußern Wäggis,
die aber wegen ihrer Unbequemlichkeit schon nach zwei Jahren
wieder verlassen wurde. Hierauf zogen die Ursulinerinnen in das
sogenannte alte Schwesternhaus am Graben. Nachdem der Rath
die Schwestern in ihrem Ansuchen, bei der Schiffhütte ein Kloster
erbauen zu dürfen, abgewiesen hatte, begann 1676 der Bau der
Kirche und des Klosters auf der Musegg. 1679, 1. Juni, legte
der päpstliche Nuntius Odoardo Cibo den ersten Stein zur Kirche
„Maria-Hilf"; die Einweihung derselben erfolgte 1687, 1. Mai.
Seither wurde die Kirche besonders von Frauen und Jungfrauen
zur Abhaltung von Andachten benutzt, wenn der Staat nicht, wie
z. B. 1723, Einsprache dagegen erhob. Das Kloster war seit seiner
Erbauung zugleich auch Schulhaus. 1798 mußten die Ursulinerinnen das Kloster verlassen, weil die helvetischen Behörden hier
ihren Sitz aufschlugen. Im Jahre 1799 projektirte Baumeister
Vogel von Zürich einen großartigen Umbau der Kirche zu
Maria-Hilf; er wollte dieselbe mit einem bedeckten Säulengange
umgeben, um dem ganzen Gebäude ein höchst prachtvolles und
der Lage desselben besonders angemessenes Ansehen zu geben; in
den Hallen sollten Treibhäuser mit ausländischen Pflanzen und
Magazine angebracht werden; die Kosten für diesen Umbau waren
auf 100,000 Franken berechnet. Die beständige Finanznoth der
helvetischen Behörden erlaubte die Ausführung des Planes nicht.
1843, 7. März, beschloß der Große Rath die Wiedereinführung
der Ursulinerinnen; es wurden Frauen aus dem Ordenshause in
Landshut berufen, welche den 1. März 1844 die Schule übernahmen.
Im November 1847 wurde das Kloster aufgehoben.

Der Zugang zum Kloster führte vom Wäggis aus durch das
sog. Gäßli. Dort lag das Pfyffer'sche Haus mit Garten, das
1555 Jost Tammann an Philipp Moor verkauft hatte. Gegen

den Graben hin lag der Cyſat-Sitz, ein ſonderbares Gebäude
mit einer Kapelle und einem großen Garten, in welchem der um
Luzern hochverdiente Stadtſchreiber Rennward Cyſat († 1614)
Bergpflanzen wie fremde Geſträuche zu ziehen ſuchte und zahlreiche fremde Obſtarten in Luzern anpflanzte. Nicht weniger als
321 verſchiedene Pflanzenarten zählte Cyſat in dieſem Garten.
Wie auf allen ſonnigeren Höhen an der Muſegg wurden auch
hier, an der Stelle eines alten Eichwaldes, in dem, wie zahlreiche
Funde zeigen, zur Zeit viele Wildſchweine hauſeten, Weinreben
gepflanzt. Der Wein war nicht gerade vorzüglich; denn Cyſat,
der 1605 nur 16 Maß aus ſeinen Weinreben zog, erhielt um die
Maß nur 16 Angſter, ſo daß er nicht einmal die Koſten für das
Schneiden der Reben herausbrachte. Solche Rechnungsreſultate
wie einzelne ſtrenge Winter, in denen die Reben erfroren (1437
und 1568), mögen an dem Eingehen der Weinreben in und um
Luzern die meiſte Schuld tragen; freilich machten einzelne reiche
Bürger auch ſpäter noch Verſuche im Weinbau, ſo Schultheiß
Ulrich Dulliker, der in ſeiner Selbſtbiographie zum Jahre 1644
anmerkt: „Ich habe den unnöthigen Danzenberger Wingarten uß-
bauen laſſen, ſo mich 4000 Gulden hat koſtet." Der Staat ſuchte
die Weinbergbeſitzer in alter Zeit vor Schaden zu wahren, indem
er z. B. 1421 auf das unbefugte Verſuchen von Trauben die Buße
von 5 Pfund ſetzte. In einem Garten zwiſchen dem Cyſatſitze und
dem Urſulinerkloſter liegt das Stadthaus, gleich dem Haus der
Familie Amrhyn im äußern Wäggis, 1685—1686 von Kleinrath Joſt Leonz Pfyffer von Wyer († 1708) erbaut, der als
Bauherr viele anſehnliche Gebäude in und außer der Stadt aufführte.

Von der Muſegg ſteigen wir zum Grendel hinab, um durch
das innere Wäggisthor und den ſchwarzen Thurm in die
innere Wäggisgaſſe oder den vordern Graben zu gelangen.
Das mittelhochdeutſche Wort Grendel bezeichnet urſprünglich Sperr-
balken. Die mit Eiſenſpitzen beſchlagenen Balken waren bei ſolchen
Waſſerthoren meiſtens auf dem Waſſer aufliegend und durch
Ketten beweglich. Der ſchwarze Thurm, viereckig und mehr als
100 Fuß hoch, mit einem Oberbau aus Holz gekrönt, war in
älterer Zeit mit einem Schutzgatter und einer Aufzugbrücke über
den Stadtgraben verſehen. An dem im Jahre 1862 abgetragenen

Thurme hatte schon der im alten Zürichkriege als eidgenössischer Vogt von Regensberg thätige Hans Fuchs Frescobilder angebracht, die im 17. Jahrhundert durch ein grösseres Gemälde, welches die Himmelfahrt Christi darstellte, ersetzt wurden. Unter dem Dache war noch zu Diebold Schilling's Zeit das Reichswappen über zwei Luzerner Schilden angebracht. Rennward Cysat behauptet, die Steine zum schwarzen Thor, welches 1393 das innere Weglthor genannt wurde, seien am Hertenstein gebrochen worden. Der Name „schwarzes Thor" kommt vor dem Ende des 16. Jahrhunderts nicht vor; vermuthlich erhielt der Thurm seine schwarze Farbe successive durch Verwitterung; noch im Jahre 1512 erscheint der Thurm auf keinem der vielen Bilder in Schilling's Chronik in schwarzer Farbe. Der Thurm war von 1559 bis zum Jahre 1623 die Amtswohnung des Stadttrompeters; 1623 wurde er einer Lehrerin eingeräumt. Zu Anfang Juni 1627 wurde der frühere Stadtschreiber und Kleinrath Rennward Cysat, der jüngere, wegen gemeiner Verbrechen zu lebenslänglicher Gefangenschaft im schwarzen Thurm verurtheilt und hier angeschmiedet. Allein schon den 12. März 1628 erlöste ein früher Tod den talentvollen, aber höchst unsittlichen Mann von seinen Kerker- und Seelenleiden.

Das Amt des Stadttrompeters ist eine Institution aus dem Jahre 1421; vorher hatte die Stadt nur Pfeifer. Der Stadttrompeter erhielt nebst einem Rock jährlich 16 Gulden, Antheil an den Gratifikationen, die zum „guten Jahr" und bei andern Festen verabreicht wurden. Pfeifer und Trompeter durften „fromd Lüt besprechen und besuchen" und bei Kirchweihen musiziren.

Bis zum Jahre 1581 wurde das schwarze Thor, das Cysat zu den „uralten antiquitätischen Werken" rechnete, Nachts geschlossen; als dann der Grendel vom schwarzen Thor bis zum Mühlenthor eingedeckt wurde, übernahmen die Wächter im Wäggis die Wacht. Dieser Graben, 450 Schritte lang und 22 Fuß tief, wurde 1581 eingedeckt. Da die Arbeiter einen Taglohn von einem Leuen oder 10 Schilling erhielten, nannte man diesen unterirdischen Wasserkanal den Leuengraben.

Neben dem schwarzen Thurme befand sich seit dem 14. Jahrhundert eine Badstube. An dem Thurme lag, in der Ecke des „Strählgäßli", das Haus des aus der Schlacht von Irnis wohl bekannten Frischhans Theiling. Als dieser in voller Jugend-

kraft stehende Held wegen unbesonnener Worte über Bürgermeister
Hans Waldmann und Beschimpfung des Zürcher-Panners in
Zürich 1487, 26. September, hingerichtet worden war, schrie die
Wittwe den Zürcherischen Gesandten, wenn sie durch das Thor
ein- oder ausritten, nach: „Ihr seid diejenigen, die meinen Mann
wider Gott, Ehre und Recht jämmerlich umgebracht haben." Einem
Anverwandten Waldmann's dagegen, Messerschmied, sangen
Kaspar Theiling, dessen Schwiegersohn Meyer u. A. Nachts
vor dem Hause das wohl von Theiling's Wittwe oder Tochter
gedichtete Waldmanns-Lied:

> Zu Zürich hört man klagen
> Und ist ein große Not,
> Die Waldlüt hört man klagen
> Ein's Bidermannes Tod.
> Früschhans Theiling ist er genannt,
> Zu Luzern war er gesessen,
> Der Eignoschaft wohl erkannt.

Da die Theiling Nachts Messerschmied herausforderten, Waldmann Schelm und Bösewicht nannten, die Thüre und den Glocken-
ring verunreinigten und der ganzen Nachbarschaft lästig zu werden
anfingen, mußte 1488 im April der Staat einschreiten und das
Absingen des Waldmannsliedes auf offener Kanzel verbieten. —
Sonderbarerweise wird Waldmann im Luzerner Spottgedichte als
„Schneider" verhöhnt; und doch mußte man in Luzern wissen,
daß der mächtige Bürgermeister von Zürich aus einer reichen
Familie abstamme; denn Waldmann's Mutter war eine Schweiger, welche mit den letzten Nachkommen des Luzerner Schultheißen Petermann von Gundoldingen in naher Verwandtschaft stand. — Spottlieder, wie dasjenige, welches die Theiling
sangen, verursachten übrigens wie bei den Skalden des Nordens
auch bei uns häufig unangenehme Auftritte. Bekanntlich wurden
zwei der berühmtesten Skalden Thorleifr Jarlaskald und
Gunnlaugr Ormsturg († 1013) wegen Spottgedichten erschlagen.
Nach einem im Staatsarchive liegenden Zeugnisse ließ zur Zeit
des Schwabenkrieges Jörg Rüscher durch Hans Mosenrieter
vor dem Hause des Käppeler in Schaffhausen ein „Lied" singen
und versprach dem Sänger, der ein „frischer Geselle" war, dafür
einen Gulden. Aber Käppeler mißhandelte den Sänger, worauf

dieser Rüscher um Schadenersatz ansprach. Rüscher wollte nun dem unglücklichen Sänger nur eine Maß Wein zahlen. „Des Sängers Fluch" führte zu einer Gerichtsscene, deren Abschluß uns unbekannt ist. Wer eine Parallele zwischen den Skalden des Nordens und den Schweizer Sängern des 14. und 15. Jahrhunderts durchführen will, wird auf solche Züge Bedacht zu nehmen haben. Darüber aber darf man auch die Melodien nicht vergessen, wie denn z. B. Professor Morlot hervorgehoben hat, daß die schwedischen Lieder zu den schönsten gehören, die je der menschlichen Brust entströmt sind und dabei einen sehr bestimmten, leicht erkennbaren Familiencharakter tragen, analog einigen alten Schweizersingweisen, die tief gefühlvoll, aber weder weichlich noch klagend sind, wenn sie sich schon alle in Moll bewegen. Beiden gemeinsam ist es, daß sie zuweilen in einen überraschend kühnen Schwung ausbrechen. Die Melodie zum Liede vom Simeliberg bezeichnet Morlot als echt schwedisch, während der mehr heitere Siebenthaler Kuhreihen Aehnlichkeit mit einem norwegischen Hirtenlied verrathen soll. — Kehren wir nach dieser Abschweifung wieder zu unserer innern Wäggisgasse zurück!

An schönen und wichtigen Gebäuden war diese Straße arm. Die Wirthschaft „zur Laterne", erst 1764 von Meister Alois Mackerer in Stein gebaut, ist neuern Ursprunges; noch zu Anfang des 18. Jahrhunderts war dieselbe zwischen dem Fisch- und Weinmarkte gelegen. — Das Kloster Rathhausen besaß noch 1716 ein Haus in der innern Wäggisgasse. In der Nähe des Thores befand sich das Haus „zur Rose", anstoßend an das Haus der Familie Ostertag. 1560 wohnte hier Stadtschreiber Zacharias Bletz, kaiserlicher und päpstlicher Notar, ein eifriger Geschichtsforscher und Dichter; Bletz hat die erste deutsche Beschreibung von Paris veröffentlicht; sein Sohn Wilhelm, Chorherr zu Münster, verfaßte 1566 ein größeres lateinisches Lobgedicht auf Papst Pius V. (sieben sechszeilige Strophen), in welchem jedes Wort mit P anfängt. Nihil mortalibus arduum est. Nach dem Aufkommen der Wirthschaft „zur Weinrose" wurde dieses Gebäude das Haus „zur alten Rose" genannt. Noch 1709 kömmt dieser Name vor. Das Wirthshaus „zur Weinrose", 1680 gegründet, galt 1695, als Hans Ludwig Spengler dasselbe erkaufte, 2450 Gulden. In der Weinrose sammelte Professor Josef Eutych Kopp 1855 bis

1855 jenen Kreis von Geschichtsforschern um sich, welcher die „Geschichtsblätter" herausgab. — Unfern dem Graben- oder Grackenthor befand sich, anstoßend an das Haus des berühmten Schultheißen Johann Golder, 1525—1588 das Wirthshaus „zum Möhren". Das letztere Haus befand sich beim sog. Salzmagazin, das jetzt unter dem Namen „Werchlaube" bekannt ist. Als Salzmagazin diente dieses umfangreiche Gebäude von 1435 bis 1792. Neben dem Magazine besaß der Staat zwei Häuser, die 1743 und 1748 verkauft wurden.

Auf der Schmiede beim Grackenthor haftete schon 1643 das Servitut, am Fronleichnamsfeste einen Tisch vor dem Hause aufzurichten. Neben dem Salzmagazin bei dem Pfisterhause lag 1699 das Wirthshaus zum Mayenrisli, das 1764 auf das gegenüberliegende Meyer'sche Haus transferirt wurde. Im Mayenrisli tagten zur Zeit der innern politischen Wirren die Gegner des „göttlichen Meyer". Zur Zeit der Helvetik trafen sich hier zu geselligen und literarischen Besprechungen die Freunde des solothurnerischen Staatsmannes Lüthi. Vorher schon hatte Lüthi diese Wirthschaft besucht, weil hier die letzten literarischen Größen des alten Luzerns, die Ex-Jesuiten Krauer und Zimmermann, die Herausgeber des luzernerischen Wochenblattes, sich einfanden und hier ihre poetischen Arbeiten und vaterländischen Schauspiele verlasen und besprachen, welche neuere Literaturhistoriker mit Anerkennung erwähnen. Im gegenüberliegenden Gäßlein beim Salzmagazin befand sich 1666 das Gloggner'sche Wirthshaus zu den 7 Todsünden. Das Wirthshaus zu drei Königen ist hieher aus dem ehemaligen Pfrundhause bei der Peterskapelle im Jahre 1579 transferirt worden, weil man es unpassend fand, daß so nahe neben einer Kirche ein Wirthshaus stehe. Neben dem Grackenthor wohnte 1524 bis 1545 der Maler Ambrosius Spaltisen.

In der Nähe des Thores war 1485 eine Papiermüllerin angesessen; wo aber deren Papiermühle existirte, ist uns unbekannt.

Das Graben- oder Grackenthor gehört unstreitig zu den ältesten Befestigungen Luzerns. Durch dasselbe führte die Straße auf die Musegg gegen das Thor beim Schirmenthore. Auf dem Thurme befand sich die 1385 von Meister Heinrich Halder von Basel verfertigte Uhr. Das Thor war theils Gefängniß, theils Amtswohnung des Pflästerers. Der wegen Ermordung Metten-

wyls und Betheiligung an den Bürgerhändeln zur Zeit des Bauernkrieges bekannte Rathsherr Niklaus Bircher wurde 1655 zu
lebenslänglicher Gefangenschaft im Grabenthörlithurm verurtheilt,
aus welchem er nach seinem den 22. März 1657 erfolgten Hin-
scheide in das Haus seines Tochtermannes Jost Melchior Zur
Gilgen getragen, und von dort, obwohl als ehrloser Mann erklärt, mit ansehnlicher Begleitung zur Pfarrkirche transportirt
wurde. Schon 1455 empfehlen Schultheiß und Rath von Aarau
den Luzernern, welche seit der Zeit des Zürichkrieges die Stadt-
pflästerung in Angriff nahmen, einen Pflästerer. Seit 1487 wohnte
der Pflästerer auf dem Grabenthor. 1482 war die Neupflästerung
der Stadt unternommen worden. Während Rom schon unter
Cäsar, Paris 1184, Augsburg 1415 und London 1417 sein Straßen-
pflaster erhielt, wurde in Berlin die Pflästerung erst im 17. Jahrhundert eingeführt.

Am Ende der innern Wäggisgasse gegen den Hirschenplatz hin
finden sich drei durch schöne Bauart besonders ausgezeichnete
Häuser: das Zanetti-Haus mit dem schönen Erker und den schönen
Bogengängen im Innern, im Verlaufe der Zeit Eigenthum der
Familie Ratzenhofer, Sonnenberg, v. Reding, und das Göld-
lin'sche Fideicommiß-Haus, wie das Haus von Herrn Meyer-
Siebler, durch ein schönes Portal ausgezeichnet.

Das Ratzenhofer'sche Haus wurde zum Theil 1652 neu auf-
gebaut. Kornhausmeister Caspar Ratzenhofer ließ nämlich dem
Rathe vortragen, „das Egg an seinem vordern Haus" wolle einfallen. Der Rath bewilligte zum Neubau einen Beitrag von 60
Gulden an Geld und gestattete, daß Ratzenhofer den Fuß gehauener
Steine zu 2½ Schilling aus dem Steinbruche beziehe. Offenbar
wollte er damit die Bürger zur Erstellung ähnlicher Gebäude, zur
Verschönerung der Stadt ermuntern. Kaspar Ratzenhofer, der
Besitzer dieses schönen Hauses, starb, angeblich aus Kummer, weil
er Schultheiß geworden war, 1640 den 23. Januar. Solche Staats-
beiträge an Hausbauten waren früher oft beträchtlich; so schenkte
der Staat 1586 dem Glasträger Hans Jakob Joniger an seinen
Bau 200 Gulden, dem Peter Nägeli 97 Gulden, dem Färber
Peter Wild 1591 an das „Pfullment" 200 Gulden.

Der Hirschenplatz war der vormalige Schweinemarkt;
1547 wurde der Schweinemarkt in den Untergrund verlegt; der

Platz hieß deßwegen der „alte Schweinemarkt" und seit 1550 und
1555, wo durch Abbrechen einiger Häuser eine Erweiterung desselben erfolgte, der neue Platz. In älterer Zeit imponirte der
Platz wegen des Brunnens, dessen Becken einen Kubikinhalt von
327 Fuß hatte. 1719 verfertigte Gerwin Schniepper ein Bild
des hl. Leodegar für den Brunnenstock, das sehr unglücklich aus-
fiel; Wiederkehr aus Bremgarten und Anton Schlegel suchten
das Bild umzuändern; aber es blieb immer ein unförmlicher
Koloß. Da nahm heimlich, wie die Fama sagt, ein Arbeiter das
Bild, das man für einen Neptun hielt, nach Hause, um weitere
Verbesserungen daran vorzunehmen.

Hirschenplatz heißt die Gegend, weil hier die seit mindestens
1474 bestehende Wirthschaft zum Hirschen sich befindet, die 1641
um 6500 Gulden, 1710 um 4500 Gulden veräußert wurde. Das
Haus daneben, der kleine Adler genannt, besaß 1684 Karl Anton
Rüttimann, der es an Josef Niklaus Krus verkaufte. Das
Kleinhüsli mit Weinschenkrecht kaufte 1725 um 2050 Gulden Dr.
Franz Coragioni. Hinter dem Brunnen bemerken wir am
Hause Nr. 162 noch die alten Fenster des Erdgeschoßes, in Form
von Kreissegmenten, wie solche zu Anfang des 16. Jahrhunderts
nach Schillings Chronik an sämmtlichen Häusern des Weinmarktes
zu sehen waren.

Auf der Seite, wo man vom Hirschenplatz zum Weinmarkt
geht, befanden sich um 1568 die Häuser der Familie Mayr,
genannt Schwyzer (nachmals Mayr von Baldegg), der 1654 erloschenen Holdermeyer und der zur Burg, welche damals den
Hof Wartenfluh besaßen. Ein zur Burg war Fendrich beim unglücklichen Feldzuge der Luzerner in's Eschenthal (1487). Die Mayr
besaßen ihr Stammhaus (Nr. 159) fast 500 Jahre lang; sie kamen
aus Willisau nach Luzern und erwarben später die interessante
Burg Mammertshofen im Thurgau, auf welcher einst ein Minne-
sänger gehauset hatte; das fideicommißgut „Altstadt" am Luzerner-
see erhielten die Mayr von Baldegg 1763 in Folge der Stiftung
des Propstes Bäßler von Zurzach.

Vom Hirschenplatze bis zum Mühleplatz erstreckt sich die
Rößligasse, welche in älterer Zeit die Roßmarktgasse genannt
war. Am Roßmarkte wohnten in alter Zeit viele bedeutende
Männer; beim Schwybbogen erhob sich das Haus der Silinen.

Dort wohnte zu Anfang des 15. Jahrhunderts Junker Peter
von Moos, Herr zu Malters, Besitzer der Burg zu Zug. Dort
wohnte Schultheiß Johann von Dierikon, welcher Kaiser Sigismund zu Ebikon empfangen hatte.

Im Winkel gegen den Graben, der im 14. Jahrhundert
Tripscherswinkel, seit der zweiten Hälfte des 15. Jahrhunderts
der Süße Winkel hieß, befand sich schon 1319 ein Sodbrunnen
neben einem vom Stift im Hof zu Lehen gehenden Hause. Dort
lebte 1378 die Familie von Root, aus welcher Schultheiß Rudolf
von Root abstammte. 1479 stifteten Wälti Kammerer Erben
mit 2 Gulden jährlichen Zinses ab einem Hause im Süßen Winkel
ein ewiges Licht vor dem St. Christoph-Altar im Hof.

An dem einen Ende der Rößligasse befand sich der Adler,
am andern das Rößli. Diese beiden Wirthshäuser besaßen 1651
bis 1770 das Privilegium, Veltliner auszuschenken. Bis zum Baue
der neuen Gasthöfe am See waren diese beiden Wirthshäuser die
Gasthöfe ersten Ranges, wo alle Celebritäten abstiegen. 1651 verkaufte Fendrich Johann Rüttimann an Jakob Probstatt
den Adler um 4470 Gulden und 10 Dukaten Trinkgeld. — Im
Adler stieg 1624 der Kronprinz Ladislaus von Schweden und
Polen ab, dessen Begleiter Stephan Pace in seiner Reisebeschreibung Luzern eine schöne, nicht unbedeutende Stadt nannte.

Im großen Saale hinter dem Adler wurde 1843 der Grund
zum Sonderbunde gelegt. In diesem ruhigen Winkel wurde 1741
das „Schulhaus beim Eselstall" erstellt.

Fast in der Mitte der Gasse liegt die „alte Nuntiatur",
oder das „Schwesternhaus" mit der Kapelle. 1570 befand sich
das Hauptgebäude im Besitze des Wilhelm von Moos, dem der
Rath ein Brunnenrecht verlieh; später ging es an Ritter Jakob
Feer über. Dieser verkaufte die Liegenschaft im Jahre 1598 um
1004 Gulden den Beginen am Sternenplatz, welche hier eine Kapelle bauten, die 1599 der Nuntius einweihte. 1619 siedelten die
Schwestern in den Bruch über und traten 1621 um 2000 Gulden
ihre Liegenschaft in der Rößligasse dem Staate ab, der hier ein
Schulhaus errichtete. 1659 bezogen die Ursulinerinnen das Klösterlein, aus dem sie in das neue schöngelegene Kloster auf die Musegg
zogen. 1677 verkauften die Ursulinerinnen das Kloster im Graben
um 1500 Gulden an Caspar Laurenz im Hof, der selbes 1696

um 5000 Gulden an Maria Margarethe Göldlin abtrat.
Der Schwiegersohn der neuen Besitzerin, Ludwig Thüring
Pfyffer, ließ 1732 das Haus zum größten Theile umbauen.
1731 erhielt seine Frau vom Staate auch das Kirchlein. Pfyffer
verpachtete das Haus an den Nuntius. Als 1763 X. Pfyffer von
Heidegg „die Nuntiatur", wie jetzt das Gebäude genannt wurde,
an Alphons Mayr von Baldegg verkaufte, erhielt er dafür
die Summe von 8000 Gulden. 1819, 10. Februar, kaufte der Staat
die „alte Nuntiatur" mit dem Kirchlein zur Herstellung der Kanzlei-
lokale für die Tagsatzung. Diesem Zwecke diente das Hauptgebäude fortan bis 1845, während die Kapelle seit 1826 den Protestanten für Abhaltung des Gottesdienstes eingeräumt wurde. —
Später wurde das weitläufige Gebäude für die Amtsstatthalterei,
das Verhöramt und die Kunstgewerbeschule in Anspruch genommen.
Den 25. November 1861 verkaufte der Staat die sog. Lauretanische
Kapelle mit dem Sigristenhause um 9250 Franken an Herrn
Alfred von Sonnenberg, Besitzer des schönen Nachbarhauses,
das von der Familie Fleckenstein an die Krus und später an die
Sonnenberg kam. Der Altar der Kirche war schon 1830 in die Pfarrkirche Hohenrein, die Glocke 1827 in die Ursulinerkirche und die
Reliquienkreuze sammt Monstranz in die Kapelle der Strafanstalt
versetzt worden. In dem zum Hause gehörigen Garten hinter dem
Graben wurde 1860—1862 das Zentraluntersuchungsgefängniß erstellt. Bei diesem Baue wurde dann auch ein juristisches Kuriosum
obergerichtlich statuirt: ein „schlafendes Servitut", d. h. die Bestimmung, daß auf diesem Bauplatz nicht mehr gebaut werden dürfe,
wenn das gegenwärtige Gebäude abgetragen werden sollte. Das
neben diesem keineswegs mustergültigen Gebäude stehende Haus
am Graben hatte Hans Heinrich Pfyffer von Heidegg 1677 dem
spanischen Gesandten Graf Karl Casate verkauft[1]), der selbes
1681 um 4000 Philippsthaler an Christoph Leonz Pfyffer
veräußerte.

1564 erschlug Niklaus Glesting, der Sohn jenes weisen
Senators, der 1522 beim Untersuche griechischer Bücher in St. Urban
das geflügelte Wort gesprochen, „was kritzis krätzis ist, das ist

---

[1]) 1680 wurde Graf Alphons Casate mit seinen beiden Söhnen Karl und
Franz Joseph als Bürger von Luzern aufgenommen.

lutherisch", den Großweibel Batt v. Mettenwyl, seinen Schwiegersohn, der ihn im Rausche aus seinem Hause in der Rößligasse
zum Kampfe herausgefordert hatte. Die Freunde Gleftings behaupteten, Mettenwyl sei nicht an den Wunden gestorben, sondern
wegen Mißachtung aller ärztlichen Anordnungen. Glefting wurde
deßwegen nur auf 1 Jahr und 3 Tage aus der Stadt verbannt.

Ich vermuthe, der Todtschlag sei an jener Stelle erfolgt, wo
zwischen dem Sonnenberg'schen und Pfyffer'schen Hause seit 1584
auf einem Balken, früher auf einem Schwybbogen, ein Heiland
stund. Rathsherr Ulrich Sonnenberg erklärte zwar 1760 im
Rathe anläßlich der Schumacher'schen Wirren, wenn die Parteikämpfe fortgeführt werden, so würden wieder „Hundsnächte"
entstehen, wie in jener Zeit, wo, nach dem Zeugnisse seiner Großmutter, zwischen Rößligaß und Reußbrücke, wo die beiden Wahrzeichen auf dem Balken stehen, einst 14 oder 16 Rathsherrn in
blutigem Handgemenge gefallen seien. Durchgehen wir die luzernerischen Annalen, so stoßen wir nirgends auf jene „Mordnacht",
die dem Rathsherrn Sonnenberg den Zunamen Caninus verschaffte. Das Bild auf dem Balken an der Reußbrücke stand
mit jenem in der Rößligasse wohl kaum in Conner; denn auf
allen alten Brücken waren solche religiöse Bilder angebracht; da
man den Brückenbau seit ältesten Zeiten als ein Gott besonders
wohlgefälliges Werk betrachtete. Die Päpste, die sich pontifices
maximi nannten, spendeten bei Brückenbauten in alter Zeit oft
Abläße. Allerdings finden sich in einzelnen Jahren, besonders zu
Ende des 15. und Anfang des 16. Jahrhunderts ungemein große
Veränderungen im Personenbestande der Groß- und Kleinräthe
von Luzern. Während z. B. 1547 und 1551 je 1, 1543 und 1557
je 2, 1497, 1555 und 1561 je 3, 1487, 1546, 1548, 1559, 1560 und
1569 je 4, 1480 und 1567 je 5, 1464, 1543, 1562, 1564 und 1566
je 6, 1552, 1556 und 1563 je 7, 1491, 1541, 1544 und 1570 je
8 Großräthe gewählt wurden, fanden Neuwahlen statt 1559 und
1554 je 9, 1550, 1565, 1568 je 10, 1502 und 1537 je 11, 1555 12,
1499, 1514, 1526 und 1558 je 13, 1504 14, 1506 16, 1489 17, 1518
18, 1551 19, 1520 24, 1522 29 und 1509 selbst 33 von 64 Mitgliedern der 100. Die Neuwahlen der 36 Kleinräthe schwanken
in der Regel zwischen 1—4; sehr viele Jahre blieben ohne irgend
welche Veränderung des Personals. 5 Neuwahlen der Kleinräthe

erfolgten 1550 und 1554, 7 im Jahre 1480, 8 1489 und 1490, 9 1508 und 1521 und 11 nur im Jahre 1509. Nun sind aber als Pestjahre bekannt die Jahre 1480, 1502, 1506, 1509, 1514, 1519 bis 1520, 1525, 1531, 1564—1565, 1567—1568; als Kriegsjahre sind zu verzeichnen 1487, 1513, 1515, 1522, 1525, 1531, 1567. Eine Revolution, die soweit bekannt, ohne Blutvergießen ablief, hatte Luzern 1489, wo die Demokraten momentan siegten; blutiger verlief der Zwibelnkrieg 1513. Aus andern Jahren aber, wo noch größere Veränderungen im Personale bemerkbar sind, fehlt es an jeglichem Anhaltspunkte für die Annahme, es haben innere heftige Parteikämpfe stattgefunden. Die Erzählung des Caninus verdient deßhalb, ungeachtet sie oft wiederholt worden ist, sehr wenig Beachtung.[1]

Wann der Roßmarkt von der Rößligasse in den Untergrund verlegt wurde, ist mir nicht bekannt. 1525 finde ich zuerst im Rodel über das Einkommen des Präsenzers im Hof Niklaus Hasfurters Haus am Roßmarkt in der Kleinstadt erwähnt.

Die Rößligasse war in alter Zeit sehr steil und wurde deßhalb von der Stadtjugend mit Vorliebe zum Schlittenfahren benutzt. Oftmals schritt der Rath gegen diese unziemliche Benutzung einer frequentirten Straße zu einem solchen Vergnügen ein; mehr noch als diese Belustigung der Jugend empörte das Benehmen der Frauenzimmer die ernsten Senatoren. Im Jahre 1752 wurde ein Anzug eingebracht: „Daß man eine Zeit häro gewahret, wie daß das Frauen- und Jungfrauen-Zimmer unter Tags auf denen sogenannten Würsten zu nit geringer Aergernuß aller (?) Zuschauenden gefahren seye, welches wider alle Anständig-, ja die Ehrbarkeit selbst lauffe." Der Großweibel mußte sich deßhalb auf die Schützenzunft verfügen, wo die Vornehmen Luzerns sich trafen, und daselbst den Herren eröffnen, daß bei 12 Gulden Buße „kein Frauen- weder Jungfern - Zimmer fürohin mehr unter Tags auf denen sogenannten Würsten fahren solle." Die Nachtfahrten waren also den Damen von Stande doch noch gestattet, dagegen

---

[1] 1634 fand allerdings eine großartige Schlägerei zwischen Junkern und Bürgern statt, bei welcher u. a. Dr. Johann Oehen, der später im Bürgerhandel eine Rolle spielte, betheiligt war; Ritter Ludwig Pfyffer hatte nämlich die Bürger „Hundsstüd" genannt; ob aus diesem Spitzworte die „Hundsnächte" geworden sind?

erlitten dieselben von Seite des Rathes eine neue Kränkung, da ihnen eine „ganz neue Mode mit gewürzten Mäntlen" bei 5 Gulden Strafe für den Kirchenbesuch untersagt wurde. Wir wollen den luzernerischen Wurst- und Mantel-Krieg, an den sich der Streit um das Tragen der „Mutzli" anschloß, hier nicht weiter verfolgen, sondern nur noch zweier an der Rößligasse gelegenen Häuser gedenken.

Am Roßmarkte lag das 1491—1494 neugebaute Zunfthaus der Rebleute. Durch diesen Bau kam die Zunft, die im Jahre 1443 schon existirte, in Schulden; viele von den 57 Mitgliedern, die meist an der Halde wohnten, traten aus und die Auflösung der Gesellschaft schien unvermeidlich. Einer Abordnung des Rathes gelang es im Jahre 1493, die Streitpunkte zu vergleichen und die Fortexistenz der Gesellschaft noch für längere Zeit zu sichern. Noch im Jahre 1517 wurde eine neue Zunftordnung für die Rebleute staatlich genehmigt. Später vereinigten sich die Rebleute mit der Zunft zu Gerwern. Zur Zeit des alten Zürichkrieges stellten die „Weinleute" oder die „an der Halden" 8, 10 bis 15 Mann in's Feld; ihre Zunft gehörte also nicht zu den größern.

Zu unterst in der Rößligasse, neben der Badstube, lag seit dem 15. Jahrhundert das Gasthaus zum Rößli. Hier logirte 1521 der französische Gesandte Cameth bei Hans Schärer, als er den 5. Mai den Abschluß des Bundes zwischen Frankreich und den Eidgenossen zu Stande brachte. 1552 wohnte der spanische Geschäftsträger Ascanio Marso im Rößli, da ihm die französische Partei nicht mehr gestatten wollte, in einem Privathause bei Hans Martin am Kapellplatz zu leben, wo er einmal während der Krankheit seiner Frau und Kinder auf Befehl des Arztes und mit Bewilligung des Stadtpfarrers — aber ohne Genehmigung des Rathes — an einem Fasttage Fleisch gekocht hatte. Im 15. und 16. Jahrhundert besaß die Familie Scherer das Rößli, das damals der erste Gasthof Luzern's war. Als die Brüder Scherer 1543 das Rößli mit H. Knab gegen Haus am Kornmarkt vertauschten, wurde das Haus mit 20 Betten und allem Inventar auf 2200 Gulden geschätzt. 1639 verkaufte Hans Jakob Entlin an Niklaus Gilgi das Rößli um 7600 Gulden und 10 Ducaten Trinkgeld; als Sebastian Kapeller 1690 die Wirthschaft kaufte, hatte er nur noch 5900 Gulden hiefür zu erlegen.

Am meisten sprach man von dem Rößli zu Luzern im Jahre
1507, als der französische Bischof Peter Ludwig von Rieux hier
abstieg, um die Eidgenossen vom Bunde mit dem römischen Könige
abwendig zu machen. Er warf zu diesem Zwecke Geld wie Spreu
unter das Volk. Einmal zahlte der Bischof 800 Bauern in Luzern
eine Mahlzeit. Die Frauen nahmen den Bischof gefangen, um
ein schönes Lösegeld von ihm zu erpressen; 120,000 Kronen soll
der Bischof in Luzern vergeudet haben, während er die gerechten
Ansprachen einzelner Bürger an den König von Frankreich unbe-
zahlt ließ. Anhänger der kaiserlichen Partei gingen mit dem Plane
um, dem Bischof ein eisernes Rüdenband anzulegen[1]). Um Volks-
aufständen zuvorzukommen, wurde dem Gesandten von Frankreich
diese muthwillige Vergeudung und Veranstaltung von Mahlzeiten
verboten. Die Obrigkeit schämte sich dieses Bettelwesens, verwies
den Bischof aus dem Lande und ließ dessen Mitgesandten in Luzern
in seinem Wirthshause bewachen. Solche Mahlzeiten hatte übrigens schon Herzog Reinhard von Lothringen in Luzern veranstaltet,
als er 1476 den Bund mit den Eidgenossen gegen Karl den Kühnen
von Burgund abschloß; er that, schreibt Schilling in seiner Chronik,
„jedermann mit Essen und Trinken vil Gutes, das ihm am letzten
wohl erschoß."

### III. Der Kornmarkt.

Zu den wichtigsten Plätzen des alten Luzern gehörte der seit
1361 erwähnte Kornmarktplatz, wo sich das größte der vier alten
Kornhäuser der Stadt befand[2]), namentlich seit der Zeit, wo dorthin das Rathhaus verlegt wurde. Der hohe Rathhausthurm soll
schon 1350 erbaut worden sein und soll seither den Namen „der
neue Thurm" getragen haben. Noch im Jahre 1400 kömmt diese
Benennung vor; 1408 wurde auf diesem Thurme eine Uhr angebracht. In älterer Zeit war der Thurm nicht so hoch wie jetzt;
denn 1502 und 1508 wurde der Thurm neugebaut und erhöht

---

[1]) In Schilling's Chronik findet sich auf fol. 310 b eine Ansicht des Hauses
zum Rößli, an welchem neben der Taverne das Wappen Frankreichs und über
dem Portale das „Rüdenband" angebracht ist. Das Bild zeigt zugleich die gegenüberliegenden Häuser zum „rothen Schwert" (jetzt Café Fédéral) und „zum
Raben".

[2]) Noch 1431 besaßen Privaten Kornhäuser in Luzern.

und dann nach dem Neubaue des Rathhauses nochmals erhöht und mit einer Kuppel versehen (1618—1619). Auch das Aeußere des Thurmes wurde häufig verändert. Die älteste Ansicht des Rathhausthurmes zeigt uns ob der Uhr zwei schwebende Engel, von denen der eine grün, der andere gelb gekleidet ist; unter der Uhr stehen zwei gegen einander gekehrte Luzerner Schilde über einem kleinen Fenster. Unter diesem erblicken wir einen Engel, der in der Rechten eine Sanduhr, in der Linken eine Laterne hält. Die Uhr wurde 1521, 1703, 1733 und 1745 neu gemalt, 1750 ließ man die „Zeittafeln" aus Kupfer erstellen und im Feuer vergolden. 1504 wurde am Rathhausthurme ein neues Gemälde angebracht statt des ältern, das die Schlacht von Sempach darstellte, nämlich der wilde Mann in ruhender Stellung. (Abbildung in Schilling's Chronik fol. 281 b.) 1589 schloß man mit Maler Hans Heinrich Wegmann von Zürich einen Vertrag wegen Bemalung des Rathhausthurmes ab. Wegmann sollte u. A. um die Summe von 100 Gulden den „Riesen von Reiden" an den Thurm malen; die Skizzen Wegmann's zu diesen Malereien liegen noch im Stadtarchive¹). Wegmann's Arbeit gefiel dem Rathe so gut, daß er ihm zum Lohne das Bürgerrecht schenkte. 1703 beschloß der Rath, dieses Gemälde renoviren zu lassen, „sofern man die Lüt findet, die den Bestich machen und ein wahrhaftes Gemähl machen können". 1704 wurde diese Renovation wirklich durchgeführt. 1863 erfolgte die letzte, keineswegs glückliche Restauration des Thurmes; damals wurde durch Maler Anton Bütler an die Stelle des Riesen Gundoldingens Tod gemalt.

Schon 1485 wurde im Rathhausthurme das Archiv eingerichtet. 1696—1698 kam zu diesem Archivsaale ein zweiter größerer Raum, das sog. äußere Archiv, luxuriös ausgestattet mit schönen Galerieen, die auf schlanken korinthischen Säulchen ruhen, eleganten Schränken aus Eichenholz und Frescomalereien, die ihre Farbe wunderbar erhalten haben. Die Gitter und Thüren dieses Archives zeigen, daß Schlossermeister Michel Wagenmann, der 1698 diese Arbeiten ausführte, ebenso geschmackvoll als solid arbeitete. Während das innere Archiv mit einem Netzgewölbe versehen ist, sehen wir im äußern Raume ein Tonnengewölbe.

---

¹) Vgl. die Abbildung und Inschrift bei Cysat: Vierwaldstätter-See, 196 f.

Alle Gemälde in diesen Archivräumen sind mit Inschriften versehen. So lesen wir bei der Eingangsthüre am ersten Ovale des äußern Archives:

Artibus ut possim populos reparare paternis
Ista patrum populis do monumenta meis.

Am mittlern Gemälde lesen wir:

Lux amor et timor est; lux est sapientia, virtus
Lux est; nam recti Lux ea monstrat iter;
Virtus inest virtute rego; sic nominis omen
Sortior, et merito jure Lucerna vocor.

Am zweiten Ovale steht geschrieben:

Rath ohne That | Sagunt die Statt | Verloren hat.

Ueber einem Fenster des innern Lokales stehen die Worte:

S. P. Q. Lucernensis | Monumenta hæc | Fortitudine Patrum suorum
parta | Hoc Promptuarii ordine digesta | Seræ Posteritati transmitti
jussit | Aᵒ reparatæ Salutis MDCIIC; conditæ vero | Libertatis
CCCLXVII.

Die obersten Lokalitäten des Churmes wurden frühe schon für die Feuerwächter benutzt, die mittlern als Gefängnisse.

Auf dem Rathhausthurme mußten die Stadttrompeter an gewissen Festtagen in der Frühe, sowie an den Vorabenden der hohen Kirchenfeste sich eine halbe Stunde hören lassen; das Spiel dieses Stadtorchesters, das man aus finanziellen Rücksichten schon 1473 aufheben wollte, mag oft an Weichheit und Harmonie viel zu wünschen übrig gelassen haben; denn im Jahre 1704 wurde den Trompetern befohlen, daß sie auf den Rathhausthürmen nicht bloß die Posaunen, sondern auch die Trompeten brauchen sollen. Ein andermal ließ der Rath den Stadttrompetern die Weisung zukommen, während des Musegger Umganges nicht „weltliche Melodien zu blasen".

Die vier letzten Tage des Jahres zogen die Stadttrompeter und Trommler Nachts von Haus zu Haus und brachten ihre „Ständchen"; bis in die dreißiger Jahre dieses Jahrhunderts war es Sitte, den Musikanten bei diesem Anlasse in einem brennenden Papierchen ein Geldgeschenk zuzuwerfen. Das Trommeln und Trompeten in der Neujahrsnacht war den jungen Leuten durch Rathsordnung vom Jahre 1737, nach dem Vorgange Solothurns, nur bis Nachts 9 Uhr gestattet.

13

An den „neuen Thurm" stießen in alter Zeit zwei Häuser, das eine, genannt die Hofstatt von Hochdorf, kaufte der Staat 1367 von der Wittwe zum Stäg und baute neben demselben 1429 die neue Wage; das andere wurde 1456 um 100 Gulden von der Familie Hertenstein erworben. An die Stelle dieser beiden Häuser, welche als Korn-, Anken-, Salz- und Kaufhaus benutzt wurden[1]), baute der Staat 1483—1484 das Rathhaus, welches den 4. August 1484 vollendet wurde. Eine alte Sage meldet, dieses Rathhaus sei mit dem Dachstuhle der Burg Büron versehen worden, welche der Staat 1463 erkauft hatte. Eine Ansicht dieses alten Rathhauses gibt fast jede ältere Abbildung von Luzern[2]); im Großen und Ganzen war das alte zweistöckige, mit schwerem Dache beladene Rathhaus dem spätern nicht sehr unähnlich; nur waren noch gegen den See hin Lauben an demselben angebracht. Denn wir lesen, daß den 13. Juli 1552 der Rath zum ersten Male in der neuen Sommerlaube Sitzung gehalten habe. Gegen den See hin waren auch die gothischen Fenster, namentlich auf dem zweiten Stockwerke, weniger zahlreich als heute.

Ueber die Ausschmückung des alten Rathhauses liegen mehrere Nachrichten vor; so wissen wir z. B., daß im Jahre 1495 der Rath durch den Glaser am Barfüßerplatze Gemälde mit den Pannern der schweizerischen Orte in der großen Rathstube anbringen ließ, welche 1503 restaurirt wurden; während die Rathstube von Zürich damals noch solcher Fenster entbehrte. Im Rathsaale hing hinter einem blauen Vorhange seit dem Jahre 1497 eine Abbildung der Schlacht von Murten; sie wurde wahrscheinlich 1494 von Maler Moriz um 2 Pfund gemalt. 1517 ließ der Rath eine Darstellung des jüngsten Gerichtes malen; der Predigermönch Jakob malte 1525 die Rosen im Rathhaussaale. Als Luzern mit den Herzogen von Montferrat ein Bündniß abschloß, schenkten diese ihre Porträte, welche 1511 im Rathsaale aufgehängt wurden.

[1]) Das alte, 1434 neugebaute, Kaufhaus war früher ein vielbesuchter Belustigungsort; viele fröhliche Mahlzeiten wurden dort gehalten. 1461 wurde hier ein Hecht von ungewöhnlicher Größe den Rathsherren servirt.

[2]) Der Martinische Grundriß aber stellt nicht das alte, sondern das neue Rathhaus dar. Vgl. darüber unsere Abhandlung im Anzeiger für schweizerische Alterthumskunde 1879. S. 935.

Wie die Ausstattung des Rathhauses unmittelbar vor dem Umbaue aussah, zeigt am besten das „Inventarium alles dessen, was ab dem Rathhaus (genommen), wie man dasselbig schlifen und nüw buen lassen, an andern Ort, wie hernach vorzeichnet steht, behalten worden ist."

Zum Schützen, allda man fürohin Rath halten würt, ist hinabgeordnet, was volget. Die Wappen der 13 orten der Eydtgenoßschaft. Die Anatomy deß Rysen gebeinen, so in der Cantzly sind.[1]) Der groß tisch, so in der kleinen Raathstuben gstanden. Kunstliche beschrybung von dem tauff Christi und der 4 Euangelisten Euangelien. Ein Oelberg mit der Landschaft Schilten in glaß gemaalet. Ein Rondelen mit der 8 alten Orten Wappen. Zwey, das ein und größer gefiert, und das ander und kleiner oben gerundiert Luzerner wappen. Die Audiatur Altera pars taffeln gemaalet. Die Contrafactur der Statt, so M. Martin Martin gmacht. Die Contrafactur der Königen in Frankrych. Die zween großen Lüchter, so in der großen Raathstuben gehanget. Der Lüchter, so im Sääli neben der großen Raathstuben ghanget. Dry zamengleit tisch, darunter ein Schrybertisch. Dry schlecht thannin tisch. 15 Stabellen. Die Raathstüel. 33 Küssi. 2 lange Küssi.

In dem Saal zum frittschi ist behalten worden als vollget: 25 Schilt und Rondelen von der Bellenzer schlacht. 1 Hirtzenhorn mit einem frawenbild, so im Säli neben der großen Raathstuben ghanget. Die abcontrafettung des großen Vogels Ao 1551 im Zugersee geschossen. Die Contrafactur der Bemunder Schlacht (Cerisoles 1544). Die Contrafactur der Sempacherschlacht. Die taffeln der beschrybung Sempacherschlacht. Die Contrafactur der 13 orten der Eydtgenoßschaft. Die Contrafactur Herzog Lüpolden von Oesterrych. Das Lyden Christi Spruchswyß in einer langen taffeln. Ein Hirtzenhorn mit einem frawenbild, so in der kleinen Raathstuben ghanget. Die Contrafactur der Murtenschlacht. Ein Contrafactur einer Schiffreiß in das nüw gfunden land. Ein Spruch von der 13 Orten uffgerichten Pundt loblicher Eydtgenoßschaft in einer taffeln.[2]) Ein tafel der fürnembsten und berümbsten Stetten in der

---

[1]) Es war dieß ein nach Felix Plater's Skizze 1584 vom Basler Maler Johann Bock ausgeführtes Gemälde des Riesen von Reiden.

[2]) Vielleicht das Gedicht, das Liliencron in seinen historischen Volksliedern II, 109 ff. herausgegeben hat.

Welt. Der groß Vischgrat, so im Schnäggen ghanget. Das jüngst Gericht, so in der großen Raathstuben ghanget. Ein kunstliche beschrybung von den Patronen der Statt. 16 schlecht Stüel.

Wir haben beizufügen, daß der in der großen Rathstube befindliche Tisch, jetzt Eigenthum des Herrn Jost Meyer-Amrhyn, mit den Wappen der Kleinräthe geziert war.

Ueber den Neubau des Rathhauses liegen die im Stadt- und Staatsarchiv zerstreuten Akten nicht vollständig vor; vielmehr ist in den Protokollen für eine Reihe von Beschlüssen Raum offen gelassen. Was wir über die Baugeschichte wissen, besteht in fol-gendem:

Am Montag vor der Herren Fastnacht 1599 beschloß der Rath, das „Raathouß zu schließen" und neu zu bauen. Während des Baues sollten die Rathssitzungen im Zunfthause zu Schützen gehalten werden. Zur Prüfung und Begutachtung der Baupläne wurde eine eigene Baukommission gewählt, welche mit ihren Ent-würfen nur langsam vorrückte. Denn der erste Beschluß trägt das Datum 1600, Freitag vor Oculi, und besagt:

Die Kommission für den Rathhausbau, bestehend aus Schult-heiß Schürpf, Schultheiß Jost Pfyffer, Pannerherr Pfyffer und Baumeister Meyer, beschließt:

1. Die Seite gegen die Reuß, die Ecke und der große Bogen gegen die Pfisternstube soll ganz aus gehauenen Steinen erstellt werden, die „Heiterlöcher zum Kauffhus von bögachtigem Fenster-werch", laut „Visierung".

2. Der Bau gegen den Kornmarkt und der übrige Theil des Baues gegen die Pfistern soll aus gutem starkem Mauerwerk er-stellt werden, außer der Ecke gegen den Kornmarkt, welche aus gehauenem Steinwerk aufgeführt werden soll.

3. Das alte Rathhaus soll ganz abgeschlissen werden.

4. Die Fenster sollen, um einen einheitlichen Eindruck zu er-zielen, dem andern Steinwerk gleich und denjenigen im Collegium ähnlich erstellt werden.

5. Die innere Eintheilung soll dem alten Rathhaus entsprechend beibehalten werden, nämlich 2 Rathstuben, ein Anken- und ein Kauf-haus. Nur sollen der Festigkeit und Feuersicherheit wegen die ein-zelnen Stuben statt durch Riegelwände durch Scheidemauern ge-trennt werden.

6. Der Bau ist 5 Fuß höher zu führen, als der frühere, damit für eine Großweibel-Wohnung und Holzbehälter auf dem Estrich gehöriger Raum gewonnen wird und der Dachstuhl weniger schwer scheint.

In der Großweibel-Wohnung, die durch einen durchgehenden Gang zu trennen ist, sollen auf der Seite gegen die Reuß ein Saal, eine Kammer und ein Nebengemach, auf der Seite gegen den Kornmarkt eine Stube, Nebenkammer und Küche erbaut werden.

7. Die Stiege soll, wie im alten Rathhaus, aus Steinwerk erstellt und bis zur Großweibelwohnung geführt werden.

8. Das Tischmacherwerk in der großen Rathstube soll aus Eichenholz verfertigt werden.

Der Rath genehmigte den Beschluß am Samstag vor Oculi 1600 und beschloß, es soll auch ein neuer Dachstuhl auf das Rathhaus gesetzt werden; der Rathhausthurm soll um ein Gemach erhöht werden.

Für das Archiv ist unter einem geringen Gewölbe ein Lokal zu erstellen, das zugleich als Kanzlei dienen soll. Ein zweites Lokal hiefür ist gerade ob demselben zu gleichem Zwecke anzubringen.

Am Mittwoch nach Cirillen Tag 1602 genehmigte der Rath den Vertrag mit Meister Anton Isenmann, dem Werkmeister, betreffend den Bau des Rathhauses, nachdem schon unter dem 18. Mai 1602, wie eine Chronik berichtet, der Eckstein gelegt worden war.

Meister Anton Isenmann von Buchenrein war ein einfacher Steinhauer, der sich durch seine Arbeiten beim Klosterbaue in Werthenstein empfohlen hatte. Unter seinen Gesellen befanden sich theils Luzerner, wie Jakob Mathe, Joli Strömli und Jakob Hammerer, theils Fremde. Diese Gesellen forderten auf Weisung Isenmanns für jeden Fuß „Fensterwerk" einen Thaler; dann schloß Isenmann einen Vertrag, laut welchem ihm der Rath für den Fuß einen „guten Gulden" zahlte, während er den Gesellen nur einen Münzgulden entrichtete. Dieser Provision wegen kam es zu einem argen Conflict zwischen dem Meister und den fremden Gesellen, so daß Isenmann 1608 behauptete, die Gesellen haben ihn betrogen und um Leib und Leben bringen wollen.

Auch sonst wurde die Ausführung des Baues vielfach ge-

hemmt, namentlich durch die beständigen Modifikationen des Bau-
planes. So wurde am Vorabend von St. Johann Baptist 1602
beschlossen, den untern Gang aus gehauenen Steinen zu bauen und
die untern Lokalitäten nicht so zu verengen, wie der Plan vor-
schrieb.

Die Bausteine sollten, laut Beschluß vom Montag nach St. Mar-
tinstag 1602, am Hertenstein gebrochen werden.

Als der Bau ernstlich in Angriff genommen worden war,
begann das Markten um die Höhe des Hauses. Entgegen dem
früher genehmigten Plane wird 1602, Freitag vor Andreas, beschlossen, den Bau nicht höher zu führen als zum großen Rath-
hausdach und für den Großweibel und Richter wieder die Wohnung im Dachstuhl einzurichten.

Als aber der Baumeister erklärte, die Fundamente seien so
fest, daß der Bau wohl noch erhöht werden könne, wurde wieder
beantragt, auf der Seite gegen den Kornmarkt höher zu fahren,
um dem Ganzen eine gefügigere Form zu geben. Baumeister
Ifenmann erklärte, man habe beim Neubau die Fundamente
des alten Rathhauses untersucht und das Eichen- und Weiß-
tannenholz frisch gefunden und dieselben mit Gyps übergossen.
Er glaube, die Fundamente würden wohl noch ein Gemach mehr
ertragen; allein das sei nur seine Ansicht, er lasse sich dafür nicht
verantwortlich machen. Er legte den Entwurf vor, wie dieses
Gemach erstellt werden könnte.

Am Stephanstage 1603 wurde deßhalb wieder der Antrag
gestellt, man solle mit dem Baue „besser uf faren“; wie es scheint, wurde
dieser Antrag damals verworfen, dagegen am Mittwoch vor der
Kreuzwoche 1604 in anderer Form adoptirt. Es wurde damals
beschlossen, noch 2 Schuh höher zu fahren, nämlich ein Fries
1 Schuh hoch und dann noch ein Gesims auch 1 Schuh hoch anzubringen, „damit es ein bessere Zierd und Ausehen dem Buw
gebe“.

Inzwischen waren den 2. August 1603 die beiden Löwen
sammt dem Wappen auf das Portal des Rathhauses gestellt
worden. Der Dachstuhl wurde den 10. Weinmonat 1604 auf-
gesetzt.

Mehrfach wurde die Frage über die Ornamente ventilirt,
welche an den Friesen angebracht werden sollten, besonders aber

die Umänderung des Dachstuhles. — Die eine Partei des Rathes
wollte den Bau noch um 12 Fuß erhöhen. Man berief deßhalb
den Werkmeister Leonhard Zimmermann von Uri, der sein
Gutachten betreffend Umänderung des Dachstuhles abgab. Da
man den Fundamenten nicht recht traute und „großen Schaden
und Spott" fürchtete, wagte man nicht, den Bau nach den Vor-
schlägen das Urners abzuändern (1605). Zudem schien die Erstellung weiterer Lokalitäten im Rathhause kein Bedürfniß. Auch
die Berufung des Werkmeisters von Appenzell wurde abgelehnt,
dem einige Rathsherren die Frage zur Begutachtung unterbreiten
wollten, ob nicht der Dachstuhl gegen den Kornmarkt abgebrochen
und der Bau auf dieser Seite höher geführt werden könnte.

Laut Plan von 1604 sollte in der „Gupfen" zuvorderst der
einfache Luzerner Schild stehen, rechts davon der von Zürich,
Uri und Zug, links Bern, Schwyz, Unterwalden und Glarus.
Unter der „Gupfen" „eine Friese mit türkischen Zügen oder sonst
daß zierlich"; unten am Friese im vordersten Felde das Wappen von
Luzern mit zwei Reichsschilden und zu jeder Seite desselben ein
wilder Mann. Rechts davon symbolische Figuren, nämlich: Fides
mit dem Crucifir in der Hand, Temperantia und Liberalitas; links
Justitia, Misericordia und Doctrina. Im untern Felde sollte angebracht werden zuvorderst Maria-Himmelfahrt; rechts davon St.
Leodegar, Christus am Oelberg und St. Beat; links Enthauptung
des hl. Mauriz und St. Benedikt.

Nach langen Kämpfen rückte endlich der Bau, welcher 30,000,
nach Andern 40,000 Gulden gekostet haben soll, 1606 seiner Vollendung entgegen, so daß am 24. Juni 1606 darin die erste Sitzung
gehalten werden konnte. Hierauf begann die Ausschmückung des
Hauses.

1609 ließ der Rath durch die beiden Maler Hans Heinrich
Wegmann und Rennwart Forer die Gemälde der Murtner-,
Sempacher- und „Benunder"-Schlacht, die Darstellungen der an-
dern Schlachten, das jüngste Gericht, zwei Crucifire und „gefüge
Historien" restauriren. Man ließ durch dieselben auch die Wappen
der Rathsherren malen und befahl, „den Risen von Holz zu
schnetzlen" und „sin Abriß ouch uff Papyr zu machen". Sechs
Gemälde, meist religiösen Inhaltes, lieferte 1626 Meister Hans
Heinrich Wegmann, der hiefür 152 Gulden erhielt. 1652 malte

Wegmann's Sohn Hans Ulrich die „6 Bögen in der großen Rathstube" und verzierte den Platz hinter dem großen Ofen. Auf den Fensterbögen wurden im Jahre 1640 Sprüche und Reime angebracht. Nach dem Siege zu Villmergen (1656) wurde eine Darstellung dieser Schlacht im Rathsaale aufgehängt. Da sich aber die Benachbarten darüber ärgerten, wurde das Gemälde 1679 entfernt. Dafür wurden dann Darstellungen aus der Heldenlaufbahn des Schultheißen Ludwig Pfyffer — der Rückzug von Meaux, die Schlacht von Dreux — und die Porträte der luzernerischen Schultheißen angebracht. 1773, 5. Juli, gab der Rath die Bewilligung, daß Josef Alois Reinert von Horw für den Saal ein großes Gemälde, die Enthauptung des hl. Johannes, verfertige.

Als der Rath das Haus bezog, war der Einbau noch nicht ganz fertig; vielmehr wurde noch Jahre lang an demselben gearbeitet. Die Tischmacherarbeit in der kleinen Rathstube hatte Melchior Landolt von Ebikon 1604 übernommen, die übrige Arbeit Meister Jörger Forster. Diesem lieferte der Staat das Holz und zahlte ihm für die Arbeit 1300 Gulden. Im Dienste Forsters stand Simon Kupp, ein Schreiner aus Breslau, dem die feinere Arbeit zugewendet wurde. Als Kupp nach Vollendung der Arbeit 1606 heimkehrte, bezeugte ihm der Rath, „daß er sich uffrecht, redlich und ehrlich" in Luzern betragen und seine Arbeit zur vollsten Zufriedenheit des Rathes vollendet habe, so daß ihn die Obrigkeit gerne zum Bürger angenommen hätte.

Die schönen Oefen auf dem Rathhause waren aus den Werkstätten von Ludwig Pfau und Erhardt Alben hervorgegangen. Der gegenwärtig in der großen Rathstube befindliche Ofen ist ein Werk des Abraham Pfau von Winterthur (1684). Ueberhaupt suchte man den öffentlichen Gebäuden einen gewissen Glanz zu verleihen, da man die Verschönerung der Hauptstadt mit dem Ansehen eines freien Landes verbunden hielt.

Die Glasgemälde, Werke der raffinirtesten Renaissance, sind aus dem Atelier des Christoph Murer von Zürich, des berühmtesten Glasmalers seiner Zeit, hervorgegangen und theilweise von dessen Bruder Josias ausgeführt worden; die Berner Standesscheibe dagegen ist ein Werk des Hans Jakob Hüpschi von Bern.

Das Rathhaus, sagt unser Architekt Johann Meyer, gleicht einem schönen Frauenzimmer, das mit einem ausgespannten Regen-

ſchirmte ſeine Reize zu verdecken ſucht. Wir haben oben ſchon gehört,
daß dieſes Dach dem Rathe die größten Schwierigkeiten bereitete.
Trotz dieſer Schmerzensgeburt war das Rathhaus nach dem Ritter'-
ſchen Palaſte das ſchönſte Bauwerk im alten Luzern, jedoch zeigt
jenes, wie Berlepſch hervorhebt [1]), „eine ungleich beſſer gelungene
Maſſenentwicklung in dem façadenaufbau. Das Terrain gab dem
Architekten allerdings günſtige Gelegenheit dazu; denn der Unter-
ſchied zwiſchen dem Reußufer und dem durch eine Treppe damit
verbundenen Platze beträgt gerade die Höhe eines Stockwerkes.
Dieſer Umſtand wurde benutzt, um gewölbte Markthallen anzulegen, eine ganz italieniſche Sitte. Sie ſind ihrer Funktion als
Fußgeſtell angemeſſen, ſchwer und gedrungen, in kräftiger Quader-
mauerung durchgeführt. Die Ecken ſind von feſten Strebepfeilern
eingefaßt, die nach unten ausladend viel zum Eindrucke der Feſtig-
keit beitragen. Jeder Bogen enthält auf ſeinem Schlußſteine einen
anders geformten Kopf; bald ſind es Löwen-, bald Thiermenſchen-
köpfe mit vegetabiliſchen Beigaben. Sie ſind alle vortrefflich mo-
dellirt; in großen Maſſen entwickeln ſich die Haare der Mähnen, —
das Maul iſt überall weit aufgeriſſen. Zum Theil ſind ſie geradezu
von komiſchem Effekt; immerhin jedoch noch wohl zu unterſcheiden
von den lächerlichen Fratzen der ſpäteren Barock- und Zopfzeit,
deren Luzern auch eine Anzahl aufzuweiſen hat (z. B. vis-à-vis
dem Ritter'ſchen Palaſt). Ueberhaupt, was das Dekorative angeht,
hat der hier waltende Künſtler, alſo wohl jener Anton Iſenmann, eine großartige Fülle von Formen und Ideen zum Ausdruck gebracht." Das Ganze, bemerkt Berlepſch, auf deſſen Beſchreibung und Abbildung wir verweiſen, macht beſonders von
der Flußſeite her einen behäbigen Eindruck. Das brauchbare
italieniſche Element iſt überall mit Geſchick verwerthet, ohne daß
deßhalb in irgend einem Punkte die Anforderungen des Nordens ver-
nachläſſigt worden wären. Die Ornamente ſind zwar aus ſpäterer
Zeit, als die des Ritter'ſchen Palaſtes, aber dennoch reiner in den
Formen. Die nördliche Seite leidet durch einen gräßlich bemalten
Thurm, an den ſich das Gebäude anſchließt. Lübke [2]) hebt beſonders
hervor, daß in dieſem Bauwerke eine auffallend reine Auffaſſung

---

[1]) Deutſche Renaiſſance, 7. Abtheilung. Luzern, Leipzig 1875.
[2]) Kuglers Geſchichte der Baukunſt V, 233.

der Formen, weit entfernt von dem Barocco der übrigen deutschen Gebiete, erfreue. „Von nicht minder feinem künstlerischen Verständniß zeugt das zierliche Ornament in den Friesen der Portale und Fenstereinfassungen, welche mit den kräftigen Hauptformen und ihren markigen Gliederungen glücklich kontrastiren."

Die Luzerner waren in alter Zeit immer stolz auf dieses Gebäude und sorgten trefflich für dessen Unterhalt. Allein bald nach dem zweiten Villmergerkriege, der überhaupt einen Umschwung auf den verschiedensten Gebieten zur Folge hatte, trat eine andere Ansicht über das Rathhaus zu Tage. Vorerst schien dasselbe zu düster; deßhalb wurden die Glasgemälde aus dem Sitzungssaale entfernt. Dann fing man plötzlich an, die Solidität des Baues zu bezweifeln. Das neue Luzern, dessen Reinlichkeitssinn sich durch jene zahlreichen steinernen Häuschen dokumentirt, ließ den schönen Bau — zerfallen.

Die Achtung vor der hohen Bedeutung des Rathhauses mußte man in der guten alten Zeit auch äußerlich dokumentiren. Im Jahre 1750 z. B. wurde geklagt, „daß die jungen Herren schon wiederum in rothen Mänteln und gar in Stiffeln auf das Rathhaus und sogar in die kleine Rathstube kommen, auch ganz ohngescheut bordirte Hüet tragen". Der Rath beschloß deßhalb, es dürfe niemand mehr in die kleine Rathstube treten, er sei denn mit Mantel und Kragen angethan. 1751 wurde nochmals strenger Befehl an alle Klein- und Großräthe erlassen, nur in schwarzem Mantel und Kragen, den Degen an der Seite, auf dem Rathhause zu erscheinen.

Endlich, als die Staatskassen sich wieder gefüllt hatten, tauchte der Gedanke auf, ein neues Rathhaus zu bauen. Schon im Jahre 1728 wurde die Wahrnehmung gemacht, daß sich das Rathhaus in einer Ecke stark senke; es wurde daher ein neuer Pfeiler gegen das Zunfthaus zu Pfistern erstellt. Neue Senkungen veranlaßten den Rath, 1745 und 1746 die großen Pfeiler aus Geißbergerstein neu aufzuführen und die Fensterbänke und die übrigen Pfeiler zu restauriren. 1767 ließ man die Fundamente durch den Stadtwerkmeister Veit Rey untersuchen; derselbe hielt dafür, die Fundamente genügen in gegenwärtigem Zustande für den dermaligen Bau vollkommen. Das Gutachten des Baumeisters Dominik Aebi dagegen ging dahin, die Piloten stehen zu weit auseinander, nicht der sechste Theil des Gebäudes stehe in den Fundamenten, wie es „baumäßig" erforderlich wäre; die Fundamente sollten 4 Fuß tiefer sein.

Baumeister Singer, der das schöne Haus im Münzgäßlein (Nr. 393) erbaut hat, erklärte, das Rathhaus stehe auf alten und neuern Fundamenten, die behauenen Quader seien auch nicht in der richtigen Proportion zur Schwere des Gebäudes.

Rey, Aebi und Singer stimmten insofern überein, daß sie die Ansicht theilten, das Rathhaus könne noch 60—100 Jahre ohne Gefahr benutzt werden, sofern die Fundamente nicht durch Erhöhung des Baues mehr belastet werden. Deßhalb wurde der projektirte Neubau des Rathhauses verschoben.

Im Rathhause wurden bis 1798 die Sitzungen des Kleinen und Großen Rathes und zahlreiche Tagsatzungen abgehalten. Gleich nach dem Neubaue wurde zwar beschlossen, es sollen in demselben künftig keine Festessen mehr veranstaltet werden. Allein sobald der Glanz der neuen Tische etwas erblaßt war, fanden an den beiden St. Johannistagen die in Luzern üblichen Festessen wieder statt; dort wurden auch wieder die fremden Gesandten bewirthet und die großen Mahlzeiten beim Abschlusse von Staatsverträgen oder bei Erneuerung von Bündnissen abgehalten.

Am Ostermontage waren seit dem Jahre 1502 alle Bürger von Luzern auf das Rathhaus eingeladen, um die Eier und Hühner zu verspeisen, die vom Zehnten von Triengen an die Stadt geliefert wurden.

Am hohen Donnerstage erschienen die „Burger", um die „Küchlein" in Empfang zu nehmen. 1736 wurde die Motion eingereicht, „maßen diese Küchlein annoch etwas von dem Judaismo haben", diese Spende zu beseitigen. Allein den 13. Juli 1737 beschloß der Rath, es soll wegen der „Küchlein" beim Alten bleiben.

An den beiden St. Johannistagen hielt der Rath nach der Aemterbesetzung seit dem 15. Jahrhundert Mahlzeiten auf dem Rathhause, zu welchem alle Beamten, Staatsangestellten und die in der Stadt wohnenden fremden Gesandten mit deren Gefolge, sowie die Vorsteher der Stifte und Klöster eingeladen waren.

Im Jahre 1712 wurden diese Mahlzeiten wegdekretirt. Als die Finanzen des Staates sich wieder günstiger gestalteten, wurde 1745 der Antrag gestellt, die Mahlzeiten zwar nicht wieder einzuführen, dafür aber an Räthe und Hundert je einen Dukaten zu zahlen. Schon im Jahre 1615 war ein gleicher Antrag gestellt worden, einerseits mit Rücksicht auf die häufig vorkommenden Unziemlichkeiten, andererseits wegen der zu großen Kosten für den Staat. Daß „Unziemlichkeiten" vorkamen, ist begreiflich, wenn wir vernehmen, daß auf jede Person 2½ Maß Wein ausgeschenkt wurden; daß die Bürger zudem noch eigenen „süßen Wein" auf das Rathhaus brachten und daß der Nuntius einige „Cogel Italiener" ausschenkte, die erst geöffnet wurden, wenn auf die Gesundheit des Papstes angestoßen wurde. In solchen Stadien kam es denn vor, daß selbst Kleinräthe sich große Verwechslungen zu Schulden kommen ließen und namentlich nicht gehörig die Reihenfolge der Toaste innehielten, weßwegen die fremden Diplomaten zuweilen sehr aufgebracht wurden. Es wurde mehrmals selbst in Berathung gezogen, ob die „großen Besatzungsmähler", zu welchen fremde Fürsten und Prälaten zuweilen Wildpret schickten, nicht wegen „Feuersgefährlichkeit" vom Rathhause weg verlegt werden sollten. Andere bekämpften die Mahlzeiten deßhalb, weil einzelne Rathsherren vom Essen ausbleiben, während der Besuch des „Besatzungsmahles" in der guten alten Zeit obligatorisch gewesen sei. 1673 wurde deßhalb verordnet, daß man nur noch den Kranken einige der bessern Speisen ins Haus bringen dürfe.

Im Jahre 1695 wurde beschlossen, die Auslagen für die köstlichen St. Johannis-Mahlzeiten auf dem Rathhause zu beschränken; denn es sollen diese Feste nach der Ansicht der Altvordern nur dazu dienen, freundliche Besprechungen unter den Bürgern zu veranlassen, nicht aber Ueberfluß und „Köstlichkeiten" zu provoziren. Deßhalb sollten fortan nur noch folgende Speisen aufgetragen werden: „Gehackete Pasteten", Suppe, Kappaun in „Würmlenen", welsche Hühner, Rindfleisch, grüne Zungen, Zugemüse, „Lugganigen", Lämmlein, Braten, Kappaun, Hahnen, Tauben, Salat, Hasen, Vögel, Wildprett, Enten, Pflaumen, Küchle, Krapfen, Krepfen, Biscot, Turten, Muscazin, Zuckerringli, Bretzelen, Leckerli, Hüppen, Zuckerbrödli, Offletten, Mandel, Kräpfli, in Zucker geröstete Mandel.— Fortan sollen deßhalb nicht mehr aufgestellt werden: welsche oder französische Suppen, Berggewild, wildes Geflügel, kalte Pasteten, Salmen und Lachs, Caulifior, Schnepfen, candirte Früchte, Zuckererbsen und süße Weine.

In älterer Zeit wurden die Gäste in Zinn servirt. Die Kleinräthe und die „Honoratioren" tranken aus silbernen und vergoldeten Bechern, deren der Staat seit 1436 einzelne hatte machen
lassen. Im Jahre 1572 wurde bestimmt, daß jeder Kleinrath
nach seiner Wahl einen silbernen Becher von 12 Loth schenken
solle. Gleich darauf wurde auch der Usus eingeführt, daß jeder
Großrath dem Staate einen Becher im Gewichte von 8 Loth
verehren soll. Wer nicht sofort seinen Becher schenkte, mußte sich
einen Abzug von seiner französischen Pension im Betrage von 13
oder 9 Gulden gefallen lassen; später wurde diese Taxe auf 30 und
15 Gulden erhöht. 1702 wurde diese Taxe, da theils von Seite
der Rathsherren, theils durch Schenkungen von Seite der Ehren-
bürger[1]) und verburgrechteten Komthure und Prälaten ein sehr
großer Vorrath an Bechern zusammengekommen war, zur Anschaffung von silbernen Bestecken verwendet. Laut Inventar von
1739 betrug das Silbergeschirr 401 Pfund 16 Loth 2 Quintli Luzerner
Gewicht. Unter Leitung des Jesuiten Fr. Niklaus Kraus wurde
von Goldschmieden in Augsburg ein Theil der älteren Becher 2c.
eingeschmolzen und aus dem Silber ein Tafelservice nach neuer
façon erstellt, das 679 Mark an Silber hielt. Für die Umarbeitung zahlte der Staat 2346 Gulden. Die Gesammtkosten
dieser Umarbeitung kamen auf 4218 Gulden zu stehen. Weitaus
der größte Theil dieses Silberschatzes wurde 1798 zur Abzahlung
der den Rathsherren auferlegten Kontributionen verwendet. Der
Staat lieh übrigens sein Silbergeschirr zuweilen auch aus, so 1754
dem Nuntius, der die „von der Nobilität" ihm angesagte Visite
von Masken in Silber bewirthen wollte.

Die großen Mahlzeiten bei Bundesschwüren wurden nicht im
Rathsaale, sondern in den beiden untern Lokalitäten gehalten,
die als Korn- und Ankenmagazine benutzt und zeitweise auch
für theatralische Produktionen in Anspruch genommen wurden.
Vornehme Bürger hielten im 16. Jahrhundert häufig ihren Hoch-
zeitsschmaus auf dem Rathhause, was 1555 untersagt wurde.
1588 wurden auch die „Künigrych und andere derglychen Nach-

---

[1]) Z. B. des berühmten Wilhelm Frölich von Solothurn, dessen Sieg zu
Ceresoles in der Rathsstube abgebildet war. Archiv des historischen Vereins von
Bern V, 155.

purſchaften und Mäler", wie die Tanzbeluſtigungen auf dem Rathhauſe unterſagt.

Da der Staat als Gerichtsherr an ſehr vielen Orten von jedem Hausbeſitzer ein Herbſthuhn zu beziehen hatte, ſo wurden ſeit dem 15. Jahrhundert von der Regierung theils auf dem Rath-hauſe, theils auf Zunftſtuben „Hühnermäler" veranſtaltet. Viel-leicht hat Heinrich IV. von Frankreich den Spruch vom Huhn im Topf, das er jedem ſeiner Unterthanen wünſchte, den Luzernern abgeguckt, die übrigens ſchon in der Mitte des 17. Jahrhunderts die Hühnermäler wegdekretirten, da die Bürger „nur mit dem Huhn im Topf" nichts anzufangen wußten und der Staat alle andern nach bürgerlichen Begriffen hiezu erforderlichen Zuthaten — das Hühnermahl koſtete 1641 509 Gulden — nicht zu beſtreiten vermochte.

Zu Oſtern regalirte im 15. Jahrhundert der Staat die Raths-herren theils auf dem Rathhauſe, theils auf einzelnen Thürmen, wohl anläßlich der Gefängnißinſpektion, mit Oſtereiern. Die Ohm-geldbücher enthalten auch einzelne Poſten, wie viel die „Herren" auf dem Luginsland oder ſonſt wo „veroſteret" haben, es blieb wohl nicht beim Spruche: Jedem ein Ei, dem tapfern Schweppermann zwei", denn die Ausgabepoſten ſind ſo groß, daß wir annehmen müſſen, es ſei auf die Oſtereier ein ſtarker „Frühtrunk" gefolgt und zwar nicht etwa nur aus dem Rathhauskeller, in dem der Staat ſeinen Wein von den Rebbergen an der Muſegg und von dem Burghügel zu Büron und Triengen abgelagert hatte, denn dieſen Wein, der wohl ſelbſt guten Patrioten nur ſelten mundete, hätte der Staat nicht bezahlen müſſen.

Das Rathhaus war nämlich mit vorzüglichen Kellern ver-ſehen, in welchen der Rath Wein zur Bewirthung der Geſandten, wie zur Beſchenkung ſeiner Bürger aufbewahrte[1], die zur Ehe ſchritten oder durch Geburt von Kindern erfreut wurden. Ver-ehelichte ſich ein Bürger, ſo erhielt er im 16. Jahrhundert 4 Kannen Wein, während ein Großrath 8 und ein Kleinrath 16 Kannen zum Geſchenke erhielt. Seit dem Zwölfer-Kriege nahm der Wein-vorrath — obwohl der Staat kurz vorher noch die Burg Heidegg mit großen Rebbergen erkauft hatte — bedenklich ab; die Staats-

---

[1] Im Jahre 1571 kaufte der Staat 1166 Saum Wein, den Saum zu 8 Gulden.

rechnungskommiſſion führte auf allen Gebieten Erſparniſſe ein. Um wenigſtens zu verhindern, daß die ſchönen Fäſſer nicht gänzlich zu Grunde gehen, wurde 1756 der Antrag geſtellt, die Fäſſer „mit Waſſer zu füllen".

Die Dachwohnung im Rathhauſe war für den Großweibel reſervirt, der mit ſilberner Kette, woran das Wappen des Kantons befeſtigt war, in weiß und blauem Mantel, den Zweiſpitz auf dem Kopfe, hinter dem Schultheißen an Sonn- und Feiertagen zur Kirche ſchritt, ſeit 1786 das Standeshaupt in jede Sitzung begleitete, den Geſandten die nöthigen Eröffnungen machte und die Funktionen eines höhern Rathsdieners und Ceremonienmeiſters verrichtete. 1731 wurde dem Großweibel ſpeziell aufgetragen, alle Verletzungen der Sittlichkeit dem regierenden Schultheißen, ohne Anſehen der Perſon, anzuzeigen. Sonſt hatte der Großweibel die Parteien zu beſcheiden, die Rathsbeſchlüſſe den Betreffenden mitzutheilen, Gebote und Verbote, ſowie Rüfe zu publiziren, die Bußengelder dem Rathsrichter einzuhändigen. Wie die Unterweibel, Läufer, Ueberreuter, Wächter und andere Stadtdiener, mußte der Großweibel noch im 17. Jahrhundert alle Halbjahre um Beſtätigung in ſeinem Amte anhalten. Bei feierlichen Anläſſen erſchien der Großweibel zu Pferd, von vier berittenen Geharniſchten begleitet; ſo z. B. 1658, als er vom Rathe den Befehl erhalten hatte, auf allen vier Plätzen Oberſt Peregrin Zwyer von Uri, den der Rath im Bauernkriege als ſeinen Retter geprieſen und mit Ehren und Geſchenken überhäuft hatte, als treuloſen Verräther vogelfrei zu erklären — denſelben Zwyer, der im Rathe nach dem alt Schultheißen den erſten Platz hatte.

Der thurmartige Vorbau des Rathhauſes wurde in alter Zeit zu verſchiedenen Zwecken benutzt; ſo las man hier dem Volke ſeit 1625 die vom Rathe erlaſſenen Mandate vor; hier wurden die Konkurſe veröffentlicht u. ſ. w. In alter Zeit wurde hier auch durch den „Ammannſchreiber", ſpäter durch den Weibel, verleſen, wer zum „Ammann" erwählt worden ſei, und zwar unmittelbar nach der Publikation der vom Rathe am St. Johannistage im Winter getroffenen Wahlen. Der „Zug" mit dem Ammann fand aber erſt am Stephanstage ſtatt, während die eigentlichen Beamten unmittelbar nach der Wahl zur Beeidigung in feierlichem Zuge durch die Stadt in die Peterskapelle geleitet wurden. Dieſer Zug

mit dem Ammann stammt eben noch aus der luftigen Zeit; er
bildet eine der Eigenthümlichkeiten des alten Luzerns, die fonder-
barer Weife bei dem gegenwärtigen Gefchlechte längft in Ver-
geffenheit gekommen ift, während andere Beluftigungen der Vorfahren, wie die feit 1798 in Abgang gekommenen Nachbarfchafts-
effen, durch induftrielle Wirthe wieder aufgefrifcht wurden.

Ueber den Zug mit dem Ammann gibt der Zürcher
Jofias Simmler in feinem „Regiment loblicher Eidgnofchafft"
vom Jahre 1576 zuerft Auskunft. Er fchreibt darüber:

„Es haben auch die jungen Burger (von Luzern) im Gebrauch,
jeden Sanct Johanns Tag aus der Gemeind einen zum Ammann
zu erwählen, der etwas fpottwirdigs begangen, und fol das be-
fchehen zu einer Gedechtnuß, als vor Zeiten das Klofter im Hof
jetziger Zeit genennt, noch groffen Gewalt und fein Jurisdiktion
in der Statt und im Raht gehabt, auß den Burgern einen Ammann genommen, welcher von des Klofters wegen im Raht und
Gericht feinen fonderbaren Befelch gehabt. Diefer wird im Umb-
zug, deßgleichen in den Mahlzeiten, Weinfchencken, und andern,
wie die Rahtsherren gehalten; aber fonft aufferthalb deffen hat er
gar kein Ampt noch Befelch, dann daß er von der Statt mit
einem Rock, und gewohnlich von jedem Burger, der fich deffelben
halben Jahrs verheurathet, mit einem par Hofen verehrt wird. Dar-
gegen hat er gewohnlich auff Sanct Johanns Tag mit Gafterey
etwas Koftens, fonft wird er nicht ferners dann ein anderer
Burger gehalten".

Aus einer Kundfchaft vom Jahre 1602 geht hervor, daß der
Umzug je am St. Stephanstag vor fich ging.

In neuerer Zeit[1]) hat man annehmen wollen, der Zug mit
dem Ammann fei eine Art humoriftifcher Nachahmung des In-
ftitutes, laut welchem feit 1334 die Herzoge von Oefterreich das
Recht hatten, einen Abgeordneten zu bezeichnen, der in ihrem
Namen den Rahtsfitzungen beizuwohnen hatte, um zu hören,
ob nichts wider die Herrfchaft vorgenommen werde. Diefe Annahme fcheint uns unrichtig; wir glauben vielmehr, der Zug mit
dem Ammann fei erft nach den Burgunderkriegen eingeführt worden, da nach dem Generalauskaufe der Stadt Luzern vom Stifte

---

[1]) Zürcher Monatfchrift III, 151.

(1479) die Stelle eines Ammanns mit derjenigen des Schultheißen vereinigt wurde. Seither bemächtigte sich der Volkswitz dieser Würde. Die Staatsrechnung vom Jahre 1511 zeigt zum erstenmale eine Ausgabe für „Kleider dem Ammann". Im Jahre 1580 wurde geklagt, die Kosten bei der Ammannsbesetzung seien zu groß. Als 1667 der nicht sehr begüterte Eckart Lindacher zum Ammann erwählt wurde, bat er, man möchte ihn nicht mit der Ammannschaft beschweren, damit er nicht zum Spotte noch den Schaden habe; der Rath beschloß, die Kosten für den Ammann sollen künftig die vier jüngsten Rathsherren bestreiten. Beim „Ammannsatz" verlas der „Ammannschreiber" den Bericht über die Vorkommnisse des letzten Jahres — die Faßnachtzeitung. Schon 1614 und 1628 mußte dem Ammannschreiber eingeschärft werden, „sich der unsaubern Zoten zu mäßigen und der Ehrbarkeit zu befleißen". Eine gelungene Faßnachtzeitung honorirte der Rath 1695 mit 7 Gulden 35 Schilling. Nach dem Umzuge, bei welchem z. B. 1602 Personen durch Werfen von Rüben und Eisklötzen schwer beschädigt wurden, fand ein fröhliches Mahl auf dem Rathhause statt. Dieses wurde 1617 wegerkannt theils der Kosten wegen, theils des unehrbaren Wesens halber, das dabei vorkam. Allein bald war die Mahlzeit wieder üblich. Im Jahre 1712 wurde die Mahlzeit definitiv beseitigt; dafür wurde vom Rathhause herab durch einen Weibel nach Verlesung der Stadtsachen und Erzählung einiger toller Streiche Brod unter das Publikum geworfen; der Ammann mußte hiefür 100 Franken zahlen. 1727 wurde der Umzug beseitigt, dagegen wurde das Brod noch bis 1798 unter das Volk ausgeworfen.

Durch die Sonderungsurkunde vom 4. November 1800 wurde das alte Rathhaus der Stadt abgetreten, 1805 aber dem Staate zur Benützung überlassen. 1805—1814 residirte hier die Stadtverwaltung, dann in den sog. Direktorialjahren die eidgenössische Tagsatzung. Jetzt ist das Stadthaus am Kornmarkte das Sitzungslokal des größern Stadtrathes, des Ober- und Kriminalgerichtes. Das früher als Markthalle, namentlich als Kornmagazin benützte Lokal birgt jetzt die permanente luzernerische Kunstausstellung, die Antiquitäten des historischen Vereins der fünf alten Orte und die Waffensammlung des Staates, die früher im Zeughause aufgestellt war.

Wer in alter Zeit die erste reife Frucht in's Kornhaus brachte,

14

erhielt ein Geschenk von 1—10 Gulden. Diese Frucht wurde dann am nächsten Rathstage vor den Amtsschultheißen auf den Tisch gestellt.

Neben dem Rathhause befand sich im Eckhause der Furrengasse zu ebener Erde das Wachtlokal der Stadtgarnison. Am anstoßenden Pfisterhause, in der Mitte des Platzes, ließ der Staat 1625 eine kleine steinerne Altane anbringen, von welcher herab der ehrsamen Bürgerschaft der „Ammannsatz" verlesen werden sollte. Der unter der Altane befindliche Brunnen wurde 1606 vom Zunfthause zu Schützen hieher verlegt.

Dem Rathhause gegenüber liegt das Haus Nr. 254, dessen Façade vor etwa 30 Jahren noch ganz ähnlich bemalt war wie diejenige des Hauses Nr. 212 am Weinmarkt. Vor vielen andern Häusern zeichnet sich dieses durch einen ungemein hohen Dachstuhl aus. Die Fama erzählt, der zornige Schultheiß Jakob Balthasar habe den Dachstuhl in dieser auffälligen Form deßwegen errichten lassen, weil die Kleinräthe während seiner langen Reden immer auf die Uhr an der Musegg sahen und durch Hand- und Fuß- bewegungen dem erhabenen Standeshaupte zu verstehen gaben, die Zeit zum Mittagessen sei herangerückt. Durch diese Erhöhung des Daches wurde dann der Anblick der Uhr verunmöglicht.

In der Nähe befindet sich die Wirthschaft St. Anna, jetzt zum Storchen, die 1641 von Hans Amrein gegen ein Haus mit Garten eingetauscht wurde.

Das Eckhaus Nr. 250 war in älterer Zeit mit Wand- malereien versehen, die durch ihr Colorit, wie durch schöne Zeich- nung sich gleichmäßig auszeichneten. Diese aus der ersten Hälfte des 16. Jahrhunderts stammenden Fresken stellten einen in grün und gelb[1]) gekleideten Herrn, eine Dame in rosenrothem Gewande und Fechtübungen dar; an der Thüre sah man einen Boten. Die Bilder (vgl. Geschichtsfreund, Band XXXV) waren von einem gemalten Gesimse oder einer verzierten Einfassung umgeben. An einem daselbst befindlichen Wandschranke mit schönem eisernem Verschlusse ist die Jahrzahl 1525 angebracht.

Wahrscheinlich befand sich hier die Wohnung eines Fechtmeisters.

---

[1]) Valerius Anshelm versichert, die gelbe Farbe sei in der Schweiz erst um das Jahr 1503 beliebt worden, wie die dicken Büsche aus Straußenfedern und die hohen mit Wappen gezierten Fenster, deren Besitzer er „Fenster-Junker" titulirt.

1596 verordnete der Rath, die Fechtmeister dürfen an Freitagen und Samstagen — den Sitzungstagen des Rathes — keine Lektionen ertheilen, wenn sie zu denselben Pfeife und Trommel brauchen wollen.

Im gegenüber liegenden Eckhause Nr 228 wohnte 1467 Konrad von Meggen. Als Franz d'Orello Corragioni, Statthalter im Maienthal, 1669 das Bürgerrecht in Luzern erwarb, mußte er dieses Haus in Stein neu aufbauen.

An dieses Haus stieß in alter Zeit das Wohnhaus des gewaltthätigen Johann von Bramberg, der sich 1328 das Schultheißenamt angemaßt hatte. Vor seinem Tode (1344) hatte Bramberg sein vom Stift im Hof zu Lehen gehendes Haus dem Kloster Engelberg vergabt, welches dasselbe 1356 an Burkard Ruß verlieh und 1467 an Hans Frey verkaufte. Keine Familie des alten Luzerns besaß so viele Pfeffer-Gülten wie die Frey; 1435 bezog sie 1 Pfund Pfeffer ab dem Gawertschen Haus, ½ Pfund Pfeffer ab Gerlingers Haus, ½ Pfund Pfeffer ab dem Ankenhaus unter der Ecke und ¼ Pfund Pfeffer ab dem Hause Jost Ebis; andere Häuser mußten dieser reichen Familie Ballen im Werthe von 4 Schilling zinsen. An Frey's Haus stieß dasjenige der Familie Helmlin.

Am Schwybbogen stand das „Gemürzhaus", welches Johann Meyer von Erstfelden besaß und 1557 sammt einem hölzernen Hause oben an demselben an Anna Schweigmann verkaufte.

Ein anderes Haus Brambergs ging später an die Pfisterzunft über. 1549 wurden die Schlosser und Schmiede angewiesen, ihre Waaren unter dem Bogen zu Pfistern feilzuhalten. 1576 wird der Marktplatz für „Faßmuß und Gemüse" unter die Pfisterlaube verlegt, wo er sich heute noch befindet.

Das heute noch stehende Zunfthaus zu Pfistern wurde 1576 an der Stelle eines ältern erbaut. Ueber die Entstehungszeit der Zunft weichen die Angaben bedeutend von einander ab. Eine auf Pergament gemalte, für Heraldiker interessante Wappenrolle nennt als Stifter der Zunft u. A. Junker Peter von Moos und dessen Sohn Hans; als Entstehungsjahr 1371; Andere setzen den Anfang der Zunft in's Jahr 1409 oder 1425. Die Pfister durften ihr Brod in alter Zeit nicht vor ihrem Zunfthause oder in ihren eigenen Häusern feilbieten, sondern mußten laut Urkunde von 1507 dasselbe in der Brodschol am Weinmarkte auslegen.

Im Jahre 1457 und 1558 stifteten die Pfister ihre Zunftjahrzeit im Hof und bestimmten, daß die Bußengelder zum Unterhalte
eines ewigen Lichtes verwendet werden sollen. Zur Zunft gehörten die Pfister, Müller, Pastetenbäcker und seit 1598 auch die
Schiffgesellen des Pfisternamens, die früher eine eigene Zunft und
Lade besessen hatten. Die Pastetenbäcker waren in Luzern, wo
kein Fest ohne „Kügelipastete" gefeiert werden konnte, sehr beliebt,
während die Lebkuchenmacher vom Staate verfolgt wurden. So
wurde den Lebkuchenmachern 1591 verboten, beim Spital, beim
Ober-Thor oder sonst wo in der Stadt Lebkuchen feilzuhalten,
„wöliches zu höchstem verderben der Jugent dient". Die ältesten
Zunftordnungen der Pfister und Müller datiren aus den Jahren
1464, 1469, 1494, 1545, 1598, 1642 und 1696. 1829 verwandelte
sich die Zunft in eine Gesellschaft von 24 Mitgliedern, die mindestens 20 Jahre alt, Bürger oder Gewerbetreibende sein sollten.
Wer bei Jahrzeiten fehlte, wurde um 5 Batzen zu Gunsten der
Armenkasse gestraft. Von ihrem Zunftgute lieferten die Pfister
1798 der helvetischen Regierung 2100 Gulden ab. 1876 verkauften
sie ihr Haus und theilten das Zunftvermögen; jeder der Zunftgenossen erhielt 3500 Franken.

Allerdings waren die Zünfte 1798, 19. Oktober, formell aufgehoben worden. Durch die Einführung der Gewerbefreiheit waren
auch die wesentlichen Gründe für deren Fortexistenz beseitigt. Allein
es war doch sehr zweifelhaft, ob die Zunftgenossen das Recht
hatten, ganz frei über ihr Vermögen in höchst eigennütziger Weise
zu verfügen. Schon 1835—1836 trat die Regierung mit den Zünften
in Unterhandlung wegen besserer und gemeinnütziger Verwendung
ihrer Fonds; man suchte dieselben zu bestimmen, wenigstens einen
Theil des Zunftgutes zur Dotirung einer Gewerbschule herzugeben.
Allein die Zünfte betrachteten dieses Ansinnen als einen unerhörten
Eingriff in ihre wohlerworbenen Privatrechte. Schon in der Blüthezeit des Zunftwesens hatten die Luzerner Zünfte für das Gemein-
wesen ungemein wenig gethan; nur die Safranzunft trug jährlich
80—90 Gulden an die — Stadtlaternen bei. Uebrigens war auch
der Gedanke, die Zünfte für das Staatswohl in Mitleidenschaft zu
ziehen, zu spät aufgetaucht. 1835 bestanden nur wenige Zünfte mehr.
Die im Zunfthause zu Pfistern 1506 gegründete St. Lukas-Bruderschaft z. B., zu welcher die Goldschmiede, Bildhauer, Maler, Glas-

maler und Glaser gehörten, hatte ohne Sang und Klang sich auf-
gelöst und ihr Guthaben vertheilt; die Kürschner hatten ihre Zunft
früher schon aufgehoben; die Sattler, Seiler, Maurer, Drechsler,
Wagmeister und Dachdecker hatten ihrem Vorgehen sich angeschlossen.

Zwischen der Pfistern und dem Rathhause führte in alter
Zeit eine hölzerne, seit 1484 eine steinerne Stiege an das See-
gestade, wie zu den Marktlauben unter der Ecke. Eine Ansicht des
alten Rathhauses und des Hauses zu Pfistern vor dem Baue der
neuen Eckstiege giebt Fol. 111 in Schillings Chronik, wo Herzog
Reinhard von Lothringen dargestellt wird, wie er 1476 den unter
der Ecke spielenden Kindern Gold und Silber zuwirft. Das Bild
zeigt uns zugleich noch ein längst verschwundenes Monument, das
am Eckpfeiler des alten Kaufhauses angebracht war, nämlich einen
bei einem Kreuze stehenden Ritter mit der Jahrzahl 1467. Dieses
Monument bezog sich offenbar auf einen über den St. Georgen-
schild erfochtenen Sieg im Mülhauserkriege.

Ueber den in italienischer Art gewölbten Ecklauben befanden
sich bis in's 16. Jahrhundert meist hölzerne Häuser. 1595 beschloß
der Rath, 5 hölzerne Häuser an der Ecke abbrechen und in Stein
neu aufführen zu lassen. Der Staat übernahm auf seine Kosten
nicht nur die Erstellung der Fundamente und der steinernen Bogen
bis in's erste Gemach, sondern streckte den Privaten noch 2000
Gulden zum Baue vor. In's Fundament wurden im Jahre 1600
Schwirren aus Erlenholz geschlagen. Den 15. Juni 1833 brannten
diese Gebäude, nämlich die Häuser Nr. 340—350 (vom Raben reußabwärts) an der Ecke, und die davor gelegenen Häuser Nr. 216,
217, 221, 222, 224, 225, 227 und 228 von der Metzgern bis zur
Ecke am Kornmarkt ganz oder theilweise nieder.[1] Es traten
hierauf Mauern von 8 Fuß Dicke zu Tage, so daß die Architekten
zur Ansicht kamen, es müssen hier zur Zeit thurmartige Gebäude
sich befunden haben, die zur Vertheidigung der Stadt dienten.

Am Hause der 1719 von Stalvedro nach Luzern übergesiedelten
Familie Ronka ist gegen den See hin das Wappen der Familie
von Mettenwyl mit der Jahrzahl 1596 angebracht.

Bei dem Umbau dieser Häuser wurde 1595 das Sinnehaus
abgebrochen und in's Zöpfli versetzt. Bald darnach (1601) wurden

[1] Vgl. darüber Professor J. E. Kopp: Das Brandunglück oder die
Schreckensnacht in Luzern 1833. (Mit zwei Abbildungen.)

die Leinwandhändler und Seiler gehalten, ihre Waaren statt unter der Ecke im Salzhause feilzuhalten; 1608 wurde auch der Marktplatz für Hafnerwaaren von der Ecke in's Salzhaus verlegt.

Unter dem finstern Bogen, wo eine interessante, in Stein gehauene Fratze als Schlußstein eines Gewölbes bemerkbar ist, befindet sich die 1708 concessionirte Branntwein-Wirthschaft „zum Fuchsenloch", in welcher in alter Zeit nur Fischer, „Seeren" und Holzleute einkehrten. Ueber dieser Kneipe steht das schon 1410 erwähnte Wirthshaus zum „weiten Keller", das 1577 als Personalwirthsrecht erscheint. Im weiten Keller trank man im Jahre 1540 guten Wein um 7 bis 8 Angster; der beste Elsäßer kostete per Maß 14 Angster, wie Chronikschreiber Salat meldet. Ueber 100 Jahre befindet sich dieses Wirthshaus im Besitze der Familie Stalder, die schon 1327 ein Haus an der Ecke besaß. Aus dieser Familie stammt der verdienstvolle Herausgeber des schweizerischen Idiotikons und des Werkes über die Landessprache der Schweiz, dem wir auch die Fragmente über das Entlebuch verdanken.

Die Häuserreihe von der Wirthschaft zum Raben bis zum Zunfthause zu Schneidern heißt seit 1855 das „Brandgäßlein". Wir haben oben schon des Wirthshauses zum Storchen¹) gedacht; dieses gehörte 1551 dem tapfern Amort, den die Luzerner mit dem jungen Sohne des Schultheißen Hug auf den Reichstag nach Augsburg abordneten, um Kaiser Karl V. um Hülfe gegen die Eidgenossen von Zürich und Bern zu bitten. Die Wirthe von Luzern waren also schon in alter Zeit Diplomaten.

Das hinterste Haus im Brandgäßlein gegen den See hin ist das alte Zunfthaus zu Schneidern, dessen älteste Ansicht aus dem Jahre 1512 uns Diebold Schillings Chronik darbietet. Das Zunfthaus, vor dem Jahre 1452 Eigenthum der Familie von Moos, wurde erst 1548—1552 in Stein gebaut; im letztern Jahre wurde mit dem Wappen der Schneiderzunft auch dasjenige des Waldstätter-Kapitels über der Thüre angebracht. Am 9. Februar 1492 nahm die Schneiderzunft das Vierwaldstätter Priester-Kapitel in's Stubenrecht auf; bis zur Auflösung des Bisthums Constanz machte auch die Geistlichkeit von diesem Stubenrechte Gebrauch. Freundlich und feindlich standen sich oft die Schneider und Geist-

¹) Dieses Wirthshaus wird seit 1311 häufig erwähnt neben den seither längst eingegangenen Wirthschaften zum Schaf, Greiff und Scharpfenegg.

lichen auf der Zunftstube gegenüber. In der Reformationszeit gab es nirgends mehr Neckereien des Glaubens wegen, als im Zunfthause zu Schneidern, wo die Zunftgesellen mit den Gelehrten oft in Dispute sich einließen. Am 19. Mai 1773 wurde ein Verkommniß mit dem Waldstätter-Kapitel getroffen, laut welchem der Stubenmeister gegen Geistliche, die sich unanständig benehmen würden, nachdem er sie zur Ordnung gewiesen, beim Dekan und Kammerer klagen sollte. Das Stubenrecht sollte sich nicht auf die Nachkommen von Geistlichen vererben.

Wohl durch den Beitritt des Waldstätter-Kapitels gewann das kirchliche Element in dem Leben der Zunft eine hervorragende Stelle. Die Zunft hielt drei kirchliche Jahrzeiten mit Opfergang; das Hauptfest der Zunft wurde am St. Ulrichstage gefeiert. An den großen Processionen betheiligten sich alle Zunftgenossen, denen der „Engelmeister" die Kerze vortrug. — Für jeden verstorbenen Priester mußte ein Zünftiger 30 Pater noster und Ave beten; die Priester dagegen hielten für die verstorbenen Zunftgenossen ein Memento und bezahlten für jeden Stubengesellen eine hl. Messe. Seit 1773 bezahlte die Zunft dem Dekan des Kapitels von der auf 5 Gulden erhöhten Einkaufssumme für jedes Mitglied 1 Gulden 10 Schilling. Die Zünftigen waren aller Gnaden und Abläße des Priester-Kapitels theilhaftig. Bei Kapitels-Jahrzeiten erschienen auch die Zünftigen und deren Frauen und beleuchteten das Grab. Für den Unterhalt des Zunfthauses hatte das Kapitel keine Beiträge zu leisten; doch hatten die Geistlichen in Bausachen berathende Stimme. Wollten die Geistlichen am Neujahrsessen der Gesellschaft theilnehmen, so mußten sie die Taxe zahlen; dagegen wurden an den Kapitels-Jahrzeiten zwei Zünftige gastfrei gehalten. Auch Töchter konnten sich in alter Zeit mit 4 Maß Wein und 2½ Gulden an Geld in die Zunft einkaufen.

Der schöne Zunftsaal zu Schneidern, zur Zeit ein beliebter Tanzplatz, wurde in alter Zeit zu ernsten und lustigen Anläßen viel benutzt. 1653, den 11. Juli, unterwarfen sich zu Schneidern die „Burger" der Regierung und verzichteten auf die während des Bauernkrieges der Regierung abgetrotzten Rechte und Freiheiten. 1692 führten „junge Meitle", 1719 ehrsame Bürger eine von Jost Halter komponirte Komödie zu Schneidern auf.

Die Schneiderzunft gehörte unstreitig zu den ältesten Gilden

Luzerns; die Sage setzt deren Entstehungszeit noch vor den Eintritt Luzerns in den Bund der Eidgenossen. Diebold Schilling, Etterlin, Tschudi und andere Chronikschreiber erzählen uns, die österreichisch gesinnte Partei habe sich 1352 unter dem Bogen zu Schneidern versammelt, um die Eidgenossen nächtlicherweise zu überfallen.

Im Anfang des 15. Jahrhunderts war die Zunft, in welcher die Schneider, Gewandschneider und Tuchscheerer vereinigt waren, sehr zahlreich, wie die Mannschaftsverzeichnisse zeigen. Die Zunftgenossen waren fröhliche Leute, die gerne mit Auswärtigen verkehrten. So luden am St. Marxtag 1441 die Schneider von Luzern diejenigen von Thun zu ihnen auf den Sonntag nach dem Auffahrtsfeste zu einem fröhlichen Feste, in Folge einer auf dem „Meyen" in Zug gemachten Vereinbarung. Sie meldeten ihnen, daß sie einen Wirth gefunden haben, der ihnen um 4 Denar weniger als 3 Schilling eine gute Mahlzeit mit gesottenem und gebratenem Fleisch, mit Fischen, Elsäßer- und Landwein u. a. mehr vorsetzen wolle. Die Thuner sollen also mit ihren „Umsätzen" zum frohen Feste kommen. Pfuscher waren die alten Schneider Luzerns gewiß nicht; denn wer in Luzern Meister werden wollte, mußte zuerst zwei Jahre Geselle sein und dann einen Priester zum Altar, einen Herrn oder Burger in den Rath, eine Frau zum Tanz, einen Ordensherrn in's Kloster, einen Ritter zum Turnier oder in's Feld und einen Bauern zum Pflug ausrüsten, und bei einer viertel Elle genau angeben können, wie viel Tuch man zu jedem dieser Kleider brauche. Die Verordnung von 1488 bestimmte auch, daß jeder Schneider, der nach Abends 6 Uhr noch an einem gebannten Feierabend arbeite, ½ Pfund Wachs an das Jahrzeit der Zunft entrichten müsse. Die Bußengelder, welche zur Beleuchtung und Unterhaltung des Schutzengel-Altares verwendet wurden, bezog der „Engelmeister". Nach der ältesten Zunftordnung vom 22. Februar 1467 mußte derjenige, der ein Stubenrecht ererbte, den Zunftgenossen 4 Maß guten Weines regaliren; wer einen Lehrknaben annahm, hatte an die Engelkerze 10 Plappert zu zahlen; wer dagegen seine eigenen Kinder im Handwerk unterrichtete, war von dieser Taxe befreit. Ließ ein fremder Schneider oder Weber sich in Luzern nieder, so mußte er an die Engelkerze vor dem hl. Kreuzaltar einen Gulden spenden. Im Jahre 1542 wurde bestimmt, jeder Tuchscheerer, Wattmann, Weber und Schneider

soll zum Unterhalte der Kerze jährlich 1 rhein. Gulden, jeder Lehr-
knabe aber 10 Plappert beisteuern. Bei der Revision der Zunftordnung von 1553 wurde bestimmt, wer die Gesellschaft kaufen
will, soll 4½ Münzgulden entrichten. Erst nach Erlegung dieser
Summe darf ein Zunftgenosse seinen Schild an's Brett malen lassen.

Wie andere Zünfte Luzerns, suchten auch die Schneider in
Luzern zu verhindern, daß ein Meister die andern nicht durch
Ausdehnung des Geschäftes zu sehr benachtheilige. Deßhalb wurde
den 28. Juli 1570 die Verordnung erlassen, daß kein Meister der
vier bei Schneidern zünftigen Handwerke „mehr als drei Stühl
oder Sässel mit Knächten besetze"[1]). Ein Geselle, der unter dem
Jahre seinem Meister davonlief, verlor den Lohn; wer ein Ehren-
amt ausschlug oder das Bott der Gesellschaft nicht besuchte, ver-
fiel in eine Buße von 1 Pfund Wachs an die Engelkerze. 1578
wurden alle fremden, deutschen und welschen Schneider „und dergleichen Landstreicher" auf Ansuchen der Schneiderzunft aus dem
Gebiete Luzerns verwiesen.

Nach den revidirten Statuten der Zunft vom Jahre 1598
sollte jeder Handwerker zwei Jahre Lehrzeit machen; die Arbeits-
zeit begann um 6 Uhr und dauerte im Sommer bis zum Einbruch der Dunkelheit, im Winter bis 9 Uhr. Wer „den Kunden
wärchet", ist pflichtig, für jeden Fehler 1 Gulden zu zahlen. 1617
wurde die Bestimmung aufgenommen, es dürfe kein Zünftiger
sich verehelichen oder auf eigene Rechnung arbeiten, er habe denn
nach Absolvirung der Lehrzeit vier Jahre bei einem Meister gearbeitet. Dagegen durfte ein Meister, laut Statut von 1792, bei
5 Gulden Buße nach Entlassung eines Lehrjungen an dessen Stelle
zwei Jahre lang keinen Lehrjungen einstellen.

In der zweiten Hälfte des 17. Jahrhunderts verlor die
Schneiderzunft in Luzern sehr viel von ihrem frühern Ansehen.
Viele alte Geschlechter, welche der Zunft angehört hatten, wie die
von Moos, von Lütishofen, von Wissenwegen, die Seiler, Flecken-
stein, Pfyffer, Sonnenberg, Holdermeyer, Krepsinger, Bletz, Segisser,
Hertenstein, Cysat u. s. w. starben entweder aus, oder gingen zur
Herrenstuben über, während wenige angesehene Bürger, wie die
Hartmann, Eckardt, Wägmann, Haut, Geilinger, Kaufft, Borner,

---

[1]) 1617 wurde die Zahl von 4 Gesellen gestattet.

Bell, Schindler und Meglinger zu Schneidern sich einkauften. An Umfang gewann die Zunft dagegen immer mehr, indem z. B. die Weber und Schwarzfärber sich mit den Schneidern verbanden. Da immer noch die Zünfte die militärische Eintheilung für die Waffenschau bildeten, trat dieser Umschwung sichtlich zu Tage. 1440 z. B. stellten die Schneider 16 Mann in's Feld, 1443 bei vier verschiedenen Aufgeboten je 5, 16, 15 und 12 Mann, 1474 29 Mann. Ludwig Seiler, der Anführer der Luzerner zu Murten und beim Sturme auf Bellenz (1478), war gleich Frischhans Theiling, dem Helden von Giornico (1479), als Tuchhändler zu Schneidern zünftig. Als Ludwig Pfyffer seine Heldenlaufbahn auf den Schlachtfeldern Frankreichs begann, gehörte er noch zur Schneiderzunft. Erst 1568 ging die Familie Pfyffer auf die Herren-stube über, doch erneuerten viele Mitglieder das Zunftrecht zu Schneidern. Durch den Abgang solcher Geschlechter kam die Zunft in große Verlegenheit, da sich die meisten nicht um das Statut von 1581 kümmerten, daß alle, welche in die Zunft aufgenommen werden, mit der Gesellschaft „reisen und pursen" sollen. Wir ver-nehmen, daß 1672 den 27. Februar sich die Schneiderzunft vor Rath beklagte, daß es ihr der Kosten wegen nicht möglich sei, beim Landsknechten-Umzug einen Offizier zu bekommen; sie bat, man möchte der Zunft bewilligen, gleich der Metzgerzunft, selbst einen Offizier zu bezeichnen. Der Rath bestimmte nun, ein Haupt-mann soll fortan beim Umzug 4 Gulden 20 Schilling, ein Fendrich 6 Gulden, ein Lieutenant 2 Gulden erhalten; die übrigen Kosten sollen „unter einander abgetheilt und bezahlt werden". Vermuthlich sind kurz vorher aus unbekannten Ursachen die meisten Adeligen aus der Zunft ausgetreten. So hatten sich z. B. noch 1660 sieben Mitglieder der Familie Pfyffer in die Zunft aufnehmen lassen, darunter Schultheiß Christoph Pfyffer, Oberst Jost Pfyffer und Hauptmann Franz Pfyffer, denen noch 1666 Dr. Ludwig Pfyffer folgte.

Durch die Reorganisation des Militärwesens wurde der Lands-knechtenumzug mehr und mehr eine Komödie. Desto bedeutungs-voller wurde das innere Leben der Zünfte durch den Aufschwung, welchen die Fabrikation in Luzern im 18. Jahrhundert schien nehmen zu wollen.

Im Jahre 1757 genehmigte der Rath die Statuten der Weber-

zunft, welche den Schneidern incorporirt war. 1775 wurden die
Weber und Schneider mit Hinsicht auf die Urkunde von 1555 als
gleichberechtigte Genossen zu Schneidern anerkannt.

Ebendort befand sich die Handwerkslade der Schwarzfärber,
deren neue Handwerksordnung 1584 die obrigkeitliche Sanktion
erhielt. Die Schwarzfärber hielten ihren Gottesdienst im Hof am
sog. Trübern-Altare, welcher der hl. Dreifaltigkeit, St. Jakob und
Anastasia geweiht war; an gewissen Tagen hielten sie ihre Feste
vor dem Altare des hl. Erasmus, den sie als ihren Patron verehrten. Die Mitglieder der Gesellschaft waren speziell verpflichtet,
die Fronleichnamsprozession mitzumachen. Wer ohne Mantel aus-
ging, wurde um 2 Schilling gestraft. 1628, 1671 und 1728 wurden
diese Ordnungen der Schwarzfärber bestätigt. 1691 geriethen die
Schwarzfärber mit den Leinewebern in Streit wegen der Frage,
ob die Weber ihre Arbeit selbst färben dürfen. Der gleiche Kampf
erhob sich 1775 mit den Indiennedruckern.

Es gab in älterer Zeit nur wenige Färber in Luzern; die
„Farbhäuser" waren Lehen des Staates: solche befanden sich im
äußern Wäggis bei der Hafner-Hütte am See (1625), in der Furrengasse und im untern Grund (Hochfarb). 1508 empfahlen Bürgermeister und Rath von St. Gallen an Luzern den Färber Hans
Varnbüler für das Lehen der erledigten „Mangi".

Die Färber hatten bis in den Dezember 1686 ihre Gesellschaft
zu Schneidern; ohne Vorwissen der Obrigkeit verlegten sie hierauf
ihre Zunft in den Storchen. Im Januar 1687 wurde deßhalb
der Zunftmeister auf Befehl des Rathes in's Gefängniß geworfen
und die Weisung erlassen, die Färber sollen ihre Rechnungen wieder
zu Schneidern ablegen.

Die so durch Staatsgewalt zusammengehaltene Zunft wollte
aber nicht recht gedeihen. Beim Ausbruche der französischen Revolution besaß dieselbe an Kapital nur 627 Gulden, daneben aber
noch einen Silberschatz an Bechern u. s. w. So ließ die Gesellschaft
1661 ein Dutzend silberne Apostellöffel und ein Dutzend „Granat-
äpfellöffel" verfertigen, die so gut gefielen, daß die Zunft dem
Goldschmied als Gratifikation 1 Dukaten und die Meisterschaft
auf der Zunft für seinen erstgebornen Sohn verehrte.

## IV. Der Fischmarkt oder Weinmarkt.

Einer der wichtigsten Plätze im alten Luzern war der Fisch-
oder Weinmarkt, der in zwei Abtheilungen vom Hause „zur Sonne"
bis an die Reuß sich hinzog. Der obere Theil um den Brunnen
herum, seit 1428 mit Steinplatten belegt wie alle Hauptstraßen, war
in alter Zeit der Hauptmarktplatz. Da stand in unmittelbarer Nähe
des Zunfthauses zu Metzgern, wo 1559 auch der Schweinemarkt gehalten wurde, beim Hause zur Sonne, das jetzt die Häuser der Herren
Weidemann und Halter, Nr. 220 und 219, umfaßt, die „Fleischschol". Auf der Seite gegen die Musegg lag unter einem Bogen die
„Brodschol", weiter unten, beim Bogen unter der Gerwern, jetzt Krone,
die „Lederschol"; auf der Seite bei Metzgern war die „Platte",
auf welcher die Weinhändler den Wein ablagerten, den sie zum
Verkaufe herführten; an der Stelle der Metzg bei der Reuß befanden sich die Tuchläden, gegen den Weiten-Keller die „Fischerstatt", die später unter die Ecke verlegt wurde. Das Häller'sche
Haus Nr. 205 bestand zu Anfang des 16. Jahrhunderts noch aus zwei
Gebäuden; gegen die Metzg hin stand das aus Holz gebaute Wirthshaus zum Hecht (Schillings Chronik, Fol. 206, 261 b) und die Stelle
der Apotheke nahm ein Steinhaus ein, dessen erstes Stockwerk durch
ungemein hohe Fenster sich auszeichnete (Fol. 6, 10, 261 b). — Der
geräumige Platz wurde von der lebenslustigen Bürgerschaft zur
Aufführung der Oster- und Faßnachtspiele benutzt. Hier lagen auch
neben öffentlichen Gebäuden, wie Rathhaus und Gerichtsschreiberei,
die Häuser reicher Bürger und die meisten Zunfthäuser, so diejenigen der Metzger, Gerwer, Schuster, der Krämer, das Gesellschaftshaus der Schützen u. f. w.

Das gegen Osten gelegene Haus zur Sonne, neben welchem
die Straßen an der Wäggis- und Kapellgasse vorbeiführten, war
bis in's 18. Jahrhundert ein stattlicher Bau, mit 4 Erkern geziert,
von denen 2 in den Ecken am Dache, zwei in der Mitte des
Gebäudes angebracht waren. Es war das Stammhaus der
Familie Fleckenstein, in welchem auch das Waldstätterkapitel
zuweilen sich versammelte (z. B. 1516). Hier war es, wo 1489 der
Obwaldner Künegger abstieg, als die Unterwaldner nach St. Gallen
zogen. Die Erbitterung gegen diesen Mitverschwornen des unglück-

lichen Peter Amstalden von Entlebuch war damals noch so
groß, daß Bürger und Bürgerinnen von Luzern beim Anblicke
dieses „Attentäters" sich unter der Ecke versammelten, um Künegger aus Fleckensteins Wirthshaus mit Gewalt herauszunehmen.
Den Bemühungen des Schultheißen Kramer gelang es, die Menge
zu besänftigen und Küneggers Flucht zu bewerkstelligen. Die Auf-
regung war um so begreiflicher, weil ein Obwaldner auf einem
heißen Ofen in Allikons Haus Pulver trocknete, während andere
Leitern an die Häuser anzustellen begannen.

Gegen Süden, anlehnend an's Zunfthaus zu Metzgern, befand
sich im 14. Jahrhundert das Haus des Rudolf Kottmann, das
im 16. Jahrhundert an die Familie Helmlin überging; das darunter gelegene Haus gehörte der Familie von Meggen. Vor
diesen Häusern lagen bis zum Jahre 1475 die Fleischbänke, Lehen
von Oesterreich, die 1386 an die Stadt übergingen, welche die Fleischschol dann an die Reuß, in die Lokalitäten unter dem Rathhause
verlegte. Solche Metzgrechte besaßen zur Zeit der Aufnahme Luzerns
in den Bund der Eidgenossen: die Schweigmann, die Meyer von
Erstfelden, Erler, Tripscher, Müllnau und die von Emmen.

Nach der Verlegung der Metzg diente die „Schol" zur Aufbewahrung von Leder, dann 1478 als Stall für einen gezähmten Bären.

Gegen Norden zog sich von dem mit jener räthselhaften runden Granitsäule versehenen Hause Nr. 218 a eine gerade Häuserreihe bis zur Kramgasse hinab.

Das Haus ob der Brodschol gehörte um das Jahr 1340 dem
Ulrich Buchser. Acht Jahre nach dem Brande der Großstadt
wurde (1348 oder 1378?) verordnet, der Besitzer dieses Hauses soll
verpflichtet sein, bei Feuersgefahren immer den Durchgang durch
sein Haus zu gestatten. Das gleiche Servitut wurde damals überbunden dem Hause des Johann in der Au, gelegen in der Kleinstadt zwischen dem Spital und Goldschmied Krepfingers Haus,
sowie dem Hause des Johann Huß von Bürglen und dem Zunfthause zu Gerwern.

Buchsers Haus gelangte später an die Familie Küng, dann
an die Hofstetter, die 1454 ausstarben mit Anna Hofstetter,
Tochter jenes Anton Hofstetter, der als Anführer der Luzerner
1444 im Treffen zu St. Jakob an der Birs starb.

Die „Brodschol" änderte im Verlaufe der Zeit ihre Bestim-

mung oft. Die Brodbänke daselbst waren früher im Besitze einzelner Privaten und gingen vor der Mitte des 14. Jahrhunderts
an den Staat über. Bis in's Jahr 1550 mußten die Pfister ihre
Waare unter der Brodschol feilhalten; dann wurde dieselbe bis
zum Jahre 1553 als Verkaufslokal für Schuhwaren bestimmt;
endlich wieder den Pfistern angewiesen. 1717 wurde den Wächtern
ein Unterschlauf unter der Brodschol eingerichtet. Ueber der Brodschol befand sich seit dem Ende des 15. Jahrhunderts die Wohnung
des Stadtschreibers, welche der Staat 1691 an Franz Melchior
Hartmann gegen die Münz an der Müligaß abtrat.

Neben der Stadtschreiberei befand sich die 1484 vom Staate
erbaute Gerichtsschreiberei, in welcher sich bis zum Jahre 1588 die
Amtswohnung des Gerichtsschreibers, dann bis 1606 eine Schule
befand. Im Jahre 1606 verkaufte der Staat dieses Gebäude um
1000 Gulden an Rennward Cysat mit der Bewilligung,
den Bogen unter dem Hause einzuwölben und unter der Brodschol einen Keller zu erstellen. Neben der Gerichtsschreiberei befand
sich das Haus zur Rose; weiter unten, zu Ende des 16. Jahrhunderts, die „neue Apotheke", dann das Haus der Familie Knab
beim Brunnen. Dieses gehörte vormals der Familie von Utzingen
und ging dann 1481 an eine Frau Bürgler von Lungern über,
vielleicht die Gemahlin jenes Demagogen, der zur Zeit des Am-
staldenhandels Luzern in Schrecken brachte.

Die Hauptzierde des Fisch- oder Weinmarktes bildete der
steinerne Brunnen, dessen Ständer „thurmartig, wie ein Sakraments-
häuschen", gestaltet ist. Der Brunnen, dessen Fassung in Stein
schon 1470 ein Rathstraktandum bildete, wurde 1481 dem Meister
Konrad Cur von Basel um 110 Gulden zu machen verdungen.
Als der Meister beim Vertrage nicht bestehen konnte, wurden ihm
noch 100 Gulden zugelegt. Nach einem Memorial vom Jahre
1495 soll der Brunnen auf 600 Gulden zu stehen gekommen sein.
Der Rath war mit dem Werke so zufrieden, daß er dem Meister
Cur 1505 das Bürgerrecht schenkte. „Aus der Mitte des Troges
steigt in zwei Absätzen eine polygone Spitzsäule empor. Ihre Ecken
sind — seit der vor 30 Jahren vorgenommenen „Scharrirung" oder
sog. Renovation — von Rundstäben begleitet, dazwischen treten auf
kurzen Säulen die höchst bewegten Gestalten geharnischter Krieger
hervor, bekrönt von reich geschmückten Kielbögen, auf denen eine

später erneuerte Spitze das Standbild des gewappneten Mauritius trägt."[1]) Die erste Renovation des Brunnens erfolgte im Jahre 1545; die zweite, durchgreifendere, 1746 durch Werkmeister Georg Urban von Basel und Johann Suter, Maler, von Münster. Die Kosten dieser letztern beliefen sich auf 400 Gulden. Die Wasserspeier, welche geflügelte Drachen vorstellen, rühren aus späterer Zeit und kommen auch an andern Brunnen in Luzern vor.[2])

Der schöne Brunnen, dessen erste Abbildung wir in Diebold Schillings Chronik finden, diente übrigens seit alter Zeit auch militärischen Zwecken; die Luzerner hatten die Sitte, in die Brunnenstöcke beim Ausbruche des Krieges zum Zeichen der Sammlung Fahnen zu stecken. 1531 und 1546 sah man im Weinmarktbrunnen „9 schwarze Fähnlein".

Am Weinmarktbrunnen wurden die Gerüste für die Schaubühnen befestigt, wenn die Bürger oder Studenten auf freiem Platze ein Passions-, Faßnachts- oder Schauspiel aufführen wollten. Solche Bühnen zogen sich an den drei Häuserreihen hin, so daß die Bühne in der Mitte, der Zuschauerraum terrassenartig bis zum ersten Stockwerk der Häuser sich erhob.

Im Jahre 1450 soll das Vierwaldstätter Priester-Kapitel zum erstenmal ein geistliches Drama, die in deutschen Reimen geschriebene „Urstände" aufgeführt haben. Besser beglaubigt ist die Nachricht, daß die Schüler 1453 ein Osterspiel aufführten, an dessen Kosten der Staat 5 Pfund beisteuerte. 1468 schrieb der Schulmeister im Hof, Jakob am Grund, ein deutsches Drama: „das jüngste Gericht"; die Gerechten werden im Himmel mit einer Luzerner-Speise belohnt, mit „Aepfelmus".

Um das Jahr 1477 bildete sich die Gesellschaft „der Bekrönung unseres Herren", welche sich um das Jahr 1497 verpflichtete, alle 5 Jahre zu Ehren der 5 Wunden Christi ein geistliches Drama aufzuführen. In diese Bruderschaft ließen sich die vornehmsten geistlichen und weltlichen Personen Luzerns und der Urkantone aufnehmen. Selbst der gelehrte Heinrich Wölflin, Schulmeister in Bern, war unter den Mitgliedern. Unter den Luzernern nennen

---

[1]) Rahn: Geschichte der bildenden Künste 419.

[2]) Vgl. die Abbildung im 25. Hefte von Ortwein: Deutsche Renaissance, Tafel 30. Der schönste Brunnen in einem Privathause war derjenige im Ritter'schen Palaste, jetzt in der Sakristei der Jesuitenkirche.

wir die drei Chronikschreiber Diebold Schilling, Petermann
Etterlin und Johann Salat; die drei Schultheißen Hertenstein,
Ruß, Hans Sonnenberg, und den berühmten Landsknechten-
hauptmann Heinrich Etterlin, den Kaiser Maximilian für seinen
„Triumphzug" hatte malen lassen.

Von unbedeutenden Anfängen entwickelten sich — gleich den
Passionsspielen im Oberammergau — die luzernerischen Osterspiele,
Dank der Thätigkeit der Stadtschreiber Zacharias Bletz und
Rennward Cysat, zu immer bedeutungsvollern dramatischen
Werken, deren Aufführung 2 bis 3 Tage in Anspruch nahm und
ein ungemein zahlreiches Publikum heranlockte. 100 bis 400 Schau-
spieler und 156 Musikanten traten oft in einem Spiele auf. Für
gut gelegene Fenster auf dem Fischmarkt zahlte man 1615 zwei
Dukaten. Wegen der Kriege, Pest u. s. w. konnten die Osterspiele
nicht regelmäßig aufgeführt werden; es fanden solche statt in den
Jahren 1494, 1500, 1532, 1538, 1540, 1545, 1555, 1560, 1571, 1574,
1583, 1597, 1606 und 1616. Den 14. Mai 1571 verordnete der
Rath von Luzern, daß eine Wallfahrt nach Werthenstein für die
Männer und eine solche nach Ebikon für die Frauen vor jeder
Aufführung eines Osterspieles stattfinden soll, „wyl in M. g. H.
Cantzly funden worden, das in dem vergangnen 1560 Jar, als
ouch ein Osterspil gespillt worden, ein unbekannte Person einen
Engel mit einem glitzenden Schwert tröwende am Himmel ob der
Stadt Lucern gesehen hat, auch etwas Warnungen von Maria
der Mutter Gottes empfangen, so der Statt Lucern sölle anzeigt
werden, mit Warnung zur Buß." 1597 wurde diese Verordnung
erneuert, um Gott für gutes Wetter bei den Spielen und schönen
Verlauf derselben zu bitten. Vom Nuntius hatte die Krönungsbruderschaft 1504, 1556 und 1597 Ablaß für alle Schauspieler am
Osterspiele erhalten.[1]

In Jahren, in welchen keine Osterspiele stattfanden, wurden
entweder andere geistliche Dramen oder Faßnachtspiele aufgeführt;
so 1550 der Traum des Paris, 1556 der verlorne Sohn von Hans
Salat; für 1554 war Judith bestimmt, 1541 und 1549 das jüngste
Gericht von Zacharias Bletz, 1548 Marcolfus, 1567 die alte

---

[1] Vgl. über die Osterspiele besonders Kidber im Archiv für schweizerische
Geschichte XIII. 187; Archiv des historischen Vereins von Bern V. 623. Leibing:
Inscenirung des zweitägigen Luzerner Osterspieles vom J. 1583. Elberfeld 1869.

faßnacht, 1375 die Kreuzauffindung von Cysat, 1585 das Mar-
tyrium der Apostel von Jakob Ritzius, Schulmeister im Hof,
1592 der alte und junge Cato, 1594 St. Katharina, 1596 der hl.
Wilhelm von Ritzius, 1599 das Apostelspiel von Schulmeister
Jakob Wilhelm im Hof, der hiefür eine Gratifikation von
36 Gulden erhielt; 1606 St. Leodegar ꝛc. Als die Jesuiten die
Leitung der höhern Schulen übernahmen, führten sie 1597 auf dem
Fischmarkte zuerst die Reise der Musen vom Parnaß nach dem
Schweizerlande auf; dann die Schlacht zu Kappel. Schon bei Leb-
zeiten Zwingli's war in einem Lustspiele die Reformation in Zürich
aufgeführt und Zwingli dabei in effigie verbrannt worden. 1528
wurde auch die Disputation in Bern persiflirt und dabei eine ge-
druckte Faßnachtzeitung — Faßnachtbrief — ausgetheilt, in welcher
u. a. folgende Verse vorkamen:

> Ein klag über die von Bern.
> Sy gsend den Zwingli gern.
> Der Zwingli ist grün und gäl,
> Darus brönnt man pfeffermäl.
> Dem Zwingli tuot man drewen,
> Das tuot die von Luzern fröwen.

Diese gehässige Stimmung wurde übrigens oft durch wahrhaft patriotische Produktionen verdrängt; Zeuge dessen ist mit andern jene im Besitze der Familie Pfyffer von Altishofen befindliche goldene Medaille vom Jahre 1691, worauf folgende Inschrift
angebracht ist:

> Als in einem Freudenspiele
> Zu Luzern war vorgestellt,
> Wie Eintracht der Eidgenossen
> Land und Leuth aufrecht erhelt,
> Hat vor aller Orten Botten
> Eines Edlen Pfyffers Sohn
> Zürich rühmlich wohl vertretten
> Das Ihm gabe dissen Lohn.

Dramatische Aufführungen gehörten überhaupt zu den Lieb-
lingsbeschäftigungen des Luzerner Volkes; der Luzerner Kolroß
brachte in Basel zuerst wieder den griechischen Chor auf die Bühne.

Mit der Zeit bemächtigten sich die Jesuiten der dramatischen
Produktionen und brachten es dahin, daß die Einkünfte der Krönungsbruderschaft nur noch zu Handen der Studenten-Comödien verab-

15

folgt wurden; allein das fröhliche Leben der Stadt litt hiedurch
nicht; statt auf dem Fischmarkte führten die Bürger fortan ihre
Comödien auf Zunftstuben auf; den Jesuiten aber ließ der Rath
1768 die Weisung zukommen, Schauspiele in deutscher Sprache aufzuführen, damit die jungen Leute in ihrer Muttersprache desto
besser unterrichtet werden. Durch Erweiterung des Mühlenplatzes
verlor übrigens der Weinmarkt immer mehr seine Bedeutung, so
daß mit dem Marktplatze auch die Schaubühne für theatralische
Aufführungen schon 1638 dorthin verlegt wurde.

Ein eigenthümliches Schauspiel bot sich 1529 dar. Es trat
auf dem Fischmarkte ein exaltirter Priester auf, Namens Philipp
Schweyzer, gebürtig von Mümpelgard, der vom Erzengel Gabriel
Unterricht wollte empfangen haben. Er rief: Bessert euch, thut
den Götzendienst und die Messe weg; denn diese ist der größte
Greuel vor Gott. Als Schweyzer sich vor der Obrigkeit als Wiedertäufer bekannte, wurde er geschwemmt. Die Luzerner gingen im
Prozeßverfahren ganz mit Luther einig, der in der Auslegung des
82. Psalmes bemerkte: mit Irrlehrern soll man nicht viel Dispu-
tirens machen, sondern sie auch unverhört und unverantwortet
verdammen; da die weltliche Obrigkeit das Schwert und die Gewalt
dazu zu verwenden hat, daß die Lehre rein, der Gottesdienst lauter,
unverfälscht und Friede und Einigkeit erhalten werde.

Ehe wir die wichtigern Gebäude am untern Theile des Wein-
oder Fischmarktes berühren, haben wir noch die gegen Mittag
gelegenen Privat- und Zunfthäuser zu erwähnen. Anstoßend an
das Haus des Jörg Krämer, bei dem die Schaubühne für die
Osterspiele zu Ende des 16. Jahrhunderts anfing, finden wir das
Zunfthaus zu Metzgern, neben demselben das Haus der Familie
Helmlin, aus welcher der friedliebende Schultheiß Rochus Helmlin
(† 1581) hervorging; daneben stand die Wohnung des berühmten
Schultheißen Jost Pfyffer, der hier um die Mitte des 16. Jahrhunderts Tuchhandel trieb; unterhalb desselben, am Gäßlein, das
vom Fischmarkt an die Fischerstatt führt, stand das Haus der
Familie von Wyl, aus welcher mehrere Schultheißen und der
berühmte Maler des jetzt im alten Rathhause am Kornmarkt aus-
gestellten Todtentanzes, Jakob von Wyl († 1619) abstammten. An
das Haus der von Wyl stieß dasjenige der Herren von Hünenberg, 1544 neu aufgebaut. Diese seit dem 12. Jahrhundert auf-

tretende Familie, einst reich begütert in der Centralschweiz, lebte bald freundlich, bald feindlich mit Luzern. Werner von Hünenberg fiel 1386 zu Sempach; Gottfried und Heinrich, Herren zu Wildenburg, befehdeten 1399 Luzern, wo mehrere ihrer Stammesgenossen um die Mitte des 14. Jahrhunderts Bürger waren. Die Gegend, in welcher das Haus der Hünenberg sich befand, hieß 1410 der Hünenberg-Winkel. Rathsherr Rudolf von Hünenberg bewies sich in den Glaubenswirren als ein eifriger Katholik. Möhrenwirth Othmar Hünenberg, Gemahl der Eva von Wyl, endete 1570 den Stamm der Luzerner Linie dieses Hauses. Von diesen Gebäuden verdient die meiste Aufmerksamkeit das von seinem jetzigen Besitzer mit richtigem Takte wiederhergestellte Zunfthaus zu Metzgern.

Durch ein enges Bäglein gelangt man vom Zunfthause zu Schneidern zu dem im Jahre 1533—1534 neu in Stein aufgeführten Hause zu Metzgern, das auf der Seite gegen den Weinmarkt die Wappen der Metzger und Ballenherren zeigt. Im Jahre 1458 vereinigten sich nämlich die Metzger, Fischer und Rohrgesellen wegen des Baues und Unterhaltes eines gemeinsamen Zunfthauses dahin, daß das Zunfthaus zu Metzgern das gemeinsame Zunfthaus sein soll. Die Fischer hatten den Metzgern zum Baue ihres Hauses 100 Gulden vorgestreckt. In Folge dieser Vereinigung wurde nun der Unterhalt des Hauses von beiden Gesellschaften gemeinschaftlich bestritten. Jede Zunft behielt dagegen die gesönderte Vermögensverwaltung und übernahm die Bestreitung der Kosten für die Zunftjahrzeiten und den Unterhalt der Kerzen vor dem hl. Kreuzaltar im Hof. Wir sehen aus diesem Verkommniß, daß die vor 1352 gestiftete Zunft nach dem alten Zürichkriege nicht in sehr glänzenden Vermögensverhältnissen sich befand. In Folge dieses Kompromisses wurde der Metzgerzunft auch das Kontingent der Fischer einverleibt. Während die Mannschaftsrödel aus der Zeit des alten Zürichkrieges für die Metzger 11—17 Mann ausweisen, stellte die Zunft 1474 24 Mann in's Feld.

Die Fischergesellschaft der „Ballenherren" ist eine der ältesten Gesellschaften Luzerns. Am 1. April 1415 erkaufte die Gesellschaft der Fischer mit 40 Gulden von Dietschi Seyler von Luzern einen jährlichen Zins von 2 Gulden ab Seylers Haus und Hofstatt bei dem Burggraben zu Luzern an der Hofstatt, zwischen den Häusern

des Claus von Winkel und der Brügglin, jetzt Schiffhütte genannt. Diese Gült ab einem von der Kusterei im Hof zu Erblehen gehenden Hause wird heute noch verzinset. Die Ballenherren
oder Fischmeister rekrutirten sich bald nur noch aus zwölf adeligen
und einem bürgerlichen Geschlechte (Stalder) und überließen den
gewerbsmäßigen Fischfang auf dem See und der Reuß den Lehen-
fischern. Auch die Rohrgesellen, deren Statuten der Rath 1475
bestätigte, bestanden seit Ende des 16. Jahrhunderts nur noch aus
zwölf Angehörigen von Patrizier-Geschlechtern und besaßen das
Fischerrecht vom Hofthor bis nach Ebenschwand, unter dem Burghügel von Wartenfluh, und von der dürren Fluh beim Stutz bis
an den Bagharzthurm, so daß sie mit zwei Schiffen zwei Netz lang
in den See hinaus das ausschließliche Fischerrecht besaßen. Im
16. Jahrhundert verzichteten die Rohrgesellen auf ihr Stubenrecht
bei Metzgern und hielten jeweilen am Sonntag Lætare ihr „Pott"
auf dem Rathhause; ihr gewöhnlicher Schriftführer war der jeweilige Stadtschreiber.

Für jede der drei vereinigten Zünfte bestand seit 1458 ein
eigener Vorstand; auch die Gesellschaftsessen wurden gesondert
gehalten. Die Metzger hielten ihr Essen zuerst von allen Zünften
und verbanden damit immer einen Umzug durch die Stadt, gewöhnlich mit Fackelbegleitung. Auf der Zunftstube befand sich der
„historische Ofen", dem jener Bettelknabe die Mordnacht von
Luzern verrathen haben soll. Eine Tafel, die schwerlich vor dem
Ende des 17. Jahrhunderts, wenn nicht noch später, gemalt wurde,
enthielt folgenden darauf bezüglichen Spruch:

O Offen, o Offen, was muß ich dir klagen,
Weil ich's beim Eid Niemand darf sagen:
Die Landsknecht wollen, wann's Zwölfe wird schlagen,
Alles ermorden und alles erschlagen!
Ich hab' ihrem Rath gar ernstlich zug'losen
Unter der Egg, d'rum klag' ich's dem Offen,
Und kommen noch auf dem Wasser gar vil
Zu helfen vollbringen das traurige Spil.
Ihr Brüder! losed auf's Bettelbub Klagen,
Lauf einer geschwind, thu's der Obrigkeit sagen,
Daß man mache, daß d'Gloggen nit Zwölfe thut schlagen.
So wollen wir alle Landsknecht erschlagen,
Ein andrer zur Zunft der Pfister soll ilen,
Auch die Zunft der Schnider soll nit verwilen,

Daß wir zu beiden Seiten der Egg dapfer drufschlagen,
Was wir nit fangen und gänzlich erschlagen.

Ob der Sage von der Mordnacht irgend ein historischer Kern
zu Grunde liegt, ist schwer zu sagen; fast jede Stadt hatte ihr
„Mordnacht" und fast ganz gleich wird jede verrathen. In Lübeck
z. B. erzählt ein Bettelknabe das projektirte Attentat seinem Bier-
glase. Besonders verdächtig ist die Sage deßhalb, weil gleichzeitige
Chronikschreiber und Urkunden von diesem Vorfalle nichts wissen,
dagegen aber von einem Auflaufe am St. Jakobstage 1343 erzählen. Daß die Metzger besonders anti-österreichisch waren, ist sehr
zweifelhaft; denn die Herzoge verliehen die Metzgbänke und in der
Folge treffen wir Mitglieder der Metzgerzunft in bestem Einver-
nehmen mit den Herzogen, die Metzger trugen wohl die „rothen
Aermel"; gerade die 1343 verbannten Bürger Heinrich von
Rota und sein Schwager Rudolf, Ulrich von Eich, Mathis
und Hartmann von Obernau, Rudolf und Ulrich uf der
Mure und Walter Huoter besaßen Metzgbänke in Luzern und
ein Huoter war später österreichischer Vogt in Zug. Allein die
„Mordnacht" war und blieb der Glanzpunkt in der Zunftgeschichte.
Nicht die historisch beglaubigten Heldenthaten der beiden Schultheißen Hug, nicht die weisen Räthe des humanen Schultheißen
Golder oder anderer hervorragender Zunftgenossen, wurden an
den Festen gefeiert, sondern die vermeintlichen Heldenthaten der
unbekannten und unbenannten Metzger von 1352. An solchen
Festen kreisten zwei prachtvolle Zunftbecher, der eine stellte einen
Thurm dar, der andere einen Ochsen. Mit der Zunftfahne zogen
die Metzger durch die Stadt und tanzten, zum Aerger des Rathes,
am Neujahrstage unter der Eiche.

Welcher Geist die Zunftgenossen beseelte, zeigen am besten die
Reden, die dort in der Blüthezeit der Stadt gehalten wurden.
Großhans Bürkli, der in den Burgunder- und Mailänder-
kriegen mitgefochten hatte, sagte einmal: wir Luzerner haben unsere
Landschaft, mit einziger Ausnahme von Sursee, erkauft; selbst das
Haar aller unserer Landsaßen gehört uns! — In den Tagen der
Ligue war das Zunfthaus zu Metzgern der Ort, wo sich die
königlich gesinnte Partei versammelte. Dort entstand 1583 ein
Spottgedicht auf den Herzog von Savoyen wegen dessen Stellung
zu Genf. Die Untersuchungsakten sind nicht uninteressant, weil sie

zeigen, wie damals solche Lieder entstanden. Der Rath zog Martin
Müller als den Urheber des Gedichtes vor Gericht. Müller
gestand zu, er habe den Anfang des Liedes gemacht; Andere haben
weitere Strophen hinzugefügt. Am Neujahrssonntag wurde das
Lied vom „Savoyer" zuerst gesungen.

Der Staat hatte mit den Metzgern in alter Zeit gar viel zu
schaffen; denn er hielt streng auf gehörige Beachtung der Zunftordnung und untersuchte durch die „Fleischschauer" seit den ältesten
Zeiten das Fleisch, dessen Preis er jeweilen festsetzte. Die umfangreichste Metzgerordnung, die zugleich die meisten ältern Verordnungen in sich schließt, datirt aus dem Jahre 1470. Diese enthält folgende Angaben über die Fleischpreise:

1 Pfund „Widrin-Fleisch" soll gelten 7 Häller, 1 Pfund „Lember-
fleisch" 7 Häller, „Owen und Rauchen" 5 Häller. Bestes Rindfleisch 6 Häller, geringeres 3—5 Häller. „Rindfleisch, das kurzlich
geheilet ist" 2 Pfund je 11 Häller. „Zitt-Kuhfleisch, das nit kalbret
hat" 2 Pfund 11 Häller, geringere Qualität 3—5 Häller. 2 Pfund
gutes Kuhfleisch 11 Häller. „Kitzisfleisch" das Pfund 8 Häller.
1 Pfund Kalbfleisch 5 Häller. 1 Pfund „Stierisfleisch" 5 Häller.
1 Pfund „Bergisswinisfleisch" 7 Häller; 1 Pfund „Heilgaltzis"
6½ Häller.

Der Verkauf von „losigem und finnigem" Fleisch war streng
verboten. Schweine durften nicht vor St. Bartholomäustag ge-
schlachtet werden; eine große Wurst von Schweinefleisch mußte
1 Pfund schwer sein und durfte nicht mehr als 10 Häller gelten;
fünf kleinere Würste mußten zusammen 1 Pfund schwer sein.

1 Pfund „geheilts Böckis-Fleisch" und „Zytgeiß" galt 6 Häller.
1 Pfund „ungeheilts Böckinsfleisch" und 1 Pfund „Geissin-Fleisch,
so nit Gitzziegend hat", kostete 4 Häller.

Kein Fleisch durfte verkauft werden, bevor dasselbe von dem
Fleischschätzer als gut und gesund erklärt worden war. Gesalzenes
Fleisch durfte in der Fleischschol nicht verkauft werden. Metzger
durften kein Wildpret, ebensowenig Hasen oder Dachsen aufkaufen.
Für Würste durfte weder Rind- noch Kuhfleisch verwendet werden.
Zungen durften die Metzger nur zum Hausgebrauch salzen. Un-
gesundes Fleisch soll in den See geworfen, mageres Fleisch soll
eingesalzen und von dem Metzger selbst gegessen werden. Unschlitt
von fettem Vieh darf nicht auf mageres Fleisch gelegt werden.

Hammen, Haupt, Krös, Ohren müssen besonders verkauft werden; das Netz dagegen muß bei dem Fleisch bleiben, ebenso die Niere. Kein Metzger darf mehr als eine Bank haben und nicht mehr als zwei zusammen eine; dagegen dürfen wohl mehrere zusammen Vieh kaufen und dann mit einander theilen. Wo Viehkrankheiten herrschen, dürfen Metzger kein Fleisch kaufen. „Beinbrüchig und erfallen Fleisch" darf, wenn dasselbe sonst gesund ist, nur unter den Thoren verkauft werden. Die Metzger sind verpflichtet, mindestens ½—1 Pfund Fleisch auf Verlangen abzugeben. Alle Fronfasten findet ein Untersuch der Waagen und Gewichtsteine statt und namentlich wird dabei untersucht, ob das Pfund genau 36 Loth halte.

Oberhalb der Reußbrücke durfte kein „Usschindling" in's Wasser geworfen werden. Zum Waschen ist der untere Steg bei der Sinne bestimmt. Das Wasser aber, welches für das „Schint-hus" nöthig ist, soll vom obern Stege genommen werden.

Metzger durften bei 10 Gulden Buße kein Fleisch außer Land verkaufen (1479).

Den Metzgern war es gestattet, in Häusern von Viehbesitzern einzelne Stücke zu schlachten; solche Personen hatten den Metzgern von jedem Ochsen, der 7 Gulden werth war, 4 Schilling Metzger-lohn zu entrichten; von jedem Haupt Vieh, das weniger als 7 Gulden galt, 3 Schilling; von jedem Schwein, das 2 Pfund galt, 2 Plappert.

Im Jahre 1497 wurde die Metzgerordnung revidirt. Bald nach 1470 hatten die Metzger der Stadt sich zum gemeinsamen Betriebe ihres Handwerkes vereinigt; 1475 bestimmte der Rath, es dürfen nicht mehr als zwei Metzger in einem derartigen Societäts-verhältniß stehen.

Die eigentliche Zunftordnung für die Metzger datirt aus dem Jahre 1502.

Diese neue Metzger-Ordnung enthält folgende Bestimmungen: Die Metzgbank erbt jeweilen der älteste Sohn eines Metzgers. Hat ein Metzger keine Söhne, so wird die Bank frei und fällt dem ältesten Meister zu, der noch keine Bank besitzt. Nur Bürger, welche zwei Jahre in der Stadt das Metzgerhandwerk erlernt und ausgeübt haben, dürfen Metzger sein. Jeder verheirathete Metzger soll eigen Feuer und Licht haben. Ein verheiratheter Metzger darf nicht bei einem Wirthe wohnen. Wer zu Ostern metzget.

muß, bei Verlust seines Metzgerrechtes, das ganze Jahr hindurch
metzgen. Wer einen Lehrknaben oder Gesellen annimmt, muß
dem Kerzenmeister einen römischen Gulden entrichten.

In ihren wesentlichen Theilen blieb diese Zunftordnung, die
1684 durch die Einfügung der Bestimmungen über die „Klein-
und Groß-Metzger" erweitert wurde, bis 1798 bestehen. Damals
betrug das Zunftvermögen 15,000 Gulden. Als vor 6 Jahren
die Zunft sich auflöste und das Zunfthaus verkaufte, erhielt jeder
der zehn Metzger 3500 Franken; die Ballenherren, acht an der
Zahl, erhielten für ihr Miteigenthumsrecht am Zunfthause je
2200 Franken. Die Ballenherren hatten schon 1474 die Bewilligung erhalten, gleich andern Bürgern, zwischen der Hofbrücke und
der Stadt zu „triblen und zu fischen", wenn sie ein Gesellschafts-
oder Nachbarschaftsessen halten wollten, doch sollten sie vorher
jeweilen den Probst, als Besitzer des Sees, um die Erlaubniß
bitten.

Neben dem Zunfthause zu Metzgern befindet sich die vormalige von Lauffen'sche Apotheke, in welcher ein Mörser aus dem
Jahre 1550 aufbewahrt wird, der die Inschrift trägt: Stultorum
incurata pudor malus ulcera celat. Landvogt von Lauffen stellte
sich im Juli 1765 ganz betrübt vor den Großen Rath und ließ
vortragen, „was mißliebiger Umstand und besonders großes, sein
Herz beklemmendes, auch seine adeliche Familie beschimpfendes
Unglück ihm zugestoßen, indem seine zweite Tochter Maria
Ursula sich mit Dr. Josef Menzis von Willisau verehelichet,
anbei höchlich betheuret, daß er, Herr von Lauffen, nicht den min-
desten, weder mündlichen, weder viel weniger schriftlichen Beifall
oder Verwilligung zu dieser Heirath gegeben, deßetwegen er um
gnädigste Legitimation flehentlich anhalte, und demüthigst bitte,
solchen Unfall ihm nicht zur Last legen zu wollen, auch selbsten
durch Herrn Vorsprechen die Resignation seiner Rathsstelle zu
etwaniger Satisfaction Unsern gnädigen Herrn und Obern, Räth
und Hundert, anerbotten, allein bittend, hochdieselben möchten seine
Kinder in Gnaden ansehen und selbe eines solch' geschehenen Fehlers nicht entgelten laßen". Der Rath bezeugte dem Landvogt sein
„Mißfallen über seine nicht genugsam gehabte väterliche Aufmerksamkeit", nahm die anerbotene Resignation an und erkannte, diese
Heirath soll der Ehre der Familie nicht nachtheilig sein. Meister

Leonhard Mengis aber soll fortan seinen Dienst — als Scharfrichter — „nicht mehr exerciren". Scharfrichter, deren Weiber und
Kinder dürfen fortan nicht mehr in den Familiengräbern bei
Franziskanern, sondern nur noch in dem eigens assignirten Platz
im Hof beerdigt werden; ebenso soll den Scharfrichterfamilien nur
der letzte Kirchenstuhl ohne Sitzplatz offen stehen.

Die Angaben des Landvogtes von Lauffen über das adelige
Herkommen seiner Familie bedürfen übrigens der Berichtigung.
Die von Lauffen von Luzern stehen mit dem alten Basler Adels-
geschlechte, dem der berühmte Buchdrucker Helias Helie in Beromünster angehörte, in keinem Zusammenhange. Die ältesten in
Luzern eingebürgerten Glieder dieser Familie waren Bauern aus
Neuenkirch und Sempach, die in Luzern Gewerbe ausübten, die
in adeligen Kreisen verpönt waren. So finden wir die ältesten
von Lauffen als Wirthe zum Schlüssel, Buchdrucker, Rasirer und
Apotheker. Des Scharfrichters Brautwerbung kann daher den Vergleich mit dem Tanze des geadelten „Schelm von Bergen" nicht
aushalten. In Luzern erlosch übrigens schon frühzeitig der anderwärts strikte innegehaltene Unterschied zwischen ehrbaren und unehrbaren Gewerben. Hiezu trugen namentlich päpstliche Bullen
bei, z. B. jene von Sixtus IV. vom Jahre 1479, laut welcher in
Luzern den Ausrufern und Weibeln wie andern Christen das
heilige Abendmahl gespendet werden soll.

Durch ihren Gewerbsfleiß erwarben die von Lauffen Reichthum und kamen hiedurch in Verbindung mit den vornehmern
Geschlechtern Luzerns, denn bei diesen galt so gut wie in Deutschland und anderwärts die Verbindung mit häblichen Leuten nicht
als entehrend. So wurde ja schon 1485 auf dem Turniere zu
Bamberg bestimmt, „welcher aus altem Turniers-Geschlechte eines
ehrbaren Bürgers fromme unverläumbte Tochter um seines Aus-
kommens willen heurathet, doch also, daß ihm die unter 4000 Florin
nicht zubrächte, dem soll man es nicht verargen und ihm und seine
Kinder (zum Turnier) reiten lassen". Viele der hervorragendern
Luzerner betrieben übrigens in alter Zeit Handwerke, die auch
nicht zu den angesehensten gehörten; so waren ja zahlreiche Schultheißen Metzger, andere Gerber. Diese Emporkömmlinge waren
auf ihre Herkunft ebenso stolz, als einst König Agathokles von
Sicilien auf seinen alten Töpferruhm.

Neben der Apotheke, am Gäßchen, das zum Herren- oder Weitenkeller führt, steht das mit einer Façaden-Malerei gezierte Haus Nr. 212, gegen die Reuß hin mit einem Erker versehen. Von diesem mit alterthümlichen Thüren, Fenstern und Gewölben versehenen Hause zieht sich ein unterirdischer Gang nach der Volks-sage bis zum Wasserthurme; nach Vermuthung des Herrn Schult-heißen Bell ist der Gang nur ein Ausfallspörtchen aus der alten Stadtmauer. Hier befand sich vielleicht das 1502 erwähnte Schwe-sternhaus an der Rubenstatt, die bereits 1431 erwähnt wird. Eine andere Rubenstatt lag 1536 vor dem Hofe, am Weg zum See.

Nördlich vom Brunnen lagen zwei Zunfthäuser; das sehr schöne und wohlgelegene Zunfthaus zu Gerwern, einst Erblehen des Stiftes im Hof, und das der Schuster. Die Façade des erstern war, wie Martini's Grundriß zeigt, zu Ende des 16. Jahr-hunderts bemalt; im letzten Jahrhunderte dagegen war, gerade wie zur Zeit, als Diebold Schilling seine Chronik schrieb (1511), nur das erste Stockwerk bemalt. Es zeigte, wie man aus der folgenden Abbildung entnimmt, welche den Bundesschwur beim alten Weinmarktbrunnen von 1332 darstellt, in der Mitte eine Brettmeisterin, welche an Ketten zwei gekrönte Löwen hielt, von denen der eine in seinen Pranken einen Faßhahnen, der andere das Gerwermesser hielt. Hinter den Löwen standen zwei Geharnischte[1]), welche Spruchbänder hielten, auf denen man las:

> Do man zalt nach gottes geburt 1332 jar,
> Nam der gerwern ehrliche gesellschaft ir anfang (für) war
> Drum bin ich der wirt und gerwer knecht,
> Der gastpfennig kommt mir recht.

In der zweiten Hälfte des 15. Jahrhunderts (1455) vereinigten sich die Gerwer mit den Wirthen und 1502 mit den Rebleuten zu einer Zunft, deren Geschichte von Herrn Franz Xaver Schwytzer einläßlich im Geschichtsfreund (XXVII, 190—229) behandelt wor-den ist. Wir wollen nur zur Ergänzung derselben hier einige Züge mittheilen. Die Stube der Wirthe wird zuerst 1410, zuletzt 1461 erwähnt. Die Zunftstube zu Gerwern war gleich derjenigen zu Metzgern immer bevorzugt bei festlichen Anlässen, bei welchen der Staat fremde Gäste bewirthete, z. B. bei Durchzügen von Truppen

---

[1]) Fol. 261 b in Schillings Chronik zeigt wenigstens einen der Geharnischten, auf andern Bildern fehlen beide aus Mangel an Platz.

aus den Urkantonen, bei Bundeserneuerungen und Faßnachten. So wurden auf Gerwern und Metzgern 1458 die Surseer bewirthet, die zur Faßnacht nach Luzern kamen. Auf dem Affenwagen und zu Gerwern hielt der Staat 1464 die Schwyzer und Unterwaldner gastfrei, die aus dem Felde heimkehrten. Bis zum Jahre 1582 hatten die Gerwer die Gewohnheit, den Fendrich ihrer Zunft, begleitet von Saitenspielern, zu allen Weinhändlern und Wirthen zu senden, um Wein für ihr Zunftfest abzuholen, das jeweilen am Aschermittwoch gefeiert wurde. Der Rath verfügte damals, das Fest soll fortan zu anderer Zeit stattfinden und der Zunft-

fendrich soll ohne Saitenspiel seine Rundreise machen. — In alter
Zeit hatten die Gerwer, wie das Bürgerbuch von 1374 sagt, ihre
Waaren in den „Schalen" in der Klein- und Großstadt aus-
gestellt. Unter den Zunftgenossen zu Gerwern ragten besonders
hervor: Schultheiß Peter von Hochdorf (1339—1341), Schultheiß
Kramer, Schultheiß Walter am Rhyn und Schultheiß Johann
Martin Schwytzer.

1852 verkauften die drei letzten Zunftgenossen zu Gerwern ihr
Haus um 37,142 Franken; der neue Besitzer nannte sein Haus
„die Krone".

Neben dem Zunfthause zu Gerwern lag dasjenige der Schuhmacher, deren älteste Zunftordnung zu Anfang Mai 1404 die
obrigkeitliche Genehmigung erhielt. Spätere Zunftordnungen stammen aus den Jahren 1513, 1592 und 1608. Allgemeine Bestäti-
gungen ihrer Freiheiten und Rechte erhielten die Schuster vom
Rathe von Luzern in den Jahren 1500, 1565 und 1757. Im
Jahre 1491 stifteten die Schuster ihr Zunftjahrzeit und einigten sich,
den Tag ihrer Schutzpatrone Krispin und Krispinian besonders
feierlich zu begehen. Das „Bott" wurde im 16. Jahrhundert oft
am Fronleichnamstag gehalten; der Rath untersagte den Schustern
1374 das Tanzen an diesem Tage. Im politischen Leben Luzerns
spielten die Schuster nie eine eingreifende Rolle; es gab in dieser
Zunft, so viel uns bekannt, keine besonders hervorragende Männer,
keinen Hans von Sagan, Jakob Böhme oder Hans Sachs, Schuhmacher und Poet dazu. Der Rath sorgte auch durch seine Verordnungen dafür, daß kein Schuster vor seinen Zunftgenossen sich
besonders auszeichnen konnte; denn die Verordnung von 1639
schrieb vor, es dürfe kein Meister mehr als drei Stühle haben
und keiner dürfe beim Stück arbeiten; dagegen wurde schon 1559
gegen die hausirenden Schuster eingeschritten und die Zahl derjenigen, die auf „Stören" gingen, beschränkt. Noch 1704 wurde
verboten, Schuhe auf Märkten feilzuhaben. 1637 wird verordnet,
kein Schuster dürfe auf einem Lehen arbeiten. Welche Anforderungen an ein „Meisterstück" der Schuhmacherei gestellt werden
müssen, wurde 1705 festgesetzt. Die Schuster Luzerns mußten nicht
nur beim Leisten bleiben, sondern auch für Erhaltung des Katholizismus sorgen; deßwegen wurde 1710 bestimmt, daß nur solche
Wanderjahre bei der Erlangung der Meisterschaft gezählt werden

dürfen, welche der Schusterjunge an katholischen Orten zugebracht habe. 1810 verkauften die Schuster ihr seit 1425 an dem Wein- oder Fischmarkte gelegenes Haus (Nr. 210, jetzt Gloggner'sches Haus), an dessen Façade schon im Jahre 1511 der von zwei Löwen gehaltene Zunftschild gemalt war, um 8000 Franken an Heinrich Müller, der ihnen überdieß ein Stubenrecht in seinem Gasthause zur Waage einräumte. Auf dieses Stubenrecht verzichteten die Schuster 1876 und theilten ihr Zunftgut; jeder der 11 Jünger des hl. Krispin und Krispinian steckte bei diesem feierlichen Anlasse 1200 Franken in die Tasche.

Auf der Schuhmacherstube waren die Sattler, die in alter Zeit niemals durch eminente Kunstfertigkeit sich auszeichneten, geduldete Gäste. Sie hielten, weil weder zahlreich, noch besonders begütert, nur alle zwei Jahre ihr Bott am Tage der hl. Simon und Juda. Unter den Sattlern Luzerns zeichnete sich Schultheiß Lukas Ritter, Oberst in Frankreich († 1562) besonders aus; er galt, wie eine Schrift von 1563 sagt, als „der fürnemste Eid- genosse". Ohne Zweifel hat Ritter's Fürsprache der Sattlerzunft 1559 die erste Freiheitsurkunde erwirkt. Als 1572 der Rath den Sattlern ihre Freiheiten bestätigte, wurde die Bestimmung auf- genommen, sie dürfen außer in Stifte und Klöster nicht auf die Stören gehen. Allein bald machten sich Klagen gegen die Sattler bemerkbar; man fand, sie überfordern ihre Kunden. Deßhalb wur- den die Sattler 1575 und 1581 mit Kassation ihrer Rechte bedroht, wenn sie die Leute nicht gebührlich halten. 1591 wurden sämmt- liche Sattler vor den Rath gestellt, wo ihnen der Schultheiß be- deutete, wenn sie nicht bessere Waare liefern, „werde man sie schicken, woher sie gekommen". Die Ermahnung fiel nicht auf un- fruchtbaren Boden; der Rath bestätigte 1595 nicht nur die Frei- heiten der Sattler, sondern verfügte auch zu deren Gunsten, daß die Schuster fortan keine Roßhäute mehr kaufen dürfen; dagegen sollten die Sattler diese Häute auch nicht mehr von „Kafflern oder Wasenmeistern", sondern nur noch von Bauern erwerben. Im 16. und 17. Jahrhundert lebten die Sattler in beständigem Streite mit den Rechenmachern und Gürtlern; mit den erstern wegen der Frage, wer das Recht habe, „Pflegelkappen" zu machen; mit den letztern wegen der Fabrikation der Wehrgehänge, Patrontaschen, Bandalieren und „Hosenträger". Die letzte Bestätigung ihrer Rechte und Freiheiten erhielt die Sattlerzunft 1642 unter dem Vorbehalte, daß sie gute und billige Waare liefere. Bei der Ledigsprechung eines Sattlerlehrjungen sollten nach Verordnung vom Jahre 1707 nur drei Meister anwesend sein, deren jeder 30 Schilling vom Lehrjungen erhalten sollte.

Unterhalb der Gerbern befand sich das Wirthshaus zum Einhörnli, das 1695 in die Eisengasse transferirt wurde; später ging dieses Haus an die Familie Pfyffer von Wyer über.

Das Eckhaus am Fischmarkt gegen die Mühlegaß, wo man von der Mühlegaß auf den Roßmarkt, die Reußbrücke und an den Fischmarkt geht, hieß 1501—1564 das „Haus zum rothen Schwert". Noch zwei andere Wirthschaften lagen am Fischmarkte: der Hecht — der Corragionischen Apotheke gegenüber — schon 1509 erwähnt, und das Wirthshaus zu Raben — anstoßend an das jetzige Rüttimannische Haus — am Mühlenplatz. Im Raben beging ein Student 1705 an einer Magd einen Mord, flüchtete sich in die Jesuitenkirche und provocirte dadurch einen interessanten Konflikt zwischen den Jesuiten und der Regierung wegen des Asylrechtes.

An der Ecke der Judengasse fällt der Weinmarkt allmälig gegen die Reuß ab; diese Senkung heißt seit dem 16. Jahrhundert das Metzgerrainli.

In der kleinen Häuserreihe zwischen dem Metzgerrainli und dem Weinmarkt steht das Wirthshaus zur Linde, das im 17. Jahrhundert besonders häufig seine Besitzer wechselte; es galt damals 1800 bis 2300 Gulden.

Gegen die Reuß hin schließt jetzt die Waage das Metzgerrainli ab. Der Gasthof zur Waage nimmt den Platz ein, auf welchem in älterer Zeit das alte Rathhaus, die Stadtschreiberei und das Zunfthaus zu Schützen sich erhoben. Gegen die Rubenstatt hin lag die Fischerstatt. Unter diesen vier Häusern befanden sich theils bedeckte Markthallen, theils Keller, welche dem Staate gehörten.

Das alte Rathhaus an der Reuß, in welchem schon 1349 Sitzungen gehalten wurden, gehörte dem Stifte im Hof, von welchem es die Bürger 1367 zu Lehen empfingen. Im alten Rathhause waren 1397 noch keine Glasfenster; die Fenster waren mit Pergament überzogen; erst 1437 wurden für die große Rathstube Glasfenster bestellt. 1432 wurden noch für die kleine Rathstube

„Cilachen" angeschafft. Für die große Stube wurde 1457 ein Leuchter
angekauft, der 3 Schilling 4 Denar kostete. 1462 begann man den
Rathsaal mit Bildern zu schmücken; damals malte Hans Wind
aus Bern ein Muttergottesbild, welches 1 Pfund kostete; ein zweites
Bild wurde 1463 um 2 Pfund Heller für die große Stube angekauft. Später wurde zur Dekoration der Decke eine Rosette angebracht. — Wie überall, wurde auch in Luzern das Rathhaus
nicht ausschließlich als Sitzungslokal für die Behörden benutzt.
1463 wurde der Antrag verworfen, das Rathhaus als Lokal für
die Schirmschule zu verwenden. Gleichzeitig wurde den Geistlichen
der Vierwaldstätte untersagt, im Rathhause ihre Kapitels-Sitzungen
abzuhalten. Da das Rathhaus sehr klein war, wurde in wichtigen
Fällen, wie z. B. 1474 bei der Berathung über die Burgunderkriege, der Saal der Fritschizunft als Sitzungslokal benutzt. 1484
erfolgte der Neubau des Rathhauses am Kornmarkt. Das alte
Rathhaus an der Reuß wurde zuerst als Schulhaus benutzt (1503),
später als Wirthshaus zum „rothen Gatter". Eine Ansicht dieses
alten Rathhauses von der Seeseite bietet unser Bild auf Seite 145.
Nach demselben war das Rathhaus mit einem kleinen spitzen
Thürmlein vor den andern Gebäuden ausgezeichnet. Ohne Zweifel
hing in diesem Thürmchen das Rathsglöcklein, das schon in den
zur Zeit des Morgartenkrieges niedergeschriebenen Satzungen mehrfach erwähnt wird. — Als das Haus seinen öffentlichen Charakter
verlor, wurde das Thürmchen abgetragen.

Als Herzog Ulrich von Württemberg aus seinem Lande vertrieben wurde, kam er nach Luzern und logirte zuerst bei Wilhelm
Richard zum „rothen Gatter"; allein der Wirth überforderte ihn
so, daß der arme Herzog den Schutz der Behörden anrufen mußte,
der ihm auch den 29. November 1519 zu Theil wurde. Der unglückliche Herzog, befreundet mit Peter zu Käs, Ritter Werner
von Meggen, Seckelmeister Hans Haas, Vogt Anton Bili, dem
spätern Schultheißen Hans Hug und Stadtschreiber Heinrich von
Alikon, wurde den 27. Dezember 1519 Bürger von Luzern und in
der Folge Mitglied der Schützengesellschaft. Der verarmte Herzog,
der in Luzern oft sein düsteres Lied sang: „Ich schell mein Horn
in's Jammerthal", bestieg vor seiner Uebersiedlung nach Mümpelgard, wohin ihn der Humanist Schilling von Luzern als Hofmusiker
begleitete, noch den Pilatus (1520). — Später kam das Haus

zum „rothen Gatter" an Hans Kochli, dann wurde es wieder Schul-
haus. Um das Jahr 1581 kaufte der Staat das Haus zum „rothen
Gatter" von Jakob Rowia um 600 Gulden und trat es fünf
Jahre später der Safranzunft ab.

So kamen denn die beiden Zunfthäuser zu Safran und zu
Schützen, wie früher in der Kleinstadt, auch in der Großstadt wieder
neben einander zu liegen.

Vor den beiden Zunfthäusern stellten sich am „Fritschtag"
die Landsknechte auf. Zum Andenken an die angebliche Mordnacht fand jährlich am „großen Dinstag in der Messe nach dem
Nachtmal" der „Umgang im Harnisch" oder der sog. Landsknechten-Umzug statt, mit welchem die Harnischschau verbunden war.
Besonders großartig war dieser Umzug zur Zeit des sog. Am-
stalden-Handels (1479), wo die waffenfähige Mannschaft der ganzen
Landschaft freudig unter die Waffen geeilt war, um der Obrigkeit ihre Anhänglichkeit zu bezeugen; es war, wie Diebold Schilling
schreibt, „der größt und hübschist Umgang zu Luzern, als er in
hundert Jahren je gewesen". Mit der Harnischschau war auch
die Gefechtsübung verbunden[1]). Die eine Abtheilung stellte in
späterer Zeit die „Oesterreicher" dar, die andere die Eidgenossen.
Am Abend bewirtheten die Herren die Metzger auf ihrer Zunftstube, nachdem die Mannschaft vorher schon im sog. Landsknechten-
loche auf der Musegg eine Erfrischung eingenommen hatte. Oftmals wurden die Aemter nicht zur Harnischschau eingeladen, um
Kosten zu ersparen, so z. B. 1554. Damals aber kamen die getreuen Unterthanen — mit Ausnahme derjenigen von Büron und
Merischwand — auf eigene Faust in die Stadt und zogen, 1800
Mann stark, vor dem Zuge der 600 Bürger einher. Beim Umzuge vom Jahre 1540 zählte das Kontingent der Stadt 700 Mann;
es mußten nämlich alle Bürger und Hintersaßen sich an demselben
betheiligen, und zwar diejenigen, welche 200 Gulden besaßen, im
Harnisch.

Allein nicht immer ging der Zug in allem Ernste vor sich;
die Obrigkeit mußte mehrmals ernste Verbote erlassen, weil Krieger
in Frauenkleidern als Fähndriche einherzogen. 1584, 1596, 1612

---

[1]) Im 17. Jahrhundert finden wir einen vom Staate besoldeten Trüllmeister
für die Knaben, der ein Einkommen von 29½ Gulden erhielt.

und 1613 wurde dieser Mißbrauch vom Großen Rathe abgestellt
mit Hinweis darauf, daß „diese Metzen bei Frömbden und hei-
mischen großes Ergerniß verursachen, durch ihr fräches und liecht-
fertiges Benehmen" und daß „diese Maskerade für die kriegerische
Nation spöttlich und große Verkleinerung sei". Schon Diebold
Schilling klagte, daß der Umzug nicht gehörig gewürdigt werde;
diese Mißachtung einer kriegerischen Institution führte bald dazu,
daß der Umzug jede praktische Bedeutung verlor. Der Staat suchte
die Bevölkerung wieder auf den Werth desselben aufmerksam zu
machen. Am Samstag vor Apolonia 1604 wurde deßhalb verordnet: „in Anbetracht, daß vormalen ein Anzug beschehen, wie
unsere Altvordern den Umzug uf des Bruder Frütschings Tag uß
guten Ursachen angesehen, sonderlich aber, daß man iederzyt sehen
möchte, wie man mit Harnisch und Gwöhren versehen und ver-
faßet sye, das aber in Abgang kommen wöllte", es sollen fortan
„allwegen jährlich 2 Goumet uß der Statt umbzüchen... namlich,
uff das hürig Jar söllen sich gefaßt machen und umbzüchen die
im Fischmärkt und Capellgassen Goumeten gesetzen, samt dem
Hof, Halden und Mortal, und im dritten Jar die im Affenwagen
und Pfistergaßen Goumeten samt dem Obergrund, Moos, Bruch
und Nidergrund, doch söll einem jeden nützit desto minder fry
gelassen syn umzezühen, wenn er will, obschon der Keer nit an
Jm wäre; die aber, an denen der Keer ist, söllent schuldig sin,
umzezühen by M. g. Herren Ungnad und Straf". In älterer
Zeit marschirten an der Spitze des Zuges die Schützen, dann die
Klein- und Großräthe, endlich die Bürger und Hintersäßen zu
Dreien im Gliede. In der Folge artete der Umzug immer mehr
aus. „Die Hure"[1] bildete eine wesentliche Figur; die Offiziere
mußten die Zunftbrüder bewirthen; die Soldaten verschossen in
unnützer Weise Pulver; statt der Waffenübung trat eine Knei-
perei in den Vordergrund, dazu kam noch eine Seefahrt uud eine
Anpumpung der Wirthe. Die Metzger insbesondere maßten sich
einen großen Einfluß an, indem sie das Recht prätendirten, ihre
Zunftfahne voraus zu tragen. Im Jahre 1699 wurde deßhalb
ernstlich erwogen, ob man diesen Umzug noch länger halten wolle.

---

[1] Schon 1434 kleidete sich Henne Engelberg als Mann; der Rath ließ sie
anfragen, ob es well, daß man es geschowe, ob es sie ein knab oder ein tochter.

Die Mehrheit des Rathes stimmte für dessen Beibehaltung, um die Jugend für das Militärwesen zu begeistern; doch sollte der Verschwendung des Pulvers Einhalt gethan und das Weinholen in den Häusern abgestellt werden. Wer aus der Fremde heim-kehrte, durfte erst im zweiten Jahre nach seiner Heimkehr, ein Hochzeiter erst ein Jahr nach seiner Verehelichung von den am Berchtoldstag versammelten Zunftgenossen zum Hauptmann er-wählt werden. Den Offizieren blieb die Abhaltung der Seefahrt anheimgestellt.

Im Jahre 1713 wurde der Landsknechten-Umzug, der zur bedeutungslosen Ceremonie herabgesunken war, abgeschafft. Die Fritschizunft verlegte dafür ihren Umzug auf den Tag, an welchem der Landsknechten-Umzug stattgefunden hatte, und nahm zur Er-innerung an die vormalige militärische Feier einige „Harnisch-mannen" mit; die „Hure" wurde zur „Fritschinen". Der berühmte Bildschnitzer Schäfer verfertigte zwei Fritschi-Masken, die bei den Umzügen getragen wurden. Schon der verständige Josias Simler von Zürich († 1576) hat richtig herausgefunden, daß der Fritschi-zug eine militärische Bedeutung habe, und daß die Volkssage von dem lustigen Bruder Fritschi, der zur Zeit der Burgunder-kriege gelebt habe und zu dessen Ehren der Umzug stattfinde, eines historischen Kernes ermangle.

Felix Balthasar hat im „Neujahrsgeschenk für die luzern. Jugend pro 1780" die Ansichten seiner Zeitgenossen über den Fritschi reproduzirt und aus Schillings Chronik die Stelle über den Fritschizug nach Basel mitgetheilt, dabei aber den Text willkürlich geändert, indem Schilling sagt, man habe „einen ströwin Mann" Bruder Fritschi genannt, während Balthasar die Strohpuppe einen „frölichen Mann" nennt. Schon Cysat beging eine ähnliche Mysti-fikation; er hielt dafür, Fritschi, gestorben 1480, habe nach seinem Wohnorte Friedrich an der Halden geheißen. Durch Andre, Zschokke und dergleichen Autoren wurden diese Irrthümer weiter verbreitet, so daß jetzt nur wenige Luzerner an der Existenz Fritschi's zweifeln. Solche Sagen haben wir in der ganzen Welt zu ver-zeichnen; so beschrieb zuerst Shakespeare in seinem „König Lear" eine steile Kreideklippe bei Dower; jetzt sagt das Volk, auf dieser habe Lears Haus gestanden und nennt sie Lears-Klippe.

Der militärische Geist der alten Luzerner manifestirt sich in

dem Antrage, daß kein Luzerner Mitglied des Kleinen Rathes werden könne, der nicht mindestens den Rang eines Hauptmannes
besitze.

Während in späterer Zeit Maskenzüge zu den Liebhabereien
gehörten, suchte der Staat früher dieselben zu verunmöglichen, so
wurde z. B. 1417 und 1429 bestimmt, daß man denjenigen nicht
Recht sprechen wolle, die gegen den Willen des Rathes „ir antlit
vermacht und in Tüfels wis oder in Böggen wis" ausgehen. 1429
wurde überhaupt verboten, andere Kleider zu tragen, als diejenigen, in denen man in der Kirche oder auf dem Markte er-
scheine. Drei Jahre später finden wir das Mandat, es dürfe niemand an eine Kirchweihe gehen, „anders denn als er zu Kilchen
gat, weder mit Spillüten, noch mit Harnisch".

Wahrscheinlich nimmt das Zunfthaus zu Schützen einen Theil
des Platzes ein, auf dem das Haus der Herzoge von Oesterreich
am Fischmarkt stand.

Zu Anfang des 14. Jahrhunderts war dieses Haus, wie der
österreichische Urbar sagt, öde; Burkard von Frick meinte, man
könnte aus einem solchen Hause einen jährlichen Zins von 5 Pfund
ziehen. Später, zwischen 1317 und 1318 wohnte hier die Geßlerin,
Wittwe Johann Geßlers. Um die Mitte des 14. Jahrhunderts
war das Haus nicht mehr; vermuthlich ist dasselbe im Brande
von 1340 zu Grunde gegangen. Herzog Albrecht von Oesterreich
belehnte den 19. Dezember 1355 in Wien den jungen Johann
von Waltpach, Bürger von Basel, mit dem Burglehen und
der Hofstatt „da etzwenne unser Haus an dem Vischmarcht in
der merer Stat zu Lutzern auffgestanden ist". Auf dieses Haus
hatte Herzog Leopold zu Gunsten von Ritter Heinrich Geßler
1316 eine Verschreibung um 20 Mark Silber errichtet. 1362,
17. März, verpfändet Bischof Johann von Gurk, Kanzler der
Herzoge von Oesterreich, dem Werner von Stans, Bürger von
Luzern, der Herzoge von Oesterreich Hofstatt, gelegen zu Luzern am
Fischmarkt, um 140 Mark Zofinger Gewichtes.

Wahrscheinlich haben wir in einem der kleinen Häuser bei der
jetzigen Waage auch die Wohnung der letzten in Luzern ansässigen
Sprossen der einst nicht uneinflußreichen Familie Geßler von
Brunegg zu suchen. Wilhelm Geßler wohnte schon 1427 in Luzern;
1428 wurde er Bürger. Wilhelm Geßler ließ 1431 seine Frau Anna

von Stürfis ihrer Missethat wegen „und ouch, daß sie mich so gröblich übersehen hat" in Brunegg einkerkern. Ulrich von Herten-stein, Geßlers Oheim, befreite die Gefangene und Geßler gelobte den 25. September 1451, deßhalb weder an Hertenstein, noch an Schultheiß, Räthen oder Bürgern von Luzern Rache zu nehmen; er verließ darauf Luzern.

Dieses Haus der Herzoge von Oesterreich ist wohl identisch mit jenem neben der Stadtschreiberei an der Reuß, welches der Rath 1429 der Schützengesellschaft als Gesellschaftshaus und Trinkstube, doch unter Wahrung des Eigenthumsrechtes zur Benutzung abtrat, mit dem Vorbehalte, daß das Gebäude an den Staat zurückfallen soll, wenn die Gesellschaft sich auflöse. 1451 verließen die Schützen das Haus in Folge ihrer Vereinigung mit dem Affenwagen, ohne das Haus dem Staate sofort zurückzustellen. Der Staat ließ das Haus 1540 und 1585 neu aufbauen.

Diese beiden Zunfthäuser zu Schützen und Safran waren durch eine gemeinsame Stiege verbunden. Am Hause zu Schützen brannte vor dem Muttergottesbilde auf der Stiege alle Samstage und an jedem Vorabend vor einem Feiertage eine Laterne.

Das Leben und Treiben der beiden Gesellschaften zu Schützen und zum Fritschi, so weit solches sich zum Affenwagen in der Kleinstadt abspielte, haben wir bereits oben erzählt. Es bleibt uns nur noch übrig, die letzten Zeiten dieser Gesellschaften zu berück-sichtigen und einige Züge aus der ältern Zunftgeschichte nachzu-tragen. Wie fast alle andern Zünfte des alten Luzern feierten auch diese den Neujahrsabend oder „Singabend", wie dieser Tag z. B. schon 1519 genannt wird, gemeinsam auf den Zunftstuben; man erwartete das Neujahr nicht im trauten Familienkreise am hei-mischen Herde. Mit besonderem Glanze feierte die Gesellschaft zu Schützen jeweilen den St. Fridolinstag, an welchem die Eidgenossen 1446 den Sieg zu Ragaz erfochten hatten. Die Gesellschaftsmit-glieder wohnten zuerst dem kirchlichen Gedächtnisse in der Franzis-kanerkirche bei, dann versammelten sie sich zu einem Festmahle auf der Gesellschaftsstube. An die Kosten des Festes steuerte der Rath seit alter Zeit 20 Schilling bei. Da die Schützen damals 13 bis 20 Mann in's Feld stellten, war der Staatsbeitrag nicht unbeträchtlich. Im Jahre 1469 wurde der St. Fridolinstag vom Rathe als hoher Feiertag anerkannt und die Verordnung getroffen, daß an diesem

Tage niemals Rath gehalten werden soll. Mit der Begründung des Patriziates wurde die Gesellschaft zu Schützen eine „adeliche Gesellschaft". Zweimal in der Woche war dort Gesellschaft, Sonntags und Donnerstags; in der Faßnacht überdieß jeden Dienstag 9 Uhr. — Beim Eintritte in den schönen, reich dekorirten, aber zu niedern Saal, mußte man sich vor jeder Person, der man vorgestellt wurde, verneigen, obwohl fast Jedermann, wie Graf Curti versichert, sich in einem „négligé indécent" einfand. Für die Beleuchtung der Säle mit Kerzen sorgten abwechselnd die einzelnen Familien. Fremden fiel der allzu intime Verkehr zwischen beiden Geschlechtern auf.[1]

Vermuthlich versteht Curti unter dem „négligé indécent" die einfache Bürgertracht, in der die Anhänger der guten alten Sitte an Werktagen aufzutreten gewohnt waren. Wir wissen aus einer großen Reihe von Mandaten, daß es erst nach langen heftigen Kämpfen gelang, die luxuriöse französische Tracht in Luzern einzubürgern. Im Jahre 1672 z. B. genehmigte der Rath von Luzern folgendes Kleidermandat: Wer außer an einer Frauenhaube Spitzen trägt oder „überflüssige Bindellen", verfällt gleich demjenigen, der einen „Rock über den Boden nachschleipft" „oder mehr als ein Breislin an Brüsten oder zweifach gestäptete Breislin oder Breislein in neuer Form" trägt, in eine Buße von je 20 Pfund; 20 Gulden zahlt, wer „nüw erdichte mode einführt, wie derjenige, so aus der Fremde heimkehrt und in 4 Wochen ungewohnte Kleidertrachten nit wegthut". „Ebenmäßig diejenigen, so Gold- oder Silber-Stuk tragen." — Bürger oder Handwerksleute zahlen aber nur die Hälfte dieser Strafe. „Standspersonen, so mit großen Kappen in der Höche, Ohren und Zöpfen fälen" — zahlen 10 Gulden. Neue Zobelkappen sind bei Confiscation und 10 Gulden Buße verboten. Wer einen verbotenen Kragen oder ein weißes Kräglein trägt, zahlt 10 Gulden. Standespersonen sind weiße Spitzen an Fürtüchern und Göllern bei 20 Pfund, den gemeinen Leuten bei 10 Pfund verboten. Hochzeiter, welche ihren Verwandten „Fozelet, Krägen oder Hauben" schenken, werden mit 10 Pfund gebüßt.

---

[1] Strenge Gesetze sorgten für die Sittlichkeit; 1752 wurde z. B. bestimmt: eine liederliche Person, welche mit Mehrern zu thun gehabt hätte, soll „umgetrummet werden".

Gürtel mit köstlichen Steinen sind Standespersonen bei 20 Gulden
Buße verboten; gemeine Personen zahlen beim ersten Auftreten
in solchen Gürteln 20 Pfund; beim zweiten Uebertreten des Ge-
botes erfolgt die Confiscation des Gürtels. Dienstmägde, welche
Kräglein tragen, werden zuerst mit 5 Pfund, dann mit der „Trülle"
bestraft. Tragen Dienstmägde „Schöß, Umläufe an den Brüsten,
Schluten, Ermel oder Käpplein à la mode" — so trifft sie die
gleiche Strafe. Tragen sie „Halsketti oder silberne Halsketten,
silberne Gürtel und Strümpfe wider die Ordnung", so zahlen sie
5 Pfund und verlieren diesen Schmuck, wenn sie zum zweiten Male
damit erscheinen. Eine Magd, die Seidenzeug trägt, wird zuerst
mit 5 Pfund, dann mit der Trülle bestraft. Das Jahr zuvor hatte
man bereits einzelne Bestimmungen über Luxusartikel erlassen.

Die Kleiderordnung von 1671 bestimmte, die Frauen und
Töchtern von Standespersonen dürfen die bereits angekauften
Zobelpelze tragen, jedoch sollen sie „daran die unflätige Höche
und die wüsten Zöpf neben den Ohren änderen, und solche auf
eine nidere und ehrbare Form richten lassen". Eine Kappe darf
höchstens 15 Kronen kosten. Handwerksleute sollen „allein Kappen
von Otter oder geringeren Brämen, aber gar keine Marter tragen".
„Die geschnegglete, gekrößlete und gefäßerte Krägen mögen von
Standts-Personen.. auf's meiste vierfach, aber nit mehr als halb
dritthel Ellen hoch; von den gemeinern Bürgers- und Handwerks-
Leuten . . . aber mehr nit als zweyfach getragen werden . . . Die
blauen Krägen sind ganz verboten. Glatte Kräglein mit und ohne
Spitzen sind verboten, ebenso weiße Spitzen."

Die Aufsicht über die gehörige Handhabung der Kleiderordnung
in der Stadt führten — drei Chorherren. Eines dieser Mitglieder
„der Ehren-Commission" notirte sich sorgfältig alle jene Frauen
und Töchter, selbst die jungen Herren, die nach seiner Meinung
gar zu köstliche Kleider trugen. Da lesen wir in dem für den Rath
ausgearbeiteten Memorial folgendes:

„Frau Landvögtin Maria Johanna Baptista von Sonnenberg
hat ein damastenes Kleid mit einem Bando, rothen Boden, mit
wißen und andern underschidlichen Blumen und eines mit oliva-
grünem Boden mit gar vilen Blumen. Frau Maria Anna Meyer
hat ein Damast, libfarb ausgeschlagen; ein wißen Damast à la
fleur naturel und ein dunkele Gstalt mit allerhand Blumen. Frau

Landvögtin Maria Theresia Dürler hat ein damastines Kleid mit grünem Boden, großer Rosen und andern Blumen und eines mit nägelibrunem Boden und wißen gespunnenen Blumen. Meister Josef Stalders Frau hat ein libfarben damastene Gstalt mit underschidlichen Blumen. Maria Barbara Iwiler hat ein roth camelotenen Rock und ein brun comelots Kleid. Catharina Huwiler dienet by Herr Josef Antoni Reinerth, hat ein calamanderen Gstalt mit einem gelben Boden und rothen Strifen."

Nicht weniger als 72 Frauen, Töchter und Mägde hatte der Herr Chorherr auf seinem „Sündenregister" notirt, darunter auch „Junker Ehrengesanten Balthasars Frau Liebste". Wie der Rath diese Verächterinnen der strengen Gesetze bestrafte, deren jede in ihrer „Gstalt" vor den drei Chorherren oder dem gesammten Rathe auftreten mußte, ist nicht notirt. Das aber wißen wir, daß die Ehren-Kommission ihre Obliegenheiten sehr streng zu erfüllen suchte. So wurde z. B. 1766 die Frage aufgeworfen, „ob diejenigen Frauenzimmer, welche französisch oder allgemein europäisch gekleidet gehen, im übrigen auch der sämmtlichen Reformation (Kleiderordnung) unterworfen sein sollen". Unter dem 1. März 1766 wurde beschlossen, „alles Silber und Gold soll verboten sein, ausgenommen den Mannspersonen erster Klasse ein glattbordirter Hut, wie auch ein Gold- oder Silber-Knopf auf den Kleidern, dann dem Frauenzimmer von leichtem Gold- oder Silber-Brocard das Käpplein-Bödelein und Muzlein, wie auch die Reis-Kleider für beyderlei Geschlecht, doch nur außer unsrer gnädigen Herren und Oberen Bottmäßigkeit zu tragen. Deßgleichen sollen den Manns-Personen, wes Stands und Condition sie seyen, die mit Steinen besetzten Schuhschnallen, die Manchetten von Blonden und auswärtigen kostbaren Borderyen, auch alle gedoppelten oder mehrfachen Manchetten, Manns- und Weibs-Personen, wie auch diesen letzteren alle Spitzen, davon die Elle über 1 Gulden 20 Schilling steiget, verboten seyn. Alles ausländische oder sonst kostbare Pelzwerk, woran es immer sein möchte, nur allein Pelzstöß und Palatinen oder Halskräglein für Weibspersonen, und Pelzstöß für Manns-Personen erster Classe ausgenommen." Mannsbilder dieser Klasse dürfen tragen: einfärbige seidene Kleider, wie auch schwarzen glatten Sammet zu Camißöleren, und Hosen; hingegen sind verboten alle mehrfärbigen und geblümten Seidenzeuge, Damast, Attlas

u. f. w. — Den 8. Jänner 1777 erließ der Rath folgendes Mandat: „Alle Frauen, die sich französisch zu kleiden gedenken oder schon gekleidet sind, sollen an Sonn- und Feiertagen in der Stadt nicht anderst als in schwarzer Kleidung öffentlich erscheinen, und es soll sie hiervon kein Vorwand schirmen. Von gutem Geschmuck sind nur bewilligt: Ohrengehänge, deren Werth 300 Münzgulden nicht übersteiget, Fingerringe, gute Perlen und Granaten um den Hals, doch nur an einem Seidenfaden, und ohne Coulans. Von falschem Geschmuck aber anders nichts, als Ohrengehänge, Bracelets, Schuhschnallen und Perlen um den Hals; alles Haargeschmuck aber ohne Ausnahme, und alles übrige Halsgeschmuck, soll durchgehends verboten bleiben. Die Mannspersonen, mit Ausnahme der Stabs-Offiziere, sollen von Gold- und Silber-Borden anders nichts, als eine glatte Hutschnur und Knöpfe tragen. Für beyderley Geschlecht werden auch die allzukostbaren Spitz und Blondes des gänzlichen verbotten."

In den Jahren 1785 und 1790 wurde der letzte Feldzug gegen den Hauptschmuck der Frauenzimmer eröffnet, indem alle „Verzierungen auf den Hüten außer einem seidenen Bande, namentlich alle Steine, Perlen, Federn und Blumen" wegdekretirt wurden.

Der französische Reisende Montaigne machte schon im 16. Jahrhundert die Bemerkung, daß die Schweizer im Auslande in den kostbarsten Kleidern auftreten, die sie zu Hause nicht tragen dürfen.

Die Frauen des alten Luzern scheinen übrigens auch sonst noch von den strengen Rathsherren in ziemlich vielen Vergnügungen gehemmt worden zu sein.[1]) Im Jahre 1696 z. B. wurde ihnen verboten, in der Faßnachtszeit mehr als wöchentlich zwei- oder dreimal Spielgesellschaften zu halten; „den ledigen Töchtern ist das Spielen mit Karten und Würfeln totaliter aberkannt." Dieses Mandat war besonders gegen die Bürgersfrauen und deren Töchter gerichtet, während die Patrizierinnen zu Schützen mit Spielen sich unangefochten unterhalten durften. Empfindlicher war wohl noch der Streit um den Kopfputz, der 1685 begann. Da-

---

[1]) Im Verfügungsrecht über ihr Vermögen waren die Luzernerinnen freier als z. B. die Schwyzerinnen, die laut Landrecht nur über 5 Pfund Schwyzer Währung und „ihro angeschnittes bestes Hauptloch" verfügen konnten, d. h. über das Häubchen.

mals wurde verordnet: „Perruquen sollen in bescheidenlicher ehr-barer Form und anständiger Länge getragen werden; daß aber auch junge Frauen sich underfangen wollen, mit fremden Haaren sich aufzuputzen, soll keineswegs gestattet werden."

Die Schifflein-Kappen sollten zwar als eine neue Tracht ver-boten sein; da sie aber einige Personen wegen Blöde des Hauptes tragen, sind sie gestattet; sofern nur geringes Zeug und kein Zobel-pelz, weder Gold, noch Silber, Spitzen, Schnüre, Gestück, Sträuß-lein oder Federn daran angebracht werden.

An hohen Gästen fehlte es zu Schützen nicht; wir nennen z. B. den außerordentlichen französischen Ambassador de Leon und Mareschal Bassompierre, deren Empfang und Bewirthung zu Schützen den Staat 1630 auf 544 Gulden zu stehen kam, Herrn von Belleville, Gubernator von Neuenburg, dem zu Ehren 1736 eine „dekorose Assemblée" gehalten wurde, und den Prinzen Eduard von England, der im Dezember 1787 einem Balle beiwohnte. Bei Maskenbällen mußten sich laut Verordnung von 1760, zur Verhütung von Beleidigungen, die Vermummten nach dem dritten Tanze entlarven. — Die Gesellschaft besaß außer einem in Gülten angelegten Vermögen von 14,000 Gulden, sehr schönes Silber-geschirr; 1642 z. B. 25 Becher und eine silberne Credenzplatte im Gewichte von 879½ Loth. Das Zunfthaus wurde zeitweise als Rathhaus, 1702 als Schulhaus, 1798 als Kanzlei der helvetischen Regierung benützt, 1799 hielt der Kriegsrath im sog. Assemblée-Saal seine Sitzungen. 1807 kaufte die Gesellschaft von General Pfyffer das wohlgelegene Haus am Graben (Casino) und ver-kaufte das alte Gesellschaftshaus an den Wirth Müller, welcher das Haus zum Gasthof zur Waage umbaute, wozu er 1836 auch das Zunfthaus zum Fritschi oder Safran erwarb.

Wie die Gesellschaft zu Schützen, hatte auch diejenige zu Safran oder Fritschi ihr eigenes Haus früher in der Kleinstadt. Im Jahre 1585 wurde Stadtschreiber Rennward Cysat beauf-tragt, im Rathe einen Vortrag zu halten, welcher darauf abzielte, beide Gesellschaftshäuser in die Großstadt zu verlegen, wo der Rath ob der Metzg 1585 zwei Steinhäuser hatte erbauen lassen. Cysat hob hervor, die Ehre Gottes und der Ruhm der Stadt fordere diese Verlegung; denn die Zunfthäuser, in welchen ein ungebührliches Wesen, Getös und Geschrei herrsche, wo man

spiele und — namentlich zum Fritschi — Gott lästere, liegen zwischen zwei Kirchen, am Spital und bei der Schule. Krankenpflege
und Studium leiden unter diesem Unwesen; namentlich sei es
unpassend, daß man in unmittelbarer Nähe von Beichtenden und
Sterbenden tanze, springe, singe und schreie. Die Rede Cysat's
war vom besten Erfolge gekrönt. Wie die Schützen, siedelten auch
die Krämer 1586 in das neue Zunfthaus über; doch war ihrer
Gesellschaft hier nicht jenes hohe Ansehen eigen, das sie vormals
besessen hatte. Denn die Gesellschaft rekrutirte sich, da der Handel
nicht mehr als ehrenvoll galt, seit dem 17. Jahrhundert aus Ge-
werbetreibenden; dagegen repräsentirte sie immer noch das lustige
Element durch die Zunftessen und Umzüge. Zur Zeit der Helvetik
besaß die Zunft ein Vermögen von 7480 Gulden und an Silbergeschirr 17 silberne Becher im Gewichte von 473 Loth. Mit dem
Jahre 1798 wurden die Freiheiten und Rechte der Zunft zu Grabe
getragen; „freier Handel und Wandel" war gestattet; lange
grollten die Zünftler zum Fritschi nicht, sondern schickten sich in's
Unvermeidliche; 1840 verkaufte sie ihre Tabakstampfe neben der
Reuß, 1856 das Haus zu Safran, erwarben ein Stubenrecht im
Theater und schrieben „Gemüthlichkeit" statt „Vorrecht" auf die
Fahne. Nur „Fritschi" und die Schützen-Gesellschaft haben sich
von all' den alten Zünften und Gesellschaften Luzerns erhalten
und das Zunftvermögen noch nicht unter die Nutznießer vertheilt.
An das Haus zum Fritschi lehnte sich die Stadtschreiberei an.

Die Stadtschreiberei an der Reuß nimmt die Stelle ein,
auf der sich früher das sog. Raubhaus schon vor der Entstehung
der Stadt soll befunden haben. Das Haus wurde in älterer Zeit
von italienischen oder französischen Geldwechslern, den Cawertschen,
bewohnt[1]), und hieß deßwegen das Cawertschen-Haus. Von
Heinrich von Hochdorf kaufte die Stadt 1367 das vom Stifte
im Hof zu Erblehen gehende und dem österreichischen Vogte in
Rothenburg zinspflichtige Haus. Die Stadt errichtete darin zuerst
eine Wechselbank, die von 1383—1425 in Betrieb war, dann über-
ließ sie es dem Stadtschreiber zur Amtswohnung (1429). Hier
wohnten die beiden einflußreichen Stadtschreiber Egloff Etterlin

---

[1]) Ueber dieselben vergleiche J. J. Amiet im Jahrbuch für schweizer. Geschichte II, 143—165.

und Melchior Ruß. An Letztern verkaufte die Regierung 1485
das Cawertschen-Haus um 185 Gulden mit der Verpflichtung,
hievon einen jährlichen Zins von 1 Pfund Pfeffer zu entrichten.
Von Ruß erwarb der Staat nochmals das Haus, um selbes wieder
an Unterschreiber Hans Kiel zu verkaufen. Unter Kiel wurde
die Umbaute und Vergrößerung des Hauses durch Ankauf einiger
gegen den Fischmarkt und die Judengasse gelegener kleinerer Häuser
vorgenommen. Damals wurde jenes Haus zugekauft, das der
Staat 1421 dem Priester Kaspar von Moos verpachtet hatte;
vielleicht auch das an der Cawertschenstiege gelegene Haus des
Heinrich von Meggen, das 1461 erwähnt wird und früher dem
Steinmetzen Welti Furter gehörte. In den Jahren 1501—1528
wurden an dem Hause sehr erhebliche Baureparaturen vorgenommen. Eine Ansicht des alten Hauses, von der Reuß her,
bietet Schillings Chronik fol. 191, worin das Haus noch als sehr
unbedeutend erscheint; eine zweite Ansicht vom Weinmarkt her
gibt Schillings Chronik auf fol. 6 b und 261 b. Wir sehen hier
gegen die Judengasse wie gegen den Fischmarkt über dem Erdgeschosse Vordächer angebracht. Den Neubau stellt der Martinische
Stadtplan von 1595 dar. Damals überragte das Haus, welches
mit hölzernen Lauben gegen die Reuß versehen war, die anstoßenden Gebäude an Größe und die beiden stark abgestiegten Feuer-
mauern schirmten dasselbe nach zwei Seiten. Kiel's Erben verkauften das nicht ausgebaute Haus an den aus Zürich eingewan-
derten Apotheker Konrad Klauser, der an demselben weitere
bauliche Veränderungen vornahm, die bereits den Einfluß Hans
Holbein des Jüngern erkennen lassen.[1]) Wie bedeutend diese Veränderungen waren, geht daraus hervor, daß Klauser dem Staate
1515—1526 nur für die von den Stadtbaumeistern vorgenommenen
Bauten in Holz und Stein über 320 Kronen entrichtete. Beträchtlich
waren auch die übrigen Auslagen für den innern Ausbau des
Hauses, wie die zwei noch erhaltenen Zimmer zeigen.

Konrad Klauser ließ im Jahre 1523 durch Meister Hans
Küng, welcher die Decke der Schmiedstube in Zürich verfertigt
hatte[2]), eine Hauskapelle erstellen, deren Decke in gekreuztem Stab-

[1]) Vgl. über die Baugeschichte dieses Hauses J. Amberg im Geschichtsfreund
XXXIII, 109 f.
[2]) Rahn im Zürcher Taschenbuch 1879, 146 ff.

werk die Brustbilder Christi und der vier Evangelisten, wie in den mit Laubwerk gezierten Einfassungen den Stammbaum Christi von Abraham bis auf Maria und Christus darstellt. Auf diesem zierlich gearbeiteten und sorgsam bemalten flachen Relief sind die Buchstaben H K mit der Jahrzahl 1525 angebracht, während auf der einen Langseite die in zwei Reihen übereinander stehenden Bilder der Heiligen Erasmus, Beat, Konrad, Jost, Johann Baptist, Agathe, Magdalena, Anna, Maria und Jesus von Engeln umgeben in etwas zu steifer Haltung in architektonischen Umrahmungen, unter üppig geschmückten Einfassungen erscheinen. Auf der Fensterwand ist über dem Bilde Maria Verkündigung die hl. Katharina abgebildet[1]); auf der zweiten Langseite und der schmalen Eingangswand erblicken wir biblische Scenen mit kleinen Gestalten, nicht ohne Geschick, aber zu flüchtig behandelt und den andern Bildern entschieden nachstehend.

Ein zweites Gemach enthält in den sechseckigen Schlußsteinen die Gestalten der Lucretia, Amors, des Priamus, der Thisbe und der auf einem Löwen reitenden Cybele.

Außer diesen Malereien sind bemerkenswerth die schönen Netzgewölbe zu ebener Erde, namentlich in der Hausflur, die mit Stabwerk gezierte Hausthüre und die Dekorationen über den Fenstern der Apotheke.

An diesem Hause war der sog. „Fischtrog" oder die „Fischbank", d. h. eine noch 1729 renovirte steinerne Altane, die mit sog. Fischblasen geziert war, angebracht, auf welcher die zum Tode verurtheilten Verbrecher zur Schau ausgestellt wurden. Seit dem Jahre 1625 wurden hier auch die Geldstagpublikationen verlesen, während früher die Kanzel im Hof zu diesem Zwecke in Anspruch genommen wurde. Dort fanden auch schon um die Mitte des 16. Jahrhunderts die Ganten statt. In dem 1853 beseitigten Fischtrog, vom Volke auch Armen-Sünder-Läubli genannt, wurden auch verschiedene Ehren- und Körperstrafen vollzogen, so z. B. wurde hier im Jahre 1653 dem Kürschner Wilhelm Probstatt wegen Injurien gegen die Obrigkeit die Zunge geschlitzt, während ein anderer eif-

---

1) Vgl. darüber Woltmann in den Recensionen, Wien 1864, Nr. 36, und Holbein I. 225 f; Amberg, im Geschichtsfreund 33, 107 ff; Rahn, Geschichte der bildenden Künste in der Schweiz, S. 520; Zürcher Taschenbuch l. c.

riger Politiker, der Pastetenbäck Walter Meier, mit heiler
Haut davon kam, weil er, nach dem unverfänglichen Zeugnisse
eines Prälaten, „Pasteten von ausgezeichnetem Geschmacke" zu
machen verstand. Hier wurde 1760 die Schrift verbrannt, in welcher
zuerst die Tellsage als fable Danoise erklärt wurde. Den 20. September 1752 stand der 64jährige Bartholomä Kneubühler von
Willisau am Pranger, weil er gesagt hatte, er werde Schultheiß
von Luzern, dann komme die Zeit, wo statt der Rebellenköpfe auf
dem untern Thore die „Peruquen" aufgesteckt und alle Herren an
einen Haufen geworfen werden.

Auf dem vor dem Fischtroge gelegenen Platze am Fischmarkte
wurden auch in alter Zeit Baargerichte gehalten und Todesurtheile an Bürgern vollzogen, während Fremde vor der Stadt
hingerichtet wurden. Der „rothe Gatter", von dem oben die Rede
war, bedeutete ursprünglich, wo die Gerichte noch öffentlich unter
freiem Himmel gehalten wurden, die Gerichtsschranke. Auf dem
Fischmarkte stellte man vom 14. bis tief in's 15. Jahrhundert hinein auch öffentliche wie Privaturkunden aus. Dem Armen-Sünder-
Täubli gegenüber, unter dem Gasthause zur Linde, befand sich
später bis zur Einführung des neuen Criminalstrafgesetzes die
Lasterbank, auf welcher die Criminell-Bestraften ausgestellt wurden;
die Falliten wurden hier „vergügglet". Falliten und Konkursiten
durften im alten Luzern weder Wirthshäuser noch Tanzplätze besuchen und sollten laut Mandat von 1651 in „Nördlinger"
kleiden.

Unterhalb des Rathhauses und der Zunfthäuser bis zur
Fischerstatt am Hause der von Lütishofen (später Corragioni)
zogen sich vom „Stock" bis zum „obern Schwybogen" Lauben,
welche für die Jahrmärkte, später für Metzglokalitäten benutzt
wurden. Es gab in Luzern nur zwei große Jahrmärkte, deren
einer noch in die Zeit zurückreicht, in welcher die Aebte von Murbach über Luzern geboten: die Messe am St. Leodegarientag,
während die andere 1417 vom autonomen Rathe eingeführt wurde.
Die Gewandleute von Straßburg, welche an der Schol ihre Waaren
auslegten, mußten die für jene Zeit sehr beträchtliche Summe von
1 Gulden als Standgeld entrichten. Einheimische Gewandschneider
dagegen zahlten für zwei Messen nur 10 Schillinge. Während
unsere Krämer im 15. Jahrhundert noch die fremden Messen in

den Rheinstädten, z. B. in Frankfurt, frequentirten, suchten sie
fremde Krämer immer mehr von Luzern abzuhalten oder deren
Handel in Luzern so viel wie möglich zu beschränken. Von Schultheiß und Rath von Luzern wurde 1527, Mittwoch nach Laurenz,
folgende Marktordnung auf Ansuchen der Krämer-Bruderschaft
erlassen:

Wer zu kleines Maß und Gewicht führt, soll nach altem
Herkommen bestraft werden. Niemand darf mehrere Stände am
gleichen Markte haben. Wer Waaren feil halten will, muß sich
in die Zunft einkaufen. Krämerwaaren dürfen nicht an der Ecke
feil gehalten werden. Nur solche Krämer, welche in der Stadt
säßhaft sind, dürfen alle Tage feilhalten; fremde nur an Dinstagen;
durchziehende Krämer nur 2 Tage, um die Zeerung zu erlösen.
An Feiertagen vor der Messe darf Niemand feilhalten. — Der Ort,
wo die fremden Krämer ihre Waaren im 16. Jahrhundert feilhalten mußten, hieß in früherer Zeit der Kindermarkt. Aus all'
diesen Marktordnungen entnehmen wir, daß es des Staates erste
Sorge war, für die Einheimischen nach besten Kräften zu sorgen.
Deßhalb sorgte auch der Rath jeweilen dafür, daß alle Lebensmittel, wie alle Waaren gut, billig und gesund geliefert werden.
Nicht periodisch nach langen Intervallen, sondern beständig untersuchten zahlreiche Beamte Maß und Gewicht und alle Lebensmittel. Durch besondere Verordnungen war dafür gesorgt, daß
fremde erst nach den Bürgern Lebensmittel einkaufen konnten.
Der Staat selbst kaufte seit dem 15. Jahrhundert Korn, Reis,
Wein, Salz u. a. Lebensmittel in Deutschland, Frankreich und
Italien, um den Bürgern zu den mäßigsten Preisen die wichtigsten
Nahrungsmittel verschaffen zu können. So kam es z. B. daß selbst
während des alten Zürichkrieges, wo die Einfuhr aus Deutschland gesperrt war, keine Theuerung eintrat. Gerade der Markt
von Luzern versah damals, wie Fründ in seiner Chronik berichtet,
durch die damals besonders frequentirte Handelsstraße über den
Gotthard die Eidgenossen reichlich mit allen Lebensbedürfnissen.
Wer falsches Maß und Gewicht brauchte, wurde strenge bestraft;[1]
auf den alten Muttermaßen stand nicht umsonst: „Ze Luzern ein
ersamer wiser rat allzit ein rechtes gewicht hat."

[1] Wegen Gebrauch von falschem Kornmaß wurde 1433 W. von Ottingen
um 500 Gulden gestraft, wegen zu leichtem Gewicht Huber 1432 um 100 Gulden.

An den Fischmarkt schließt sich die Judengasse an.

Wie in den meisten andern Städten der Schweiz wohnten die Juden in Luzern in früherer Zeit nicht durch die ganze Stadt zerstreut, sondern nur in zwei Quartieren: in der Krongasse hatten sie ihre Schule, Synagoge und ihren Thurm, der später von der Reußbrücke weg zum Kornhaus bei der Spreuerbrücke versetzt wurde; ihre Magazine aber hatten sie in jenem Theile der Krongasse, der vom Fischmarkte oder dem Cawert'schen-Hause an sich gegen das „Zöpfli" hinabzieht; diese kleine Gasse hieß deßhalb die Judengasse. So lange Luzern unter Murbach's Herrschaft stand, scheint kein Jude in Luzern sich aufgehalten zu haben; erst unter der österreichischen Herrschaft siedelten die Juden sich hier an. König Rudolf, in beständigen Finanzverlegenheiten lebend, war den Juden nicht abgeneigt. Als Rudolf 1273 in Frankfurt sich krönen ließ, sah man in seinem Gefolge den 7 Fuß langen Juden Ebinlang, der den König um 2 Zoll überragte, während der tapfere Ritter Hartmann von Baldegg, der den Luzerner Bürgern von König Rudolf die Lehenfähigkeit erwirkte, 7 Fuß 4 Zoll maß, Leute gewöhnlichen Schlages gewöhnlich 6 Fuß 2 Zoll, kleine Leute, wie der Annalist von Kolmar sagt, aber nur 4½ Fuß maßen. Die Juden waren der römischen Könige Kammerknechte und standen unter deren besonderem Schirme. Die erste Erwähnung eines „alten Juden", der vom Stifte im Hof vor dem Jahre 1324 einen Garten zu Lehen hatte, finden wir im Custorei-Rodel. Unter der österreichischen Herrschaft wurden auch in Luzern mehrere Gesetze zum Schutze der Juden erlassen; sie sollten den gleichen Schutz genießen wie die Bürger und weder mit Worten noch mit Werken beleidigt werden dürfen. Klagen gegen Juden sollten vor den Schultheißen gebracht werden; man durfte nicht zur Selbsthülfe schreiten oder „uf die Juden ein Geschrei" machen, wie das Statut von 1327 oder 1342 sagt, wenn man nicht in eine Buße von 1 Pfund fallen oder sich einer Stadtverweisung auf fünf Jahre aussetzen wollte, wobei man überdieß gewärtigen mußte, auch den Bürgern den Schaden vergüten zu müssen, der in Folge eines solchen Aufstandes entstehen mochte. Im Jahre 1336 waltete zwischen den Herzogen von Oesterreich und den Bürgern von Luzern ein Streit unter anderm wegen der Frage, ob die Schulden an die Juden in altem oder neuem Gelde bezahlt werden sollen. Wahrscheinlich wurden die

Juden, wie faſt in allen deutſchen Städten, auch aus Luzern
1349 nach der großen Peſt vertrieben, die ſie nach der Volksanſicht
durch Vergiftung der Brunnen verurſacht hatten. Allein gleich
darnach müſſen ſie ſich unter Oeſterreichs Schutz wieder in Luzern
angeſiedelt haben, wo man ſie beim Ausbruche des Krieges zwiſchen Oeſterreich und den Eidgenoſſen wieder beraubte. Den 1. September 1352 gelobt Luzern im Brandenburgiſchen Frieden, den
Schaden zu vergüten, der durch Schädigung der Juden entſtanden
ſei. Uebrigens war auch unter der öſterreichiſchen Herrſchaft die
Judenſchaft in Luzern nicht ſehr günſtig geſtellt; ſo hören wir nie
von einem Friedhofe, den die Juden beſeſſen hätten; wir wiſſen
vielmehr, daß ſie auch im „Schächten" beſchränkt waren. Nur zu
hinterſt in der Schale durfte „Judenfleiſch" verkauft werden und
der Rath bezog hievon eine Gebühr von 10 Schilling. Als Luzern
ſich von Oeſterreich losgeſagt hatte, wurde die Stellung der Juden
noch ungünſtiger; denn man ſchloß die Juden 1383 definitiv vom
Betriebe aller Wechſelgeſchäfte aus. Wer einer Frau die größte
Schmach anthun wollte, redete ihr nach, ſie habe mit einem Juden
ein unerlaubtes Verhältniß (1415). Der Rath ertheilte ſpäter den
Juden immer nur auf ſehr kurzen Termin Aufenthaltsbewilli-
gungen oder Geleit im Gebiete von Luzern. So erhielt 1423 der
Jude Iſaias Geleit auf 1—5 Monat, der Arzt Dr. Joſef von
Zürich aber 1425 auf ein Jahr. Als 1472 mailändiſche Juden in
Luzern ſich anſiedeln wollten, erhielten ſie eine Aufenthaltsbewilligung für vier Jahre; jeder berittene Jude mußte einen Leibzoll
von 1 Gulden, ein Fußgänger ½ Gulden entrichten. Während
man genaue Nachforſchungen anſtellte, wer einen Juden gewarnt
habe (1435), bezeugte der Rath Freude über die Bekehrung der
Iſraeliten und unterſtützte ſolche reumüthige Leute, wie z. B. 1437
den getauften Juden Jakob Friedrich. Die judenfeindliche Stimmung der luzerneriſchen Bürgerſchaft manifeſtirte ſich zu verſchiedenen Zeiten bei Faßnachtumzügen, während in älterer Zeit die
Oſterſpiele derſelben neue Nahrung gaben. Stadtſchreiber Rennward Cyſat verfaßte 1583 auch einen Geſang der 30 Synagogen-
ſchüler, der beim Oſterſpiele vorgetragen wurde. Der gelehrte
Stadtſchreiber ſtellte hier, unterſtützt von Chorherr Fridolin Jung,
folgenden „blühenden Unſinn" zuſammen, den die Juden „hoppend"
ſingen mußten:

Hiber, heber, gabel, gobel
Wir opferent Cuntz von Cobel.

Kydrion und überwitz
Cuculus und Spillenspitz,
Nesplenstein
Und Flügenbein,
Haselnuß und Löchlin drin
Mag wol sin
Ein schlechter Gwün.

Ein andermal sangen die Juden:

Wir Juden haben Hungersnot,
Und müssen gar verzagen;
Hand kein Brod,
Oi melas compassio cullis mullis lassio,
Egypten was gut Land,
Wau, wau, wau,
Wau, wau, wau,
Egypten was gut Land.

In älterer Zeit wären einzelne Bürger Luzern's eher im Stande gewesen, Hebräisches in Verse zu bringen, wie z. B. Kaplan Christoph Schilling, der Reuchlin bei der Arbeit über die hebräischen Accente behülflich war, oder Johann Wirz, 1528—1548 Lehrer des Griechischen in Brugg. Dieser eifrige Reformationsfreund hatte auf seinem Todbette alle Briefe vernichten lassen, welche auf seine Familienverhältnisse Bezug hatten oder Religionsstreitigkeiten betrafen, um seine Freunde, die sich ihm gegenüber oft frei geäußert hatten, nicht in Verlegenheiten zu bringen.

Noch im 16. Jahrhundert wurde das Vermögen Derjenigen konfiszirt, die sich mit Juden verehelichten; trat aber der Jude, vielleicht aus Liebe zum Gelde oder zu seiner Frau, zum Christenthum über, so wurde das Vermögen den Eheleuten wieder restituirt. Beliebt waren nur die jüdischen Aerzte; so wirkte hier 1544 nach seiner Uebersiedlung aus Uri der Jude Abraham und von 1554—1564 ein Jude Samuel, der nach Rheinau zog. Als im Jahre 1565 Dr. Samuel Codesco in Luzern gestorben war, erklärte sich der in Cremona lebende Arzt Zacharia detto il Todescino bereit, nach Luzern zu kommen, da er vernommen habe, die Luzerner wünschen wieder einen jüdischen Arzt zu haben. Das alte Sprichwort: „Wenn die Maus die Katze frißt, dann wird ein Jud ein wahrer Christ" erwahrte sich auch an den in Luzern

getauften Juden; z. B. an Hans Wilhelm Zeller aus Brabant,
der 1575 einige Wochen lang im Hof „by den Priestern chaldäysche
Schul gehalten" und wegen Drohungen des Landes verwiesen
wurde.

Mit der Helvetik schien das goldene Zeitalter für die Juden
anbrechen zu wollen; von allen Seiten strömten die Hebräer herbei.
Allein auf Betrieb des französischen Generals Jordy mußte der
Regierungsstatthalter den 28. Mai 1798 „die nöthigen Maßregeln
gegen die Juden ergreifen, die sich seit einiger Zeit in unserm
Lande wie Heuschrecken vermehren"; alle Juden sollten auf kür-
zestem Wege zum Lande hinausgewiesen werden. Allein schon am
1. Juni 1798 wurden die Juden von allen persönlichen Lasten,
namentlich vom Kopfgelde, befreit; doch suchte man ihre Nieder-
lassung immer zu verhindern.

Das große, mit dem Wappen der Familie von Moos gezierte
Eckhaus an der Judengasse wurde im Jahre 1624 neugebaut.
Im Jahre 1623 wurde nämlich im Rathe bemerkt, das Haus sei
„bresthaft". Der Rath beschloß deßhalb, der Besitzer soll das
Haus neuaufbauen, der Rath wolle ihm dabei behülflich sein; die
St. Antoni-Kapelle, welche Gülten auf dem Hause besitze, soll zur
„gedult gehalten werden, bis das Innere wider gebuwen" sei.
In ähnlicher Weise wurden in jener Zeit Häuserbesitzer sehr oft
gehalten, Bauten vorzunehmen, obwohl kein geschriebenes Recht
dem Rathe so weit gehende Eingriffe in Privatrechte gestattete.
Privaten war ein solcher Neubau damals um so leichter, da seit
dem Jahre 1463 der Staat jedem Einwohner, der ein Haus von
Grund aus neubaute, Kalk und Steine auf den Bauplatz lieferte
sammt der Hälfte der erforderlichen Dachziegel; dazu mußte noch
„ein jeglich Hufräuchy, so in den Hof ze Kilchen gehört", dem
Bauherrn einen „Tagwan" thun oder die Taxe dafür entrichten.
Für Bauten von hölzernen Häusern wies der Staat Kalk, Ziegel
und Ziegelsteine in den Magazinen an, übernahm aber nicht die
Pflicht, das Material auf den Bauplatz zu führen. Freunde und
Verwandte der Bauherren zierten solche Neubauten mit gemalten
Fenstern. Schon 1489 wurde statuirt, daß ein Freund dem andern
zum Neujahr ein Glasfenster in sein Haus schenken dürfe, Hühner
oder Wildpret. In neuerbaute Zunft- und Wirthshäuser schenkten
die eidgenössischen Orte ihre in Glas gemalten Standeswappen.

Von der Judengasse gelangen wir in die Kramgasse, die von der Rößligasse bis zur Reußbrücke sich erstreckt.

Das Eckhaus Nr. 362 und 366 neben der Judengasse und das daranstehende Haus gehörten zur Zeit dem Staate, der selbe 1636 an Buchdrucker Haut verkaufte. Beide Häuser brannten am Charfreitag 1657 ab. Die ungemein thätige Firma Haut, welche damals sechs Buchdrucker beschäftigte, berechnete den Schaden auf 130,000 Gulden. Das eine dieser Häuser hatte 1337 Johann der Meyer von Erstfelden an Anna Schweigmann verkauft, welche dasselbe 1341 an die Stadt abtrat. Es stieß dieses halbe Haus an die Wohnung des Johann von Hunwyl.

Das Eckhaus an der Reußbrücke, ein Balthasar'sches Familienhaus, an welchem ein Bild der Mutter Gottes und des hl. Anton angebracht war, war seit 1665 verpflichtet, jeden Feierabend ein Licht vor diesen Bildern zu unterhalten. Hier wurde 1775 ein Kaffeehaus eröffnet; doch sollten Studenten, Bedienten, Dienstmägde, Handwerksgesellen „und derlei andere gemeine Personen" keinen Eintritt in dasselbe haben. Schon 1669 suchte der Rath die Handwerksleute vom liederlichen Leben und dem täglichen Wirthshausbesuche abzuhalten; allein „us wichtiger Consideration" wurde dieses Verbot nicht publizirt. Graf Curti, der zu Ende des letzten Jahrhunderts das luzernerische Schlaraffenleben beobachtete, versichert uns, ein ächter Junker sei erst um 10 Uhr aufgestanden, habe sich dann in's Kaffeehaus begeben, um jeden vorbeifahrenden Wagen zu fixiren, eine Zeitung zu lesen[1]), Neuigkeiten zu erhaschen oder über Abwesende herzufahren. Am Nachmittage machte man einen kleinen Spaziergang, meist nach Kriens, besuchte dann nochmals das Kaffeehaus oder ein Wirthshaus und begab sich dann um 9 Uhr nach Hause. Die Bürger besuchten meist die gleichen Wirthshäuser wie die Junker, kehrten aber früher heim, da jeder Bürger um 7 Uhr beim Nachtessen sich einfand. Bürger und Junker wußten ihre Stadtgeschäfte mit einer Wichtigkeit zu behandeln, als ob das Wohl und Wehe von ganz Europa von Luzern abhinge. Seitdem die Hazardspiele, bei welchen 1786 Junker Ludwig Pfyffer sein ganzes Vermögen ein-

---

[1]) Für eine geschriebene Zeitung, welche 1642—1643 erschien, zahlte der Staat dem Korrespondenten in Basel 40 Gulden.

gebüßt hatte, verboten waren, wurde in den Wirthshäusern mit
vermehrtem Interesse über Politik gesprochen. [1]

Johannes von Müller, der 1787 Luzern besuchte, berichtete dem König von Preußen: „Die Luzerner sind das schönste Volk
der Schweiz; ich habe nie auf allen meinen Reisen so lebhafte und
so kräftige Leute gesehen, aber die Regierung wird von ihnen ver-
achtet und muß sie fürchten.... Luzern ist derjenige Kanton, in
dem die guten Köpfe am offensten davon sprechen, wie nützlich
für die Schweizer der Beitritt zum deutschen Bunde wäre. Dieselben fühlen eben lebhaft die unumgängliche Nothwendigkeit, neue
Wege zu ergreifen. Des hohen Schutzes der Berner sind sie müde;
ihre Herrschaft haben sie durch die Schleichwege Freiburgs einge-
büßt, und durch Unglücksfälle und Fehler sind sie auf jegliche
Weise heruntergekommen. Luzern ist eine Oligarchie.... Der Bürger-
krieg von 1712 hat sie 700,000 Gulden gekostet, und eine falsche
Politik, die während des spanischen Erbfolgekrieges befolgt wurde,
hatte schon die erste Unordnung in ihre Finanzen gebracht. Diese
Unglücksfälle hatten äußerst heftige Parteiungen zur Folge, und nur
langsam mildern sich diese unter den veränderten Zuständen. Dadurch haben die Hülfsquellen der Regierung gelitten, und das
Vermögen der Privatleute, die nie besonders reich waren, ist durch
Luxus geschwächt worden.... So haben die Luzerner ihr Ansehen
verloren; zu gleicher Zeit wurden sie durch den Grafen von Affry
und andere freiburgische Edelleute am französischen Hofe verdrängt.
Sie sind auch nur soweit französisch, als sie es durchaus sein
müssen." Ohne Zweifel hat der große Geschichtsschreiber der Schweiz
die luzernerischen Verhältnisse besser zu würdigen gewußt, als der
lebenslustige Venezianer, dessen wir soeben gedachten. Die Vor-
gänge des Jahres 1798 gaben Müller den Nachweis für seine
Behauptungen und beendeten die unwürdige Lebensweise, welcher
sich das entartete Patriziat hingegeben hatte.

[1] Früher spielte man sehr hoch und alle möglichen Spiele. Die „Raserei",
lesen wir in den Briefen einer reisenden Dame aus der Schweiz vom Jahre 1786,
„geht so weit, daß man 100 Louisd'or auf eine Karte setzt, und sie erschöpft so
sehr alle Geistesfähigkeit der Einwohner, daß der größere Theil derselben, wie
man uns gesagt hat, für nichts Vernünftiges Sinn hat." — 1732 wurden folgende
Spiele verboten: Birribis, Faraon-Basette, Landsknecht, Bocken, Würfel, Tri-
schacken und Oberlanden.

In der Kramgasse und in der gegenüberliegenden Krongasse, wie auf der Brücke befanden sich Verkaufsmagazine, „Schalen“, welche das Stift im Hof 1367 den Bürgern zu Lehen gab; es befanden sich hier 1425 meist „Watlauben“. Der hintere, gegen den Fischmarkt gelegene Theil der Kramgasse wurde zu Anfang des 14. Jahrhunderts als Viehmarkt benutzt; hier haben wir den 1447 erwähnten „Rindermarkt“ zu suchen, während anderwärts die Viehmärkte meist in Vorstädten oder auf einem „Brüel“ gehalten wurden.

Die Häuser in der Kramgasse wie im Zöpfli und der gegenüberliegenden Reußgasse waren vor 250 Jahren noch mit sehr sonderbar vorspringenden Dächern, Lauben und hölzernen, auf die Gasse auslaufenden Stiegen versehen. 1637 erging ein Befehl, diese hölzernen Häuser niederzureißen und in Stein aufzubauen.

Das Haus Nr. 367 wurde im letzten Jahrhundert durch Marschall Sonnenberg mit einer schönen Façade geziert.

Die „Reußbrücke“ in Luzern, welche seit dem Anfange des 13. Jahrhunderts die Klein- und Großstadt miteinander verbindet, diente seit alter Zeit kommerziellen, polizeilichen wie gesellgen Zwecken. Super pontem Lucernensem und in ponte Lucernensi intra villam wird 1256, 14. September und 1. Dezember 1265 geurkundet. Vom 13. bis 17. Jahrhundert diente sie als Marktplatz und bis in die neueste Zeit war sie ein beliebter Spazierplatz, namentlich für die Vornehmen seit dem 18. Jahrhundert, wo das erste Kaffeehaus an derselben erstellt wurde. Im 16. Jahrhundert spazierten hier mit Vorliebe die Rathsherren. Hier stellte 1520 Rathsherr Johann Pfyffer den Herren von Luzern den Vater des gelehrten Collinus mit den Worten vor: „Lieben Herren, das ist der Bur, der so ein Gelerten Sun zu Mailand hat.“ Collinus nahm gleich darauf eine Lehrstelle in St. Urban an, um nicht müssig auf den Brücken und Plätzen von Luzern herumbummeln zu müssen. Auf der Brücke produzirten sich im Jahre 1494 die Stadtpfeiffer von Bern und wurden dafür vom Rathe mit 2 Pfund 10 Schilling beschenkt. Auf der Reußbrücke erwarteten die Rathsherrn den Volksführer Fridli Bucher, der nach dem Bauernkriege durch Stadtknechte nach Luzern geführt wurde, wie das Volkslied sagt. In den ältesten luzernerischen Verordnungen wird die Reußbrücke als Fischmarkt bezeichnet; es wurde aber auch verboten, auf derselben Stelle aufzuhängen. — Ohne Zweifel nannte sich die Familie „an der Bruck", aus welcher der luzernerische Schultheiß Peter 1308 hervorging, nach dieser Brücke, die unstreitig die älteste unter den luzernerischen Brücken ist. In älterer Zeit war diese ungedeckte Brücke nicht so kahl wie heute, denn auf der Großstadtseite stand über einem Balken am Anfang der Brücke, nach Martini beim Erker des Hauses Nr. 565, ein Muttergottes-Bild. Im 15. Jahrhundert (1459) befand sich auf derselben in einem Erker, der noch 1569 mit einem Fähnlein geschmückt wurde, ein Wachthäuschen; auf der entgegengesetzten Seite erhob sich eine kleine, schon 1505 als „Helgenhüsli" erwähnte Kapelle, die noch auf Martini's Grundriß sichtbar ist, sonderbarer Weise aber in Schilling's Chronik, wie die Kapelle auf der Kapellbrücke, immer fehlt. An die Stelle dieser beiden Erker traten später Bänke. Beim Wacht-häuschen war überdieß eine eigenthümliche Vorrichtung zur Besse-rung der Trunkenbolde und Nachtschwärmer angebracht: die Trülle. Es glich dieselbe einem durchsichtigen Käsig, der auf einer Spindel rasch umgedreht werden konnte, wodurch die Eingesperrten in eine äußerst unangenehme Lage versetzt wurden.

Gegen die Kleinstadtseite war die Brücke durch ein Thor ab-geschlossen; nach der Reuß hin waren schon 1393 „Türli" ange-bracht.

Zur Regulirung des Wasserabflusses war unterhalb der Brücke eine Schwelle angebracht [1]), die 1608 unter Bauherr Christoph Feer und Werkmeister Hans Heinrich Suter, sodann wieder 1738—1739 unter Baumeister Balthasar und den Werkmeistern Hans Georg Urban und Johann Boßard neu erstellt wurde. Fünfzig Jahre später, 1788—1789, wurde unter Bauherr Nikolaus von Dürler und Werkmeister Josef Ritter schon wieder eine neue Schwelle erstellt. Die Korporationsverwaltung besitzt ein Gemälde von Jakob Bußiger, welches den Schwellenbau darstellt und eine interessante Ansicht der Häuser um die Brücke bietet. Triumphi-rend sang der Jesuit Krauer nach Vollendung der Schwelle:

> Freut euch, Männer, freuet euch!
> Dürlern hat's geglückt!
> Euer Werk sucht Eins sich gleich,
> Das ihr nimmer flickt.

[1]) Die älteste Ansicht der Schwelle bringt Schillings Chronik fol. 217 b.

Die gegenwärtige Schwelle wurde 1859—1860 nach den Plänen des Ingenieur Pregel neu erstellt.

Die Reußfischenz zwischen der Schwirre ob dem Wyghaus und der Reußbrücke wurde 1479 von dem Stift in Hof der Stadt abgetreten; gleichzeitig erwarb die Stadt von Hans von Mantzet die Reußfischenz vom Wyghaus bis in die Emme um 1120 Gulden. Zum Zeichen seiner Herrschaft über den See ließ der Staat 1784 am Gillardonischen Hause, ob den Metzgerstegen, sein Wappen anbringen. Der Rath verlieh die Fischenz in älterer Zeit oft hervorragenden Männern auf Lebenszeit, so z. B. dem Schultheißen Ludwig Pfyffer und nach dessen Hinscheid 1594 dem Rathsherrn Leodegar Pfyffer. Schon in alter Zeit setzte der Staat großen Werth auf gehörige Regulirung der Fischerei. Wir verweisen hiefür auf die Fischerordnung vom Jahre 1470, welche zugleich die Preise der Fische enthält.

Es kostet damals 1 „Schneis" Albelen 6 Angster, 1 Schneisspitz 3 Angster. Zu einem Schneis gehörten 32 Stück Fische. — Die Fische durften nicht nach auswärts, und nur auf dem Fischmarkt verkauft werden. Niemand durfte an einem Tage mehr als 2 Schneis kaufen bei 10 Schilling Buße, es wäre denn „für Begräbte oder Jarzyt". Fische, welche nicht am Tage, wo sie gefangen wurden, verkauft werden konnten, mußten eingesalzen werden. Vor Verena Tag durfte Nachts nicht gefischt werden. Wer „böse Fisch" feil bot, wurde um 1 Pfund bestraft.

Zwischen der Reußbrücke und dem Lindenthor durften kein „Kürtzling" und in den Gräben keine Barben gefangen werden.

Von der Judengasse und der Kramgasse führt ein Gäßlein gegen die Reuß hinab; die dortige Häusergruppe, durch welche in älterer Zeit durch ein Thor kleine Verbindungswege nach der Mühlengasse und den Stadtmühlen führten, heißt das „Zöpfli".[1] Dort wohnten in alter Zeit viele hervorragende Männer, so (in Nr. 362) der klassisch gebildete Schultheiß Niklaus von Meggen, der hier 1543 ein Haus baute und als der letzte seines berühmten Geschlechtes 1565 starb.

Im Zöpfli (Nr. 365) wohnte Rathsherr Sündli, genannt Lüthert, dessen Sohn Johann, Franziskaner in Basel, einer der eifrigsten Verbreiter der Reformation war, sich aber auf der Dispu-

---

[1] Vgl. die Ansicht bei Diebold Schilling 217 b.

tation in Baden 1526 weigerte, mit Eck zu disputiren, als ihn Schultheiß Hug unsanft apostrophirte. An Sündli's Haus stieß dasjenige der Familie Ritzi und jenes des Hans Etterlin. Das schön gebaute, vormals Balthasar'sche Haus Nr. 363, von Anton Ronka 1717 erkauft, wurde 1782 mit einem Aufwande von 13,240 Gulden neu aufgeführt. Im Hause Nr. 364, das früher den Hertenstein und Schwyzer gehörte, findet sich ein schöner gemalter Ofen aus der bekannten Fabrik Pfau in Winterthur. Durch die Ausstattung des Innern, die reichen Holztäfelungen, Glasgemälde und gemalten Oefen von oft unvergleichlicher künstlerischer Wirkung erhielten, wie Lübke bemerkt, die alten Schweizerbauten noch größern Werth, als durch ihr Aeußeres. 1595 wurde die Sinne, die früher unter der Ecke beim Schlachthaus sich befunden hatte, in's Zöpfli verlegt.

## V. Der Mühlenplatz.

Der Mühlenplatz gehört nicht zu den ältern Plätzen Luzerns; er entstand vielmehr erst spät durch Niederreißen einzelner Häuser an der schon 1361 und 1375 genannten hintern und vordern Mühlegasse. Die Gasse gab einem alten Stadtviertel den Namen, das 1389 71 Häuser mit 465 Einwohnern zählte. Die reichsten Einwohner des Quartiers Mühligaß waren damals: Junker Peter von Moos und seine Schwester, die zusammen 7020 Gulden versteuerten, Wilhelm Meyer taxirt zu 5900 Gulden, Junker Hans von Stans mit 5000 Gulden, Hemmann von Wilperg, der 4500 Gulden besaß, Heimo mit 2100 Gulden und Walter Schmid mit 1350 Gulden. 1455 war das steuerbare Vermögen sämmtlicher Bewohner des Quartiers auf 58,031 Gulden angeschlagen. 1877 zählte dieses Quartier 121 Häuser und 1469 Einwohner.

Weniger als alle andern Quartiere der Stadt wurde die „Gaumeten Müligaß" von Brandunglücken heimgesucht; doch gewann das Quartier mehr als die meisten andern eine regelmäßige Bauart, Luft und Licht durch die systematische Beseitigung der kleinen, feuergefährlichen Häuserreihe, die sich vom Wirthshause zum Rößli in ziemlich gerader Linie bis zu den Stadtmühlen an der Reuß hinzog. Sonderbarerweise läßt sich kein Beschluß nachweisen, der die successive Vernichtung dieses Häuserkomplexes in's Auge faßte.

Durch Erweiterung des Mühlenplatzes gewann die Stadt im 16. Jahrhundert nicht nur einen ansehnlichen Raum für die Jahrmärkte, sondern auch einen Schauspielplatz. Schon im Jahre 1519 wurde auf dem Mühlenplatz vor dem Rößli ein Faßnachtspiel ausgeführt. Den 10. Oktober 1658 ging hier eine Komödie über die Bretter, welche den allarmirenden Titel trägt: „Christianomachia Japonensis", das ist „die Erschröckliche Verfolgung und Blutbadt, welches im Jahr 1628, 29 und 30 in Japon wider die Christen angericht worden". Zwei Tage, 21. und 22. Mai 1647, spielte man auf dem Mühlenplatz die „Tragoedia mundi" oder „Lauf der jetzigen Welt, durch Untergang König Arpharod, Hochmuth König Nabucadonosors, Wütherey Holofernis und Starkmüthigkeit der Heldin Judith", wobei nicht weniger als 69 Schauspieler, 112 Soldaten, 32 Trabanten, 36 Schildjungen und eine Reiterschwadron auf der Bühne erschienen.

Alle zwei Jahre fand von da an eine Komödie, deren Kosten aus dem Vermögen der Krönungsbruderschaft bestritten wurden, auf dem Mühlenplatz statt, bis im Jahre 1677 die Jesuiten einen Theil der alten Kirche beim Ritter'schen Palaste zum Theater umbauten. — Als Marktplatz wurde der Mühlenplatz für die Messen seit dem Jahre 1593 benutzt bis zur Erstellung des neuen Marktplatzes am Hirschengraben. — Schon im Jahre 1513 muß der Mühlenplatz existirt haben; denn Chronikschreiber versichern, zur Zeit des Zwibelnkrieges, als die Bauern die Stadt belagerten, habe sich die Mannschaft der Stadt auf dem Mühlenplatze gesammelt. Als 1653 zum zweiten Male die Bauern Luzern belagerten, war der Mühlenplatz der Ort, wo die Stadt über ihre Getreuen Heerschau hielt. 1798 huldigte hier den 19. August die Bürgerschaft der Helvetik nach feierlicher Rede des Bürgers Vinzenz Rüttimann; Musik und Gesang, selbst lebende Bilder verherrlichten die „Verbrüderung der fränkischen und helvetischen Republik".

Schon in alter Zeit wohnten am Mühlenplatz oder an der Mühlengasse viele Männer, die im sozialen, politischen und literarischen Leben Luzerns eine hervorragende Rolle spielten. So wohnte hier im Jahre 1389 Wilhelm Meyer, der den Verkauf der Grafschaft Willisau durch die Grafen von Arberg-Vallengin an die Stadt Luzern vermittelt hatte und der Stadt Bern 1388 zu

8¼ % 2350 Gulden vorstreckte. Da lebte Hemmann Wildberg von Rheinfelden, welcher der verschuldeten Stadt Bern 1385 ein Anleihen von 1200 Gulden zu 8¼ % gemacht hatte; da saß Peter von Moos, der Besitzer der Herrschaft St. Andreas am Zugersee, Gerichtsherr zu Malters, lange Zeit Schultheiß von Luzern; sein Haus ging später an die Mantzel über. Wie Wildberg, liehen auch die von Moos Gelder an Bern, nämlich im Jahre 1589 1200 Gulden zu 8⅓ %. Den Juden und Lombarden hatte man das Wuchern verboten; der Adel übernahm nun das Geldgeschäft und betrieb dasselbe mit Schwung, während die Lombarden in Luzern seit 1584 um Schießpulver handelten und gegen säumige Schuldner scharf vorgingen. Diese riefen den Kirchenbann gegen die Lombarden an und suchten mit bewaffneter Hand den Standpunkt den Lombarden klar zu machen (1415—1416).

An der Mühlengasse wohnte zur Zeit der Burgunderkriege der einflußreiche Rathsherr Rudolf Schiffmann; dort schrieb der übermüthige Gerichtschreiber Petermann Etterlin seine vielgelesene Schweizerchronik, die 1507 in prachtvoller Ausstattung in Basel gedruckt wurde. Hier lebte Schultheiß Ludwig Kramer, ein politischer Freund des unglücklichen Bischofs Jost von Silinen; hier stand die Wiege des Humanisten und Fürstenerziehers Ludwig Kiel, des einstigen Freundes und spätern Feindes des hochgefeierten Erasmus von Rotterdam. Hans Schürpf, berühmt durch seine Haltung im Treffen zu Jfferten (1476) und seine 1497 unternommene Pilgerfahrt nach Jerusalem, wohnte gleichfalls an der Mühlengaß, wo er kurz vor dem 26. März 1511 starb. Hier sang Hans Halbsuter, ein einfacher Schreiner, in den Tagen des Glückes Schützenmeister, als verarmter Gerichtsweibel, von Staatsunterstützung lebend, sein Siegeslied von Sempach, als er verwundet von der Schlacht zu Grandson heimkehrte. Auch Melchior Ruß, gewandt als Diplomat wie als Schreiber, besaß hier ein Haus. Ebenfalls in der Mühlengaß wohnte Hans von Linow, ein Standesläufer Luzerns (1447), dessen Ahnherr vielleicht jener Heinrich von Linowe ist, der nach dem Zeugnisse Rudolfs von Ems das Eggen-Lied dichtete.

Von den jetzt noch erhaltenen Häusern verdienen nachfolgende besondere Erwähnung: das stattliche Rüttimannische Haus Nr. 198, neben dem frühern Haus zum Raben, der Wohnsitz des

berühmten Schultheißen und Landammann Vinzenz Rüttimann
(† 1847), einst Wohnhaus der einflußreichen Familie Bircher, aus
welcher viele tapfere Offiziere hervorgegangen sind. Man weiß
nicht, wer zuerst auf dieses Haus die aus Johann Pauli's „Schimpf
und Ernst" stammende Erzählung von der ungetreuen Gattin
übertrug, die ihrem heimkehrenden Gemahl ein Wiegenkind mit
den Worten vorstellte: das Kind ist mein, und wärest du zu
Hause gewesen, so wär' es dein. Zur Beglaubigung dieser Erzählung verweist Felix von Balthasar allerdings auf die von
Hauptmann Niklaus Bircher im Hause angebrachte Steinschrift

Si vis pace frui, si vis gaudere quiete
Paucis contentus dilige stare domi

die allerdings auch einer andern Deutung fähig ist, und auf ein
angeblich von Rittmeister Ludwig Pfyffer verfaßtes Pamphlet,
in welchem die Liebesgeschichte der Anna Marbacher mit einem
Edelmann aus Savoyen erzählt wird. Allein in diesem Pamphlete, das zur Zeit des Schultheißen Bircher verbreitet und verfolgt wurde, werden die sämmtlichen Glieder der Familie Bircher
in einer Weise geschildert, die an die Frevel der Pelopiden erinnert.
Auch andere Züge in diesem Pamphlete gemahnen zu sehr an die
Schriften von Wickram, Kirchhof und Pauli, weßwegen wir
diese Erzählung in's Gebiet der tendenziösen Skandalgeschichten
verweisen möchten.

An die Mühlenhäuser stieß im 14. Jahrhundert das Haus der
Familie von Wißenwägen, das 1376—1393 sich im Besitze der
Johanniter-Comthurei Hohenrein befand und gleich den Mühlen
Erblehen des Stiftes im Hofe war.

Dem Rüttimann'schen Hause gegenüber liegt das schön gebaute
Haus der Familie Bell, Nr. 176, einst Eigenthum der Familie
von Mettenwyl, dann ein Besitzthum des französischen Marschalls Franz Ludwig Pfyffer von Wyer, der 1689 in Mau-
beuge starb. Dieser war der Großvater des berühmten und kunst-
sinnigen Generals L. Pfyffer von Wyer, den im letzten Jahrhundert alle vornehmen Reisenden zu besuchen pflegten, um das Relief
der Urschweiz zu sehen. Dieses Gebäude mit seinem schönen geräumigen Hofe und den hohen Arkaden war bis vor wenigen Jahren
unstreitig eines der sehenswerthesten Privathäuser. Im florentinischen Style erbaut, barg dasselbe reiche Möbel, die in Ver-

bindung mit prachtvollen Boiserien in zwei Säälen gegen den
Graben ausgestellt waren. Auf vergoldeten Säulen ruhte eine
reichgeschmückte, mit dem Wappen der Pfyffer von Wyer und
Kloos geschmückte Holzdecke[1]); die Wände bedeckten Porträte der
französischen Herrscherfamilie in reichgezierten Goldrahmen; auf
den Gesimsen bei dem mit den französischen Lilien verzierten Kamine lagen reich mit Gold und Elfenbein eingelegte Waffen. Ein
zweites Zimmer enthielt ein Paradebett, das an dasjenige in Altdorf erinnert, welches Lübke in seiner Geschichte der Architektur
abgebildet hat. Gegen den Platz hin, wo ein kupferner Drache das
Wasser vom Dache auf den Platz spie, sind in einem Saale geschmackvoll entworfene Thonfiguren auf einem Friese sichtbar. Oberst
Schwab hat die aus dem Jahre 1663 stammende Boiserie nach
Biel gebracht. Auf diesem Hause, in welchem 1798 General von
Schauenburg sein Quartier nahm, lastet die Pflicht, für die Fronleichnamsprozession einen Altar am anstoßenden Hause zum Rößli
aufzurichten. Als dem freundlichen General Pfyffer, der bis
zum Ausbruche der französischen Revolution eine Pension von
15,000 Franken bezog, 1780 seine Gattin Anna Demel starb, ließ
er selbe im schönsten Schmucke begraben. Ein habgieriger Todten-
gräber öffnete Nachts das Grab und beraubte die Generalin ihrer
Kleider. Als diese bis auf das Hemd ausgeraubt dalag, erhob sie
sich plötzlich vom Scheintode und wandelte, nur mit einem Leintuche
bedeckt, nach Hause. Zwanzig Jahre lebte sie hier, ohne je mehr zu
lächeln. Den 25. Juni 1800 verschied sie im 78. Lebensjahre.

Die Bewohner dieses Hauses übten zur Zeit einen ungemeinen
Einfluß auf die Umänderung der sozialen Verhältnisse aus. Die
Kleinsöhne des Marschalls Pfyffer, muthige, blühende Jünglinge,
hatten, wie Franz Urs Balthasar schreibt, Kompagnien in französischen Diensten. Diese brachten ihre Semester von Zeit zu Zeit
in ihrer Vaterstadt zu. Der Abgang der in Frankreich gewohnten
freiern Lebensart, und besonders eines ungezwungenen muntern
Umganges mit dem andern Geschlechte, machte ihnen in Luzern
todtlange Weile. Andere junge Herren, welche ehemals auch in
Diensten gestanden, jetzt aber bei Hause etablirt waren, grämten

---

[1]) Die Gemahlin des 1689 verstorbenen Marschalls Franz Ludwig Pfyffer
war Magdalena Kloos.

sich mit ihnen über das allzu eingeschränkte gemeinbürgerliche
Leben. Man versammelte sich in dem Pfyffer'schen Hause und machte
der Frau Marschallin den Hof. Die jungen Edelleute lernten
konversiren, tanzen, spielen; besonders aber beeilte man sich, den
Damen mit allerlei Unterhaltungen dieses Haus und die dort eingeführte Lebensart angenehm, und sie so viel eher das Nähen,
Spinnen, kurz, ihre bisherigen Geschäfte vergessen zu machen. Mit
was für großen Augen, fährt unser Patriot fort, die betagten
Matronen diese Novizen einer ganz neuen Lebensart betrachtet,
in was für Expressionen sie sich darüber ausgelassen, und wie sie
mit prophetischem Geiste jenen und ihren Kindern den unfehl-
baren Untergang angekündet, ist unnöthig, weitläufig zu erzählen.
Genug, die Jungen kehrten sich nicht daran und lachten über diese
strenge Sittenlehre alternder Mütter. Das Pfyffer'sche Haus war
in Ansehen, hatte großen Anhang und behauptete für einmal die
angefangenen außerordentlichen Zusammenkünfte. Inzwischen wäre
dieses einzelne Haus nicht vermögend gewesen, den Damm der
bisher noch fast allgemein herrschenden Haushablichkeit zu durch-
brechen, wenn nicht demselben Herr Marchese Beretti Landi zur
Seite gestanden wäre. Seiner Geburt nach ein Italiener, hatte
Beretti unter dem Herzog von Mantua den Rang eines ersten
Ministers bekleidet und seinen Herrn beredet, sich im spanischen
Erbfolgekriege auf die französische Seite zu schlagen und den Franzosen Stadt und Festung Mantua zu übergeben. Aus Furcht vor
der kaiserlichen Partei floh Beretti in die Schweiz und ließ sich in
Luzern nieder; er wohnte im Hause des Obersten Jost am Rhyn.
Sofort gesellte er sich zu der luzernerischen Jugend, unterhielt sie
mit aufgeweckten Gesprächen und Neuigkeiten, welche ihm seine
Freunde aus Welschland zusandten; erwies sich gegen Jedermann
ausnehmend höflich, grüßte auch den geringen Mann und erwarb
sich dadurch allgemeine Liebe und Zutrauen. Als er (1703—1716)
zum Danke der seinem unglücklichen Herrn geleisteten Dienste zum
spanischen Botschafter in der Schweiz erhoben wurde, richtete er
vollends einen prächtigen Hofstaat ein, hielt offene Tafel, gab
Bälle und Schauspiele und verpflichtete sich damit alle Diejenigen,
welche dem Essen, Trinken und Huhejaleben nicht abhold waren.
An solchen Lustbarkeiten mußten die luzernerischen Frauenzimmer
natürlich vor allem aus Antheil nehmen, und der Eheherr, worüber

Urs Balthasar wohl am meisten sich ärgerte, seine Liebste selber noch bitten, ihm mit einem vornehmen Aufputz Ehre zu machen. Damit wurde eine köstliche und zahlreiche Garderobe, feine Den-telles und Linge u. s. f. in kurzer Zeit gangbar. Das auf alles Neue begierige schöne Geschlecht ließ sich das Ding nicht zweimal sagen, und wo der Mann die Zügel nicht hielt und die Frau die Hand gewann, ging sie bald ungleich weiter als ihm lieb war. Die ehevorige einfache Kleidertracht wurde in vielen Häusern ganz auf den Kopf gestellt. Da wollte man von den großen Kappen, Kragen, enggeschlossenen Göllern, Brüsten und Aermeln nichts mehr wissen.[1]) Eine Aenderung war der Vorbote der andern. Innert 30 Jahren wurden, unter dem Vorwande des Schwindels, der Engbrüstigkeit und eines sog. bessern Anstands, die Bändel-und Spitzkäpplein, die weit ausgeschnittenen Leiblein und zum Trinkgeld die Reifröcke eingeführt und behauptet. So hieß und ward nun freilich die Frau hübsch, der Mann galant, die Kinder artig und hie und da — der Beutel leer. Allein damit begnügte man sich, fährt unser Gewährsmann fort, noch nicht. Man fand es ungeziemend, daß ein Frauenzimmer außert dem Hause die Dame und innert den vier Wänden die Greth spielen sollte. Fenster und Bettstatten wurden jetzt mit Umhängen bekleidet; die Stühle mit Sesseln vertauscht, die Kästen angestrichen und gefirnißt, die Audienzstube mit Spiegeln und Gemälden behangen, die Tische mit Tapeten bedeckt; die Mahlzeiten reicher und leckerhafter, das Zinn nach der Mode umgegossen und das Tafelzeug feiner. Doch konnte man immer sagen, daß das Unwesen nur unter der Asche glimme. Aber da brach es bis zur Entrüstung aller Ehrbarkeit los, als jetzt gewisse Herrschaften, ein Don Cornejo[2]) und Jover[3]), ein Marchese Hyacinth Isastia[4]), ein Signore Carbintero[5]) mit ihren adeligen Frauenzimmern zu Luzern eintrafen, mit Thee, Kaffee und Chokolade gleichsam offene Schenktische hielten und

---

[1]) Noch 1755 wurde die Gemahlin des Hauptmann Josef Pfyffer vom Rathe angehalten, die französische Kleidung abzulegen.

[2]) Felix Cornejo, erst Sekretär, dann Rath des spanischen Gesandten, 1718 bis 1733 Resident, dessen Gemahlin in der St. Antonius-Kapelle begraben ist.

[3]) J. Blas Jover, außerordentlicher spanischer Inviato 1742—1744.

[4]) Gesandter von Spanien 1740—1745.

[5]) Josef Carpintero, spanischer Resident 1744—1747.

man anfing, mit Spielen und Aufwarten den ganzen Nachmittag
durchzujagen; als die Mütter (etliche unschuldige nicht gemeint)
nirgends lange Weile hatten, als in ihren eigenen Häusern, die sie
bald für ordentliche Kerker hielten, und darum auch die Besorgung und Erziehung ihrer Kinder nunmehr ganz ihren zur Ueppigkeit gewöhnten und ärgerlich gekleideten Mägden überließen und
höchstens noch darauf einen Preis setzten, welche von ihnen ihren
Knaben oder ihr Mädchen zu einer mehr in die Augen fallenden
Puppe ausschmücken könnte. Da kann nun, wer Lust hat, sehen
und betrachten: ein immerwährendes Zusammenrennen, Visite geben
und abnehmen, spazieren gehen und fahren, Seeparthien machen;
oder an die sog. Höfe rennen, dort, wenn es gut geht, einen
Handschuh oder einen Kinderstrumpf lismen, ein Halstuch oder
eine Manschette zu nähen, ihren Freundinnen einen saubern Schnitt
mitzutheilen und was der müssiggängerischen Arbeit mehr ist.
Wer es noch etwa anders macht, wird als ungesellig und aben-
teuerlich durchgehechelt und ausgepfiffen. Allmälig fangen auch
die Töchter an, ähnliche Zusammenkünfte, wie die Mütter, nicht
ohne Zuzug von jungen Herren, Bälle und Seefahrten zu halten
und die Privatenhöfe zu besuchen. Man muß sich gleichsam, sobald man aus der Kinderhaut tritt, zu der neuen Lebensart an-
heischig machen. Die Mädchen zumal müssen in der ersten Blüthe
ihrer Jahre lernen, bedient zu werden; über der Mannspersonen
Ansprache nicht zu erröthen, Wort um Wort zu wechseln u. s. f.,
und sich, wie es heißt, zu stets aufgeräumten und gefälligen Gattinnen zu bilden. — Das Schrecklichste der Schrecken aber war
nach unserm Autor die im Jahre 1758 dem Rathe abgetrotzte
Bewilligung, Reifröcke tragen zu dürfen. Und in der That, bemerkt unser Franz Urs Balthasar, man kann nicht leugnen, daß
die nunmehr im Schwung gehende neue Lebensart bequemer,
weniger verdrießlich und kurz in vielem weit vorzüglicher sei als
die unserer Väter und Aelternväter. Da werden Tage, Monate
und Jahre stets schmackhaft und kurzweilig zugebracht: Herr und
Frau sind Eines Sinnes; das eine bricht Häfen, das andere die
Scherben; das letzte Paar in der Welt könnte sich, in Erwägung,
daß es sein eigener Erbe sei, nicht sorgenfreier betragen. Einzig
für eine frohe Gegenwart besorgt, kümmert sich Niemand um die
ungewisse Zukunft. Die Frau des Brigadiers Ludwig Christoph

Pfyffer, Maria Anna Pfyffer, welche den Mittelpunkt dieser lebensfrohen Gesellschaft bildete, hatte 160,000 Gulden ererbt; bei ihrem
Tode hinterließ sie 68,000 Gulden; wo das Uebrige hingekommen
ist, lesen wir im Pfyffer'schen Familienbuch, ist Gott bekannt.
Vierzehn Jahre nachdem die patriotischen Betrachtungen über
das „altfränkische Frauzimmer" im Drucke bekannt geworden
waren, ritten zwölf weißgekleidete junge Frauen von Luzern —
darunter selbst solche aus der „heiligen Familie" — den Franzosen entgegen, um sie als Retter des Vaterlandes zu begrüßen.
Vor dem Hause des Marschalls Pfyffer, wo die französischen
Sitten zuerst Eingang gefunden hatten, erhob sich der Freiheits-
baum. Der geistreichste Mann Luzern's aus der jüngsten Patrizier-
familie hielt die erste öffentliche Lobrede auf die neue Ordnung
der Dinge — es war dieß der im gegenüberliegenden Hause woh-
nende Vinzenz von Rüttimann.

Weiter unten, im Hause Nr. 180, wohnte Professor Dr.
Josef Eutych Kopp, ein um die kritische Geschichtsforschung
hochverdienter Mann, der nach einem nur der Wissenschaft geweihten mühevollen Leben, 73 Jahre alt, den 25. Oktober 1866
hier starb. Das an den Mühlenthurm anstoßende Haus gehörte
dem Anton Schörin, der 1375 Jenni Besserstein erschlug, weßwegen die Bürger dessen Häuser in der Kleinstadt abbrachen, dasjenige beim Mühlenthurme aber hatte Schörin seiner Frau lange
vorher schon verpfändet. Die Bürger bestimmten daher, das Haus
soll nicht zerstört werden, wenn der entflohene Mörder dieses nicht
von seiner Frau einlöse. Dieses Haus ging später an den Chronikschreiber und Dichter Hans Salat über, der selbes 1531 an
Caspar Gumann um 240 Gulden verkaufte. 1680 baute Franz
Bernard Feer das Haus Nr. 181 von Neuem schön auf. In demselben starb den 11. November 1875 Dr. Casimir Pfyffer, der
hier zahlreiche juridische, politische, historische und selbst dramatische
Schriften verfaßt hatte.

Der an dieses Haus anstoßende Mühlenthurm, 1375 und
1395 zuerst erwähnt, war eine alte Stadtpforte, durch welche der
Weg zum rothen Thurme, an den Graben und auf die Musegg
führte. Der Staat trat 1681 an Franz Bernard Feer den
Mühlenthurm, dessen älteste Abbildung uns in Diebold Schillings
Chronik erhalten ist, als Eigenthum ab, mit der Verpflichtung,

denselben gehörig zu unterhalten und mit einer Kuppel zu versehen, „damit es der Stadt ein Ansehen sei".

An den Thurm stößt auf der Seite gegen die Reuß die alte
Münz an. Dieses Haus gehörte 1549 dem Hans Gebhard, der
es den 6. September 1549 um 480 Gulden an den auf den Schlachtfeldern Italiens berühmt gewordenen Thoman Hug, einen Vetter
des jüngern Schultheißen Johann Hug, verkaufte. 1568 ging das
Haus an Martin Müller, 1595 an den Staat über, der hierher
die Münzstatt verlegte, die sich vorher im Affenwagen befunden
hatte. Mit der Translokation wurde zugleich die Fabrikationsart
geändert, indem statt des Schlagens mit dem Hammer das Stem-
peln durch Prägung eingeführt wurde. Später verkaufte der Staat
sein Münzhaus, um selbes 1691 mit Franz Melchior Hartmann
gegen die Stadtschreiberei am Weinmarkt einzutauschen. Das 1703
neuaufgeführte Münzgebäude, zeitweise Sitz des Amtsstatthalters,
verkaufte der Staat 1853 um 35,200 Fr. an einen Privaten. —
An die Münz stieß das 1593 neuerbaute Amtshaus des Stadt-
harnischers und die 1783 erbaute Sinne. Seit dem Jahre 1412
hatte die Stadt einen eigenen Harnischmeister, der nicht nur eine
Amtswohnung und eine fixe Besoldung von 8 Gulden bezog, sondern auch Steuerfreiheit genoß und gleich den ersten Stadtknechten
jährlich eine schöne Kleidung erhielt. Im Felde, wo der Harnischer seit 1415 auch Büchsenmeister war, bezog der Stadtharnischer den Sold eines Pannerknechtes. Die ältern Stadtharnischer
waren meist Böhmen oder Deutsche. Die Harnischer waren bis
in's 17. Jahrhundert in Luzern zahlreich; man schied sie in Glatt-
harnischer und Ringharnischer. 1570 siedelte noch der Panzermacher
Marsilius Kerrler von Schaffhausen nach Luzern über. Damals
bezogen die Luzerner ihre Harnische meist von Cöln und Nürnberg.
1570 kaufte der Staat 250 Harnische im Gewichte von je 17—27½,
durchschnittlich 20—22 Pfund, aus Nürnberg. Gleichzeitig acqui-
rirte daselbst Sebastian Knab für sich 300 andere Harnische, die
aber nicht als währschaft befunden wurden; im Jahre 1584 verkauften Knab's Erben um 1020 Gulden Harnische nach Unterwalden; 1585 wurden den Hauptleuten von Unterwalden wieder
um 1024 Gulden Harnische verkauft. Ein gewöhnlicher Harnisch
galt damals 16 Gulden. Schultheiß Ludwig Pfyffer bezog die
Harnische für seine Truppen, mit denen er 1589 seinen letzten Feld-

18

zug über den Gotthard nach Frankreich machte, aus Augsburg
und Nürnberg. Die luzernerischen Waffenschmiede waren damals
nicht sonderlich berühmt und der Ankauf von Waffen in den
Städten Basel und Zürich für die Cigna war verboten. Als die
Zeit der Harnische vorüber war, wurde die Wohnung des Stadt-
harnischers dem Stadtpolier eingeräumt.

Beim Harnischer-Hause am Mühlenthor ermordete den 15. Juli
1619 Hauptmann Niklaus Bircher auf meuchlerische Weise den
talentvollen Jüngling Mauriz von Mettenwyl, den letzten
seines Geschlechtes. In Luzern hatte sich die Tradition erhalten,
der Thäter des an Mettenwyl begangenen Mordes sei nie entdeckt worden, bis endlich Bircher am Abende seines Lebens im
Kerker (1657) die Blutthat eingestanden habe, nachdem ihn die
Strafe für zahlreiche andere Verbrechen erreicht hatte. Die Akten
zeigen aber, daß Bircher nur wegen des Einflusses seiner mäch-
tigen Verwandtschaft der gesetzlichen Strafe entging.

Unter den Mühlehäusern liegen die Stadtmühlen, die in alter
Zeit theils dem Abte von Murbach, theils dem Probste im Hof,
gehörten. Im Jahre 1278 trat der Abt dem Probste tauschweise
seine Mühlenrechte ab. Gülten auf diesen Mühlen besaß 1313
Rudolf der Kellner von Sarnen. 1341 verlieh der Probst im Hof
dem Kloster Rathhausen ein Dritttheil von zwei Mühlen und eine
Metzg. 1319 veräußerte Mathis von Buchegg, Probst im Hof,
an den Spital Zinse ab den Mühlen, welche dem Rudolf Bramberg gehörten, sowie solche ab drei Mühlehäusern. 1360 kaufte
die Stadt um 3313 Gulden die Mühlen und um 20 Gulden auch
eine Schleife, welche Heniggin Wagen und die Frau von Büttikon,
Tochter des Niklaus von Gundoldingen, besessen hatten. Die
übrigen Mühlen und Mühlenhäuser verlieh der Probst der Stadt
den 8. November 1367. 1400 wurde erklärt, daß fortan mit der
Mühle auch die Reußfischenz verbunden sei. — Unter den alten
Stadtmüllern von Luzern finden wir viele, die in der politischen
Geschichte eine Rolle gespielt haben, so die von Eich, von Hunwyl, von Gundoldingen. 1551 und 1641 wurden die Mühlen,
deren Schwelle 1550, 1589, 1608 und 1782 tiefer gelegt wurde,
neuerbaut. Bei den Mühlen wurden von den Bürgern successive
eine Reihe kleinerer oder größerer Gebäude erstellt, so schon 1374
ein Badhäuschen, 1691 ein Pferdestall, der den 11. Mai 1875 mit

den meisten Mühlen abbrannte. Die Mühlen und Müllerwoh-
nungen wurden bei der Sönderung zwischen Staat und Stadt als
Stadtgut erklärt und 1822 als Corporationseigenthum ausge-
schieden. Zwei dieser Mühlestätten hatten die Bürger 1350, eine
andere 1361 um 20 Gulden von Johann Wagen erkauft. Bei
denselben befand sich der Mühlesteg, von dem aus, laut Verordnung von 1415, keine Fische gestochen werden durften. Beim Eingange auf die Spreuerbrücke befand sich die Stadtschleife, die 1710
neu gebaut wurde. In derselben wurde 1742 eine Kristall- und
Polirschleife eingerichtet. Handel mit Bergkristallen wurde von
Luzern aus namentlich in der zweiten Hälfte des 16. Jahrhunderts
betrieben. Als Stadtschreiber Rennward Cysat am Hofe des Herzogs von Savoyen sich aufhielt, zeigte man ihm Bergkristalle von
bewunderungswürdiger Größe und Schönheit, welche Oberst Walter
Amrhyn dorthin geschenkt hatte.

Die Spreuerbrücke wurde bekanntlich im Jahre 1408 erbaut
und mit Ziegeln eingedeckt. Für den Bau der Brücke, der Mauern
und Thürme an der Musegg und des Judenthurmes verausgabte
die Stadt damals 6060 Gulden, ein gewöhnlicher Arbeiter erhielt
damals einen Taglohn von 9 Heller, der beste 9 Angster. Frühzeitig schon befriedigte dieser Bau nicht; schon im Jahre 1428
wollte man die Brücke umbauen und mit Schindeln eindecken. In
älterer Zeit war die Brücke ganz schmucklos; von 1480—1798 befand sich auf derselben ein „Toub- und Trüllhäuschen". Im Jahre
1511 war auf der Seite gegen die Kapellbrücke hin, wie ein Bild
in Diebold Schilling's Chronik zeigt, ein Gemälde in hellen Farben
angebracht, welches die Abnahme Christi vom Kreuze darstellte.
Nach der Mitte des 16. Jahrhunderts trat an die Stelle des
Bildes eine kleine, 1591 renovirte Kapelle, die ihren eigenen Fond
besaß. Wahrscheinlich wurde die Kapelle 1568 erbaut; damals
nämlich wurde die von der Reuß den 16. Juli 1566 weggerissene
Spreuerbrücke wieder neu gebaut. Im Jahre 1669 verordnete der
Rath, an Sonn- und Feiertagen soll während des Gottesdienstes
im Hof in der Kapelle auf der Spreuerbrücke nicht Messe gelesen
werden; es soll auch die Glocke aus dem Thurme entfernt werden,
weil durch boshaftes Läuten derselben oft schon Leute in der Nacht
aus dem Schlafe aufgeschreckt worden seien. Seit 1670 bezog der
Leutpriester im Hof den dritten Theil des Opfergeldes dieser Ka-

pelle. — Die Hauptzierde der Brücke sind die Todtentanzbilder,
1626—1632 von Kaspar Meglinger, einem Schüler des Jakob
von Wyl, gemalt, 1682, 1705, 1718, 1725, 1727—1728, 1730, 1747
und seither oft renovirt. Stellten die Bilder der Hofbrücke die Tugen-
den dar, die im alten und neuen Testamente versinnbildlicht sind,
so sollten die Bilder der Kapellbrücke durch Vorstellung der Heldenthaten der Schweizer die Liebe zum wahren Ruhme fördern; die
Spreuerbrücke aber mit ihren Todtentanzbildern sollte an die Vergänglichkeit alles Irdischen erinnern, Vernunft und Moral predigen.

Wie auf den andern Brücken war auch hier das Zusammenwirken von Staat und Privaten zur Verschönerung der öffentlichen Gebäude zu konstatiren. Der Staat zahlte Meglinger für
zwei mit dem Stadtwappen gezierte Tafeln je 10 Gulden. Die
meisten Todtentanzbilder sind Geschenke von Privaten, deren Bildnisse auf denselben angebracht sind. Die unglückliche Holzkonstruk-
tion läßt diese nicht unfeinen Bilder nicht recht zu Tage treten.[1]
Der Beschluß, die Mühlenbrücke mit „lustigen“ Gemälden zu
zieren, datirt zwar schon vom 10. Jänner 1611, kam aber erst 1626
zur Ausführung. Einzelne Gemälde aber datiren erst aus dem
Jahre 1635. Die unter den Gemälden angebrachten Verse scheinen
ungemeinen Anklang gefunden zu haben; denn in kurzer Zeit
wurden diese Spruchverse, welche Reminiscenzen an die Sprüche
Pfarrer Müllers von Thalwyl zu R. Meyers Todtentanz enthalten, zweimal aufgelegt (Luzern 1635, bei Johann Hederlin,
2. Ausgabe 1641, Luzern, bei David Hautt.[2]) Der Maler des
Todtentanzes hat sich auf der Darstellung des jüngsten Gerichtes
(Nr. 56) selbst porträtirt. Auch einer der Restauratoren dieser
Bilder, Maler Hans Jörg Hunkeler, hat 1727 sich auf Tafel 6
als Arzt dargestellt. Meglinger hat übrigens auch seine Gehülfen
porträtirt; es sind dieß: Hans Claus, Lienhard Haas, Fridolin Meyer, Hans Ulrich und Viktor Wägmann, Andreas

[1] Vgl. über dieselben besonders Eglin: Der Todtentanz, Gemälde auf der
Mühlenbrücke in Luzern, ausgeführt von Casparus Meglinger; Luzern 1867. Neue
Ausgabe in verjüngtem Formate 1881.
[2] Klag Spruch Oder Todten Dantz aller Ständ der Welt. Auff der Mühl-
brucken In Lucern mit schönen Figuren geziert: Im Thon: Kehr umb mein
Seel ꝛc. Vgl. dazu R. Rahn: Zur Geschichte des Todtentanzes. Geschichtsfreund
XXXVI. 225 ff.

und Hans Jakob Weißhaupt. Der Todtentanz auf der Spreuerbrücke, die in Reisebeschreibungen oft Teufelsbrücke genannt wird,
bestand ursprünglich aus 67 Bildern, von welchen jetzt noch 56
auf der Brücke zu sehen sind. Einzelne Bilder sind starker Beschädigungen wegen entfernt worden. Auch heute noch ist dieser
Todtentanz, der mit demjenigen in Emmetten in naher Beziehung
steht, unstreitig der bilderreichste, den man weit und breit nachweisen kann.

Der Todtentanz auf der Spreuerbrücke hat deßwegen hauptsächlich
gelitten, weil die Brücke nicht vollständig gedeckt war. Die Brücke
war ursprünglich länger, denn sie reichte bis zum Münzhause.
Der eine Theil der Brücke, welcher von der steinernen Stiege wag-
recht über die Reuß sich zog, hatte eine Länge von 198 Schuh und
eine Breite von 11½ Schuh und war vollständig gedeckt. Der Theil
hingegen, welcher die Verbindung des Mühlenplatzes mit der Brücke
und die Eingänge zu den Mühlen vermittelte, war seit der Renovation von 1591 ungedeckt und hatte eine Breite von 16½ Schuh
und eine Länge von 178 Schuh. Dieser Theil wurde 1592 durch
Werkmeister Ulrich Hartmeyer mit einem Kostenaufwande von
686 Gulden neu erstellt. Dieser ungünstigen Verhältnisse wegen
wurden Renovationen des Todtentanzes häufig erforderlich. Zweimal wurden in neuester Zeit diese Bilder durch Feuer bedroht;
beide Mal traf ein wackerer Luzerner, Lithograph Anton Egli,
die nöthigen Anstalten zur Rettung dieses Todtentanzes.

Bei der Spreuerbrücke stieg man in älterer Zeit ein, wenn
man zu Schiff nach Rheinfelden fahren wollte. Im Jahre 1686
wurde nämlich von den Junkern Jost von Fleckenstein, Franz
Bernard Feer und Josef Karl Balthasar mit obrigkeitlicher
Bewilligung eine Reußschifffahrt eingerichtet. Nach der gegen einen
jährlichen Zins von 150 Gulden ertheilten Konzession bezahlte man
für einen Saum Wein einen Wasserzoll von 5 Schilling, für 1 Mütt
Kernen 3 Schilling, für jeden Zentner Waare 3 Schilling Zoll;
dazu kam noch die Fracht: für die Strecke Klingnau-Luzern 35
Schilling, Bremgarten-Luzern 50 Schilling, Bremgarten-Klingnau
20 Schilling. Eine Person zahlte für die Fahrt von Luzern nach
Hermatschwyl 12 Schilling, nach Bremgarten 15, nach Mellingen
18, nach Klingnau 21 Schilling. Wegen allzu geringer Frequenz
ging das Unternehmen bald wieder ein. An tüchtigen Schiffern

auf dem See sowohl als auf der Reuß fehlte es zu keiner Zeit. So hielt der venezianische Doge Maria Sanudo zu Anfang des 14. Jahrhunderts die Schiffer des Luzernersees für geeignet, an einer Expedition zur Eroberung des hl. Landes mitzuwirken. Und der Annalist von Colmar berichtet uns, im Jahre 1278 habe ein Schiffer von Luzern die Wette eingegangen, er wolle in einem Tage nach Straßburg fahren. Im Jahre 1551 machte der Garde-hauptmann Jost von Meggen mit seinem Bedienten Samuel Zehnder von Bern von Luzern aus „uff dem Wasser" eine Spazierfahrt nach Straßburg. Allerdings fehlte es auch nicht an einzelnen Unglücksfällen bei Marktfahrten auf der Reuß, so z. B. im Jahre 1434, wo 34 Personen, wie man glaubte durch Fahr-lässigkeit eines Schiffers, auf der Reuß verunglückten.

Hinter dem Mühlenthor mündet der 22 Fuß tiefe Leuen-graben, der beim See anhebt, in die Reuß. Schon im Jahre 1520 und 1551 war die Ueberwölbung des Grabens, in welchem 1461 und 1504—1551 Bären gehalten wurden, aus sanitarischen Gründen in Angriff genommen worden; Kriegsereignisse hinderten die Durch-führung des Planes bis zum Jahre 1582. Als der Graben über-wölbt war, wurde 1585 in denselben der Pferdemarkt verlegt. Als Luzern noch von großstädtischen Ideen unberührt war, ließen die Bürger ihre Gänse und Enten, deren jeder Einwohner laut Mandat von 1481 sechs Stück halten durfte, auf den Straßen, namentlich im Graben frei herumlaufen; 1718 wurde diese Bewilli-gung zurückgezogen. Am Löwen-Graben oder im hintern Graben besaßen zur Zeit der Burgunderkriege die Schultheißen Rust und von Hunwyl Häuser. Zu Ende des 16. und im 17. Jahrhundert wohnten am Graben vorzüglich die bessern Maler Luzerns, so die Künstler-familien Moser und Wegmann. Hier befand sich auch die Werkstätte des aus Rapperswil gebürtigen Glasers Peter Müller (1502—1518), der ein Lied auf den Schwabenkrieg sang. Unter den Häusern am Graben verdient namentlich eine spezielle Erwähnung jenes wohlgelegene Haus des Generals Franz Ludwig Pfyffer von Wyer (1716—1802), das jetzt unter dem Namen Casino bekannt ist. Der angehängte Seitenflügel dieses Hauses, in welchem ein eleganter Tanzsaal sich befindet, wurde 1808 aufgeführt.

Das Hauptgebäude baute im Jahr 1719 des Generals Vater, der Brigadier Jost Franz Pfyffer von Wyer, Ritter des Ludwig-

Ordens, der 1727 in Paris gestorben ist. Im Winkel beim Mühlethor baute 1481 Vortisch eine Badstube.

Der Reuß entlang zogen sich vom Mühlethurm bis zum rothen Thurm kleine Gärten, in welchen die Patrizier Gartenbau und Fischfang betrieben. In einem dieser Gärten fand um Ostern 1590 die confidentielle Besprechung zwischen Schultheiß Ludwig Pfyffer und einigen Bürgern von Mülhausen statt über die Lage der Stadt Mülhausen und deren Wiederaufnahme in den eidgenössischen Bund.

Der rothe Thurm mit dem Thore bei der Geißmatt, seit der zweiten Hälfte des 18. Jahrhunderts gewöhnlich Nöllithor genannt, befindet sich nach alter Tradition an der Stelle des vormaligen Schlosses „Lugaten". [1] Im Hofrechte von Luzern aus dem Jahre 1291 heißt es: Wenn der Abt von Murbach nach Luzern kömmt, sollen ihm der Probst, Kellner und Meyer des Stiftes im Hof entgegenreiten, und wenn der Abt „für Lugaten ynrittet", sollen ihm 12 Domherren unter dem Geläute der Glocken entgegenreiten und ihn nach alter Gewohnheit empfangen. Der Name Lugaten kömmt in späterer Zeit nicht mehr vor; 1519 ist die Rede von der „porta quae ducit ad Geismatten". 1395, 1397 und 1421 wird der rothe Thurm erwähnt, der 1513 mit einem Kostenaufwande von 2000 Gulden neugebaut wurde. Der Name „rother Thurm" deutet darauf, daß hier ursprünglich solche Personen untergebracht wurden, welche eine Kriminalstrafe zu gewärtigen hatten. Der Name „Nöllithörli" rührt wohl daher, daß in dem 1707 beim rothen Thurm neugebauten Thorwärterhäuschen längere Zeit ein Wächter Namens Nölli wohnte, vielleicht ein Nachkomme jenes Gardisten Nölli, der bei Lepanto zwei kleine türkische Schiffsfähnchen eroberte. Nach seinen Bewohnern wurde z. B. 1397 der von der Familie Fön gepachtete Bürgerthurm der Fönenthurm genannt. Einzelne schweizerische Gelehrte haben allerdings eine andere Namenserklärung versucht, z. B. Rochholz und Henne. Nach denselben bezeichnet Nell und Noll einen Kretin, wie Nill in der Gaunersprache; daher das Nöllethörlein in Luzern, gleichwie die Tallespforte zu Utrecht: das Thor beim Tollhause. [2]

---

[1] Vgl. die Ansicht in den Europäischen Wanderbildern Nr. 16, Seite 13.

[2] Rochholz: Kretinen, Zeitschrift für deutsche Philologie III, 336. Henne: Klingenberger Chronik 45.

Allein gerade das Tollhaus läßt sich an dieser Stelle nicht nachweisen, wohl aber eine Zollstätte „Telle", so daß die Verwechslung von Noll und Tell vielleicht zur Namenserklärung dient. Vielleicht ließe sich auch an das „Nollengut" denken, das 1504 erwähnt wird und wohl dem Bürger Noll gehörte, der 1480 an der Kramgasse wohnte. Nach der im Jahre 1701 erfolgten Explosion des Pulverthurmes wurde beschlossen, für alle Nothfälle circa 80 Zentner Pulver auf dem Kranze des rothen Thurmes aufzubewahren.

Beim rothen Thurm saß im Juni 1654 die 74 Jahre alte Zollerin Brigita Rabi (Rapp), welche Junker Walter Ludwig Cysat oftmals spaßweise fragte, ob sie schon auf der Bratellen- matt gewesen sei oder wann sie dahin fahren wolle. Als ihm diese · den Mantel anlegte, schlug sie mit der Hand auf Cysat's Achseln und sagte: „wele fine Herr sind ihr". Zwei oder drei Tage nachher wurde Cysat in den Armen lahm; Pater Mathä erklärte den Zustand für bedenklich, wendete „Malefiz-Wachs" und „Gesegnet Rauchwerk" an; die Mittel verfingen lange nicht. Cysat klagte die alte Frau als Hexe an; diese bekannte sich nach langen Qualen als Hexe und wurde deßhalb den 13. November 1654 zum Tode verurtheilt; 11 Tage später wurde auch ihre 76jährige Schwester verbrannt, die von Brigita als Hexe denunzirt worden war.

Die vom Zollhause der Musegg entlang sich erstreckende Wiese auf der der Stadt zugekehrten Seite hieß seit alter Zeit die Brüggli- matt. Die Wiese war dem Stift im Hof zehntpflichtig. Das Eigen- thum des Gutes ging um 1482 von Stadtschreiber Melchior Ruß an Peter Tammann über. — Der Reuß entlang sah man einige Weinberge; einen solchen besaß um 1326 Nikolaus von Stans, dessen Familie vom Stifte im Hof mit dem Kelleramte von Stans belehnt war, weßwegen die Familie auch unter dem Namen Kellner von Stans erscheint.

1425 besaß der Staat auch eine Walke und Bleiche an der Musegg, die er um den Zins von 15 Schilling an Hänsli Veiß, den Tuchmann, verlieh.

Für die Procession über die Musegg wurde von 1677—1875 jeweilen unterhalb des rothen Thurmes eine Brücke über die Reuß geschlagen.

Vor dem rothen Thurme lag der Meyerhof Geißmatt, schon lange vor dem Jahre 1290 ein Erblehen der Custorei im

Hofe, von welchem bei jeder Handänderung ein Ehrschatz von
1 Mark Silber, sowie ein jährlicher Zins von 11 Gulden zu entrichten war. Zu Anfang des 14. Jahrhunderts hatte die Familie
von Eich das Gut Geißmatt inne, dann ging dasselbe pfand-
weise 1525 an Elsine, Tochter Jakob Trutmann's, über. Unter
den spätern Besitzern der Geißmatt[1]) ist besonders bemerkenswerth
der Chronikschreiber Petermann Etterlin. Hof und Kapelle in
der Geißmatt verkauften die Gebrüder Niklaus und Johann
Bernard Cloos an Landvogt Jost Bernard Pfyffer von
Altishofen um 8500 Gulden. Später wurde der große Meyerhof getheilt; der obere Hof behielt den Namen Geißmatt, der
untere, worauf die Kapelle steht, erhielt den Namen St. Karl.
Die meisten anstoßenden Höfe im Moorenthal und auf der Musegg
waren, gleich der Geißmatt, in älterer Zeit dem Stifte im Hof
erblehenpflichtig.

Die Musegg, das eigentliche Wahrzeichen Luzerns, wurde
nach gewöhnlicher Annahme im Jahre 1408 erbaut, als Luzern
mit Bern wegen der Ermordung des Wernli Schilling in Konflikt
gekommen war. Allein genauere Nachforschungen zeigen, daß einzelne Thürme dieser äußern Ringmauer weit älter sind. Im Jahre
1408 wurden nach unserer Ansicht nur die längst bestehenden,
vielleicht im Jahre 1550—1386 angelegten oder erweiterten Befestigungen ergänzt und die Thürme durch eine höhere Mauer
mit einander verbunden. Im Jahre 1471 wurde die Musegg mit
allen andern zu Stadtbefestigungen dienenden Thürmen und Mauern
verbessert. Zu diesem Zwecke, wie zur Anschaffung von Geschützen
und großen Glocken, zur Tilgung der auf der Stadt haftenden
Schulden und zum Aufbaue von Willisau wurde auf fünf Jahre
eine Kopfsteuer von 4 Schilling und eine Vermögenssteuer von
4 Schilling von je 100 Pfund Heller eingeführt. Der Name Musegg
kömmt schon vor dem Jahre 1262 vor; was er aber zu bedeuten
hat, ist streitig. G. von Wyß nimmt an, der Name Musegg
stehe mit dem Kriegswesen der Stadt in Verbindung und bezeichne
vielleicht, wie in Braunschweig, das Waffenmagazin oder Zeughaus. Allerdings wurden die meisten Thürme der Musegg in
älterer Zeit zur Aufbewahrung von Munition benutzt, allein vor

---

[1]) 1415 war Meyerin der Geißmatt Anna von Iberg, die Schwägerin des
Beringer Sidler.

1262 existirte schwerlich ein Zeughaus, da jeder Bürger wie jeder Bauer die Pflicht hatte, sich selbst zu bewaffnen. Das Musegg-Magazin in der Brügglimatt, 1684—1690 auf dem von Land-vogt Jost Ranutius Segesser dem Staate abgetretenen Lande mit einem Kostenaufwande von 20,545 Gulden erbaut, war ursprüng-lich ein Kornmagazin und wurde erst in neuerer Zeit zu Militär-zwecken verwendet. Dr. Brandstetter meint dagegen, Musegg heiße die „Egg am Moor", da die unter der Musegg gelegene Gegend zwischen der „Weggußgasse" und dem Hof ehedem eitel Morast war. Auch diese Ansicht ist wohl unrichtig, denn die Thürme auf der Musegg waren seit ältester Zeit Wachtthürme. „Musen" heißt aber suchen, spähen [1]); in Luzern's Umgeldbüchern treffen wir noch 1520—1524 unter den Ausgaben auf ein „Mußgeld" oder „Musengeld", an dessen Stelle früher und später wieder das „Wachtgeld" tritt. Die Musegg ist also wie der „Mäusethurm" ein Wachtthurm. Die Musegg, welche der Stadt ein ungemein malerisches Aussehen verleiht, war in alter Zeit ein beliebter Be-lustigungsplatz, auf welchem die Faßnachtfeuer angezündet wurden. Die Jugend ergötzte sich am Echo, das bei einigen Thürmen sehr schön wiederhallt. Bis zum Jahre 1585 zogen die Metzger je-weilen am Aschermittwoch auf die Musegg und hielten dort ein Trinkgelage; der Zug wurde dann auf den Dienstag in der alten Faßnacht verlegt. Die Unterhaltungspflicht der im Jahre 1562 renovirten Museggmauern wurde 1439 denjenigen überbunden, die an der Mauer Gärten besaßen; doch verpflichtete sich der Staat, hiezu die nothwendigen Steine zu liefern.

Der bekannteste unter den neun Thürmen auf der Musegg, die von sehr mannigfaltiger Form sind, ist der „Lugisland", dessen Name zeitweise den Titel einer luzernerischen Zeitung bildete. Nach Cysat wurde dieser Thurm im Jahre 1290 erbaut; That-sache ist, daß der Staat schon 1397, also vor dem angeblichen Baue der Musegg, für den Wächter auf dem Lugisland, der da-mals quartaliter ein Einkommen von 16 Denar bezog, einen Ofen erstellen ließ. 1431 wurden durch den Maler Hans Fuchs auf dem „Luginslant" Glasfenster erstellt, die auf 18 Schilling zu stehen

---

[1]) Vgl. Frommann: Wörterbuch I, 1665; Lexer: Mittelhochdeutsches Wörter-buch I, 2258. Will: Regesten der Erzbischöfe von Mainz XXX.

kamen; 1505 wurden durch den Glasmaler Oswald Süler diese
Fenster erneuert. 1427 und 1447 wurde den Wächtern auf dem
Lugisland geboten, auf den Thurm zu gehen, sobald man in der
Stadt mit der Feuerglocke zum Lichtauslöschen läute und dort zu
bleiben, bis die Glocke zur Frühmesse im Spital ertöne. Alle
Stunden sollten die beiden Wächter auf dem Lugisland den andern
Feuerwächtern mit dem Horn ein Signal geben und auf die Rufe
antworten, auch fleißig umhergehen, aber nicht stürmen, bis das
Feuer in einem Hause zum Dache oder aus den Fenstern heraus-
schlage. 1826 wurde der Thurm restaurirt und das Männchen
auf demselben neu mit einem Wamms und Helm aus Sturzblech
bekleidet. Im Jahre 1408 mag der die Mauerkrone der Musegg
begleitende Mordgang erstellt worden sein, der heute noch erhalten ist.

Zunächst beim Lugisland steht der Heuthurm. Als man
gerade mit der Restauration der Ringmauer beschäftigt war, erfolgte den 30. Juli 1701 Nachmittags 2 Uhr während eines heftigen Gewitters die Explosion des Heuthurmes. 250 bis 400 Zentner
Pulver, die im Heuthurme aufgespeichert waren, explodirten und
richteten in der Stadt eine ungeheure Beschädigung an. Zahlreiche
Gebäude erhielten Risse und fast alle Fensterscheiben wurden zerstört; drei Arbeiter wurden neben dem Thurme todt gefunden.
500 fremde Arbeiter wurden für die Reinigung der Stadt und
Besorgung der Reparaturen an den Staatsgebäuden requirirt. Sogleich begann der Neubau des Thurmes; aber zur Verhütung
ähnlicher Unglücksfälle wurde die Errichtung von zwei Pulver-
magazinen außerhalb der Stadt, in der Hasenweid im Moorenthal und Goblesmoos beschlossen.

Der „alte Zytthurm", mit der 1385 für den Graggenthurm
in Basel verfertigten Thurmuhr versehen, ist nach Cysat der älteste
Museggthurm; er steht angeblich auf der Stelle, wo das von den
Luzernern im Jahre 1261 zerstörte Schloß Tannenberg sich erhob,
welches der Abt von Murbach beim Eichwalde erbaut hatte, der
damals von den Bürgern gänzlich niedergehauen wurde. Das
Schloß — castrum Tannenberc — muß sehr unbedeutend gewesen
sein, da der Abt sich mit einer Entschädigung von 50 Mark Sil-
bers begnügte. Der Glockenrichter erhielt laut Verordnung von
1424 den für jene Zeit sehr erheblichen Lohn von 10 Gulden; sein

Gehilfe 2 Gulden. Schon im Jahre 1511 war der Thurm mit einem Gemälde geziert, das, wie Diebold Schilling's Chronik zeigt, zwei streitende Krieger in rother Kleidung darstellte (Fol. 265, 278 u. s. w.). 1596 ließ der Staat durch Josef Moser das Gemälde erneuern und dazu noch das von zwei wilden Mannen gehaltene Staatswappen anbringen. In der gleichen Zeit ließ der Staat durch Moser mehrere Gemälde an Gebäuden und Brunnen renoviren, so die Wappen an der Ecke; Knab hingegen malte die Wappen am Niederthor.

Durch den Schirmenthurm¹), resp. das Schirmenthor führte der alte Weg nach Zürich. Schon 1375 ist vom „Thor an der Musecke" die Rede und 1408 wird verordnet, das Museggthor soll nur bis Nachts 10 Uhr offen sein. Am Schirmenthurme war 1512 zwischen zwei Luzerner-Schilden eine Fahne gemalt²).

Zu den erst im Jahre 1408 erbauten Museggthürmen gehört wohl der „Bulfer- oder Holdermeyerthurm". Beide Namen sind nicht alt; wie der Thurm ursprünglich hieß, ist nicht zu ermitteln. Den 28. März 1571 wurde dem Jost Holdermeyer bewilligt, in seinen Gütern und Baumgärten an der Stadtringmauer im Wäggis inwendig Weinlauben zu pflanzen. Damals mag der Name Holdermeyerthurm aufgekommen sein.

Dem Landgute Allenwinden gegenüber liegt der „Allen-Windenthurm", bei welchem sich das Landsknechtenloch, eine Erdschanze befand, bei welchem jeweilen beim Umzuge von den Stubenmeistern der Schützengesellschaft den durstigen Landsknechten eine Erfrischung gespendet wurde.

Zunächst dem äußern Wäggisthurme befindet sich der letzte Museggthurm, der Tächli- oder Kutzenthurm; auch der zweite Holdermeyerthurm genannt. Dieser Thurm war früher gegen die Stadtseite offen; auf Befehl des Rathes wurde er 1728 zugemauert. Den Pulvermachern wurde dieser Thurm 1625 zur Aufbewahrung des Pulvers überlassen. Die Beschlüsse über die Bauart der alten Museggthürme sind nicht mehr erhalten; dieselben werden aber wohl ähnlich gelautet haben, wie derjenige

---

¹) 1480 kommt der Name Schirmthurm vor. Vgl. die Ansicht in den Europäischen Wanderbildern Nr. 16, Seite 12.
²) Schilling's Chronik fol. 278.

von 1429, der meldet: „Wir sint übereinkommen, daß man den Turn uff der Krienpachbrugg slecht, ruch, one ußwurf und uffschutz buwen und schlechtlich zinnen deruf machen soll." Denn die Thürme sind durchaus nach obiger Maxime gebaut und erst später theilweise mit einem Verputze versehen worden.

Unten am Garten des zweiten Holdermeyerthurmes, anstoßend an die Wäggisgasse, befand sich 1586 das Haus und die Gießhütte des Glockengießers Hans Schwarz.

In älterer Zeit war die Musegg weniger wegen ihrer unvergleichlichen Lage oder ihrer Rebberge, als wegen der Procession bekannt, die jährlich am Vorabend vor Maria Verkündigung sich über dieselbe bewegte. Seit mehr denn 600 Jahren ist nur zweimal dieser Bittgang nicht am gewohnten Tage vor sich gegangen; wegen des Bauernkrieges wurde die „Romfahrt" im Jahre 1653 auf den 25. Juli verschoben. Des großen Schnees wegen konnte 1785 die Procession erst den 17. März und dann auch nur durch die Stadt sich bewegen. Schon im Jahre 1252 wurde bestimmt, daß an der zur Bewahrung vor Feuersgefahr verordneten Procession die ganze Geistlichkeit der Stadt und bei 3 Schilling Buße eine Person aus jedem Hause theilnehmen soll. Im Jahre 1410 wurde verordnet, daß der wohlgelehrteste Priester eine lateinische und deutsche Predigt halten, und daß die ehrwürdigsten Männer, der Kellner und Meyer des Stiftes, die Heiligthümer umtragen sollen. Ihren Höhepunkt erreichte die Procession in der zweiten Hälfte des 15. Jahrhunderts, wo oft 3—500 Priester an derselben sich betheiligten. Jeder Priester, welcher Messe las, erhielt 1 Pfund Fisch und eine Maß Musegg-Wein. Spital und Senti sollten die Armen, welche zur Procession kommen, beherbergen und denselben Fische vorsetzen, während der Staat den Wein lieferte. 1470 wird die Buße für die an der Procession nicht theilnehmenden Bürger auf 1 Pfund fixirt. Aus diesen Bußengeldern wurden die an der Procession erscheinenden Staatsbediener ꝛc. honorirt und zwar laut Rechnung von 1470 die Sigristen, Hebammen, Wächter, Werkmeister, Zolleinnehmer, Läufer, Weinzieher, selbst die „Frowen im Frowenhuß", die „Nunnenmacher", Schiffmeister und Schiffer, die Gerichtsweibel, Trompeter und Pfeifer, die Rathhausknechte, Schlüsselbewahrer und Brunnenwäscher. Im 16. Jahrhundert (1586) wurde den Trompetern eingeschärft, während

dieser Procession auf den Thürmen nur „Geistliches" zu blasen.
Zahlreich erschienen bei diesem Anlasse die Waldbrüder, die nach
der Procession im Spital ihr Kapitel hielten und den „Altvater"
wählten. Der Zudrang zur Wallfahrt mehrte sich, als 1479 der
Papst den Theilnehmern an der „Romfahrt" Ablaß ertheilte.
Zahlreiche Päpste und Cardinäle erneuerten seither diese Ablaß-
privilegien. — Im 15. Jahrhundert war auf der Musegg noch
keine Kapelle; es wurde beim Gottesdienste neben der Kanzel nur
ein Tragaltar aufgestellt. Auf der Kanzel traten im 16. Jahrhundert oft recht interessante Männer auf, so 1520 der Chronikschreiber Werner Steiner von Zug, 1522 der Johanniter-Comthur
Konrad Schmid von Küßnacht (gefallen 1531 im Treffen zu Cappel),
der mit weithin schallender Stimme gegen den päpstlichen Ablaß
eiferte, in der Hoffnung, dadurch den reformatorischen Tendenzen
in Luzern zum Durchbruche zu verhelfen. 1553 hielt die lateinische
Predigt Domitius Hurilæus, Erzbischof von Cashel in Irland, der
später des Glaubens wegen hingerichtet wurde. Im Jahre 1726
wurde im Rathe von Luzern der Antrag gestellt, die lateinischen
Predigten auf der Musegg, „so einzig seyen, daß die Geistlichen
einander rühmen könnten", abzuschaffen. Allein das historische
Recht siegte. Erst 1798 hörten die lateinischen Predigten auf der
Musegg auf.

Eine Eigenthümlichkeit der luzernerischen Romfahrts-Procession,
deren erste einläßliche Beschreibung der Zürcher Josias Simmler
in seinem „Regiment loblicher Eidgenossenschaft" veröffentlichte,
bestand darin, daß die Rathsherren die Heiligenbilder und Reliquien
umtrugen und dafür gleich den Lehrern und Staatsangestellten seit
1575 eine Gratifikation erhielten (3—12 Pfund).

Anträge, diese silbernen Bilder durch Staatsbediener umtragen
zu lassen, wurden 1709 und 1741 abgewiesen. Erst im Jahre 1763
wurde beschlossen, daß wenigstens die sechs ältesten Rathsherren
vom Tragen der Bilder dispensirt werden und dafür „zu mehrerem
decor der Procession folgen sollen". — Auf der Musegg wurden
während der Romfahrt Opfergelder gesammelt, deren Verwaltung
seit 1482 Mitgliedern des Kleinen Rathes übertragen war. Diese
Opfer sollten theils zum Baue der Hofkirche, theils zur Anschaffung
von Kirchenzierden verwendet werden.

Von den schön gelegenen Landgütern auf der Musegg war der

eigentliche Musegghof, auf welchem die Kapelle steht, 1483 als
Besißthum des Schultheißen Heinrich Hasfurter zu 600 Gulden
angeschlagen. Er gelangte an Stadtschreiber Melchior Ruß und durch
dessen Sohn Hans 1505 kaufsweise an die Cammann. Der Hof
Bramberg, im 14. Jahrhundert Stammsiß der Familie von
Bramberg, wird als ein Besißthum Wilhelms von Lütishofen,
der zu Arbedo (1422) fiel, genannt. Im 16. Jahrhundert treffen
wir denselben beim jüngern Schultheißen Hans Hug, dann bei
Hans Cammann (1561). Am Hause ist folgende Steinschrift angebracht:

> Bramberg uff Musegg hat geziert,
> Gemauert vnd zu End gefüert
> Leontius Pfyffer genannt,
> Statt alles ießt in Gottes Hand.
> Darum Invidia nit triumphiert,
> Libertas singt, wie es gebührt.
> Melius est a sapientia corripi,
> Quam Stultorum adulatione.
>
> Eccles. cap. 7. vers 6. Anno 1675.

Beim Hofe Allenwinden lag das 1290, 1317 und 1425 erwähnte
Schloß Arburg, 1527 im Besiße der Familie von Obernau.
1425 noch der Custorei im Hof zehntpflichtig, war der Hof 1414
bis 1457 mit Weinreben bepflanzt; 1560 gehörte derselbe der Frau
Martha Cammann, Gemahlin des Erasmus von Hertenstein,
die selben ihrem Vetter Melchior Cammann testierte. Ob der
Thiergarten am Fuße der Musegg zur Burg Arburg gehörte,
wissen wir nicht bestimmt. Der gegen das Bruchthal gelegene
Theil der Musegg hieß 1317 der „Berg Arburg". Der Hof
Bruchthal gehörte damals der reichen Familie Stanner, aus
welcher jener Werner Stanner abstammte, der als Student an der
Universität Bologna 1266 für den Grafen Rudolf von Habsburg-
Lauffenburg Bürgschaft leistete.

Das Landgut Fluhmatt gehörte dem ruhmgekrönten Schultheißen Ludwig Pfyffer.

Wir sehen, daß im 13. Jahrhundert, wo Luzern unter der
Abtei Murbach stand, auf dieser einen Anhöhe nicht weniger als
drei Burgen sich erhoben; vielleicht rührt diese Dreizahl noch von
der elsäßischen Sitte her, die in einem elsäßischen Sprichworte noch
im 16. Jahrhundert fortlebte:

Drei Schlösser auf einem Berg,
Drei Kirchen auf einem Kirchhof,
Drei Oefen in einem Saal,
Drei Städte in einem Thal,
Ist das ganz Elsaß überall!

Der Bau von Burgen wurde um die Mitte des 13. Jahrhunderts überhaupt zu einer Art Modenkrankheit, so daß vielerorts Verordnungen erlassen wurden, es dürfe Niemand eine Burg
oder ein befestigtes Haus besitzen, er habe denn mehr als 30 Pfund
Einkünfte. Die armen Edelknechte unserer Lande wollten alle
Ritter werden, während im reichen England die Edelleute zum
Empfange des Ritterschlages genöthigt werden mußten, denn dort
hatten Leute von Rang und Landbesitz neben Standesrechten auch
sehr ernstliche staatliche Pflichten zu übernehmen, im Friedens-
gerichte, am Grafschaftstage wie im Parlamente. Als später die
Stadt Luzern in den Besitz von Landvogteien gelangte, sahen die
Bauern es sehr ungern, wenn ihnen ein Schneider oder Schuster
zum Landvogte gegeben wurde[1]); sie waren seit Jahrhunderten
gewöhnt, daß der Gerichtsherr zu Pferde erschien, den Falken auf
der Hand, von lustigen Rüden begleitet. Reiche Bürger von Luzern
suchten deßhalb immer am hl. Grabe in Jerusalem oder sonst
wo den Ritterschlag zu erhalten, der ihnen in weitern Kreisen Ansehen verschaffte und sie auch zur Uebernahme von Gesandtschaften
an Fürstenhöfen befähigte. Diesen Freunden des Ritterthums war
besonders Kaiser Sigismund gewogen, der, wie ein österreichischer
Chronikschreiber erzählt, geneigt war, jeden Bürger zum Ritter
zu schlagen und ihm einen Adels- oder Wappenbrief zu geben.
Ob Sigismund, der letzte Kaiser, der in Luzern einen feierlichen
Einzug hielt, auch Luzernern den Ritterschlag ertheilt habe, wissen
wir nicht; wir vermuthen aber, es sei geschehen. Ohne Zweifel
hat Sigismund dem reichen Luzerner-Bürger Anton Scherer[2]) das
Reichslehen des Hofes Materel im Eschenthal verliehen, das später
noch im Besitze dieser Familie getroffen wird.

[1]) Noch im Jahre 1486 wurde Hans Brönnisen von Münster eingekerkert,
weil er sagte, die Vögte seien jetzt Schneider und Schuster, statt wie ehedem
Fürsten, Herren, Grafen und Ritter.

[2]) Derselbe konnte 1431 sagen, es sei kein Haus in der Stadt, auf dem er
nicht eine Gült besitze.

Einritt Kaiser Sigismunds in Luzern 1417.

## C. Der Hof.

Wir schließen unsern Gang durch das alte Luzern mit der Darstellung desjenigen Stadtquartiers, an das sich die ältesten Erinnerungen knüpfen und das zugleich in der neuesten Zeit die größten Umwandelungen durchgemacht hat: mit dem Stadtviertel im Hof, das von der Zürichstraße über die Höhe des Wesemlin und der Halde bis zum Burggraben zu Wartenfluh und an den See reicht. Wie in alter Zeit die Stiftskirche zu St. Leodegar im Hof der Mittelpunkt war, um den sich das Leben in diesem Stadtviertel bewegte, so sind in der Neuzeit die großen, mustergültig eingerichteten Gasthöfe die Vermittler des Verkehrs. Das Wei, einst ein ungesunder Sumpf, ist ausgetrocknet und auf demselben erheben sich zahlreiche, den Anforderungen der Neuzeit entsprechende Bauten, von denen einzelne in Bezug auf das Aeußere mit den Neubauten anderer moderner Städte rivalisiren. Den Hauptschmuck des Quartiers bildet neben dem See nnd dem Panorama der Urschweiz das Löwen-Monument, dessen Modell der Phidias des Nordens, Thorwaldsen, entwarf. — An dem Wege, der von der „Fremden- und Hotelstadt par excellence" zum Löwen-Monumente führt, lagen in alter Zeit zwei Weier, von welchen das Stift im Hof im 15. Jahrhundert einen jährlichen Zins von 15 Plappert bezog.

An der Ausmündung der Museggstraße, vor dem äußern Wäggisthor, stand schon vor 1524 ein großes steinernes Kreuz, das noch im Jahre 1513, wie unsere Abbildung aus Schilling's Chronik zeigt, zwischen vier sehr hohen Pfählen unter einem Schirmdache aufgestellt war. Im Volke nannte man dieses alte Wahrzeichen, welches wahrscheinlich die Grenze des alten Stadtbannes bezeichnete, seit Jahrhunderten nur den „großen Heiland". Eine Chronik erzählt, im Jahre 1454 sei ein Marktschiff mit 34 Personen von Luzern, Uri und Unterwalden auf der Reuß untergegangen; die Leichen habe man zum äußern Wäggisthor geführt, um sie dort zu „unterscheiden und zu theilen"; zum Andenken hieran sei dort ein Kreuz errichtet worden. Allein diese Angabe ist unrichtig; denn das Kreuz, das erst im Jahre 1678 anläßlich der Straßenbaute auf die gegenwärtige Stelle versetzt und im Juli 1681 sammt der Kapelle neu aufgebaut wurde, wird schon 1324 erwähnt. 1681 hieß es nur, es sei „zu einer alten Memoria" aufgerichtet worden. Ich vermuthe, es seien hier die Landgerichte bei den außerhalb der Stadt begangenen Todtschlägen abgehalten worden; so tagte z. B. 1418 unter dem Vorsitze des Schultheißen Johann von Dierikon vor dem äußern Wäggisthor ein Landgericht; ebenso im Jahre 1472, während bei Todtschlägen in der Stadt das Gericht in der Regel auf dem Fischmarkte und bei solchen im Obergrund vor dem Obern Thore versammelt war.

Das 1879 renovirte Crucifix heißt noch im Jahre 1502 bei Schilling das steinerne Kreuz. Von Schilling wissen wir, daß Kaiser Sigismund 1417 von einer Rathsdeputation in Ebikon, von der Geistlichkeit und der Bürgerschaft von Luzern aber beim „großen Heiland" abgeholt und in feierlicher Procession am Allerheiligen-Tage in die Stiftskirche begleitet wurde. Der Einritt des Kaisers war sehr feierlich, aber zugleich von eigenthümlichen Vorkommnissen begleitet. Auf die Kunde, daß der Kaiser nach Luzern komme, strömten etliche Todtschläger herbei, in der Hoffnung, daß der Kaiser ihnen die Freiheit ertheile, in die Stadt heimzukehren. Als der Schultheiß sah, daß die verbannten Todtschläger sich um den Herrscher der Deutschen gesammelt hatten, stellte er dem Kaiser dar: Luzern habe den Blutbann erhalten und gestützt auf die vom Kaiser erworbenen Rechte die Mörder auf ewig verbannt; der Kaiser sei hoffentlich nicht gekommen, um die Rechte der Stadt zu schmälern. Sigismund bedeutete deßhalb diesen Todtschlägern, er sei nicht gekommen, die Gesetze zu brechen, sondern solche zu bestätigen; die Todtschläger dürfen also mit ihm nicht einreiten. Aber als Kaiser wollte Sigismund doch in der seit den Tagen Rudolfs von Habsburg üblichen, das Volk belustigenden Weise einreiten; daher gebot er: „Huren und Buben sollen ihm anhangen und sich seines Einrittes freuen." So fand denn auch Sigismunds Einritt so statt, daß sich am Mantel des Kaisers jene Grazien hielten, die Makart auf dem Bilde vom Einritte Kaiser Karl V. in Antwerpen in der ihm eigenen Weise darstellte.

Fremde Herren und Fürsten, welche Luzern mit ihren Besuchen beehrten, wurden in alter Zeit auf den Zunftstuben freundlich bewirthet, man schenkte ihnen auch ein Bad; dagegen ging man nie so weit, wie z. B. der Rath von Bern bei der Durchreise Kaiser Sigismunds, wo man dessen Gefolge auch freien Zutritt zu einer gewissen Klasse von Schönheiten gestattete. Es war dieß um so begreiflicher, da ja König Sigismund in Constanz vor Kurzem so eifrig für Reformation der Kirche an Haupt und Gliedern gewirkt und eben Einsiedeln in reumüthiger Stimmung besucht hatte, wo er vielleicht für das an Herzog Friedrich von Oesterreich begangene Unrecht Buße that. In Luzern war Sigismund in ganz gottseliger Stimmung; er besuchte zuerst die Stifts-kirche und logirte sich dann bei Denjenigen ein, die der Ordens-regel nach Nichts besitzen, bei den Barfüßern. Kaiser Sigismund hatte dermalen auch ganze Stiefel an und wurde beim Einreiten in die Stadt — wohl mit Rücksicht auf die vorgerückte Jahres-zeit — nicht wie anderwärts von schönen lustigen Damen derselben beraubt. Dagegen beschenkte der Rath von Luzern den Kaiser nicht so großartig wie andere Städte; das arme kleine Storchenstädtlein hatte im Kriege gegen Friedrich mit der leeren Tasche ohnehin im Interesse des Kaisers zu viel Geld verausgabt. Erst später ermannten sich die Bürger noch einmal zu einem heroischen Ent-schlusse, indem sie 1434 dem in Basel weilenden Kaiser einige schöne Ochsen schenkten, die sie auf 187 Gulden zu stehen kamen. Als Kaiser Sigismund den 9. Dezember 1437 starb, ließen ihm die Luzerner in der Peterskapelle das „Endzeichen" läuten und im Hof ein Requiem halten, das sammt den Auslagen für die Kerzen auf 1 Pfund 6 Schilling und 8 Denar zu stehen kam. — Kaiser Sigismunds Reise stand übrigens mit wichtigen geheimen Projekten in Verbindung, deretwegen die eidgenössische Tagsatzung zu einer confidentiellen Besprechung nach Einsiedeln berufen wurde. Es handelte sich offenbar um die Restitution der dem Herzog

Friedrich von Oesterreich von den Eidgenossen entrissenen Län-
dereien, die vom Kaiser offiziell begehrt, im Geheimen aber ver-
eitelt werden sollte.

Vom „großen Heiland" führt die Straße im Wei neben der
im Jahre 1417 erwähnten Schmiede vorbei zur St. Antonius-
Kapelle. Diese stand beim Eingang zum Bierkeller und bildete eine
Pertinenz des Hauses im Steinbruch. Sie gehörte ursprünglich dem
Antonier-Kloster in Uznach, das schon im Jahre 1392 ein eigenes
Haus in Luzern besaß. Die Antonier, welche sich der Krankenpflege, namentlich der Chirurgie, widmeten, hatten in der 1490
neu gebauten „Kapelle an der Wychalde" schon 1426 einen Opfer-
stock, dessen Erträgnisse den Antoniern in Uznach zur Hälfte zu-
kamen, während die andere Hälfte zur Beleuchtung und Unterhaltung der Antonius-Kapellen in Luzern und Root verwendet werden
sollte.

Bis in's 17. Jahrhundert ernannte der Rath einen Pfleger
der Antoniuskapelle. Anläßlich der Errichtung des Löwenmonu-
mentes wurde die Kapelle näher gegen das Monument versetzt.
Neben der alten Kapelle befand sich ein Brunnen, schon 1573 erwähnt,
seit 1829 geziert mit dem Obelisk, den Abbé Raynal, der Verfasser der Geschichte der europäischen Besitzungen in beiden Indien,
1783 den Stiftern der schweizerischen Freiheit auf der Insel bei
Altstadt errichtet hatte. Ein Blitz hatte dieses Denkmal zerstört,
ehe noch die politischen Wetterleuchten in der Urschweiz begannen. [1])

Zwischen dem Standorte der alten und neuen Kapelle liegt
das „Schwesternhaus" oder „Sandhüsli" (Pension Waldis),
bis vor wenigen Jahren mit einem aus dem Jahre 1551 stammenden Wappen geziert. Von 1397—1493 werden Beginen und
Waldbrüder erwähnt, welche in dem „beginenhus vorm hof us"
wohnten. Das alte Urbarium der Probstei im Hof redet von
Gärten, die „nebent der Clos by dem Wägisthor" lagen. Die
Inhaber dieser Gärten mußten um das Jahr 1400—1500 dem
Stifte im Hof jährlich Bocks- und Gitzi-Felle bringen und hießen
deßhalb „ferrent". Das gleiche Servitut lastete auch auf einigen
Häusern in der Stadt, namentlich auf solchen am Kindermarkt,

----

[1]) Vgl. über dieses ursprünglich für das Rütli bestimmte Denkmal den Auf-
satz von Dr. Crozier in der „Schweiz". Frick 1859, S. 145 f.

in der Mühligaß und am Platz. 1486 erhielt der Custos im Hof das Recht, dieses Häuschen einem Sigristen oder Glockenläuter zu verleihen; der Rath behielt sich aber das Recht vor, nach Belieben die Klause wieder an Waldbrüder oder Schwestern zu verleihen. Im Jahre 1493 wohnten Waldbrüder im „Bruderhause vor dem Hof". 1555—1556 wohnte ein „Frauenbruder" darin. Später ging die Klause an den Besitzer der Kreuzmatt über. Als Inhaber dieses Landgutes, welches 1425 das Gut zum Kreuz hieß und mit Weinreben bepflanzt war, erscheinen 1554 die Krepsinger von Luzern, namentlich Stadtschreiber Melchior Krepsinger. 1319 bis 1330 besaßen die Kreuzmatt als Lehen des Stiftes im Hof Cuno von Bramberg, R. und Katharina von Aa, Meister H. von Emmäten und Burkard Treyer.

Hinter dem Sandhäuschen liegt der Steinbruch, 1546 und 1548 der „Helle-Steinbruch" genannt, bei welchem 1357 das Haus zur „Helle" erwähnt wird. Beim Neubau der Hofkirche wurde dieser Steinbruch ausgebeutet. 1615 wurde bestimmt, der Steinbruch dürfe nur für die Bürger benutzt werden; Fremde sollen die für Bauten erforderlichen Steine von anderwärtsher sich verschaffen. Einheimische sollten für den laufenden Fuß Stein zu Bauten außer der Ringmauer 4 Schilling zahlen; für Neubauten in der Stadt 13 Denar, Bürger durften für Fremde den Stein zu 6 Schilling per Fuß beziehen.

Das schön gelegene schloßartige Haus im Steinbruch stammt aus dem Anfange des 18. Jahrhunderts. Bis zu dieser Zeit stand an der Stelle desselben ein einfaches, großes Bauernhaus, das den 11. August 1693 ein Sturmwind umwarf. Unter den Trümmern des Hauses fand man eine Wittwe und einen Studenten todt. In unmittelbarer Nähe dieses Hauses wurden in neuerer Zeit sogenannte Gletschermühlen aufgedeckt.

Da wo der Weg von der Schmiede zur Antoniuskapelle abzweigte, stand noch zu Ende des 16. Jahrhunderts eine äußere Stadtmauer, durch welche unter einer bogenförmigen Pforte der Weg nach Ebikon führte.

Von der Antoniuskapelle weg führte unter dem Abhange der Wesmelin-Höhe ein Fußweg über Allmendland und Holzplätze durch's Wei neben der „Dohle" vorbei zum Hofthor. Zwischen der Dohle und dem sogenannten „Großen Heiland" lag das Haus

des am 28. Mai 1824 im Alter von 74 Jahren verstorbenen
genialen Josef Reinhard von Horw, der zuerst in 132 Familien-
Porträten auf 46 Gemälden die sämmtlichen schweizerischen Kostüme
darstellte.

Durch das Hofthor gelangen wir in das eigentliche Hofquar-
tier, das in älterer Zeit unter der speziellen Jurisdiktion des Probstes
stand. Probst und Chorherren erhielten — trotz der Einsprache des
Bischofs von Constanz — 1776 nach Außen größeres Ansehen;
der Probst durfte eine Insel tragen und die Chorherrn ein goldenes Kreuz „zu anständiger Distinction". Pius VI. erhöhte die
Rechte des Probstes, indem er 1792 demselben das Recht ertheilte,
Glocken zu taufen, Kirchen und Altäre zu benediziren, die drei-
fache Benediktion bei feierlichen Messen zu ertheilen, Kelche und
Kirchenparamente zu segnen, das Rocchet und die Mozzetta zu tragen
u. s. w. Was der Probst im Verlaufe der Jahrhunderte an zeit-
lichen Gütern und Rechten verloren hatte, suchte ihm der Papst
durch Verleihung geistlicher Vorrechte zu ersetzen.

Durch den Generalauskauf vom Jahre 1479 hatte die Stadt
Luzern die wenigen noch restirenden Rechte des Stiftes über die
Stadt erworben. Die Stadt verpflichtete sich aber, zum löblichen
Andenken, daß die Bürger von Altem her freie Gotteshausleute
gewesen seien, am Vorabende vor St. Leodegars-Tag jährlich eine
vierpfündige Kerze zu opfern. Das Stift behielt sich alle Häuser,
Hofstätten, Gärten und Speicher außerhalb des äußern Wäggisthores und innerhalb der Ringmauern um den Hof und der Hofbrücke vor; dieser Bezirk war bis 1798 von allen städtischen
Steuern und Abgaben befreit. In alter Zeit müssen sich die Bürger
von Luzern unter der Herrschaft der Aebte sehr wohl befunden
haben, da sie im Jahre 1285 dem verschuldeten Abte Berchtold
von Falkenstein die für jene Zeit sehr beträchtliche Summe von
260 Mark Silber zahlten, damit er die Stadt und das Stift weder
verkaufe, verpfände, noch mit Hypotheken belaste oder als Lehen ver-
leihe. Trotzdem trat der Abt 1291 die Stadt Luzern mit 15 Meyer-
höfen, Burgen und Aemtern um 2000 Mark Silber und 5 Dörfer
im Elsaß an die Herzoge von Oesterreich ab.

Bis zur Zeit des Morgartenkrieges war die Umgebung der
Stiftskirche nicht befestigt. Damals machten die Urkantone mit
50 Nauen einen Streifzug nach Luzern; die Krieger rannten durch

den Hof hinein bis an den „neuen Graben", wie damals der
Wäggis hieß. Aus Furcht vor neuen Ueberfällen, die nach da-
maliger Sitte immer mit Plünderungen verbunden waren — denn
Rauben und Brennen gehört zum Kriege wie eine Vesper zum Hoch-
amt, sagte ein Chronist — ließ das Stift den Hof mit Ringmauern,
Thürmen und gegen den See mit Schwirren befestigen, so daß der
Hof einer kleinen Festung glich. Die Stadt machte dem Stift zur
Ausführung dieser Befestigungsarbeiten, die von 1316 bis 1378
fortgesetzt wurden, ein Anlehen von 200 Pfund, wofür die Stadtmühlen verschrieben wurden. Im Jahre 1572 wurden diese Befestigungen durch Meister Hans Gaberer von Luzern renovirt. Die
Kosten des Stiftes beliefen sich auf 1000 Gulden. Es war damals,
wie man sagte, eine große Theurung in Luzern, denn 1 Mütt Kernen
galt 12—14 Gulden, 1 Malter Haber 9 Gulden, 1 Saum Elsäßer
12 Gulden, 1 Kuben Butter (25 Pfund) 38 Plappert (24 Plappert
gleich 1 Gulden). Ein Maurer bezog einen Taglohn von 12 Schilling, ein Kuchknecht 7 bis 8 Schilling. Diese alte Befestigung des
Hofes stellen alle unsere älteren Ansichten der Stadt dar, namentlich
auch die Bilder, welche den Brand der Stiftskirche im Jahre 1633
vorstellen.[1] Die alten Akten zählen zu diesen Befestigungen das
„mehrere und mindere" Hofthor, das Bocksthor und das Thor
„zur Grube", wie das „nüwe Thor" (1393). Vom Einbruche der
Nacht bis Morgens um 3 Uhr waren bei all' diesen Thoren
Wachen aufgestellt.

Die Straße vom äußern Wäggisthor in den Hof wurde 1303
gepflästert. Gegen das Wei lag das äußere Hofthor mit dem
1358 erwähnten „Bocksthor"; es war dieß wohl das 1393 sogenannte
„merere Hofthor", während das Thor bei der Hofbrücke das innere
oder mindere Hofthor hieß.[2] 1726 wurde das Hofthor restaurirt,
weil der Bericht eingelaufen war, es könne durch dasselbe „ein
zieliger Bub durchschlüfen." Auf der Seite gegen das Wesemlin
und gegen Adligenschwyl lagen das sogenannte Propsteithürli oder
„Probststhor" (1393) und die Friedhofporte oder das Zinggen-
thörlein. An diesem „Hofthor" wurde 1497 ein Bild des hl.

---

[1] Z. B. im Kloster Werthenstein, auf dem Gitzlisberg und in der Stadtbibliothek in Luzern.
[2] Eine interessante Ansicht dieser Gegend bietet fol. 146 in Schilling's
Chronik.

Nikolaus gemalt, das später durch eine jetzt noch erhaltene Sculptur aus dem Jahre 1639 ersetzt wurde. Beim fleckenstein'schen Kaplanei-hause in der Grub befand sich das 1395 erwähnte „Thor zu Gruben". Am See erhob sich, außerhalb des zur Wohnung des Kämmerers gehörigen Gartens, ein runder Thurm, an welchem die Wappen des Stiftes und der Stadt angebracht waren. Außerhalb dieser Ringmauer — namentlich bei der schon 1454 von der Stadt er-worbenen Ziegelhütte — war der See reich an seichten Stellen, weßwegen die Stadt dort 1601—1607 Seeausfüllungen vornahm. Das hiedurch gewonnene Land — beim jetzigen Hotel National — erhielt den Namen „Neuenplatz". Innerhalb dieser Ringmauern lagen in schönen Gärten die Chorhöfe, die Wohnungen der Stifts-beamten, der Stiftsspeicher, 1558 und 1621 neugebaut, und bei der Brücke eine Badstube, dann auch das Gesellschaftshaus (domus jaculatoria 1755) der Chorherrn, die Chorherrnstube genannt, das Haus zum Rebstock, ursprünglich eine Wohnung des Rebmannes des Stiftes, seit 1560 ein Wirthshaus. Zwei der Brücke zunächst gelegene Häuser wurden vom Stifte 1549 erbaut; der Rath lieferte hiezu das erforderliche Baumaterial wie zur Erstellung von Bürger-häusern. Der innerhalb der Ringmauern gelegene Raum hieß der Stiftsbezirk; in demselben durften der Stiftsweibel und die Sigristen im gelben Mantel — der Stiftsfarbe — erscheinen, wenn sie amt-liche Funktionen zu verrichten hatten; an Feiertagen und bei Pro-cessionen durften selbe, laut Mandat von 1652, im gelben Mantel auch in der Stadt auftreten.

Unterhalb des Probsteigartens, in der Nähe des von Probst Emberger neben dem Hofthor erbauten Oekonomiegebäudes, das zugleich auch als Wohnung des Stiftsweibels wie als Gefängniß für Geistliche benutzt wurde und die boshafte Aufschrift trug: Olim ad terrorem, nunc pro forma, liegt die Wohnung des Schul-herrn und die neue Stiftsschule. 1578 beschloß der Rath, der Schul-meister solle nicht mehr als 50 Knaben in der Schule haben; es wäre denn, daß noch ein Bürgersohn eintreten wollte. Alle Fron-fasten soll der Leutpriester mit zwei Rathsherren die Schule visi-tiren. Für Beheizung der Schule und Unterstützung armer Schüler vergabte der Staat im Jahre 1588 400 Gulden; Balthasar Helmlin steuerte 500 Gulden. Größere Vergabungen machte Probst Leu. — Der Hofschule gegenüber liegt der einfache Chorhof, in welchem den 8. Mai 1843 der ebenso fromme als gelehrte Franz Geiger von Regensburg seine edle Seele aushauchte. Einen wesentlichen Theil seines bescheidenen Einkommens hatte Geiger zur Anlegung eines Kunstkabinets verwendet, dessen Hauptzierden die altdeutschen, an Holbein erinnernden Bilder ausmachten, die später Oberst Meyer-Bielmann erwarb. Geiger hatte die von dem genialen 1741 verstorbenen Karl Niklaus Lang, Dr. Phil. et Medicinæ, angelegte Gemäldesammlung erworben, während der Staat durch Ankauf von Lang's Mineralien den Grund zum Naturalienkabinet legte.

Von der Hofschule führt der Weg neben einem alten hölzernen Kaplaneihause vorbei, in welchem zur Zeit der Chronik-schreiber Schilling seine schöne Bilder-Chronik schrieb, zur Stifts-linde, in deren Schatten im 15. und 16. Jahrhundert oft Urkunden ausgefertigt wurden. Die Linde mußte später dem schönen drei-röhrigen, von Meister Johann Dub erstellten Stiftsbrunnen weichen, der seit 1603 mit dem Wappen des Stiftes und der Familie zur Gilgen geziert ist, weil Melchior zur Gilgen dem Stifte das Wasser ab der Haldenmatt geschenkt hatte. 1651 und 1683 wurde der Brunnen in sehr zierlicher Form wieder erstellt; durch die im Jahre 1879 vorgenommene Restauration aber zum Theil demolirt.

Dem Brunnen gegenüber, vor dem Chorhofe gegen den See lag die sog. Predigerstatt und der Predigerplatz, auf dem schon 1504 geurkundet wird, woraus folgt, daß die von Felix von Balthasar aufgestellte Hypothese nicht richtig sein kann, laut welcher dieser Platz seinen Namen davon erhielt, daß hier der Stadt-pfarrer Dr. Thomas Murner (1525—1529) unter freiem Himmel predigte. Der Name Predigerplatz rührt daher, daß hier unter freiem Himmel — wie heute noch z. B. auf dem Seelisberge — bis in's Jahr 1586 die Pfingst-Predigt gehalten wurde.

Unterhalb des Predigerplatzes stehen zwei ansehnliche Chor-höfe, deren einer die stolze Inschrift trägt: Pro Dei Gloria Et Bono Patriæ Conditum. Der Erbauer dieses Chorhofes ist Probst Peyer im Hof (1695), der für die Aussteuer armer Bürgerstöchter ein Stipendium stiftete, um das sich in neuester Zeit die Töchter der stolzesten Patrizier bewarben, während in alter Zeit dasselbe auch solchen armen Jungfrauen zuerkannt wurde, die nicht unter die Haube kommen konnten. Der gegenüberliegende Chorhof Nr. 10 b wurde von Chorherr zur Müle erbaut.

Bei dem Predigerplatze erhebt sich die Hofstiege, auf welcher in den ältesten Zeiten unter dem Vorsitze des Abtes von Murbach und des Vogtes von Rothenburg das Stafelgericht gehalten wurde. Nach altem Rechte mußte der Abt von Murbach hier im Mai und Herbst je drei Tage zu Gericht sitzen; bei ihm mußten sich einfinden alle Vögte über die murbachischen Höfe und der Landgraf im Aargau. Zwölf freie Leute, die Stuhlsäßen genannt, wohnten dem Gerichte bei, das über Eigen und Erbe, Leute und Gut richtete; Gotteshausleute und Bürger, die vom Gerichte ausblieben, verfielen in eine Buße und verloren unter Umständen Eigen und Erbe, das sie vom Gotteshause inne hatten. Ueber die Hofstaffeln, auf denen im Jahre 1526 zum letzten Male Gericht gehalten wurde, zog der neugewählte Abt von Murbach, wenn er, um seine Hoheitsrechte über Luzern geltend zu machen, durch zwei Straßen sich die „12 Daumen-Ellen" lange Stange vortragen ließ. Wo diese Stange anstieß, mußte — wie in Dinant, wo der Graf von Namur sich jährlich durch einen Dienstmann hoch zu Roß die Lanze vortragen ließ — das Haus niedergebrochen werden, es sei denn, daß der Hausbesitzer sich mit dem Abte wegen des Ueberfang- oder Stangenrechtes verglich. Die von der Hofstiege bis zur Hofbrücke reichende Straße hieß im Jahre 1492 die Kreuzgasse. Wie alle Hauptstraßen des alten Luzern mit Ausnahme der Krongasse und Kramgasse, zog sich diese von Osten nach Westen, während die Verbindungsstraßen von Norden nach Süden gingen.

Zunächst bei der Hofstiege lag die seit 1178 erwähnte Wohnung des Leutpriesters, welche an drei im Kreuzgange gegen den See hin gelegene Stiftshäuser anstieß, deren Lehenrecht dem Probste zustand, während dem Baumeister des Stiftes die Pflicht oblag, diese Häuser zu decken. Ohne Zweifel bildete die Leutpriesterei einen Bestandtheil des alten, im 8. Jahrhundert gestifteten Benediktinerklosters, das nach langjährigen Unterhandlungen 1456 in ein Chorherrenstift verwandelt worden ist. Ein Kloster im strengen Sinne des Wortes war das Stift im Hof nicht; denn jeder der zehn Mönche hatte sein fires Einkommen und seine eigene Wohnung; das gemeinsame Leben beschränkte sich auf den Gottesdienst. Gemeinsam war den Stiftsherren im 15. Jahrhundert der Haß gegen die Abtei Murbach und die Elsäßer überhaupt, auf die sie den Ruin des Stiftes Luzern glaubten zurückführen zu müssen, weßwegen Probst und Capitel unter dem 6. August 1442 sich vereinbarten, zu ewigen Zeiten keinen Elfäßer in das Stift aufzunehmen. Zur Behauptung dieses Statutes wollten die Stiftsherren mit Leib und Gut einstehen. Alle ihre Nachkommen sollten dieses Gelübde beschwören. — Alle Pfrundhäuser der Stiftsherren waren in alter Zeit nur aus Holz gebaut. Im Jahre 1266 litten diese Pfrundhäuser wie die ganze Stadt sehr durch einen Sturmwind; der größere Theil dieser Chorhöfe, die durch zwei Flügel mit der linken Seite der Kirche vereinigt waren, wurde zerstört und der Helm des Kirchthurmes wurde, wie uns der Chronist von Colmar erzählt, weit fortgetragen. Auch später wurde der Pfarrhof von derartigen Mißgeschicken oft heimgesucht; so 1443 und 1454 durch Brand. Aus freiwilligen Beiträgen von Stiften, Klöstern und Privaten, sowie aus Bußengeldern von Geistlichen baute der Staat 1593—1598 mit einem Aufwande von 1500 Gulden die Leutpriesterei in Stein auf. Eine daselbst erhaltene Inschrift vom Jahre 1594 nennt als Baumeister Hauptmann Hans von Mettenwyl. In diesem einfachen Hause wohnten die Nuntien Francesco Buonhomi (1579) und Hieronymo Farnese (1639); doch sahen es die gnädigen Herren von Luzern nicht gern, denn 1616 wurde dem Leutpriester verboten, ohne Zustimmung des Rathes sein Haus einem Nuntius oder sonst Jemandem zu vermiethen. Im 16. Jahrhundert beginnt die Reihe der literarisch gebildeten Leutpriester, von denen mancher in den wichtigsten politischen Fragen der Stadt und der Eidgenossenschaft seinen Einfluß geltend gemacht hat; wir erinnern an Dr. Thomas Murner (1526—1529), Johann Hürlimann (1562—1570), Mag. Johann Müller († 1604), Dr. Jost Knab (1616—1627), Jakob Bislig (1650) u. s. w.

An die Leutpriesterei stießen die Stiftshäuser, so die Wohnung des Custos, des Baumeisters, des Kämmerers und des Schulherrn und das Lokal, in welchem bis zum Jahre 1608 die jedenfalls nicht sehr beträchtliche Stiftsbibliothek aufbewahrt war. Der in der Ecke gegen den See zuoberst gelegene Chorhof wird in den ältern Stiftsprotokollen der Murbacherhof genannt. Von dem einen der Hofthürme führte ein Gang in diese Pfrundhäuser, zwischen welchen Gärten und Wege angebracht waren, wie neben dem Schulhause vorbei durch das „Thürlin" an den See. Beim Brande der Stiftskirche wurden alle diese Häuser, mit Ausnahme

des Schulhauses vom Feuer ergriffen; dieses Haus wurde später
als Chorherrenhaus benutzt.

Im Schulhause im Hof wurden die Bürger des alten Luzern
gebildet; denn vor dem Ende des 14. Jahrhunderts gab es keine
Stadtschule; noch zur Zeit des Morgartenkrieges und selbst noch
1416 hatte der Schulmeister im Hof das Recht, alle Knaben über
7 Jahren zu unterrichten. Erst 1415 wird ein Lehrmeister an der
Ecke genannt. Zu Anfang des 16. Jahrhunderts war die Hofschule, an welcher Myconius wirkte, von Bedeutung. Selbst aus
dem Gebiete von Bern kamen Jünglinge, um sich hier in's Studium der Klassiker einführen zu lassen. Ranke zählt die Stiftsschule unter die „Poetenschulen", welche das Aufkommen der
Reformation in der Schweiz ermöglichten. Zur Charakterisirung
des an derselben herrschenden Geistes theilen wir die Schulordnung
vom 13. Juni 1480 mit und verweisen daneben auf das Urtheil
des bekannten Rudolf Ambühl.[1])

Nach der Schulordnung vom 13. Juni 1480 ist der Schul-
rektor verpflichtet, dem Propst und Kapitel zu gehorchen und die
schuldige Ehrfurcht zu erweisen, in und außer der Kirche sich anständig zu benehmen; er darf weder Sperber noch Falken mit sich
führen, weder grüne noch rothe Kleider tragen.

Der Rektor der Schule ist verpflichtet, einen tauglichen und
bescheidenen Provisor zu halten, der sowohl der Schule als dem
Chor vorstehen kann. Dieser hat gegen Probst und Kapitel die
gleichen Verpflichtungen wie der Rektor. Resignirt der Provisor,
so darf er niemals innerhalb der Stadtpfarrei eine Schule errichten.

Der Schulherr weist dem Provisor Gefälle zu, die ihm bei
Leichenbegängnissen, Hochzeiten und Kirchenfesten zukommen.

Der Lehrer und Provisor sind verpflichtet, täglich mit den
Schülern dem Gottesdienste beizuwohnen, sowohl bei Messen als
Vespern, und während der Fasten auch der Complet. Ebenso
müssen sie an den Processionen Antheil nehmen.

Arme Schüler oder solche, die bei Stiftsherren wohnen, zahlen
nur einen Schilling für den Unterricht.

Der Lehrer hat das Recht, von Schülern, die während der

---

[1]) Er nennt die Lehrer viros quidem bonos, sed nil nisi cantare peritos.

Osterzeit von Haus zu Haus und auf Straßen Eier betteln, 10 bis
15 Eier zu fordern.

Reiche Schüler haben alle Fronfasten 3 Plappert dem Lehrer
zu zahlen und im Winter entweder Holz zu bringen, oder alle
Fronfasten dafür 1 Plappert zu entrichten.

Der Lehrer muß an Sonn- und Festtagen persönlich den
Horen beiwohnen.

Der Schulherr ist nicht auf immer, sondern nur auf bestimmte
Zeit angestellt und kann deßhalb entfernt werden, sofern ihm der
Dienst ein Vierteljahr zuvor gekündet wird. Doch darf er nie
innerhalb der Pfarrei eine Schule errichten. — Die Stiftsschule
scheint damals von ziemlich bejahrten Schülern besucht worden zu
sein, da im geschwornen Briefe von 1489 Bestimmungen gegen die
Priester, den Provisor, Cantor und die Studenten enthalten sind,
die man bei Tag oder Nacht nach Belieben behandeln dürfe,
wenn man dieselben bei nahen Verwandten in verdächtiger Weise
treffen sollte. Uebrigens gab es unter den alten Schulmeistern auch
tapfere Leute; wir erinnern an jenen Lehrer, der 1419 erklärte, er
wolle „drei der freudigsten bestehen, die in der Stadt sind."

Als der Brand die bei der Stiftskirche gelegenen Häuser beschädigt hatte, kam man auf den glücklichen Gedanken, die Chor-
herrenhöfe im Kreuzgange abzutragen und an verschiedenen Stellen,
namentlich an der Kreuzgasse gegen die Hofbrücke hin und am
Wege nach dem Wei aufzubauen. Der hiedurch gewonnene Platz
bei der Kirche wurde fortan als Friedhof benutzt und mit Hallen
versehen. Im Volke lebte noch lange die Sage fort, im Kreuzgange befinde sich das sogenannte „Pestloch", d. h. der Begräbnißplatz, der zur Zeit der Pest 1564 in 2 getrennten großen Gräbern
erstellt worden war. 1799 wurde dieses Pestgewölbe zwischen der Kirche
und dem gegen den See gelegenen Chorhofe geöffnet und es fand
sich wirklich 6 Fuß vom Kreuzgang entfernt ein in Tuffstein erbautes
Gewölbe, vielleicht die alte Crypta, die von der Kirche bis zum
Chorhofe reichte. Der Eingang mußte aber auf Befehl der helvetischen Central-Sanitäts-Commission sofort wieder vermauert werden.
„Die auf schlanken toskanischen Säulen ruhenden Arkaden des
Friedhofes, welche die hochgelegene Stiftskirche umgeben, sind, wie
Lübke erklärt, dießseits der Alpen vielleicht das einzige Beispiel
der großartigen Camposanto-Anlagen Italiens, zugleich nicht ohne

künstlerische Rücksicht auf die herrlichen Ausblicke auf das unvergleichliche Panorama des Vierwaldstädter-Sees angeordnet. Es ist ein südlicher Gedanke, für die wohlgepflegten Gräber und Denkmale einen festen architektonischen Rahmen und Hintergrund zu schaffen, während die deutsche Sitte sonst ihre Friedhöfe als Gartenanlagen unmittelbar in die Naturumgebung zu stellen pflegt.“[1]) In der Mitte des Friedhofes steht die angeblich im Jahre 855 im romanischen Style aufgebaute Kirche zu St. Leodegar und Mauriz, die seither oft umgebaut wurde.

Die Hofkirche nimmt, nach alter Tradition, die Stelle der ehemaligen St. Nikolaus-Kapelle ein. Seit der Mitte des 12. Jahrhunderts hielt man dafür, ein reicher Grundbesitzer, Wichard, Bruder Herzog Ruperts, der zur Zeit König Ludwigs gelebt habe, sei Stifter des Klosters zu St. Mauriz und St. Leodegar im Hof. Chronikschreiber setzten die Stiftung in's Jahr 503. Angeblich schon im Jahre 543 ist die Rede von einer Basilica in Luzern, von einem Klostervogte Wilhelm und von Mauern, die Wichard gebaut habe. Als Thatsache kann gelten, daß König Pipin (752 bis 768) dem Klösterlein Luzern (Luciaria), das damals schon unter der reichen Abtei Murbach im Elsaß stand, freie Leute in Emmen vergabte; denn die Urkunde Kaiser Lothar's, der 840 diese Vergabung bestätigte, enthält wohl historische Wahrheit, wenn auch der Text an Klarheit zu wünschen läßt.[2]) Ob Luzern jemals ein selbstständiges Kloster gewesen oder direkt von Murbach aus gestiftet worden sei, läßt sich nicht ermitteln. Was über die Stiftung des Klosters und dessen Einverleibung an Murbach anläßlich der Romreise eines Prälaten berichtet wird, ist entweder unhaltbare Sage oder Ueberlieferung, die in einzelnen, zu Anfang des 13. Jahrhunderts fabrizirten Urkunden fixirt wurde. So berichtet Tschudi, nach der Zerstörung von Windisch — circa 596 — sei Luzern die Hauptstadt der burgundischen Könige im Aargau gewesen. Hierauf sei das burgundische Reich an Frankreich gekommen, deſſen Könige den Aargau ihrem Anverwandten Wichard, Zürich und Thurgau an deſſen Bruder Rupert übergeben haben. Wickard oder Wigbert[3]) und Rupert oder Ampert hätten dann im Jahre 685

[1]) Kugler's Geschichte der Baukunst V, 235.
[2]) Die ältesten Münzfunde in Luzern reichen in diese Zeit zurück.
[3]) Ein Herzog Wilharius von Alemannien kömmt 703—712 vor.

Ebroin gegen Bischof Leodegar von Autun aufgestachelt. Zur Sühne des an Leodegar begangenen Verbrechens seien dann 697 oder 700 mit Zustimmung König Ludwigs die beiden Klöster Luzern und Zürich gestiftet worden. Seither gefiel sich fast jeder Geschichtsforscher darin, die Entstehungszeit des Stiftes in irgend eine andere Zeit zu versetzen. Daß eine Neubegründung des Stiftes durch Abt Wichard im 9. Jahrhundert stattfand, ist wohl als sicher anzunehmen; dieser Abt Wichard, der Neubegründer des Klosters, ist auch ohne Zweifel vom Stifter Wichard zu unterscheiden. Daß Luzern zu den Pirminius-Klöstern gehörte, wie in neuester Zeit behauptet wurde, ist deßhalb nicht anzunehmen, weil in Luzern der hl. Pirminius nicht besonders verehrt wurde; es gab hier auch keinen Pirminiusaltar und das Fest dieses Heiligen wurde nie besonders begangen. Die Stiftsherren feierten im Jahre 1504 das tausend-jährige Fest ihres Gotteshauses, gestützt auf den angeblichen Stif-tungsbrief, in welchem Wichard als Bruder Ruperts mit dem Titel dux militum erscheint; unbekümmert darum, daß der in der Urkunde genannte heilige Leodegar erst im Jahre 678 gestorben ist. In der Kirche war, wie der Franziskaner Konrad Pellikan berichtet, im Jahre 1504 eine Inschrift angebracht, welche besagte, die Stiftskirche stamme aus dem Jahre 504. Vor dem Jahre 1599 war Herzog Wichard's Bild und Grabmal über dem Portale der Hofkirche angebracht; der Rath verlangte 1599 die Restau-ration dieses Bildes. Die Kirche diente früher verschiedenen Zwecken: sie war Stiftskirche und Pfarrkirche. Dieser verschiedenen Zwecke wegen, war auch die Bauart eigenthümlich. Die Abbildungen der Stiftskirche sind aber so ungenau und widersprechend [1]), daß es schwer hält, sich ein richtiges Bild derselben zu entwerfen.

Im Ganzen werden nicht weniger als 14 Altäre aufgezählt, die sich in der Kirche befunden haben. Nämlich: 1. Der Altar Kaiser Heinrichs, gestiftet 1500 von Custos Heinrich Trüber. 2. Der Altar von St. Katharina und Joder. 3. Der Altar des hl. Erasmus und der Dreifaltigkeit, vor welchem die Färber ein ewiges Licht unterhielten. 4. Der Altar von St. Johann, Anton und Eulogius,

---

[1]) Die älteste Ansicht der Kirche findet sich im Urbar der Probstei, angelegt unter Probst Vogt im Jahre 1496; mehrere Bilder gibt Schilling's Chronik von 1512; beachtenswerth ist das Bild auf Martini's Grundriß.

vor welchem die Schmiede und Schloffer eine Ampel brannten.
Der erste wurde 1516 geweiht. 5. St. Benedikts-Altar, gestiftet von
Hans und Gabriel Grepper. 6. St. Christophs-Altar. Die Kaplanei
St. Christoph wurde 1484 von Verena von Utzingen, Klosterfrau
in Eschenbach, und Ludwig Kramer gegründet. 7. Der hl. Kreuz-
Altar. 8. Seelen-Altar in der 1325 erweiterten und umgebauten
hl. Grabkapelle, 1345 vom Constanzer Weihbischof Heinrich con-
secrirt. 1487 stiftete Hans von Rotsee eine Ampel auf diesen
Altar. 9. St. Leodegars- und St. Peters-Altar; den letztern weihte
1497 Weihbischof Daniel neu ein; schon 1278 befanden sich auf
dem St. Peters-Altar die Reliquien des hl. Desiderius und Regen-
fried, zu welchen Abt Berchtold von Murbach besondere Verehrung
hatte. 10. St. Andreas-Altar, 1516 neu geweiht. Schon 1325 war
dieser Altar in der Grabkapelle vorhanden und wurde damals
mit bischöflicher Bewilligung niedergerissen und umgebaut. 1421
stiftete Ulrich Murer mit seiner Gemahlin ein Licht vor diesen
Altar. 11. Unser Lieben-Frauen-Altar. 12. Krönungs- und St. Anna-
Altar. 13. St. Niklaus-Altar, vor dem die Schiffer ein ewiges
Licht unterhielten. 14. Heilig-Grab-Altar, 1325 erwähnt. Hiezu
kommen noch zwei Kapellen: die 1575 zwischen den beiden Thürmen erbaute St. Michaelskapelle und die 1602 von Probst Leu
gestiftete St. Beatenkapelle. Eine Michaelskapelle existirte übrigens
schon im Jahre 1251; Arnold von Rothenburg machte eine Vergabung an dieselbe. Der jeweilige Almosener des Stiftes mußte
im 15. Jahrhundert das ewige Licht und das Dach der Michaelskapelle erhalten. Diese Michaelskapelle war die Friedhofkapelle.
Das ewige Licht in der neuen Michaelskapelle stiftete 1587 Stadtfendrich Amrhyn. Die Fenster dieser um 1575 abgetragenen
Michaelskapelle wurden später in die Kirche der Kapuziner versetzt. 1525 wurde zur Michaelskapelle vom Staate eine Stiege
erbaut.

Diese Altäre waren nach Cysat in sieben verschiedenen Gebäuden
aufgestellt, von denen eines nach dem andern erbaut ward. „Das
erst und eltest St. Benedicts Cappell, das 2. das größt, mitlest Theil
oder Navis mit den gevierten Sülen für das Volk gebuwen. Nachdem das 3., war der ersten Mönchen Chor, das Theil glych neben
S. Benedicts Capell, vom Seel Altar dannen bis am S. Johannes
Altar. Da ist's erwunden, und der Krützgang daselbs durch nider

gangen, der zwyfach gſin. Nachdem das 4. der jetzt nüw Chor ſamt
der Sacriſty. Nachdem das 5., der Winkel, was U. frauen Altar
und Capell begrift. Nachdem das 6., die abſyten am Kilchhof
gegen der Orgel hinab. Nachdem das 7., die abſyten by dem
Crützgang, von S. Kaiſer Heinrichs Altar dannen bis zu End
des Crützganges. — Die Baugeſchichte der alten Stiftskirche, die urſprünglich eine flachgedeckte Baſilika mit zwei ungleich hohen Thürmen war, iſt höchſt mangelhaft.

Gerade in der Zeit, in welcher Luzern von Oeſterreich ſich
loszumachen begann, entbrannte ein heftiger Kirchenbauſtreit. Mit
Gewalt und ohne Recht bauten, wie der Cuſtos ſagt, im Jahre
1329 die Bürger zwei neue „Bortilinen" und maßten ſich das Verleihungsrecht der Kirchenſtühle an. Im Jahre 1331 wurde dem
Cuſtos die Pflicht überbunden, allen Werkleuten, die beim Baue
der Kirche beſchäftigt ſeien, Imbiß und Nachtmal zu reichen; nur
beim Baue der Stiege ſollte er von dieſer Laſt befreit ſein. Die
erſte (!) Emporkirche baute lange vor 1327 der Cuſtos Ortolf von
Stör. Etwas früher wurde auch der „neue Wendelſtein" erbaut
und mit neuem, größerem Geläute verſehen. Es geſchah dieß in
der Zeit, wo Heinrich von Urendorf Leutprieſter (1299—1311) und
Cuſtos war. Vor dieſer Zeit waren die Glocken ſo, daß ſie ein
einziger Knecht ohne Hülfe läuten mochte; „nu muß man", ſchreibt
1336 der Cuſtos, „dicke drie han, ſwenn man lüten will kreftlich
zu dien hochziten", und ſechs Knechte, wenn man über Wetter
läuten will. Aus der ſpätern Zeit wiſſen wir nur, daß von der
Mitte des 15. Jahrhunderts bis zum Beginn der Burgunderkriege
an der Stiftskirche auf Koſten der Stadt bedeutende Bauten vorgenommen wurden. Zu dieſem Zwecke wurden 1452 die Werkmeiſter von Zürich und Baſel herberufen. 1460 und 1461 fielen
die Werkmeiſter Rudolf und Peter Freyermut von den Gerüſten
der Hofkirche herunter. Bald wurde auch der Neubau der Kirchen-
thürme in Angriff genommen und zwar zuerſt derjenige gegen den
See im Jahre 1460; 1462 wurde dort das große Fenſter eingeſetzt.
Im Jahre 1481 wurden wieder zwei neue Emporkirchen gebaut,
um für die Pfarrgenoſſen mehr Platz zu gewinnen. 1504—1525
wurde der Thurm gegen die Probſtei erbaut, der ſammt dem
1520—1521 erſtellten Vorzeichen, dem neuen Portal der Kirche und
der Renovation der Kirchhofmauer auf 87,205 Pfund Luzerner

20

Münze (das Pfund = 20 Schilling) zu stehen kam. An diesem
Thurme wurde im Jahre 1508 von einem Steinmetzen Anton
ein Oelberg in Stein ausgehauen.[1]) Zur Sühne eines 1518 von
Kaspar Faßbind an Studer begangenen Todtschlages brannte ein
ewiges Licht vor dem Oelberge. Der Besitzer des Pfisterhauses
Nr. 275 in der Eisengasse hatte die Pflicht, hiefür alle Fronfasten
ein 2 Angster werthes Kerzlein zu liefern. — Besondere Sorgfalt
verwendete der Rath von Luzern auf die Herstellung eines har-
monischen Geläutes. 1471 wurde die große 118½ Zentner schwere
Glocke gegossen, zu welcher der Bischof von Sitten ein Stücklein
der wunderwirkenden St. Jodersglocke schenkte unter der Bedingung, daß die Luzerner den Tag des hl. Joder feierlich begehen.
Im Jahre 1490 vereinbarte der Rath mit dem als Abenteurer
bekannten und später wegen Injurien gegen Luzern in Constanz
ertränkten Niklaus Ring von Ettiswyl den Umguß einer ältern
Glocke von 45½ Zentner. Die Glocke gerieth an Gewicht nur zu
gut; denn sie wog 69 Zentner, hatte aber eine unförmliche Gestalt
und kein „Oehri"; doch gelang es, den „Tätsch" zu durchbohren
und die Glocke, deren Guß auf 557 Gulden zu stehen kam, zu
hängen. Das Volk nannte dieses Monstrum die „Käsglocke". 1544
wurde die Zeit- oder Mittagglocke gegossen, die 40 Zentner wog,
nach dem 1580 vorgenommenen Umgusse 51½ Zentner. 1580 bis
1596 wurden die Glocken meist umgegossen und vermehrt.

Kurz vor 1599 wurde vom Stifte unter der Orgel noch eine
Emporkirche angebracht, welche die Kirche sehr entstellte.

Auch für die Kirchenmusik war Luzern frühe schon sehr besorgt. 1455 wurde eine neue Orgel erstellt[2]), an welche der Staat
50 Gulden beitrug. Die im Jahr 1534 gebaute große Orgel kostete
8000 Gulden. 1584—1585 wurde durch Peter Rietscher von Basel
eine große Orgel gebaut, theils aus einem Staatsbeitrage von
1200 Gulden, theils aus freiwilligen Spenden von Privaten.

Die Kirche war in alter Zeit reich dekorirt, aber vielleicht
nichts weniger als schön, obwohl einzelne ältere Schriftsteller,
namentlich der Zürcher Arzt Konrad Türst, die Kirchen Luzern's
rühmten. Oberhalb der Kanzel befand sich schon im Jahre 1536

---

[1]) Abbildung im Geschichtsfreund XXX, Tafel 3, und in den Europäischen
Wanderbildern Nr. 16, S. 9.
[2]) Ein Organist wird seit 1412 erwähnt.

ein Kreuz, vor welchem eine Kerze brannte; daneben waren im
Schiff der Kirche die Bilder der zwölf Apostel, wohl wie heute
noch, angebracht. Vor jedem dieser Bilder befand sich eine Kerze,
die an den Aposteltagen, zu Weihnachten, Ostern, Pfingsten, an
den Muttergottestagen, am Feste des hl. Leodegar, wie an der
Kirchweih angezündet wurde. — Besonders schön muß die im
Jahre 1586 gemalte Chortafel gewesen sein, da dieselbe auf die beträchtliche Summe von 1600 Gulden zu stehen kam. Prachtvoll
sollen die Chorstühle gewesen sein; Meister Georg Forster, ein in
Luzern eingebürgerter Württemberger, erhielt für deren Verfertigung 1507 Gulden. Die Bildhauerarbeit rührt von Meister Hans
Dub aus Cleven her, dem man später das Bürgerrecht schenkte.
Der Staat lieferte das Eichenholz für dieselben; ein Privatmann
spendete 200 Gulden; die übrigen Kosten bestritt das Stift, welches
dem Meister einen Taglohn von 30 Schilling zahlte, den vier Gesellen desselben 18 Schilling. Neben prächtigen Altargemälden und
einer reichgeschnitzten Kanzel bildeten die goldenen und silbernen
Kirchenparamenten die Hauptzierde der Kirche. Hier sah man den
noch erhaltenen goldenen Kelch aus der Beute Herzog Karls von
Burgund; ein im Jahre 1400 verfertigtes silbernes Brustbild von
St. Leodegar, 815 Loth schwer; eine silberne Monstranz aus dem
Jahre 1451; eine goldene Monstranz, 1596 von Oberst Hieronimus
von Hertenstein geschenkt; das aus Silber und Emmengold 1597
von Meister Jost Hartmann verfertigte Brustbild von St. Mauriz,
dessen Verfertigung 1500 Gulden gekostet hatte; die 1610 von
Oberst Rudolf Pfyffer geschenkte goldene Monstranz, deren Werth
auf 1800 Gulden geschätzt wurde. Hiezu kam das 1629 aus freiwilligen Beiträgen erstellte Bild von St. Beat, 1205 Loth schwer,
in welchem die von Rathsherrn Rudolf Haas für ein Paar falten-
reiche Hosen erworbenen Reliquien dieses Apostels verschlossen
waren. Für Alterthumsfreunde sind bemerkenswerth die aus dem
Jahre 1175 stammende Einbanddecke eines Evangeliariums aus
vergoldetem Silber mit der Darstellung der thronenden Madonna
zwischen zwei Cherubim¹) und das sogenannte „Drachenmeß-
gewand".²) Einen sehr hohen Werth legte man den vom Bischof

¹) Abgebildet im Geschichtsfreund Bd. XX. Tafel II.
²) Abgebildet bei Kappeler historia montis Pilat. 126 f. — Dazu Lütolf,
Sagen 517 ff.

von Sitten geschenkten Reliquien von St. Mauriz bei, die 1597 mit
großem Gepränge in die Stiftskirche einbegleitet wurden. Das
Stift hielt den Ueberbringer dieser Reliquien gastfrei, beschenkte
ihn mit 10 Sonnenkronen und schenkte dem Bischof einen Kirchen-
Ornat, der auf 500 Gulden zu stehen kam. Als 1474 in Solothurn die Thebäergräber geöffnet wurden, schickte der Rath von
Luzern den Stadtschreiber mit dem Rathsherrn Hans Feer dorthin,
um Reliquien für die Stiftskirche zu erbitten; sie brachten nicht
einen ganzen „Cörpel" heim; deßhalb machte sich in Luzern eine
sehr gereizte Stimmung gegen die Solothurner bemerkbar. — In
der St. Beatenkapelle befand sich ein von Kaspar Honegger, genannt Lindenfelder, 1607 gemaltes Bild von Christus am Oelberg.
Den Taufstein hatte im Jahre 1628 der Steinmetz Hans Rieder
um 150 Gulden erstellt; der Deckel des Taufsteins, ein Werk des
Bildhauers Niklaus Geißeler, kam auf 110 Gulden zu stehen; für
die Vergoldung erhielt Maler Hans Ulrich Wegmann 140 Gulden.
Was der Kirche ein eigenthümliches Gepräge verlieh, das waren
die zahlreichen Epitaphien. Chorherr Spiri gibt in seinen Nachrichten über die Stiftskirche die Abschriften von nicht weniger als
53 Denkmälern aus den Jahren 1471—1607.[1]) 1608 stieß man
hinter dem St. Christophs-Altar, gegen den Seel-Altar zu, auf eine
Crypta, in welcher ein auf vier Pfeilern ruhender Grabstein gefunden wurde, der folgende Inschrift trug: Dominus Johannes
Hopting, quondam Decanus Decanatus Lucernensis Anno Domini
M.CCC.LXV. Die XXVI. Mensis Septembris obiit. Die Kirche
war reich mit Glasgemälden geziert, deren mehrere im Jahre 1475
und 1546 gemalt worden waren.

Ein Schauspiel eigener Art sah die Einwohnerschaft Luzern's
im Jahre 1591, als Schultheiß Ludwig Pfyffer dem Nuntius in
der Hofkirche den Cardinalshut auf einer silbernen Platte vor dem
Fronaltar überreichte. — Rechts und links vom Chore, der im Jahre
1585 mit einer von Meister Ignaz Hürlimann verfertigten Holzdecke nach oben abgeschlossen war, befanden sich Sakristeien,
„Sigoltor" oder „Sigenter" und „Sigoltür" genannt, in welchen
neben dem Kirchenschatze auch die Urkunden des Stiftes aufbewahrt
wurden. Oft wurden seit dem 14. Jahrhundert Dokumente im

---

[1]) Geschichtsfreund XXXI. 218—230.

„Sigolter" ausgefertigt. Im Jahre 1568 malte der aus Zürich stammende Glasmaler Jost Moser die Sakristei. Die untere Sakristei der Kirche sah 1608 „unformlich und ußschimpflich" aus, weßwegen der Rath den Neubau der Sakristei in Quadersteinen anordnete, der auf 1000 Gulden zu stehen kam.

Am Ostermontag 1633 gerieth die Kirche in Brand, weil der Dachdecker Peter Steiner die auf dem Chorthürmchen nistenden Krähen herunterschoß. Von Abends 5½ Uhr bis Morgens 5 Uhr dauerte der Brand, bei dem auch die Thurmhelme mit den Glocken zerstört wurden. Der größere Theil des Kirchenschatzes wurde gerettet. Rasch begann der Neubau unter Leitung des Stadtbaumeisters Ludwig Meyer und des Jesuiten Bruder Jakob Khurer aus Ingolstadt, deren Bildnisse 1639 in der Kirche aufgestellt wurden. Den 1. September 1633 wurde der Grundstein gelegt, den 9. Juni 1635 die Kirche eingedeckt und den 21. Mai 1638 des Venerabile in die Kirche gebracht. Diese Kirche ist, vom Boden zum Gewölbe gemessen, 65' 4" hoch; das Schiff ist 127' 2" lang, der Chor hat die Länge von 78'; das Mittelschiff ist 31' breit; die ganze Breite der Kirche beträgt 91' 5". 1638 wurden auch die beiden Thürme restaurirt, welche 251' 7" hoch sind. 1635 wurden die 11 Glocken durch lothringische Gießer erstellt, die zusammen 551 Zentner 54 Pfund an Gewicht hielten; die größte, St. Joder- und Rochusglocke, 103 Zentner, die kleinste 1 Zentner 20 Pfund. Zur Vervollständigung des majestätischen Geläutes wurden im Jahre 1788 die Zeitglocke ab dem Musegthurm, im Gewichte von 20 Zentnern und die 14 Zentner schwere Glocke aus der Peterskapelle in den Hof versetzt. Seit alter Zeit setzten die Luzerner Werth auf ein harmonisches Geläute; sie waren nicht lüstern nach dem Ruhme der Oltener, deren Glocke zur Zeit Kaiser Friedrich IV. mit der Stimme des kaiserlichen Kanzlers, des Bischofs Johann von Trient, verglichen wurde, von dem ein Diplomat schreibt: „Ist ein kleines Mannli, hat ein Stimm wie die Glock zu Olten, die da tönt als ein alter Kessel." 1702 wurde das Vorzeichen der Kirche, in welchem die Bilder der Patrone des Stiftes dargestellt sind, restaurirt. Die Vorhalle der alten Kirche bestand aus einem auf drei Säulen ruhenden Bogen. Bei einer später im Jahre 1788 vorgenommenen Renovation wurde das Frontispiz der Kirche verändert, indem das Thürmchen auf der Michaelskapelle abgetragen

und die Uhr aus dem jüngern Kirchthurme in die Mitte des Frontispiz versetzt wurde.

Auf die Ausschmückung der Kirche wurde besondere Sorgfalt
verwendet. Nuntius Ranutius Scottus ließ durch Meister Niklaus
Geißler den Hochaltar aus schwarzem Marmor bauen und mit
einem Gemälde von Lanfranco zieren, das Christus am Oelberge
darstellt. Die übrigen Altäre wurden in den Jahren 1645—1648
von Luzernern erstellt; so der Altar von St. Christoph von den
Cloos, Benedikt und Andreas, geziert mit einem vorzüglichen
Bilde von Matteo Preti von Taverna durch die Meyer, Katharina
von den Sonnenberg, Heinrich durch die Zimmermann, Mauriz
von der Familie Pfyffer, die Abnahme Christi vom Kreuze oder
der Seelen-Altar von den Fleckenstein, Maria End durch die
Bircher, Karl Borromeo durch Probst Knab und der Michaels-
Altar durch die Familie Amrhyn; der Benediktus-Altar vielleicht
vom Abt von Muri. Diese schönen Altäre wollte das Capitel 1856
beseitigen; da aber Professor Hirscher zufällig bei einem Besuche
der Hofkirche versicherte, diese in echt kirchlichem Sinne ausgeführten
Altarbilder haben einen erhebenden Eindruck auf ihn gemacht,
standen die Chorherren von ihrem Beginnen ab. Später wurde
der Maria End-Altar so restaurirt, daß er als das Werk eines
„modernen Gothen" betrachtet werden muß.

Die große Orgel, 1640—1651 gebaut, war ein Meisterwerk
des Johann Geißler von Salzburg und galt in älterer Zeit
neben derjenigen in Salem als die beste Orgel in deutschen Landen.
Hiezu trugen viele tüchtige Musiker und Organisten bei, die an
der Stiftskirche wirkten, so besonders Josef Meyer von Schauensee (geb. 1720, † 1789), der als sehr geschickter Componist galt;
heute noch wird dessen Stabat in der Stiftskirche im Hof gesungen.
Ob Richard Wagner durch Meyer's Werke auf die Idee kam,
Amboße zu musikalischen Aufführungen zu verwenden, wollen wir
Andern zu ermitteln überlassen. Meyer, der Gründer der luzer-
nerischen Musikgesellschaft, stiftete 1768 die helvetische Concordia-
Gesellschaft römisch-katholischer Geistlicher, deren Statuten den
Titel tragen: „Neues, unter mächtigst und allergnädigstem Schutz
Ihro Königlichen regierenden Majestät Julii Cæsaris II., Sou-
verains der unüberwindlichen Republik Engelsburg errichtetes Ritter-
Institut, für die fürtreffliche Ritter-Gesellschaft des hohen Reichs-

Ritter-Ordens vom goldenen Concordia-Stern". Daß unter der
Leitung dieses Musikdirektors, der unter dem Namen Katzen-
meyer bekannt war, zuweilen musikalische Purzelbäume geschlagen
wurden, bei denen ein richtiger Cäcilianer heute in Verzweiflung
gerathen müßte, dürfen wir als selbstverständlich annehmen. [1]
Zum letzten Male produzirte sich Chorherr Meyer auf der großen
Orgel im Jahre 1785 anläßlich der Installation des Nuntius
Vinzi „in dem berühmten herzoglichen Stifte bei St. Leodegar
in Luzern". Das Ceremonienbuch berichtet: „Auf gnädiges Gern-
sehen und Selbstbegehren seiner Excellenz Herrn Nunzius hatte
unser schon ältliche, bejahrte und sowohl durch seine vortreffliche
Music-Compositionen, als unvergleichliches kunstvolles Spiel welt-
bekannte große Organist, Herr Capitular Meyer von Schauensee,
sich's zur Ehre gerechnet, die so hart und mühselig zu behandelnde
große Orgel noch einmal von Anfang des Hochamts bis zum
Ende selbst zu spielen, um die sehnlichen Wünsche des Herrn Erz-
bischofen von Berito zu erfüllen, und seine hohe Besitznehmung
desto feierlicher zu machen. Nebst allerhand während dem Gesang
das Ohr kützelnden, reizenden, ganz neuen Flageolets-Erfindungen
führte Herr Capitular am Ende mit ganzer Orgel eine prächtige,
langdauernde Pastoral-Anstimmung von verschiedenen Spielarten
auf. Er hatte den schönen Einfall, den großen Hirten mit einem
schweizerischen Hirtengesang zu erinnern, daß er in Helvetien seinen
Erzbischöflichen Stuhl in Besitz nehme, wo die Freiheit im ländlich
besondern Liede dem Himmel Jubel singt, wofür ihm nicht nur
Seine Excellenz den höchsten Beifall und die ausgesuchtesten Lobes-
erhebungen ertheilet, sondern auch alle hohen und niedern Anwesenden übereinstimmend ihr gnädiges Wohlgefallen und Zufriedenheit bezeugt hatten."

Doch kehren wir zur Kirche zurück, deren Baugeschichte wir
zu erzählen haben. [2]

---

[1] Vgl. über den wunderlichen Lebenslauf Meyer's M. Lutz: Nekrolog denk-
würdiger Schweizer aus dem 18. Jahrhundert. S. 327—328. Bildniß und Lebens-
beschreibung des großen Musikus Josef Meyer von Schauensee. Frankfurt und
Leipzig 1757. — Meyer's Grabdenkmal, welches einen König darstellte, dem der
Tod als Geiger aufspielt, ist erst vor etwa 20 Jahren verschwunden.

[2] Ob die Sculptur Maria's Tod aus der alten Kirche stamme und von
Schongauer herrühre, oder 1641 von Meister Kaspar Roth, Bildhauer von Sur-

Die Kanzel, die Bilder und Wappen in den Chorstühlen und die Bilder der zwölf Apostel, wie diejenigen von Christus und Maria auf den Schlußsteinen der Gewölbebögen verfertigte Meister Niklaus Geißler, während Hans Ulrich Wägmann, Jakob Meyer, Viktor Wägmann, Kaspar Meglinger, Johann Clauß, Fridolin Meyer und Lienhard Haas diese Bilder malten. Meister Andreas verfertigte die Chorstühle, Jost Stahel den Archivschrank in der Sakristei und die Schreine und Tische daselbst. Heinrich Raufft übernahm die Verglasung der Fenster, in welche 1828 die aus der Kapelle im Herrgottswald stammenden, von Jakob Wägmann gemalten Glasgemälde aus den Jahren 1654—1661 eingesetzt wurden.

Das kunstreiche Chorgitter, 86 Zentner 97 Pfund schwer, verfertigte in den Jahren 1641—1644 der Constanzer Stadtschlosser Johann Reiffel um die Summe von 5890 Gulden. Das aus Stabeisen geschmiedete Gitter schließt, wie Berlepsch bemerkt, den Chor gegen das Schiff in einer Breite von 8,54 Meter und stellt eine innere Perspektive dar, die in der Mitte einen tonnenüberwölbten Raum mit Cassetten zeigt, während die wirklichen Eingänge in den beiden Seitenflügeln angebracht sind.[1]

Werthvoller noch in künstlerischer Beziehung ist die Arbeit eines zweiten Constanzer Schlossers Christoph Kaltpach, die auf nahezu 945 Gulden zu stehen kam. Wir meinen das Gitter um den Taufstein, von dem Lübke sagt: „In der Hofkirche gewährt das reich durchbrochene und vergoldete Eisengitter, das den Taufstein umgibt, ein gutes Beispiel der Schmiedekunst jener Zeit."

Den 21. August 1644 consecrirte der Weihbischof Franz Johann die neue Kirche, deren Bau auf 212,889 Gulden zu stehen gekommen war. — Laut Verordnung vom Jahre 1650 sollten weder geist-

---

see, nach einer Zeichnung Martin Schongauer's „mit weniger Veränderung in den Gruppen und Stellungen" verfertigt worden ist, ist streitig. Erstere Ansicht verfocht Oberst Meyer-Bielmann, letztere Fr. X. Schwytzer in seiner verdienstvollen Schrift: „Die Altare und die große Orgel in der Stifts- und Pfarrkirche zu St. Leodegar in Luzern und ihre Renovation 1862". Ueber den Neubau der Kirche vergleiche J. Schueller: „Die zweihundertjährige Feier der Einweihung der Stifts- und Pfarrkirche in Luzern." 1844.

[1] Vgl. die Abbildung in: Ortwein, Deutsche Renaissance, Heft 25, Blatt 22 und 23.

liche noch weltliche Personen in der Stiftskirche begraben werden. Allein schon im Jahre 1658 gab der Rath die Bewilligung, den Bischof Jost Knab im Chore zu begraben, „wegen seiner Ehrenperson und ansähnlichen Vergabung".

Der Bauherr, Ritter Ludwig Meyer, gehörte zu den interessantern Persönlichkeiten. Geboren den 25. April 1587, frühe Landvogt von Merischwand und im Freiamt, vertrat Statthalter Meyer, der von dreien seiner sechs Frauen 19 Kinder hinterlassen hat, den Stand Luzern auf nicht weniger denn 200 Tagsatzungen. Den 25. Mai 1665 schlug die Todesstunde dieses verdienstvollen Luzerners.

Mit dem Bezuge der neuen Kirche wurden auch viele alte Sitten und Gebräuche aufgegeben, die hier bei gewissen Anlässen üblich waren, so z. B. das Herunterwerfen von Oblaten, Wasser und Nüssen auf die Kinder nach der Auferstehungsfeier. War in der alten Stiftskirche der Gottesdienst zuweilen nicht sonderlich erbaulich, so daß z. B. im Jahre 1560, 1572, 1575 und 1580 der Rath den Chorherren wegen ihres unfleißigen Kirchenbesuches, ihres „ylens und schnapplens mit ihrem Gsang und Gebett" ernste Verweise zukommen ließ, so gestaltete sich derselbe in der neuen Stiftskirche immer würdiger, wie dieß von zahlreichen Reisenden, wie von geistlichen und weltlichen Obern anerkannt wurde.

Bei allen wichtigen Kirchenfesten erschien der Rath vollzählig in der Kirche. Bis zum Jahre 1798 mußten in der Osternacht des Morgens um 1½ Uhr die vier jüngsten Mitglieder des Kleinen Rathes und die sechs jüngsten Großräthe der Procession in der Pfarrkirche beiwohnen. Beim Segnen des Osterfeuers und des Ostertaufs sollten die Stadtknechte zugegen sein und dafür sorgen, daß Niemand Feuer über die Brücke trage. — Da an der Kirche nicht eine Prediger-Pfrund bestand, wie an vielen andern Stiften — die daherige Stiftung des Schultheißen Hasfurter vom Jahre 1485 kam nie zur Ausführung — so bemühten sich Jesuiten und Kapuziner dem mit Geschäften ohnehin überladenen Leutpriester einen Theil der Predigten abzunehmen. Fromme Eiferer setzten früher schon den Leutpriester in Verlegenheit, theils durch allzu viele Jahrzeitstiftungen, so daß oft an einem Tage 30 Vigilien gehalten werden sollten, theils durch sonderbare Stiftungen. So vergabte ein Bauer eine Wiese zum Zwecke, daß in der Pfarrkirche jährlich der englische Gruß 90,000 Mal gebetet werde; mit bischöflicher

Bewilligung wurde dafür im Jahre 1586 das Salve regina in der
Peterskapelle eingeführt.

Wir haben noch des besondern Zweckes der zwischen den
beiden Kirchthürmen gebauten, aber durch den Neubau der Orgel
entfernten Michaelskapelle zu gedenken. Im Jahre 1726 erließ
der Rath eine Verordnung, „wenn hiesige junge Gesellen sich an
fremde Menscher verheurathen, so nit 200 Gulden besitzen, so solle
die formliche Ehe-Solemnität nit zugelassen werden". Solche Ehen
wurden deßhalb in der abgelegenen Michaelskapelle eingesegnet.

Eine eigenthümliche Sitte finden wir in Akten von 1447 erwähnt. Mathis Brisach gab den Bürgern „uff Erwiber Uerti und
Plebsch"; der Dekan erklärte, dieß verstoße sich gegen göttliches
Recht und alle Billigkeit, es sei besser, jeder gebe seine Uerti.
Allein das wollten Viele nicht thun; denn es „habe etlicher gewibet und verschwige es von des Plebsch wegen". Der Rath erkannte, man solle jeden fragen, „ob er gewibet ald den Plebsch
verschult habe".

Der Pfarrer von Luzern war das Capitel zu St. Leodegar,
das zur Besorgung des Gottesdienstes einen Leutpriester wählte,
während an hohen Kirchenfesten der Probst die wichtigsten Funktionen des Pfarrers versah, um die fortdauernde Ausübung der
Pfarrrechte durch das Stift anzudeuten. An hohen Festtagen
mußten sämmtliche Pfargenossen in der Kirche zu St. Leodegar
erscheinen und dort das Heiligtagopfer entrichten. Im Jahre
1519 erhielt der Leutpriester von Luzern jährlich zu Ostern 2000
Oblaten, welche für sämmtliche Kommunikanten ausreichen sollten.
Man hat daraus schließen wollen, die Bevölkerung sei damals
sehr gering gewesen, da die Leute dreimal des Jahres die Kommunion empfangen haben. Allein die dreimalige Kommunion be-
ruht auf willkürlicher Annahme und die Oblaten mußten nicht
nur für Luzern, sondern auch für die nach Luzern pfarrpflichtigen
Ortschaften Ebikon und Adligenschwyl ausreichen. Die große Zahl
der Waffenfähigen um die Mitte des 14. Jahrhunderts einerseits
und die kirchlichen Satzungen der spätern Tage andererseits, führen
zur Annahme, diese Oblaten haben für die Erstkommunikanten
und für die mit den Sterbesakramenten zu Versehenen ausreichen
müssen. Wir glauben annehmen zu dürfen, die Beschlüsse des
Konzils von Trident haben mit der obligatorischen Einführung

der österlichen Kommunion längst bestehende Mißbräuche beseitigt,
wie solche heute noch vielerorts vorkommen. Die Frommen im
Lande empfingen begreiflicherweise die Kommunion häufig, aber
gewiß in jener Zeit mehr an privilegirten Wallfahrtsorten oder in den
Filialkapellen der Stadt, als in der Pfarrkirche, wo die Zahl der
Kommunikanten auch heute noch nicht groß ist.

Links von der Hofstiege lag der Friedhof, der erst in späterer
Zeit auch auf die rechte Seite hinüber ausgedehnt wurde. Früher
erhob sich dort eine kleine Kapelle, deren Altar 1480 Hans zur
Gilgen mit seiner Gemahlin Jonatha Brodkorb zieren ließ. Die
Kaplanei in der Todtenkapelle hatte 1479 Mechtild von Hohenrein, Wittwe des Schultheißen Peter Ruost, gestiftet. Die Bilder
der Stifterin und ihres Gemahls waren bis zu der im Jahre
1811 vorgenommenen Restauration der Kapelle, die 1499 und 1515
die ecclesia in carcere mortuorum genannt wird, sichtbar.[1]) Ein
ewiges Licht in der Kapelle stifteten 1497 die Waldis von Wäggis;
ein anderes wurde seit 1475 wegen eines von Hans Grepper
erstochenen Priesters dort unterhalten. 1581 schenkten verschiedene
Privaten in den vom Rathe erstellten Glockenthurm der Todtenkapelle eine Glocke. Vor der Kapelle, deren „ungastliche" Bilder
1608 wegdekretirt wurden, pflanzte man 1617 eine Linde, unter
welcher bis zum Jahre 1798 am hohen Donnerstag an die Kinder
Küchlein ausgetheilt wurden. In der Nacht vom 27. April 1624
brannte die Todtenkapelle ab „und hat es", schreibt Schultheiß
Christoph Pfyffer, „einen solchen Gstank wegen den verbrunnenen
Beinern der Todten abgeben, das man es schier nit hat mögen
verleiden, und hat man es ein lange Zeit uff 2 Stund Wegs von
der Statt geschmöckt". — Das große steinerne Christusbild auf
dem Friedhofe, mit Ausnahme des Piedestals, aus einem Steine
gehauen, war ursprünglich für den Friedhof bei Franziskanern
bestimmt. Der Bauherr des Staates hielt aber dafür, es sei dieses
von Meister Kaspar Roth verfertigte Crucifix ein Meisterstück und
gehöre „als das kostbarste Stück Stein in der ganzen Eidgenossenschaft" auf den Friedhof im Hofe. Ein Sturmwind schmetterte das
Crucifix 1759 zu Boden. Das gegenwärtig noch vorhandene Bild
des sterbenden Heilandes ist ein Werk des aus Tirol gebürtigen

---

[1]) Vgl. die Abbildung im Geschichtsfreund XXVII, Tafel 1.

Friedrich Schäfer, der auch den großen Brunnen in Zürich erstellt hatte. Arm, vergessen und verwirrt starb dieser originelle Künstler in Luzern den 27. Dezember 1786 in einem Alter von 77 Jahren.

In der Ecke gegen die Wei hin, liegt die Probstei, ein einfaches Gebäude, in dessen erstem Stockwerk der Capitelsaal sich befindet. In demselben fanden die großen Mahlzeiten statt, welche das Stift an gewissen Tagen halten mußte, so z. B. am Weihnachtstage für alle Beamten und Hofjünger, am Mauritiustage für alle Zehntpflichtigen. Als im Jahre 1451 die Bauern vom Rothsee sich beklagten, daß ihnen der Custos das übliche Zehntmahl nicht in gehöriger Weise verabreiche, verordnete der Rath von Luzern, es sollen fortan folgende Speisen aufgetragen werden: Ziger, Honig, dürres und grünes Fleisch, Kraut, gesottene und gebratene Hühner, ein „gelbes Muoß", Pfeffer, zweierlei Wein und Brod. Zur Kirchweihmahlzeit und am Leodegarstag mußten die 36 Herren des Kleinen Rathes und die 100 Mitglieder des Großen Rathes eingeladen und vom Probst und Almosener des Stiftes bewirthet werden. Im Jahre 1582 kaufte sich das Stift mit einem jährlichen Kanon von 50 Gulden von der Pflicht zur Abhaltung dieser Mahlzeit los. Den Bemühungen des Nuntius gelang es im Jahre 1590 diesen Kanon der Stiftsfabrik zuzuwenden. Großartig waren die Mahlzeiten, welche an den sogenannten Bruderschaftsfesten der Stifte Beromünster, Solothurn, Schönenwerd und Luzern stattfanden; allein wegen ärgerlicher Auftritte an denselben schaffte der Staat diese Gelage ab. In alter Zeit waren weder die Benediktiner, noch die Chorherren von Luzern solchen Mahlzeiten sehr abgeneigt. Die alte Benediktinerregel schreibt vor, jeder Mönch soll täglich eine Maß Wein erhalten. Als im Jahre 1507 das alte Herkommen bezüglich des Einkommens der Stiftsherren in Schrift gefaßt wurde, ergab es sich, daß die Stiftsherren die Benediktinerregel den lokalen und persönlichen Bedürfnissen sehr wohl angepaßt hatten. Denn jeder Stiftsherr erhielt jährlich 38 Mütt Weizen, 5 Malter Spelz, 2 Malter Bierkorn (Hafer), eine nicht näher bezeichnete Quantität Korn aus Sarnen, 18 Mütt Tagwankorn und 4 Malter für das Tischgeräthe, ferner Fastnus und Mulchen. Täglich stellte man jedem Herrn einen Becher Wein auf, der 2½ Landmaß faßte; an hohen Festen aber, wenn der

Convent die Albe trug, eine Maß mehr. Bei solchen Anlässen erhielten die Herren zur üblichen Mahlzeit noch eine Tracht Fleisch oder Fische und Weißbrod. Zu Weihnachten, Ostern, Pfingsten, am Feste der Heiligen Stephan, Johann u. s. w. wurden Kuchen, Krapfen und Claret, sehr häufig gedörrte Fische; vom 1. Dezember bis Ostern Weißfische; von Mitte April bis St. Johannestag im Sommer täglich frische Fische aus dem See, an gewissen Tagen Nüsse, Gemüsse, Eier, Kälber und Böcke vorgesetzt. An Geld erhielten sie Wagenpfennige, Zigerpfennige, Lesepfennige, Holzpfennige, Hofstattzinse 2c. Andere Gefälle waren eigenthümlicher Art, so erhielten die Stiftsherren Bocks- und Luchshäute, Wannen, Flegel, Göne, Waagen, Nauenholz, Schüsseln, Leder, Filze und Roßeisen. Man berechnete, daß ein Benediktiner von Luzern im Jahre 1414 mindestens 34 Goldgulden jährlich beziehe, ohne die Einkünfte von Stiftsämtern, die Fälle und Ehrschätze. Von Heiligen oder großen Gelehrten, die aus dem Benediktinerkloster im Hof hervorgegangen, weiß die Geschichte nichts zu erzählen. 1291 bekannten die Stiftsherren, sie können nicht schreiben. Durch die Gunst der Verhältnisse stieg Graf Matthias von Buchegg, Probst im Hof, Custos der Fürstabtei von Murbach, 1321 allerdings zur Würde eines Erzbischofs von Mainz empor; allein erleuchteten Geistes war dieser Kirchenfürst, der beständig zwischen der bayerischen und österreichischen Partei hin- und herschwankte[1]), nicht. Als 1327 eine Sonnenfinsterniß von den Astronomen angekündigt wurde, ließ sich der Erzbischof von seinem Leibarzt Rembot ein Gutachten vorlegen, wie er sich während der Sonnenfinsterniß zu benehmen habe. Dieses ging dahin: der Herr Erzbischof wolle geruhen, sich in einen dunklen Keller zurückzuziehen, sich dort recht ruhig zu verhalten und recht guten rothen Wein zu trinken. Jakob Amiet allerdings hat eine bessere Meinung von unserm Probste; denn er singt in seinen „Drei Rosen von Bucheck":

| | |
|---|---|
| Nicht soll den jüngsten Bruder | Den Custos einst zu Murbach, |
| Verschweigen euch mein Sang, | Den Probst dort zu Luzern, |
| Matthias, dessen Name | Matthias von Buchecke, |
| Ertönt wie Glockenklang, | Der deutschen Kirche heller Stern. |

---

[1]) Nach dem Siege zu Mühldorf gewann Ludwig der Bayer den Erzbischof mit 30,000 Pfund Heller für seine Partei.

Wie hat er sich erschwungen
Durch hohe Sinnesart!
Wie war er rein an Sitten,
An Wissen hochgelahrt!
Bald hatt' er sich errungen
Zu Mainz den Fürstenthron,
Das Kanzleramt des Reiches
Des Grafen Heinrich edler Sohn.

Doch bald verstummt die Freude,
Die Allen er gebracht.
Matthias lag umhüllet
Von rascher Todesnacht,
Der Stein im Mainzerdome
Nennt ihn der Tugend Sonne.
So welken hin die Rosen,
So schwindet Erdenmacht und Wonne!

Wüßten wir nicht, daß Grabschriften über Todte lügen, wie Zeitungen über Lebende, so würden wir unser Urtheil bald über jeden Reichen fertig haben.

Durch Wohlthätigkeit zeichnete sich Probst Ulrich von Eschenbach aus, der als Abt von Murbach mit seinen Brüdern die Abtei Cappel stiftete, das Stift Päris beschenkte und dem Stifte in Luzern ein silbernes Reliquienkreuz und ein mit Silber, Elfenbein und Edelsteinen ausgelegtes Evangelienbuch verehrte. Durch geistige Regsamkeit zeichneten sich unseres Wissens nur zwei Pröbste aus: der unglückliche Niklaus Bruder, der Luzern von Murbach unabhängig und das Stift wieder zum Herrn der Stadt machen wollte und für dieses kühne Unternehmen mit Amtsentsetzung, ja selbst mit seinem Leben büßte (29. November 1417), und Dr. Johann Schweiger von Root, der letzte Probst der Benediktiner († 1471). Nach Bruder's Tod kam es so weit, daß die Stadt auf ein Jahr allen Stiftsherren das Betreten der Stadt verbot (1418). Und früher schon fürchtete man, die Stadt möchte wieder Eigenthum des Stiftes werden; um dieß zu verhindern, wurde streng verboten, irgend eine Hypothek zu Gunsten des Stiftes auf ein Haus in der Stadt zu errichten (1413). Bedeutender waren die Pröbste des Chorherrenstiftes; wir erinnern an die beiden Rektoren der Basler Universität Dr. Peter Brunnenstein († 1485) und Heinrich Vogt († 1500), an den Polemiker Johann Bodler, Meister der freien Künste, unter welchem 1554 das Probsteigebäude in den Graben hinunterstürzte und Probst und Köchin beschädigte. In dem 1559 neugebauten Amtsgebäude residirte mancher tüchtige Prälat; seit 1777 sind die Pröbste infulirt und gehören zu den höhern Würdenträgern der Kirche. Unter den Pröbsten ragt Dr. Jost Knab, Fürstbischof von Lausanne, ein Friedensfürst und bedeutender Gelehrter, besonders hervor († 1658).

Eine Reisebeschreibung aus dem Jahre 1803, die mir Dr.

R. Rahn in Zürich mittheilte, meldet: „Den Tod mit dem Federnhut, von dem Du wohl auch schon gehört hast, vergaß ich nicht
zu besuchen. Dieses Kunstwerk ist einzig in seiner Art und Du
würdest vergeblich unter allen Ueberbleibseln der Alten, die man
in Rom, London und Paris angafft, etwas suchen, das sich damit
vergleichen ließe. Es leben die Künstler, die der Schönheit und dem
gesunden Menschenverstande zu Trotz arbeiten! Hätten die Franzosen wahren Kunstsinn, so hätten sie dieses Kunstwerk wohl auf-
gespürt und es in Paris neben Laokoon oder dem vaticanischen
Apoll aufgestellt. Aber so ward es gerettet, weil ihre Spürhunde
in der Schweiz nur auf Geld abgerichtet waren, während die in
Italien auf die Kunstwerke rochen." Die Kunstfreunde werden
nicht wenig überrascht sein, wenn ich ihnen sage, daß unter diesem
Kunstwerke nichts anderes verstanden sei, als das noch erhaltene
Denkmal des Schultheißen und Pannerherrn Jost Bernard
Hartmann († 1752), das sich zwischen dem Probstei- und Zinggen-
Thürli befindet. Der Tod im Federnhut hält in der Hand die
Lanze; ein anderer im Pannerherrnbaret — das Stadtpanner; übri-
gens hat schon Meglinger, der Copist Sadeler's, auf seinen Todten-
tanzbildern auf der Spreuerbrücke den Tod oft im Federnhut ab-
gebildet.

Hinter der Probstei liegt die Probsteimatte, an welcher vorbei
die 1612 erbaute Mauer am Wege nach dem Wesemlin hinführt.
Die Weinreben daselbst hatte Schultheiß von Bramberg leib-
gedingsweise vom Stifte inne; später ging dieses Erblehen sammt
Haus und Hofstatt auf den berühmten Schultheißen Peter von
Gundoldingen und dessen Sohn Werner[1]) über. Seit der Mitte
des 15. Jahrhunderts bis zum Jahre 1478 besaß Peter Ruost,
Schultheiß von Luzern, mit seiner Gemahlin Mechtild von Hohenrein Haus, Stall, Trotte und Stock sammt Weingarten, anstoßend
an das Thor, die Probsteimatte und die „Tole". Ruost's Wittwe
vergabte 1479 diese Liegenschaften an die von ihr gestiftete Kaplanei
St. Leonhard im Beinhause zu Luzern.

---

[1]) Vielleicht war dieser Werner von Gundoldingen mit einer Fröwler von
Basel verlobt und Besitzer des schönen Brautschmuckkästchens, das von Ettmüller
in den Mittheilungen der antiquarischen Gesellschaft von Zürich beschrieben worden ist; denn die Wappen und Inschrift weisen auf diese Familien und diese
Zeit.

Durch das Probstei- oder Kapuziner-Thörlein führt der Kirchweg an der mit Stationen geschmückten Anhöhe vorbei, die im
14. und 15. Jahrhundert die „Weihalde" hieß, nach dem 1584
von Kaspar Pfyffer, Herrn von Mauensee, gestifteten Kapuziner-
kloster auf dem Wesemlin. Die Klosterkirche, an deren Empore
der Stifter mit seiner Gemahlin und 15 Kindern abgebildet ist,
zeigt in seinen hauptsächlichsten Bestandtheilen noch den gothischen
Baustyl.[1] Die Gewölbsteine und Fenster stammen aus der alten
Michaelskapelle im Hof, die 1575 abgetragen wurde. Der Rath
von Luzern bewilligte nämlich 1584, „die Gewölbstuck uß S. Mi-
chels Capell im Hof, so noch vorhanden und jetzunder sonst anderst nit zu gebruchen sind", zu diesem Baue zu verwenden. Am
Frontispiz der Kirche dagegen sind Motive aus der Renaissance-
zeit mit gothischen Elementen gemischt. Diese spätern Zuthaten
sind in künstlerischer Beziehung von sehr untergeordnetem Werthe.

Mit Kaspar Pfyffer betheiligten sich am Klosterbaue besonders Jost Pfyffer der jüngere und Chorherr Gabriel Leu. Geistliche und weltliche Herren beschenkten das Kloster mit Glasgemälden
und zwar so reichlich, daß solche selbst in der Küche aufgestellt
werden konnten. In den Jahren 1675 und 1758 wurde das Kloster
vergrößert und ein Flügel, in welchem die Bibliothek untergebracht
wurde, an dasselbe angebaut, so daß es als das schönste und
größte der ganzen schweizerischen Kapuziner-Provinz galt und bei
27 Conventualen zählte. Durch Aushilfe beim Gottesdienste in
der Stadt, durch Krankenbesuche und Armenpflege erwarb sich das
Kloster großes Ansehen.

Im letzten Jahrhundert standen die Kapuziner auf dem Höhe-
punkte ihres politischen Einflusses, so daß Johann von Müller
dem Könige von Preußen 1787 schrieb: „Es ist wesentlich, wenn
man in den katholischen Kantonen seinen Zweck erreichen will, die
Kapuziner auf seiner Seite zu haben. Das sind die eigentlichen Herren
dieser freien Völkerschaften. Luzern fürchtet sie, weil sie die Demo-
kratie predigen. Ich habe ausgezeichnete Köpfe unter diesen Mönchen gefunden."

Im Walde hinter dem Kloster steht eine im 17. Jahrhundert
neugebaute Kapelle, von Spitalmeister Mauriz von Mettenwyl an

---

[1] Weitläufig erzählt die Stiftungsgeschichte Businger: Bildergallerie II.
305 f.

der Stelle erbaut, wo 1551 ihm die Muttergottes erschienen sein soll. Bei dieser 1556 eingeweihten Waldkapelle spendete der Weih-bischof von Constanz das Sakrament der Firmung.

Die zahlreichen schön gelegenen Landgüter auf dem Wesemlin und an der Halde, auf welchen noch bis in's 17. Jahrhundert Weinreben gezogen wurden, schmückte man frühe schon mit schloß-artigen Gebäuden und Kapellen, so zu Wartenfluh, Dietschenberg, Uttenberg. Schultheiß Jost Pfyffer baute das sog. „Schlößli" an der Halde, das später an die Familie Heinserlin fiel. Die meisten Familien verpachteten die Höfe und behielten sich nur die Gärten, Häuser und einen Theil des Obstes vor; oft wur-den im letzten Jahrhundert ganze Höfe von Patriziern verspielt und zwar an einem Abend. 1780—1790 wurden von den Land-gütern im Quartier Hof folgende Pachtzinse erzielt: Englisch Gruß 120 Gulden, Kreuzmatt 160, Wäggismatt 225, B'schitzen Schür 330, Ober-Löchli 260, Unter-Löchli 180, Wäldli 200, Wä-semli-Höhe 180, hinter Wäsemli 160, vorder Wäsemli 300, Probstei-Matte 95, Hofgaß 250, Lindenfeld — hinter welchem 1334 der Wolfenschieß-Acker lag — 200 und Hitzlisberg, 1424 im Besitze des Hans von Büron, 480 Gulden. Der Hof Lamperdingen, auf welchem zu Ende des 13. Jahrhunderts die Pflicht lastete, den Schurtochsen zu halten, gab einen Zins von 180 Gulden, der Hof Uttenberg, der mit Lampertingen zu Anfang des 14. Jahrhunderts zum österreichischen Amte Rothenburg gehörte, zinsete 380 Gulden; Lützelmatt, 1424—1499 ein Besitzthum der Familie Seiler, 400 Gulden; Leuenmatt, 1479 als Besitzthum des Hänsli von Matt und 1598 Löwenhalde genannt, 400 Gulden; Schlößli 270, der Hämschler, 1424 im Besitze Peters von Utzingen, 250, Käppelihof 300, Hochhüsli 300, Rosengarten 100, Brühl 230, vorder Würzen-bach 280, hinter Würzenbach 125, Schachenhof 150, Wißhaus 270, Jesuitenhof 240, Rebstock 400, Salzfaß und Wartenfluh je 100 Gulden. Nur die Höfe Dietschenberg, Vorderegg, Hirtziweid, Ruplisberg, Gerlisberg, 1478 noch Geroldsberg genannt, Brüel, Rein und Mattli wurden damals von den Stadtbürgern selbst bewirthschaftet. — Zwischen Herren und Pächtern bestand in alter Zeit ein gemütliches Verhältniß; Jahrhunderte lang saßen die Pächter auf dem gleichen Hofe; an Pachtsteigerung dachte Nie-mand. Oft ist eine Bäuerin Pathin eines Patriziers. Auch die

Dienstboten wurden anständig behandelt, in Testamenten gewöhnlich bedacht und selten gewechselt. Freundlich halfen Nachbaren den Gutsbesitzern bei Landarbeiten aus. Das Werg-Reiten in der Stadt z. B., erst 1854 untersagt, war für die ganze Nachbarschaft eines Hofbesitzers ein kleines Fest.

. Wir führen zum Schlusse unsere Leser zu einem jener geheimnißvollen Monumente, das, wie uns die Archäologen versichern, die ältesten Bewohner unseres Landes zur Erinnerung an irgend etwas Geschehenes errichteten. Es besteht dieses Denkmal aus einem einfachen erratischen Block aus Geißbergerstein, der an der Straße zwischen den Höfen Uttenberg und Dorenbach — in der Nähe des erst 1881 vom Verfasser der Europäischen Wanderbilder entdeckten Dorfes Dorenberg — liegt; die Gelehrten nennen diese primitivsten aller Denkmäler Schalensteine. — Boshafte Leute zweifeln freilich daran, daß dieser Stein in die Kategorie dieser Denkmäler falle; vielmehr glauben Einige, der Stein gehöre zu jenen Antiquitäten, deren Entstehungsart Walter Scott in seinem „Alterthümler" und Seume in seinem „Spaziergang nach Syrakus" so treffend geschildert hat. Als wir diesen Stein ansahen, sagte man uns: der Ruhm, welchen die Pariser Akademie durch Publikation des Buches der Wilden von Abbé Domenech, die Wiener Akademie durch Veröffentlichung des altdeutschen Schlummerliedes von Zappert errungen, haben den Engländer Esqu. W. M. Wylie nicht schlafen lassen; mit seinem Murray in der Hand sei er an dem Steine gestrauchelt, als er gerade nachschlagen wollte, wer den Thurm am benachbarten Landhause erstellt habe. Da — durch ein glückliches Omen — habe er die Höhlen im Steine entdeckt — gerade in der Zeit, als ein italienisches Lokalblatt die Auffindung der verlorenen Bücher des Livius verkündete, als die Berliner die moabitischen Alterthümer erwarben, als ein Thurgauer Schullehrer aus einem Kinder-Bilderbuche den Bär und Fuchs auf die Renntierknochen im Thaingerloch gravierte. — Was der gelehrte Sohn Albions für Schalen ansah, sind nach der Erklärung unseres Gewährsmannes Vertiefungen, die anläßlich der Straßenverbesserung durch einen prosaischen „Orientütscher" erstellt wurden. Begreiflicherweise fand sich sofort auch ein Vermittlungs-Theologe ein, welcher nachwies, die ursprünglichen Vertiefungen des Schalensteines seien durch

einen „Orientütſcher" nur erweitert worden. Wir maßen uns kein
Urtheil an; wir ſtellen die beiden Anſichten ruhig neben einander,
verweiſen auf die Abbildung dieſes geheimnißvollen Denkmals
im Anzeiger für ſchweizeriſche Alterthumskunde 1873, Nr. 2, und
freuen uns, wenn die denkmalſüchtige Nachwelt in unſerm Lande
künftig nur noch Denkmäler und Denkmünzen auf wirkliche hiſto-
riſche Ereigniſſe erſtellen läßt und mit Denkmälern diejenigen
beehrt, die deren auch werth ſind. Namentlich aber würde es
uns freuen, wenn wir Luzern zu den Orten zählen dürften, wo
für Erhaltung echter hiſtoriſcher Denkmäler wirklich Sorge getragen wird. Wir möchten allen Behörden den Brief des jüngern
Plinius an Maximus in Erinnernng rufen, worin es heißt:
Achte den Vorzug des Alten und die Zahl der Jahre, die im
Menſchen ehrwürdig, an Städten und Denkmälern aber unver-
letzlich iſt!